中国社会科学院创新工程学术出版资助项目

大棋局中的国共关系

Butterfly and Dragonfly:
from the Civil War to the Cold War,
1944-1950

吕 迅 著

社会科学文献出版社
SOCIAL SCIENCES ACADEMIC PRESS (CHINA)

给我的父母吕正凡、左登英

目　录

前　言 …………………………………………………………… 001

一　美国至关重要：1944 ……………………………………… 016
　　延安对美外交 ………………………………………………… 016
　　美军来到延安 ………………………………………………… 032
　　联合政府口号 ………………………………………………… 043
　　史蒋摊牌结果 ………………………………………………… 051
　　毛赫交恶开端 ………………………………………………… 062

二　靠不住的条约：1945 ……………………………………… 077
　　美国与让东北 ………………………………………………… 077
　　国共六下七上 ………………………………………………… 083
　　中苏首个盟约 ………………………………………………… 090
　　不可能的和平 ………………………………………………… 098
　　苏美两分中朝 ………………………………………………… 106
　　西南第二战线 ………………………………………………… 122
　　华北还是东北 ………………………………………………… 135

三　一个破碎的心：1946 ……………………………………… 150
　　东北完全除外 ………………………………………………… 150

宪政还是训政 ························· 157
　　一纸难包众火 ························· 165
　　胜负的转折点 ························· 177
　　反苏还是反美 ························· 194

四　危急存亡之秋：1947 ···················· 211
　　中共非共谬论 ························· 211
　　共国夏季攻守 ························· 227
　　魏德迈的建议 ························· 233
　　中国土地改革 ························· 240
　　没有中间道路 ························· 245

五　呼啦啦大厦倾：1948 ···················· 254
　　美迟到的援助 ························· 254
　　总裁当然总统 ························· 259
　　苏隐蔽的支持 ························· 262
　　国共财政危机 ························· 265
　　沈阳华德事件 ························· 272

六　中国向何处去：1949 ···················· 287
　　蒋中正三下野 ························· 287
　　米高扬秘使华 ························· 292
　　别了司徒雷登 ························· 296
　　从大陆到台湾 ························· 305
　　毛泽东始访苏 ························· 309

七　革命进行到底：1950 ···················· 313
　　中苏盟约变迁 ························· 313
　　台湾还是韩国 ························· 327

东溪到长津湖……………………………………………… 351
　　全面反美到来……………………………………………… 357

后　语……………………………………………………………… 369

主要参考资料……………………………………………………… 372

索　引……………………………………………………………… 393

Contents

Preface / 001

One　The US Oriented: 1944 / 016
    Yennan Diplomacy / 016
    Dixie Mission / 032
    Coalition / 043
    Chiang-Stilwell / 051
    Mao-Hurley / 062

Two　Words vs. Deeds: 1945 / 077
    Manchuria on Sale / 077
    Partison Conventions / 083
    Sino-Soviet Pact I / 090
    Peace Impossible / 098
    Divided World / 106
    The Second Front / 122
    North China or Manchuria / 135

Three　A Broken Heart: 1946 / 150
    Manchuria Exclusive / 150

Constitution or Tutelage	/ 157
Paper and Fires	/ 165
Turning Point	/ 177
Anti-Soviet or Anti-US	/ 194

Four   The Critical Year: 1947   / 211
CCP without C	/ 211
Summer Offensive	/ 227
Wedemeyer Report	/ 233
Land and Revolution	/ 240
Without Middle Road	/ 245

Five   Fall of a Nation: 1948   / 254
US Aid Late	/ 254
President-elected?	/ 259
The Soviet Support	/ 262
Financial Crises	/ 265
Ward Incident	/ 272

Six   Where China Heads for: 1949   / 287
Chiang's Third Resign	/ 287
Mikoyan Secret Mission	/ 292
Fairwell, Leighton Stuart	/ 296
Mainland to Taiwan	/ 305
Mao in Moscow	/ 309

Seven   Revolution to the End: 1950   / 313
Sino-Soviet Pact II	/ 313
Taiwan or South Korea	/ 327

Dong Khe to the Chosin Reservoir / 351
Anti-America All-out / 357

Epilogue / 369

Reference / 372

Index / 393

前　言

　　1943年11月21日晨7时半，蒋中正（字介石）的座机降落在埃及开罗机场。① 这是自有民国以来，他首次以"四大国"领袖之一的身份，走向世界。37年前，年近弱冠的蒋志清首次踏出国门，去的是日本，读的是军校，从此振武强兵成为其终身信条；20年前，已届而立的蒋中正再次踏出国门，去的却是苏俄，考察的是党务，尽管深受革命的洗礼，他日后也慢慢认清了"赤色帝国主义"的本质；10年前，不惑的蒋委员长与德国希特勒（Adolf Hitler）元首关系火热，他凭借日耳曼重新崛起的军事实力荡涤了赣闽的赤色政权，驱逐他日后的竞争对手们奔走偏远；5年前，蒋总裁的强国之梦终于被他昔年所崇尚的日本军队撕得支离破碎；3年前，他的副总裁、政敌汪兆铭（号精卫）在日军控制下的南京自立了门户；3个月前，蒋主席通过修改国民政府组织法强化了个人权力，而成为名正言顺的国家元首。作为一个革命的民族主义者，蒋深切地知道自己万里之外的祖国和脚下埃及的这方土地，有着诸多相似之处：虽同属文明古国，然因实力羸弱，屡遭外人百般凌辱。今中国历6年抗战，山河破碎，但他竭力争取与"盟邦"地位相称的权利，"大国"的头衔对他而言与其说是至上荣耀，毋宁说是巨大讽刺。而作为一个传统的军国主义者，他高举孙文（又名中山）的主义和遗教，以军人治国、武力优先，痛恨

---

① 关于蒋中正到达时间，参见蒋中正日记（手稿），1943年11月21日，美国斯坦福大学胡佛研究所档案馆藏。藏所同，下略。

党徒的自私无能以及国民的愚昧无知。但"领袖即国家"、"本党即国家",蒋欲以一己之意志为举国之准则,以自我之道德为全民之典范。他秉性多疑而优柔寡断,刚愎自用而患得患失。他敌视任何党外异己的存在,无视自由与人权,封闭了改革之多途。他怀抱 19 世纪之常识来治理 20 世纪充满外忧内患之中国,举国命运都要在他的耳顺之年上来一个了断。等待着他的,将是更多的无奈和彷徨。

安顿好之后,蒋中正分别拜会了陆续赶来的英国首相丘吉尔(Winston S. Churchill)和美国总统罗斯福(Franklin D. Roosevelt)。由于"日将落"帝国根深蒂固的种族主义思想,蒋中正对丘吉尔无甚好感,他送了八个字"狭隘浮滑自私顽固"。① 蒋此行目的原本就在于另一位坐在轮椅上却已让民主党把持白宫长达 11 年的强人总统。然而,总统此时 62 岁,身体状况极差。② 他信赖的战时内阁成员主要有国务卿赫尔(Cordell Hull,73 岁)、作战部长史汀生(Henry L. Stimson,77 岁)、海军部长诺克斯(William Frank Knox,70 岁)等,甚至还可以包括参谋总长李海(William D. Leahy,69 岁)、陆军参谋总长马歇尔(George C. Marshall,64 岁)、海军军令部长金(Ernest J. King,66 岁)、陆军航空兵总司令阿诺德(Henry H. Arnold,58 岁)。可以说这个年轻的国度也是被一群老人统治着。

中国自 1942 年以来,主要依靠美国的援助支撑至今。更早之前,大力援助国民政府的是"赤色帝国主义"苏联,然而经新疆的陆上交通线在苏德战争爆发不久就中断了。随着 1942 年春天缅甸被日军占领,中国对外的海陆交通几乎断绝。唯一脆弱的补给线,是由美国东海岸将物资装船行驶 1.2 万海里(当时一艘货轮一年至多往返 4 次)到达印度半岛西岸的孟买和卡拉奇,通过轨距宽窄各异的铁路系统运至印度东北的阿萨姆,从那里飞跃地球屋脊的喜马拉雅山脉实施"驼峰"空运,到达云南昆明,再运至各基地。通过这条艰险而低效的补给线,每月仅有 4000 吨的物资可以成功运入中国;直到 1943 年底,在蒋中正的一再要求下,每月才增加到 1 万吨左右。③ 美国在亚太地区的军事投入只占全球开支中很小的比重。中国更一直

---

① 蒋中正日记,1943 年 11 月 25 日。
② See Elliott Roosevelt, *As He Saw It* (New York: Duell, Sloan, and Pearce, 1946), pp. 146 – 147.
③ See Charles F. Romanus and Riley Sunderland, *Stilwell's Command Problems* (Washington D. C.: Office of the Chief of Military History, Dept. of the Army, 1956), p. 110.

是供应链条的最末端。① 此时距离中国全面抗战已是2300余昼夜。国民政府毫无疑问起着主要的对日牵制作用。年军费开支在1000亿元法币（按黑市1∶200的美元/法币比价，约合5亿美元）以上，国统区物价飞涨、通胀严重。② 河南大灾之后，饿殍遍野，驻守其间的第一战区蒋鼎文、汤恩伯部40万大军更加重了农民的负担。③ 甘肃、宁夏、四川和贵州等地复又爆发了抗税冲突。④ 洞庭湖要冲常德在日军猛攻下已是危在旦夕。蒋本人的估计是"无论军事与经济危局，决不能支持至半年之久"。⑤ 罗斯福虽然派来了马歇尔上将的亲信史迪威（Joseph W. Stilwell）中将作为美军中缅印战区（CBI）司令，但由于史同时兼任蒋中正的参谋长，两人因为中国军队的指挥权和租借物资的控制权问题渐生龃龉。而中国战场的形势始终与欧洲战场乃至太平洋战场相左：当其他地方盟军节节胜利的时候，中国很可能会在第二天即行崩溃。

关于史迪威与陈纳德（Claire Chennault）之间的矛盾，多有述及。陈纳德是个强悍的得克萨斯军人，他因耳聋于1937年由美国陆军航空队以上尉衔退役，经私人介绍来华被蒋氏夫妇聘为中国航空委员会（国民党空军前身）调查员，于1941年成立美国志愿航空队（即"飞虎队"），创制出对日空军的有效打法，从而以数量有限的P-40战斗机立下赫赫战功，被正式纳入美军第十航空队战斗序列。由此可见，与史迪威以马歇尔为后台的陆军背景相比，陈纳德依靠的只能是看好空军发展前景的中国元首蒋中正。1943年春，陈纳德和史迪威在华盛顿进行了一场陆军和空军之间争夺战略优先权的辩论，罗斯福总统也显然对陈纳德提出的投资少而回报高的空军计划大感兴趣。同时为了安抚蒋，罗斯福破格提拔陈纳德为美国

---

① Albert C. Wedemeyer, *Wedemeyer Reports*! (New York: Henry Holt & Company, 1958), pp. 177, 278.

② 蒋中正：《一年来军事、外交、政治、经济之报告》（1944年9月16日），秦孝仪主编《先总统蒋公思想言论总集》第20卷，台北，中国国民党中央党史委员会，1984，第510页。

③ 参见郭汝瑰、黄玉章主编《中国抗日战争正面战场作战记》第2卷，江苏人民出版社，2002，第1330－1331页。

④ Telegram, Vincent to Hull, 8 May 1943, in ed. U. S. State Department, *Foreign Relations of the United State: Diplomatic Papers* (hereafter cited as *FRUS*), *1943*, *China* (Washington D. C.: United States Government Printing Office, 1957), pp. 232－233.

⑤ 蒋中正：《为请加速援华复罗斯福总统电》（1943年12月10日），秦孝仪主编《先总统蒋公思想言论总集》第37卷，第270页。

第十四航空队司令，并陆续增加了"驼峰"空运的吨位以及其中供给"飞虎队"的份额。①

关于史迪威和蒋中正之间的过节，众说纷纭。史迪威和马歇尔都是《辛丑条约》之后驻过天津的美军旧人，貌似与中国颇有渊源。史蒋矛盾究其原因，美国人指责蒋独裁、自私、无能，中国人指责史乖戾、阴险、无能。② 归根结底，两人的矛盾是两国政治和文化的矛盾所引起的。在政治制度上，民主党执政的白宫迫于四年一届的竞选压力，重视短期目标的达成，而国民党执政的重庆对民训政，尚无选举压力，更注重在抗日之外，彻底消灭国内的武装反对派。再加上美国由于坚持欧洲第一的原则，又往往牺牲掉远东的利益。因此双方一旦共事，冲突在所难免。不幸的是，这一冲突构成了此后国民党与华盛顿关系的主线。

有不少人也曾经谈论过美国总统罗斯福对中国乃至中国人的看法。可以肯定的是，他并非那么重视中国。罗斯福的对华认识基本还停留在19世纪。罗斯福从未到过东方，更不了解中国。他所喜谈论的都是祖父辈的旧事，借以显示自己对中国事务的发言权，并掩饰其东方知识的严重不足。③ 这也是为什么他一接触到即将赴华的美国人，就鼓励其向自己直接报告所见所闻。他告诉左派作家斯诺（Edgar Snow）说"必须对东方人有信心，他们有自治的能力"；他多次提及不要把蒋中正当作"摩洛哥苏丹"（Sultan of Morocco）或者"蛮族头领"（barbarian chieftain）。然而，这也恰恰暗示他正在努力克服自己的这种倾向。罗斯福凭借对东方的想象力，认为幅员辽阔的中国在战后可以同化日本。④ 对美国改造中国这一点，罗斯福有着不甚可靠的自信。这种自信是隐约建立在美国强大的实力和白人的优越感之上的。史迪威的政治顾问戴维斯（John P. Davies, Jr.）曾如此评价罗斯福的这种天

---

① Romanus and Sunderland, *Stilwell's Mission to China*, p. 279.
② E. g., Barbara W. Tuchman, *Sand against the Wind: Stilwell and the American Experience in China, 1911–45* (New York: Macmillan, 1970); 梁敬錞：《史迪威事件》，台北，台湾商务印书馆，1972；齐锡生：《剑拔弩张的盟友：太平洋战争期间的中美军事合作关系（1941–1945）》，社会科学文献出版社，2013。本书所引为台北中研院、联经出版公司2011版。
③ John P. Davies, Jr., *Dragon by the Tail: American, British, Japanese, and Russian Encounters with China and One Another* (New York: W. W. Norton & Company Inc., 1972), p. 281.
④ See letter, Roosevelt to Marshall, March 8, 1943, in Romanus and Sunderland, *Stilwell's Mission to China*, p. 280. Edgar Snow, *Journey to the Beginning* (New York: Random House, 1958), p. 255.

真乐观："他们［罗斯福和霍普金斯］以中国的戈登、华尔来看待［让一个外国人指挥中国军队］这码事"。① 罗斯福与丘吉尔相比，好处在于他反对殖民主义，然而二人又都是强权政治的拥趸。罗斯福积极干涉中国，但派来的人却往往不敷之用，例如拉铁摩尔（Owen Lattimore）、居里（Lauchlin Currie）、华莱士（Henry A. Wallace）、赫尔利（Patrick J. Hurley）、纳尔逊（Donald M. Nelson）等，不一而足。

后来的事实表明，白宫并不相信中国人。尽管战略上，它力图把中国装点成"四大国"之一，但是作为盟军核心决策机构的联合参谋部却拒绝中国人参加。它必须重视苏联，却可以怠慢中国。对蒋中正，它就美英于缅甸的战略部署进行了隐瞒，就苏联将对日作战进行了隐瞒，就同意苏联在中国东北享有优越利益进行了隐瞒，理由是"出于安全考虑"而中国人会泄密。② 更不消说原子弹研发和轰炸这样的机密。莫斯科有其强大的谍报系统可以侦知内幕，罗斯福的后继者杜鲁门（Harry S. Truman）在德黑兰也及时通报了新式武器试验成功，唯独蒋对这些情报两眼一抹黑，以致日本突然投降时慌了手脚。这些在后面的章节里，将会详加叙述。

回到眼前。23 日晚 7 时半，蒋中正应罗斯福的邀请，来到位于开罗西郊的美国大使官邸赴宴，从这里可以远眺著名的胡夫大金字塔。餐后，两人进行了第一次私下长谈。罗斯福的挚友、亲苏的霍普金斯（Harry L. Hopkins）在侧，当然，由麻省卫斯理学院毕业的蒋夫人宋美龄充当翻译。没有谈话记录，两位元首留下了各自不同版本的记载。

从蒋中正的叙述来看，他完全被罗斯福的魅力征服而赞不绝口。他很快就发现这位健康状况欠佳的美国总统颇具亲和力，更重要的是，彼此对战后安排达成了不少共识，包括日本未来之国体、日本对华赔偿、新疆投资、朝鲜独立、安南（越南）问题等。罗斯福甚至坚持战后盟国对日占领应"由中国为主体"。蒋盛赞美国的对苏政策，罗斯福则表示东北、台湾和澎湖应为中国领土，台湾和澎湖战后可以归还中国。两人"直谈至深夜十一时后

---

① 戈登（Charles George Gordon）和华尔（Frederick Townsend Ward）分别是 19 世纪中叶清政府聘用的英美雇佣兵司令。John P. Davies, Jr., *China Hand: An Autobiography*（Philadelphia: University of Pennsylvania Press, 2012），p. 195.

② 参见齐锡生《剑拔弩张的盟友》，第 289 页；Robert E. Sherwood, *Roosevelt and Hopkins: An Intimate History*（New York: Harper, 1950），p. 802；Davies, *China Hand*, p. 146.

告辞，尚未谈完，相约明日续谈"。①

与之恰恰相反，罗斯福则对这位国民政府的统帅却印象欠佳。当他的儿子于次日晨询问观感时，罗斯福耸耸肩，随后说道"［蒋］知道他要什么，也知道他不可兼得"。接着，罗斯福说了一句后来为不少人引来证明其对蒋正面印象的话，所谓"一席之对谈，胜于联合参谋团四小时之会议"。可是在儿子的继续追问下，罗斯福道出了其中原委。他说：

> 蒋的军队现在根本没有打仗，即便白纸黑字的报告上写得煞有介事。他声辩自己的军队未经训练、没有装备，可以理解。但是这并不能解释他为何一直全力阻止史迪威来训练中国的军队，而且也不能解释他为何将成千上万的精锐部队集结在西北——放在红色中国的边界上。

他对蒋表现出来的善意只是因为一时找不到其他的替代者。罗斯福又谈道："我已经告诉他，［蒋的政府］并非如观念上理应的那样是一个现代民主政体。我还跟他说，只要仗还在打，他就不得不与延安的共产党结成联合政府。他同意了。有条件地同意了。"（强调为原文所有）这是国共联合政府的构想第一次被提出，而且是由美国总统本人。蒋中正的条件总结起来是两个，一是美国"保证苏联同意尊重中国在东北的边界"，二是美国"支持他主张英国和其他国家于香港、上海和广州不再享有帝国特权"。"当听到委员长答应在实行选举之前就邀请共产党加入国民政府，我特别高兴"，罗斯福自信地说道："事实上，就他来说，他唯一希望我们能够竭诚做到的就是当日本屈膝投降的时候，我们确保英国军舰不会驶进中国的港口。唯独美国的军舰。对此，我已作个人担保"。②

蒋中正在开罗与罗斯福进行了六七次会谈，讨论了缅甸两栖作战的必要性。这本是盟军在太平洋地区进入反攻之后的基本共识，也是蒋中正和史迪

---

① 蒋中正日记，1943 年 11 月 23 日。
② Elliott Roosevelt, *As He Saw It*, pp. 142, 154, 163 – 165. 关于罗斯福对蒋中正正面观感的评述，见秦孝仪编《总统蒋公大事长编初稿》第 5 卷（上），台北，中正文教基金会，1978，第 437 页；Jay Taylor, *The Generalissimo: Chiang Kai-shek and the Struggle for Modern China* (Cambridge, MA: Harvard University Press, 2009), p. 247.

威难得的共识,即打通缅甸补给线并在中国东南海岸线上会师。1943年初的英美首脑卡萨布兰卡会议上,罗斯福以在意大利南部登陆为条件换取了丘吉尔增加对缅甸战场投入的表态。然而,由于英国的不断抵制和食言,第二次缅甸战役一拖再拖,实施规模也不断缩水,到了年末的开罗会议就只局限于缅甸北部。罗斯福一再保证促使英国尽早实行缅甸登陆作战。另外,蒋夫人宋美龄报告说罗斯福基本答应给中国10亿美元的贷款,以解决中国因战争而恶化的通货膨胀问题。蒋中正对罗斯福的态度不但满意而且感激。11月28日,蒋怀着愉悦的心情登机返国,他认为开罗会议是其"革命事业"的"重要成就",是"中国外交史上空前之胜利"。① 在归国途中,蒋还顺道印度东北蓝伽视察了史迪威训练的X部队——国民革命军新编第一军(新一军),并会见时任军长、黄埔一期郑洞国。然而,他的好心情很快就被严峻的国内形势、罗斯福的食言和史迪威的挑衅彻底冲散,变得荡然无存。

罗斯福也于11月27日飞抵近东的另一个文明古国——伊朗,去和本书的另一个重量级人物苏联总理斯大林（Иосиф В. Сталин）会面,主要讨论在法国北部开辟欧洲第二战场（Overlord霸王行动）的实施。斯大林和丘吉尔就意大利战役的必要性问题有着很大分歧,因为地中海作战会牵制英军将原本有限的登陆艇及时调往北大西洋。11月30日,是英国首相的69岁生日,这一天他得到了最好的生日礼物。在午餐前,丘吉尔私下约谈斯大林,暗示他问题的关键就在倒霉的缅甸战场,如果不是美国人迁就中国人而实施缅甸战役的话,英国就能及时满足意大利和法国两个战场的需求。这时候,斯大林突然宣布苏联将在德国投降之后转向对日作战。② 在稍后用餐的时候,丘吉尔不断向斯大林示好,斯大林继而暗示将在对日作战之后对中国有所要求。罗斯福随即表示可以把大连作为自由港,还代替蒋中正表了态。斯大林更暗示苏联还想要旅顺作为军港。罗斯福没有接话。丘吉尔和斯大林一唱一和地鼓动:世界的管理权必须集中在强国手中,也就是英、苏、美三个

---

① 蒋中正日记,1943年11月26-27日、12月4日。
② 《斯大林与丘吉尔会谈记录》（1943年11月30日）,沈志华总主编《苏联历史档案选编》第17卷,社会科学文献出版社,2003,第450页。这是斯大林首次明确对英美首脑做出对日出兵的声明,他曾于一个月前的10月30日在莫斯科外长会议上告知过美国国务卿赫尔这一打算。See Davies, *Dragon by the Tail*, p. 283.

国家。① 然而，斯大林对美国最近要求使用苏联空军基地和军港的提议没有回应。

德黑兰会议持续6天后结束，罗斯福和丘吉尔飞回开罗。此时，丘吉尔已有充分的理由来说服罗斯福放弃对蒋的承诺：既然斯大林自告奋勇地要对日作战，整个战略形势将随之改变，无须再在中国建空军基地，美国可以经由阿拉斯加使用苏联滨海现成的基地，进而轰炸日本本土的工业中心。② 还有什么可说的呢，罗斯福致电蒋中正，建议缅甸战役延期至1944年11月。

12月6日午后，总统就在几天前对蒋委员长做出许诺来年春天即开始缅甸两栖作战的同一房间里，再次召见了他的将军史迪威，目的却是让他去收回这个许诺。谈话主要在总统、史迪威及戴维斯间展开，霍普金斯因为生病只在谈话中略坐了一会儿。根据史迪威的私人笔记，罗斯福先是东拉西扯了其祖父在中国经商的历史，被他拉回现实，继而表示美国不大可能向中国提供10亿美元的贷款。总统说："我告诉过他们［蒋夫妇］要获得国会的同意还有难度。现在，我可不是一个金融专家（！！）"并提议以5000万或1亿美金收购中国黑市流通的法币来抑制通货膨胀。接着，当戴维斯从旁提及中国人无法打开交通线的后果时，罗斯福转向史迪威："你认为蒋还能撑多久？"

  史迪威：形势严峻，5月份的攻击再来一次就可能摧毁他。
  罗斯福：好吧，那么我们应该找另外一个人或一群人，来继续下去。
  史迪威：他们很可能会来找我们。
  罗斯福：对。他们会送上门来。他们真的喜欢我们，还有，别说出去，他们不喜欢英国人。现在，我们与英国人在那儿的目标并不一致。举例而言，香港。现在，我打算让香港成为自由港：对所有的国家——全世界——商贸自由！但首先要在那儿插上中国旗，接着蒋在第二天就可以做出重要姿态，让它成为自由港。就这么办！大连也一样！我确信

---

① 《斯大林、丘吉尔与罗斯福餐会记录》（1943年11月30日），沈志华总主编《苏联历史档案选编》第17卷，第456—457页。为明白起见，本书部分引文标题系作者依实际内容拟定，下同。不注。

② Sherwood, *Roosevelt and Hopkins*, p. 800.

蒋会乐于让那儿也成为自由港的,而货物可以经由西伯利亚进入内陆——没有关税检查。

戴维斯:您认为是什么促使那些俄国人做出高尚姿态,同意中国拥有满洲?

罗斯福:这个,我想他们认为得到的已经足够了,事实如此。你可以往西伯利亚再迁入1亿人口。斯大林不想要更多的土地了。他占有已足。他在朝鲜和印度支那[问题]上赞同我。我们应该会组成委员会代管这些国家25年左右,直到我们让他们自力更生。就像菲律宾。我直白地问过蒋,他会否想要印度支那,他说"绝不!"就像这样——"绝不"。

史迪威:蒋在向他的人民解释盟军无法打通缅甸时会有困难。

罗斯福:是啊。是啊。但如果我们不执行这一行动,我们可以增加飞越驼峰的吨位。对,我们可以用这个方式将更多物资输入中国。①

随后,罗斯福又谈了一些中国需要"大量"美国援助的话,隐约地表达出他对国民政府索要无度的不满。而国民政府的美籍经济顾问杨格(Arthur N. Young)却也不无同情地批评华盛顿目光短浅:"[蒋]疲惫不堪而忧心忡忡,他难以理解为何中国率先抵抗侵略并做出了重大牺牲,却如此不被重视。部分来说,这个[10亿美元贷款]计划是着眼于中国战后需要而提出的"。②

戴维斯的日记同样留下了这次会谈的记录,内容与上述基本一致,只不过罗斯福要让香港插上的旗帜换成了米字旗,然后轮到丘吉尔来做姿态,接着是自由港;换成是戴维斯直接询问总统:"如果蒋政权倒台了,我们应做什么"。总统先生毫不犹豫地说:"立第二个人(build up the next man)。"③

这里之所以要花许多笔墨来引述此次对话,是因为里面包含了罗斯福本人对蒋中正、中国政治以及战后国际和平与合作的基本态度。在他的未来构

---

① Stilwell note, "Conference on Policy in China," 6 December 1943, Joseph Warren Stilwell Papers, Box 34, Folder 40, Hoover Institution Archives, Stanford University.
② Arthur N. Young, *China and the Helping Hand*, *1937 – 1945* (Cambridge, MA: Harvard University Press, 1963), p. 297.
③ Davies, *China Hand*, pp. 152 – 153.

想中，美国与苏联可以通过合作的方式来主宰世界，没落的大英帝国会听美国的，而落后的中国更要依赖美国的支援，蒋不过是战略棋局上的一枚棋子罢了，必要的时候可以更换。毫无疑问，在主权和民族主义者看来，美国无礼而粗暴。事实上，罗斯福乃至杜鲁门执政前期也都是这样做的，他们积极鼓动着那些可以替代蒋中正的中国人，当然也包括共产党在内。且不说像史迪威、马歇尔这样的职业军人作何感想，这次对话对戴维斯、谢伟思（John S. Service）、范宣德（John C. Vincent）、艾奇逊（Dean Acheson）等外交官所产生的影响则往往被简单忽略。艾奇逊在六年后成为辅佐杜鲁门的强势国务卿，并于国共内战的白热阶段，发表白皮书为美国对华政策的失败辩解，仍旧赞成戴维斯等提出的"须减少与国民党往来而开始与共产党合作"的建议，伺机承认中共政权。① 要说起来，这始作俑者竟是罗斯福总统。因此本书自始至终，都包含着一个美国政府找人替换蒋中正的故事。

然而当我们在 21 世纪回顾历史的时候，发现其后发生的事统统走向了这个版本的反面，蒋中正换成了毛泽东，中国倒向了苏联，美苏联合主宰世界变成了美苏对峙。

因此，罗斯福对斯大林的基本判断是错误的。民选总统的义务当然是要讨好选民，他会把政府摆在国家的前面；然而，到了斯大林那里，在地球的另一面，基本价值恰恰相反。绝对的权力也会造成安全感的缺失。美国总统觉得过大的领土象征着过多的义务，而苏联总理则认为领土越大越安全。斯大林永远不会满足于苏联现有的广袤土地，他要波罗的海，要波兰，要伊朗，要新疆，要蒙古，要满洲，要朝鲜……他已经开始在新疆秘密组织"民族复兴小组"，准备推翻背叛自己的督办盛世才；外蒙古则宣告独立，军事外交无不仰承克里姆林宫的鼻息。一个强大而统一的中国政府是斯大林一直所不愿见到的。对蒋中正明拉暗打的两手原来就是自己区别于托洛茨基（Лев Д. Троцкий）和布哈林（Николай И. Бухарин）而夺得高位的根本。

蒋中正为抵制莫斯科而向华盛顿频送秋波。对于新疆，重庆政府破天荒主动邀请美国建立领馆，无疑继承了晚清所谓"以夷制夷"的方略。而对东北，重庆则已经显露出对莫斯科继承沙俄政策、可能利用对日作战予以抢

---

① See US State Department, *United States Relations with China, with Special Reference to the Period 1944 – 1949* (Washington D. C.：USGPO, 1949), pp. 64 – 65.

占的担忧，开始向美国预警。按照蒋主席的训令，国民政府甚至经由莫斯科渠道向华盛顿传递了信息。新任亦是末任国民政府驻苏大使傅秉常托即将离任的美国公使级参赞杜曼（Eugene H. Dooman）捎话说，西伯利亚苏军将可能以快于华南中国军队的速度挺进东北，而一旦占据，想送客就不会那么简单。①

美国国务院以政治顾问项贝克（Stanley K. Hornbeck）为首的远东派也预见到苏联对东亚的野心，并向国务卿赫尔及时报告。项贝克认为苏联政府对于异己政权具有"深刻猜忌的本能"，其在德国、波兰、南斯拉夫的表现业已证明下一步将在远东邻国建立类似于外蒙古的政权，即便不直接占领，也要攫取温水良港。报告明确指出："假使苏联在战争末期日本投降以前对其宣战的话，它很可能会尽力进军满洲、南萨哈林和朝鲜，并在那里提出条件，要求某种领土及/或行政特权……当日本战败并产生政治真空时，苏俄自然会想进入华北，还可能包括朝鲜。"② 不幸的是，赫尔年迈不视事，加之总统本人健康状况急剧恶化，在外交政策上忽略国务院系统以及在全球战略上忽视中国，报告最终被束之高阁。

开罗–德黑兰会议标志着美国在苏英压力下降低国民政府地位的开始。由于成本高昂的"驼峰"运输不可能给重庆以持续有力的援助，美国逐渐放弃了以中国为基地攻击日本本土的战略设想，这当然对国共双方都产生了影响。历史表明，美国为绥靖苏联而不惜牺牲中国权益亦从此时开始，而非一年后在雅尔塔。戴维斯是上述开罗谈话的唯一受益者。作为美国驻外使馆的一个二等秘书，他平添了经由霍普金斯上达天听的渠道，直接促成了美国向陕北派出军事观察组一事，对后世的历史产生了难以估量的影响。在此先按住不表。

距离开罗以东7000多公里外，在中国陕北，黄土陇上，清凉山下，中国共产党的路线之争此时已到了收官阶段，随处可见反对国民党和加强整风运动的标语。七年前中共实行与国民党结成抗日统一战线的政策。近两年来，"整风"运动已在陕甘宁边区和各根据地如火如荼地开展。

---

① Memo of conversation by Dooman and Foo, 25 March 1943, FRUS, 1943, China, p. 220.
② Memo, by Hornbeck, Ballantine, Bishop and Vincent, 19 August 1943, FRUS, 1943, China, pp. 318, 320.

王明在一个月前趁毛泽东批准苏联医生给他检查身体的机会，请求他们秘密向自己女儿的养父、前共产国际执委会总书记季米特洛夫（Георги Димитров）发出求救电。① 就在蒋中正与罗斯福详谈的当日，季米特洛夫接见了由延安返回述职的苏联军事情报人员，得出这样的结论："无论如何国共关系正常化都没有了希望"。② 12 月底，季米特洛夫在斯大林的授意下，以私人身份通过苏联军情部致电毛泽东，除了通报对其子毛岸英的安排之外，委婉地批评了毛泽东的一些做法，尤其是其针对王明、周恩来的斗争，以及"在党的干部中产生了不良的反苏情绪"，并警告说康生（本名张宗可）的"清洗"正在为重庆国民党的离间策略服务。③

值得一提的是，莫斯科刻意将兄弟党领袖的子女留在苏联作人质。毛泽东的儿子毛岸英和蒋中正的儿子蒋经国都曾有过这样的经历。蒋经国是伴随着斯大林建立国共抗日统一战线的要求，于 1937 年 3 月才获准回国。毛岸英回国则是两年后 1945 年 12 月的事。

中国共产党和苏联有着天然的血亲关系。1943 年共产国际解散，毛泽东获得解放。④ 但是当时包括他在内的绝大多数中共党员认为，苏联毫无疑问是中共的依靠力量，尽管莫斯科战时予以延安的援助较给重庆的为少。⑤ 毛泽东对莫斯科的态度取决于实力对比的变化：当远方（莫斯科）势弱的时候，他会积极主动；而当远方强势时，他就会暂时顺从。毛泽东最主要的政治秘书胡乔木在晚年回忆这两年往事时特别强调，毛泽东怀着"紧张、沉重的心情"，"全神贯注于苏德战争的发展。《解放日报》经常发表社论，每天都有苏德战场情况的报道"。苏联欧洲战场的分量远远超越美国的亚太战场。胡进一步总结说："毛主席在苏德战争期间，能够根据战局的变化，指导国内斗争，开展对英美的工作"。⑥ 在中共的天平上，苏联和美国的重

---

① Vladimirov's papers, 28 November 1943, in Peter Vladimirov, *China's Special Area*, *1943 – 1945*（Bombay: Allied Publishers, 1974），p. 143.
② Dimitrov's diaries entry, 23 November 1943, in ed. Ivo Banac, *The Diary of Georgi Dimitrov*, *1933 – 1949*, trans. Timothy D. Sergay（New Haven & London: Yale University Press, 2003），p. 288.
③ *The Diary of Georgi Dimitrov*, 22 and 28 December 1943, pp. 290, 293.
④ 师哲对毛泽东闻讯共产国际解散后"兴奋"谈"解放"的叙述，参见《峰与谷：师哲回忆录》，红旗出版社，1992，第 185 页。
⑤ 参见杨奎松《共产国际为中共提供财政援助情况之考察》，《社会科学论坛》2004 年第 4 期，第 22 – 24 页。
⑥ 胡乔木：《胡乔木回忆毛泽东》，人民出版社，1994，第 42 页。

量向来就不是对等的。莫斯科决定着中共的对美政策。这一点更在随后的十年间被多次证实。经过延安整风，中共与莫斯科的关系不是像以往想象的那样疏远了，反而变得更加炽烈。当重庆还在思索中外如何如何的时候，延安已经开始考虑苏美怎样怎样。两党思想维度的不同决定了政策体现的差异，也影响了外交关系和国际形势。时任国民政府外交部政务次长的吴国桢对中共与苏共之间的关系，有着这样的体认："每当国民党要求苏联政府给予一项重要援助时，不久就会接到中共方面提出的某种新要求，如果国民党试图拖延答复，那么就会遇到苏联各种莫名其妙的拖延；一旦马上对中共让步，那么苏联政府也会立刻给予满意的解决。"[1] 在这样的背景下，国民党允许八路军在重庆、西安、桂林等地设立合法的办事机构，这些办事处渐渐变成中共对外情报交流的枢纽。

共产党与国民党本是 20 世纪中国革命的一对双生子。然而，在对国家政权的长期争斗中，却势同水火。虽然蒋中正以黄埔嫡系胡宗南部 26 万国民党军对中共中央所在地陕甘宁边区施以持续封锁，但陕甘宁、太行、太岳、晋察冀、冀南、冀鲁豫、山东、苏中等中共边区都自成格局，发行各自的货币，法币禁止流通，而边币的发行数量更是绝对机密。[2] 货币本身不是必需品却是奢侈品。[3] 1941 年陕甘宁边区干部人数激增（达到 1938 年的 4.6 倍），财政入不敷出，通货膨胀同样严重，[4] 供应和税收以小米结算，农民年负担也随之膨胀至 20 万石小米（1938 年的 13 倍），造成了当地农民不满，以致 1942 年 6 月出现了"雷公咋不打死毛泽东"的言论。[5] 毛泽东予以重视，开展大生产运动，号召精兵简政，推行军队屯田，鼓励移民垦荒。

---

[1] 吴国桢：《夜来临：吴国桢见证的国共争斗》，吴修垣译，香港中文大学出版社，2009，第 141 页。

[2] 王渔等编《林伯渠传》，红旗出版社，1986，第 267、345 页；《陕甘宁边区政府关于停止法币行使的布告》（1941 年 1 月 30 日），陕西省档案馆编《抗日战争时期陕甘宁边区财政经济史料摘编》第 5 编，陕西人民出版社，1981，第 518 页。

[3] Hsiao Li Lindsay, *Bold Plum: With the Guerrillas in China's War against Japan* (Morrisville, NC: Lulu Press, 2007), p. 294.

[4] 1941 年延安边币的购买力一年内贬值 79%，物价指数涨 477.3%，同时期西安法币贬值 63.5%，物价指数涨 273.3%，当时边币法币比值尚维持在 1∶1，但到了 1943 年 12 月，边币兑法币跌为 10∶1，个别地方甚至为 18∶1。见《抗日战争时期陕甘宁边区财政经济史料摘编》第 4 编，第 448-449、452 页。

[5] 王渔等编《林伯渠传》，第 354 页；参见师哲《峰与谷》，第 195 页。

自此，陕甘宁干部军队年需约 26 万石小米，自己承担 10 万石，农民负担 16 万石。① 所谓精兵简政，就是"机构合并，减少层次，干部下放降级使用，减少非战斗人员，处理老弱病残，清洗不稳分子"。② 该政策在所有根据地都得到了贯彻。通过精兵简政，共产党在根据地内的执政地位有所巩固，全部军队数目已经号称 47 万。③ 但弹药奇缺，未来一两年能否获得国际援助将成为中共存亡的关键。

这本书旨在重新阐释从中国内战到国际冷战的过程中，国共关系及美苏影响。在这一转变的过程中，共产党的意识形态发挥了主导作用，中共和苏联较早进入了挑战方的角色。美国则对国民党始乱终弃，国民党亦对美国貌合神离。中国内战虽以中共占领大陆、国民党逃亡台湾而告一段落，然而尚未确立所谓国际两大阵营的对峙局面。朝鲜战争的爆发，以及美国和中共次第参战，才使得两极格局真正被塑造了出来。

中国共产党中央党史研究室对于美苏其时的对华政策有如下论述：

> 在美国向全球扩张的战略中，欧洲是重点地区，亚洲也是重要地区。在美国政府看来，中国是亚洲的重心，控制了中国，就基本上控制了亚洲。这样，就可以集中力量控制欧洲，遏制苏联。美国政府把国民党视为其控制中国所需要的一个工具，把正在发展壮大的中国共产党视为实现其目的的一大障碍……经过第二次世界大战，苏联在军事实力上虽有所增强，但综合国力仍不如美国。为了集中主要力量与美国在欧洲抗衡，它在亚洲采取了既阻止美国势力扩张，又与美国达成某种妥协，同时尽可能扩展自己势力的政策。④

细心的读者一定会发现本书着重强调中国"内战"。这是为了引起当代人再次关注近一百年前中国与朝鲜相似但不同的命运。所谓"内"者，充

---

① 《毛泽东在陕甘宁边区劳动英雄和模范工作者大会上讲话》（1945 年 1 月 10 日），张迪杰主编《毛泽东全集》第 19 卷，香港润东出版社，2013，第 254 页。
② 《叶飞回忆录》，解放军出版社，1988，第 296－297 页。
③ 《纪念联合国日，保卫西安与西北！》（1944 年 6 月 14 日），《毛泽东军事文集》第 2 卷，军事科学出版社、中央文献出版社，1993，第 724 页。
④ 中共中央党史研究室：《中国共产党历史》第 1 卷（下），中央党校出版社，2002，第 856、857 页。

分体现了现代国家理论与全球化实践在当时乃至现今的矛盾冲突。所谓"战"者，则旨在说明国共党争的实质以及整个20世纪人类社会的暴力特征。就苏美而言，权力渗透国界，并非纯粹内战；就中国来说，始终都是热战，并无冷战可言。

  本书也强调美国与国共两党的关系，这是由于主流历史并没有把故事叙述清楚。美国从本国利益出发在中国内战中发挥的明白作用和潜在影响，将是本书探讨的重点。而硬币的另一面，苏联对中共或隐或显的支持及挖国民党的墙脚，在作者看来，已是得到充分证明的基本事实；所要做的仅是在历史的细节处放慢脚步。

一　美国至关重要：1944

延安对美外交

元旦，陕北的窑洞似乎抵御不了塞北的风寒，天快要下雪了。毛泽东在枣园里收到了季米特洛夫的警告。尽管共产国际解散了，但苏联依然强大，尤其是苏德战场的形势明显向着有利于盟军的方向发展。毛泽东在第二天即通过苏联军情局驻延安代表孙平（Петр П. Владимиров）回电莫斯科，谦逊地辩解了自己的政策，甚至指出王明与米夫（Павел А. Миф）关系可疑。① 但是之后数日，毛泽东仍在担心"前电可能不妥"，于是两次邀约孙平谈心以示友善，并在1月7日一大早突然在未带警卫和任何其他政治局委员的情况下跑到孙平的住所，抽完两包烟之后，又写了几段话，请孙平"打"给莫斯科：

季米特洛夫同志：
　　除我1月2日电所陈之观点外，今日就此问题补述如下：
　　我衷心并且深为感谢您和您给我的指示。
　　我必须彻底地学习它们，牢记在心，并付诸行动。在与国民党关系方面，我们的政策是合作的政策。

---

① 米夫是王明在共产国际的导师、季米特洛夫的助手，1938年被斯大林清洗，死于狱中。

> 我估计在1944年这方面的形势将更好……
> 请您务必安心。您所有的想法和顾虑，我都深能体会，因为[这与]我本人的想法和我本人的顾虑，在根本上，是完全一样的。①

季米特洛夫对此深表满意，要求毛泽东按照第三国际时代的惯例，每十天汇报一次工作近况。②

可巧的是，蒋中正在华盛顿的压力下，也命第八战区嫡系胡宗南部外撤，除一线的碉堡部队外，已将二线两个师兵力撤至外围的咸阳和宝鸡。③蒋命胡以政治攻势而"不用一兵一卒"对付共产党。④ 国民党驻延安联络参谋郭仲容正式向毛泽东提出邀请林祖涵（号伯渠）、朱德、周恩来赴渝谈判事宜。

陕甘去年以来的紧张局势骤然缓解，仿佛美苏之间的谅解真的可以促使国共妥协一样。2月4日，毛泽东通过秘密电台指示中共驻渝代表董必武："观察今年大势，国共有协调之必要与可能，而协调之时机，当在下半年或明年上半年"，并因此命令眼下至6月，从延安到各根据地，对待国民政府取守势，"采谨慎步骤，力避由我启衅"，加派两党元老林伯渠赴重庆。几天后，毛泽东又频电山西国民党第二战区司令长官阎锡山（2月8日）与八路军前敌总指挥部的滕代远、邓小平、杨立三（2月8、9日），要求"免起冲突"，甚至明令八路军方面让出地盘来避免接触，"坚持不打政策，至少六个月内不得发生冲突"。⑤ 这是怎么回事呢？任弼时是这样解释的："到今年下半年或明年上半年，也就是要当美国出来要求国共团结、实行对日反攻时，争取国民党承认我们提出的条件"。⑥

1月9日，延安电告在渝的董必武"与美英人员来往今后应有区别"。⑦

---

① *The Diary of Georgi Dimitrov*, 10 January 1944, pp. 294 – 296. See also Vladimirov, *China's Special Area*, pp. 169 – 174.
② *The Diary of Georgi Dimitrov*, 25 and 29 February 1944, pp. 299, 301.
③ 中国公安部档案馆编《在蒋介石身边八年——侍从室高级幕僚唐纵日记》（简称《唐纵日记》），1944年1月13日，群众出版社，1991，第404页。
④ 王云五主编《民国胡上将宗南年谱》，台北，台湾商务印书馆，1980，第125页。
⑤ 中共中央文献研究室编《毛泽东年谱（1893－1949）》中卷，中央文献出版社、人民出版社，1993，第493－495页。
⑥ 中共中央文献研究室编《任弼时年谱》，中央文献出版社，2003，第461页。
⑦ 《中共中央书记处致董必武电》（1944年1月9日），中央档案馆藏。

1月21日深夜，毛泽东试探性地对孙平说："对中国来说，美国的政策是一个至关重要的问题"。① 在没有听到反对意见的情况下，延安展开了对美外交攻势。2月中，毛泽东再次电示董必武通过亲共的德裔记者斯坦因（Günther Stein）向美英记者表示，延安邀请他们前往考察。② 他要利用记者打开局面，就如同26年后的"文革"期间，邀请美国记者斯诺登上天安门城楼一样。紧接着毛泽东在3月23日按照要求向季米特洛夫汇报工作时提到他已了解到罗斯福在开罗告知蒋中正"维护国共联合及避免二者冲突的必要性"，而且"罗斯福已经表达了他任命自己的军事代表来［陕甘宁］特区调查人民革命军队情况的意愿"，而中共"亟盼美国给我们武器弹药的援助，这是我们所急需的"。在电报的最后，毛泽东甚至请求季米特洛夫联络美国共产党领导人白劳德（Earl Browder）为此提供帮助。③ 但美共正趋分裂，自顾不暇。于是，中共主动与美国人接触，康生在毛泽东的授意下"孜孜不倦地将各种信息提供给美国大使馆和军事机构"。④

而史迪威、戴维斯与中共的频繁交往要从1938年的汉口说起。那时国民党政府由南京逃到武汉，美国驻华外交官员也随之内迁。抗日民族统一战线方兴未艾，中共中央长江局（不久改为南方局）可以在武汉三镇公开活动。共产国际拥护者、刚刚离开延安的美国记者史沫特莱（Agnes Smedley）相当活跃，对美英在汉人士施以左派平等思想的洗礼，包括美国驻华武官史迪威上校、副官窦恩（Frank Dorn）、副领事戴维斯及英国驻华大使卡尔（Archibald C. Kerr）爵士等。而另两位延安的铁杆宣传家海军陆战队卡尔逊（Evans Carlson）上尉（罗斯福家的熟客）以及刚刚出版《西行漫记》的斯诺则在一旁推波助澜。这个小圈子的参与者，还时常包括中共魅力人物周恩来、叶剑英、章汉夫和王炳南（及其德国夫人王安娜）中的一位或几位。⑤

---

① Vladimirov, *China's Special Area*, p. 177.
② 聂菊荪、吴大羽主编《董必武年谱》，中央文献出版社，1991，第198页。
③ *The Diary of Georgi Dimitrov*, 1 April 1944, pp. 311–313.
④ Vladimirov's papers, 29 March 1944, in Vladimirov, *China's Special Area*, p. 194.
⑤ Stilwell diaries, 17–24 April, 4 Oct. and 5 Dec. 1938, Joseph Warren Stilwell Papers, Boxes 38, 41, Hoover Institution Archives; Davies, *China Hand*, p. 27; Freda Utley, *The China Story* (Chicago: Henry Regnery Company, 1951), pp. 105–107; 王炳南:《中美会谈九年回顾》，世界知识出版社，1985，第34页。中共党史学界关于史迪威与中共在1943年以前从未有过任何接触的说法是有违事实的，例如杨奎松《中间地带的革命》，山西人民出版社，2010，第440页。

从那时起，史迪威就已经开始为共产党搜罗药品。①

太平洋战争爆发以后，史迪威、窦恩、戴维斯组合再次奉派赴华。史迪威升为中将，名义上是美军中印缅战区总司令，但他主要还是指挥中国人。窦恩仍旧是他的副官。戴维斯是自己要求作为史迪威的政治顾问，由窦恩通过作战部从国务院借调，虽然名列驻渝使馆二等秘书，但八面玲珑的他并不把自己的老师、驻华大使高思（Clarence E. Gauss）放在眼里，专门负责替将军打通与华盛顿或者延安各方面的关系。而他的发小谢伟思也从昆明领事馆调来，任驻渝使馆的三秘，后因高思赏识擢升为二秘，不久，又被戴维斯挖走，变为史迪威将军的政治顾问。同样派给史迪威的外交官还有会日语的艾默生（John K. Emmerson）和另一位"中国通"拉登（Raymond P. Ludden）。如此在重庆，史迪威指挥部再次通过戴维斯、谢伟思等外交人员私下与八路军办事处加强了联系，"自觉主动"地与中共合作。②

要说到重庆的八路军办事处，它在历史上发挥的作用一直被低估。周恩来和王炳南自不用说，单就乔冠华、龚澎等几个受过西方教育的年轻党员，很快打开了局面，使重庆成为延安与国外交换情报的重要据点。尤其龚澎简直就是史沫特莱第二，与在渝美国人士普遍建立了友善的关系，她的崇拜者中甚至包括陈纳德将军顾问、罗斯福总统远房表弟、专栏写手艾尔索普（Joseph Alsop）以及后来担任马歇尔将军助理的领事石博思（Philip D. Sprouse）。③ 在这个情报网中，有几个重要的美国人发挥了枢纽作用，除了戴维斯和谢伟思以外，还包括美国陆军情报局－新闻处（OWI-USIS）驻华代表费正清（John K. Fairbank）、其门徒并且即将为中共而与《时代》周刊决裂的记者白修德（Theodore H. White）、前程似锦的大使馆参赞范宣德（于1943年调回国务院并很快升任远东司司长）以及财政部驻渝顾问同时也是苏联间谍的艾德勒（Solomon Adler，代号 Sax）和科佛兰（Frank Coe，代号 Pick）等。总之，无论在汉口还是在重庆，美国人与中共之间的联系算是有了一个基础。王炳南坦承，在各国使节当中，"和我接触最多的还是

---

① Israel Epstein, *Woman in World History: Life and Times of Soong Ching Ling* (Beijing: Foreign Languages Press, 2004), p. 395.
② 《胡乔木回忆毛泽东》，第79页。
③ John K. Fairbank, *Chinabound: A Fifty-year Memoir* (New York: Harper & Row Publishers, 1982), p. 273.

美国朋友"。①

此外，相当数量的中共情报人员以专家、秘书或者文员的身份为掩护，安插于重庆中央政府高层、美国驻渝机构官员的左右。其中既有单线联络的地下党员或同情者，主要包括军事委员会军令部次长刘斐，② 中美英平准基金委员会秘书长、孔祥熙的机要秘书冀朝鼎，国民党中央党部秘书处机要速记员沈安娜，国防研究院研究委员、第四十六军军长韩练成（奎璋），美国陆军情报局－新闻处驻重庆办事处中文部主任刘尊棋等；也有时常与王炳南联络的"中国民主革命同盟"秘密共产党组织，成员数十人，主要包括国民党中央候补委员王昆仑（孙科亲信，代号岗），委员长行营少将参议阎宝航（宋美龄亲信，代号元，接受苏联驻渝武官罗申 Николай В. Рощин 直接领导），立法院立法委员、陕西省建设厅厅长屈武（于右任女婿，代号纬），重庆卫戍总司令部少将参议吴茂荪（刘峙亲信，代号盛）、许宝驹（李济深密友，代号轩）、刘仲容（李宗仁、白崇禧亲信）等。③ 冀朝鼎更与谢伟思、艾德勒共寓重庆一所。④ 另据后来担任国民党军事委员会技术研究室（属军统）主任的无线电密码专家魏大铭透露，他的前任毛庆祥以及自己治下就一直有未暴露的共产党情报人员潜伏其间。⑤

如果再加上宋庆龄的话，那么在渝的中共力量就是难以估量的。这位前"国母"与史迪威、戴维斯、谢伟思集团有着不同寻常的友谊。史迪威到重庆的时候，会去宋庆龄的寓所，两人一起玩纸牌"金罗美"。这位不喜社交

---

① 程远行：《一位老外交家的足迹：我所知道的王炳南》，人民出版社，1998，第138页。
② 有关刘斐系"共谍"的回忆录甚多，但他加入过共产党的证据不足，可以确定的是中共通过地下党员杨东莼向他发出指示。见程思远、屈武于刘女沉刚、婿王序平《刘斐将军传略》（湖北人民出版社，1987）卷首序文。参见魏大铭、黄惟峰《魏大铭自述：前军统局传奇人物》，香港，蓝月出版社，2012，第17页；蒋匀田《中国近代史转折点》，香港，友联出版社，1976，第83页；周宏涛、汪士淳《蒋公与我：见证中华民国关键变局》，台北，天下远见出版公司，2003，第102页；熊丸、陈三井、李郁青《熊丸先生访问记录》，台北，中研院近代史研究所，1998，第75页。
③ 参见乔冠华《口述自传》，载萧关鸿等编《那随风飘去的岁月：乔冠华·章含之》，学林出版社，1997，第166-170页；王明湘等《中共中央南方局和八路军驻重庆办事处》，重庆出版社，1995，第194页；程远行《我所知道的王炳南》，第166-168页。
④ Harvey Klehr and Ronald Radosh, *The Amerasia Spy Case: Prelude to McCarthyism* (Chapel Hill: The University of North Carolina Press, 1996), p. 21.
⑤ 《魏大铭自述》，第38页。

的将军甚至也在自己只对亲信军官开放的官邸里宴请过宋庆龄。① 一方面，他是宋庆龄援助延安的坚定执行者。应宋庆龄之请，史迪威向延安派去了陆军军医卡斯堡（Melvin A. Casberg）少校，并且一待数载。他还会毫不犹豫地动用美军飞机将宋庆龄的军用、医疗物资运往延安，甚至包括一台比机舱门还要大的原本打算陆运的 X 光仪。② 另一方面，宋庆龄也是史迪威对抗蒋中正的坚定支持者。1944 年夏秋，蒋史矛盾发展到白热化阶段，宋庆龄写信给史迪威，鼓舞他说"［中国］人民感激您和您的行为"；她至少两次在自己家中招待史迪威，并毫无保留地给予支持，为他打气。10 月 20 日，史迪威被解职后第二天，去见宋庆龄，"她哭了，基本崩溃"，并骂蒋是"纸老虎"，还谴责罗斯福居然示弱，对蒋过于纵容。③ 而戴维斯同样与宋庆龄保持着良好的私人关系。他在史迪威被召回后，主动联系调往莫斯科的美国使馆。④ 在临行前，戴维斯除了拜访延安以外，也去看了宋庆龄。她很委婉地记叙道："约翰·戴［维斯］与我共进晚餐，饭后斯义桂还唱了歌，但……我们都沉浸在烦闷的思绪之中。约翰已赴莫斯科，这个职务的变化对他是一种升级（在意识形态上说！）"她同样提到了另一个约翰："谢伟思回来了，但他可能会遭到类似的命运，因为他也染过颜色了，染得很深。"⑤ 几年后，史迪威去世，白修德帮助他的遗孀编辑出版了其部分文件，在扉页上写着"献给孙中山夫人"。⑥ 这些虽系后话，但他们彼此心有戚戚可见一斑。

　　中共的策略是给美国人戴高帽子，好让他们觉得自己能解决中国的问题，而且最有效的方法就是对蒋中正不断施压、逼其就范。1942 年 11 月 20 日，当时正在重庆与国民党谈判的周恩来及毛泽东的代表林彪向范宣德和谢伟思表示：美国对国民党的影响是唯一可能使国共形势得以改善的力量，必

---

① Davies, *China Hand*, p. 140.
② Epstein, *Soong Ching Ling*, pp. 378, 400 – 401；吕德润：《美国将军史迪威与八路军》，《炎黄春秋》2001 年第 1 期，第 52 页；尚明轩等编《宋庆龄年谱》，中国社会科学出版社，1986，第 140 页。
③ Letter, Song to Stilwell, 24 June 1944, quoted in Epstein, *Soong Ching Ling*, p. 422; Stilwell diaries, 24 Sept. and 20 Oct. 1944.
④ Davies, *China Hand*, pp. 110, 234.
⑤ Epstein, *Soong Ching Ling*, p. 423；《宋庆龄致杨孟东函》（1945 年 2 月 17 日），吴全衡、杜淑贞编《宋庆龄书信集》上卷，人民出版社，1999，第 288 页。
⑥ See Theodore H. White ed., *The Stilwell Papers*（New York：William Sloane Associates, Inc., 1948）.

须强化对国民政府的压力，同时直接介入国共纷争，并供给共产党军队以"合理的美国援华份额"。随后，谢伟思也在一份详细的报告中，要求国务院重新审核美国供给国民党政府军事装备的政策，应避免不用于抗日反用于内战。① 1943 年 12 月 31 日，开罗归来的戴维斯更直接写信给霍普金斯，向罗斯福提议加大对蒋施压的力度，并准备支持一个包括中共在内的新"联合政府"（a strong new coalition）。② 史迪威对蒋施压颇有历史，且有过成功的经验。1944 年 4 月 10 日，经他建议，马歇尔亲自下令停拨援华物资，从而迫使蒋派出驻滇远征军卫立煌统率的 Y 部队入缅。③ 7 月，昆明的中共外围组织民主同盟又通过美国外交官告知华盛顿，只有罗斯福亲自对蒋施压，才有使国民党由法西斯转向民主的一线希望。④ 8 月，毛泽东又让谢伟思相信："美国在华影响是决定性的，中国人因此最为关心的就是美国的政策……对蒋友好只不过是你一厢情愿的事。他在持续、强硬并一致的压力下必定会屈服。对你的目标不要有丝毫的松懈：不断敲打他。"⑤ 不久，谢伟思在蒋史冲突的最后阶段，还从延安写信给史迪威，劝他一定要强硬：美国占据优势地位，如果没有美国的支持，国民党早就垮了，因此蒋必定会服从美国；国民党军不打仗，是因为相比抗日，国民党更热衷于攻击共产党，而中共军队或者地方军要比毫无斗志的国民党军要更为有用。⑥ 所有在华的美国军政官员都拿出一副吃定国民政府的腔调："中国依赖美国"，"美国需在华建立积极的领导"。⑦

这就又牵涉租借物资的支配权问题。早在蒋史交恶之初，就有重庆亲共人士杨杰通过戴维斯加以告诫。驻苏大使、军事家杨杰由于受莫斯科影响而

---

① Memo, Service for State, 23 Jan. 1943, *FRUS*, *1943*, *China*, pp. 196 – 197.
② Memo, Davies for Hopkins, 31 December 1943, *FRUS*, *1943*, *China*, p. 399.
③ Romanus and Riley Sunderland, *Stilwell's Command Problems*, p. 312; Davies, *China Hand*, p. 196; *Dragon by the Tail*, p. 296.
④ Memo by Grew, 31 July *1944*, *FRUS*, *1944*, vol. 6 (Washington: USGPO, 1967), p. 491.
⑤ Memo, Service for Stilwell, 27 August 1944, enclosed memo of conversation between Service and Mao, 23 August *1944*, *FRUS*, *1944*, vol. 6, pp. 602, 610.
⑥ Letter, Service to Stilwell, 10 Oct. 1944, quoted in Milton E. Miles, *A Different Kind of War: the Little-known Story of the Combined Guerrilla Forces Created in China by the US Navy and the Chinese during World War II* (Garden City, NY: Doubleday, 1967), p. 333.
⑦ Despatch, Gauss to Hull, 27 March 1944, and Wallace report to Roosevelt, 10 July 1944, *FRUS*, *1944*, vol. 6, pp. 241, 386 – 387.

同情共产主义,于 1940 年遭到蒋中正的罢黜而赋闲重庆;随后周恩来即通过宋庆龄与之结交,并秘密吸纳其为中共工作,由董必武单线联络。① 1942 年 7 月 11 日,史迪威收到戴维斯报告,说这位前大使提醒美国人要警惕国民政府,"必须有步骤地确保供给中国的物资用于既定目标。如其不然,租借物资就会被中国政府囤积起来(为内战做准备,以维持当权者的统治,并增强中国军力作为日后谈判桌上的砝码?)。'我们中国人皮厚',杨将军称,'你们对我们太客气了'"。② 这个版本与不久周恩来托戴维斯带话给总统特使居里(亦是苏联间谍,代号 Page)的措辞几乎完全一致。③ 这个主张可谓与史迪威一拍即合。7 月底,戴维斯即以肯定的语气在中印缅战区评估报告中写道:"中国政府的政策因此在于保存而非发展其军事实力,并依赖美国海空力量及可能的俄国陆空军来击败日本……这导致转交给中国的租借物资一旦没有交换条件(*quid pro quo*)的要求就会被囤积起来而有违租借法案的初衷即用于抵抗日本人"。④(强调为原文所有)史迪威后来以他的交换条件理论而闻名华盛顿,他给马歇尔的电报被转给了罗斯福:"蒋介石已经非常暴躁而难以控制,无论给了他什么都不断加码其要求,除非以更为严厉的口吻对他讲话,否则将永无休止。我们每给他做一件事,就应该要他一个确切的承诺。"(强调为原文所有)这种态度也显然获得了马歇尔的支持。⑤ 1943 年 7 月初,胡宗南部进抵洛川,毛泽东马上让董必武向史迪威等美英人士求救,史迪威迅即表示:如中国内战,他必将飞机带走。随后史又让中共提供其所牵制日军的番号、数量及将领姓名等信息。⑥ 这让蒋非常恼火。他密令在华盛顿的宋子文直接表达不满,批评史迪威怂恿中共作乱而更加"鸱张无忌"。⑦

---

① 杨德慧:《杨杰将军传》,云南人民出版社,1993,第 390 页。
② Memo, Davies for Stilwell, 11 July 1942, *FRUS*, *1942*, *China* (Washington D. C.: USGPO, 1956), pp. 115 – 116.
③ See memo, Davies for Currie, 6 August 1942, *FRUS*, *1942*, *China*, p. 227. For the soviet spies, see Allen Weinstein and Alexander Vassiliev, *The Haunted Wood: Soviet Espionage in America—the Stalin Era* (New York: Random House, 1999), p. 157.
④ Memo, Davies for Stilwell, 31 July 1942, *FRUS*, *1942*, *China*, p. 129. 高思大使于 8 月 12 日将此报告抄送国务院,转述了戴维斯的这一观点,但未置可否。
⑤ See Romanus and Sunderland, *Stilwell's Mission to China*, p. 278.
⑥ 聂菊荪、吴大羽主编《董必武年谱》,第 182 – 184 页。
⑦ 《蒋中正致宋子文电》(1943 年 9 月 9 日),秦孝仪主编《中华民国重要史料初编——对日抗战时期》第 3 编第 1 卷,台北,中国国民党党史委员会,1981,第 162 页。

10月底，史迪威又接董必武密告："国民党正增兵西北，目前包围边区的兵力共十四个军（三十七、八个师），一个骑兵军（四个骑兵师）。"① 开罗会议期间，史迪威利用最后面见总统的机会向罗斯福告状："蒋只是在积蓄力量，以便在战后对付共产党。"② 史迪威其后在公私场合多次表示要平等分配美援，甚至当着蒋的面，明确表示要给八路军五六个师的装备。③ 谢伟思也向史迪威建议，要更为主动地与中共合作，即给他们以武器装备。④ 史迪威对此深信不疑，这其实构成日后蒋史矛盾无法调和的核心和关键。

而在国民党内部，粤桂系大员与蒋中正之间的矛盾也加剧了蒋史冲突。先说武官，李济深曾于开罗会议期间与第七战区司令长官余汉谋、第四战区司令长官张发奎、第九战区司令长官薛岳暗通款曲，谋求西南地区联合而被蒋所发觉。⑤ 这自然与国民党长期派系纷争有关，也与中共高级谍报人员陈翰笙密谋策划有关。⑥ 1944年8月，李济深准备武装夺权建立西南联防政府的计划经由美国使馆告知了史迪威。⑦ 再看文官。蒋的大舅子宋子文一度试图与史迪威建立政治联盟，甚至想通过白宫向蒋施压，任命他自己的人担任中国陆军司令和参谋长。⑧ 而孙文之子孙科在蒋中正宣布准备宪政之后一度异常活跃，不但仍旧坚持亲苏的立场，而且开始与美国驻渝军政官员往来频繁，同时主动向两国政府传递情报。像宋庆龄一样，他利用自己在国民党内的特殊身份，公开号召允许共产党合法化，并反复强调美国人的看法应作为政策制定的依据，甚至承认美国在华的"优越"（preeminent）地位。⑨ 中共

---

① 聂菊荪、吴大羽主编《董必武年谱》，第190－191页。
② Roosevelt, *As He Saw It*, p. 207.
③ 熊式辉：《海桑集》，香港，明镜出版社，2008，第454页；另见《董显光自传》，曾虚白译，台北，台湾新生报社，1974，第135－136页。
④ Memo, Service for Stilwell, 29 August 1944, *FRUS*, 1944, vol. 6, pp. 618－619.
⑤ Despatch, Gauss to Hull, 18 November and 22 December 1943, *FRUS*, 1943, *China*, pp. 380, 390－391.
⑥ Yu Maochun, *OSS in China: Prelude to Cold War* (New Haven: Yale University Press, 1996), pp. 163－164. 参见陈翰笙《四个时代的我》，中国文史出版社，1988，第76页。
⑦ Telegram, Gauss to Hull, 10 August 1944, *FRUS*, 1944, vol. 6, pp. 505－506.
⑧ Davies, *China Hand*, p. 171.
⑨ 孙科：《怎样应付当前的困难问题》（1944年3月9日国民党中央组织部演讲稿），《我们唯一的路线：孙院长最近言论集》，国民党党内印行，1944，第24页；Memo, by Chase, 15 June 1944, *FRUS*, 1944, vol. 6, p. 456.

已将孙科作为积极争取的对象。① 美国人也自然把孙当作国民党内自由派以及重要的政治力量，用心结交。②

中共不失时机地提出将全部中国军队的指挥权交由史迪威掌管。早在1942年6月29日，刚刚做完疝气手术的周恩来躺在病床上对前来探望的戴维斯"半笑半真地说（half-laughingly half seriously），假如委员长允许，他将率领手下的共产党部队投入缅甸战役，而且'会服从史迪威将军的命令！'"戴维斯如此这般报告了史迪威。随后，史迪威就一直相信中共军队愿意听从他的指挥，并将这一点上报马歇尔，③还多次向蒋中正要求用八路军在华北同国民党军一起抵御日本人。④ 1943年9月2日，充任宋庆龄秘书的王炳南携国民党军晋陕绥边区总司令邓宝珊秘密拜访了史迪威。这个邓宝珊是中共的老朋友。此前，邓宝珊分别与毛和周都有长时间的单独谈话，他在重庆的时候，也与延安保持着联系。⑤ 当时，戴维斯和谢伟思都在座，就与八路军合作的问题谈了许久，邓宝珊赞誉共产党民主廉政、士气高昂，指出他们与国民党军合作的顾虑在于"如果置于国民党将领的指挥下，经验丰富、战斗力强的共产党游击部队的完整性"将如何保持，并强烈建议美军干预促成军事合作。⑥ 史迪威总结道"跟我们的想法是一样的"。⑦ 邓于年底到延安的时候，毛泽东又把他接到自己在杨家岭的居所，并请邓的老部下、秘密共产党员续范亭作陪，并差人送去上等狐皮十件作衣料。⑧ 毛泽东后有书致邓宝珊，表示"先生尽了大力，我们不会忘记"。⑨ 因此，史迪威

---

① 《朱家骅、徐恩曾致蒋中正报告》（1944年5月24日），"国史馆"藏《蒋中正总统文物·革命文献——中共诡谋与异动（二）》：002-020300-00050-085。
② See dispatches, Gauss to Hull, 28 February and 3 April 1944, *FRUS*, *1944*, vol. 6, pp. 358, 392-393.
③ Davies, *Dragon by the Tail*, p. 247; Davies, *China Hand*, p. 199.
④ E. J. Kahn, Jr., *The China Hands: America's Foreign Service Officers and What Befell Them* (New York: The Viking Press, 1975), pp. 99-100; 程远行：《我所知道的王炳南》，第139页。
⑤ 邓宝珊是同盟会员，和续范亭一样是老西北军，在抗战期间与陕甘宁边区关系密切，其女邓友梅在延安加入共产党，他在1948年底、1949年初共产党劝降傅作义时发挥了巨大的作用。见石佩玖《邓宝珊将军在榆林》、杨令德《我所知道的邓宝珊先生》，载全国政协文史资料研究委员会编《邓宝珊将军》，文史资料出版社，1985，第144、220页。
⑥ Despatch, Atcheson to Hull, 10 September 1943, *FRUS*, *1943*, *China*, pp. 329-330.
⑦ Stilwell diaries entry, 2 September 1943.
⑧ 《毛泽东年谱（1893-1949）》中卷，第483、484页；金城：《延安交际处回忆录》，中国青年出版社，1986，第291-292页。
⑨ 《毛泽东年谱（1893-1949）》中卷，第568页。

对与中共的合作非常有信心，甚至向蒋宣称只要他去延安三日内就可解决中共问题。① 他也几次计划去延安，但因故都没有成行。②

在这样的背景下，1944年1月15日，戴维斯利用他在开罗会议期间建立的联系，直接以罗斯福为对象，把建议写在一页纸上，寄给霍普金斯，甚至附了一封代总统拟给蒋中正的电稿，明确要求向陕西和山西北部派出美军观察组搜集情报。随后这份简洁明了的备忘录被总统转给了他的参谋长李海和马歇尔，而戴维斯的电稿则稍加改动后经总统签署发给了蒋。③ 美军将要向中国共产党的首府延安派驻观察组。这是周恩来外交所取得的辉煌成就之一。该建议自1941年周恩来首次对居里提出，④ 接着1942年5月、1943年2-9月，又经周、戴维斯、谢伟思、邓宝珊反复建议，⑤ 而且获得了史迪威的赞同。⑥ 为了向蒋施压，史迪威还亲自阻挠中国官员访美。⑦ 史迪威亦就此事致函何应钦，又询问外事局长商震，表达了关切之意。⑧ 现在，戴维斯的电稿以美国总统名义于2月9日发至重庆，直接向国民政府主席蒋中正施压。⑨ 蒋不由慨叹道：罗斯福"为共匪宣传所迷惑，急欲往延安明了共匪情形，而其在华一般幼稚武官，中毒更深"。⑩ 美国总统命现役军人与国民政府的武装反对派建立官方直接联系，这是正式干涉中国政治的开始。

其时，美国将中国作为对日终战基地的设想尚未改变。罗斯福的战略一

---

① 熊式辉：《海桑集》，第454页。
② Stilwell diaries, 29 March and 13 Sept. 1944; David D. Barrett, *Dixie Mission: The United States Army Observer Group in Yenan, 1944* (Berkeley: University of California, 1970), pp. 30 – 31.
③ Davies, *China Hand*, p. 214. For the memorandum, see Davies, 15 Jan. 1944, *FRUS, 1944*, vol. 6, pp. 307 – 308.
④ 参见《胡乔木回忆毛泽东》，第79页；中共陕西省委党史研究室编《中外记者团和美军观察组在延安》，陕西人民出版社，1995，第2页。
⑤ 《周恩来年谱（1898 – 1949）》，第545页；Davies, *Dragon by the Tail*, p. 252; memo, by Service, Smyth and Hamilton, 11 Feb. 1943, *FRUS, 1943, China*, p. 207; memo, Davies for Stilwell, 16 March 1943, *FRUS, 1943, China*, p. 214; memo, Davies for State, 24 June 1943, *FRUS, 1943, China*, p. 258; Barrett, *Dixie Mission*, pp. 22 – 23.
⑥ Davies, *Dragon by the Tail*, p. 273.
⑦ Yu Maochun, *OSS in China*, p. 160.
⑧ 《唐纵日记》，1944年2月17日、3月26日、4月1日，"上星期反省录"，第413、418 – 420页。
⑨ Telegram, Roosevelt to Chiang, 9 February 1944, in *FRUS, 1944*, vol. 6 (Washington: USGPO, 1967), p. 329.
⑩ 蒋中正日记，1944年2月13日。

直是避免登陆日本本土，而通过大规模的轰炸迫使其投降。① 1944 年 1 月底，美国陆海军中、西南太平洋战区在珍珠港召开会议，讨论对日反攻战略。尽管在攻击方向和部署上，海军和陆军之间钩心斗角，但他们仍然赞同去春以来形成的以中国为跳板、用新式 B-29 轰炸机给日本本土造成致命打击的战略。② 这种单价高达 60 万美元的"超级空中堡垒"性能尚未稳定，也未作为主体机投入实战，但是它一连串不俗的数据使其具备了值得期待的价值。毫无疑问，这是当时空中最重、最大也是最快的飞机，让绝大多数的战斗机和高射炮都望尘莫及，适用于远程战略轰炸任务，这就是后来在广岛和长崎投下原子弹而被日本人称为"地狱火鸟"的杀人兵器。然而，即使代号为"曼哈顿"计划的原子弹研发尚处于攻坚阶段，而且只限于少数人知道的机密，更没有人知道能否真正成功，B-29 却在 1944 年春天被确定为最为合适的原子弹载机。因此，如果不考虑苏联远东地区，中国的沿海地区将是基地的最佳选址。2 月 10 日，陆军参谋总长马歇尔上将答复海军军令部长金上将时，明确同意美军的目标是要在"中国东海岸"建立基地。③ 金海军上将对中国战场素怀热忱，在珍珠港事件后就预测三四年后将登陆中国，并派海军情报军官梅乐斯（Milton E. Miles）中校赴华及早与军统头目戴笠（字雨农）联络，建立登陆基地。④ 然而随着中国局势的持续恶化和太平洋战场的迅速推进，美军不可避免地萌生了抛弃中国的打算。在新德里，中缅印战区（CBI）和新成立的旨在挽救英国在亚洲殖民地的东南亚战区（SEAC）之间就充满了矛盾。后者的美军副总参谋长魏德迈（Albert C. Wedemeyer）少将因其德裔血统而大有天妒英才之感，积极主张经由苏门答腊—新加坡，与太平洋战区的美军会师，直捣日本；这就与前者史迪威中将的缅甸—中国战略产生了竞争。⑤

---

① Minutes, Roosevelt and Stalin meeting, 8 February 1945, Bohlen Collection, in *FRUS*, *1945*, *The Conferences at Malta and Yalta* (Washington: USGPO, 1955), p. 766.

② Memo, Handy for Marshall, 7 February 1944, Record Group (RG) 165, National Archives at Atlanta.

③ Memo, Marshall for King, 10 February 1944, in ed. Larry I. Bland, *The Papers of George Catlett Marshall*, vol. 4 (Baltimore and London, The Johns Hopkins University Press, 1996), p. 281; see also editorial notes on Pages 276-280, *ibid*.

④ Miles, *A Different Kind of War*, p. 18.

⑤ Davies, *Dragon by the Tail*, p. 300; Albert C. Wedemeyer, *Wedemeyer Reports*! (New York: Henry Holt & Company, 1958), p. 258.

在启程赴开罗之前，罗斯福总统电请蒋中正在成都附近修筑5个长形的B-29机场及附属的房屋设备，定于1944年3月前完工。蒋电复照办。① 国民政府共征集了36万劳工，在川西新津、彭山、邛崃、广汉等地抢修机场，命名为"特种工程"。② 成都附近修筑的4个前进基地都是为该重型轰炸机量身定制的，在通胀的压力下，还是于1944年6月竣工。它们有着厚实的硬质停机坪，其中三个均可承载52架这种轰炸机，另一个稍小些，也可停驻43架。③ 英国同时也在印度西孟加拉的克勒格布尔修筑了数个主要基地，这里与加尔各答港之间交通便利。成都的机场之所以被称为前进基地，是因为它们只是B-29由印度起飞向日本前进途中的跳板，好让攻击范围延伸到日本九州岛和中国东北，但是日本本州还是太远，不是飞不到而是回不来。没有人知道未来一年美国的计划可能发生改变，四川的战略轰炸机场最后根本没有派上多大用场，反而恶化了中美关系，更加速了国民政府的经济崩溃。

由于中国国力殆尽，罗斯福许诺的援助又迟迟不能兑现，中美之间尤其是国民政府与美国作战、财政两部的矛盾日益尖锐。2月15日，马歇尔接到两份内容相关但旨趣相反的报告：一份是由陆军后勤部队司令萨默维尔（Brehon B. Somervell）中将撰写，旨在通过减少美国在中国的军事行动来迫使国民政府在汇率问题上顺从；另一份则是由陆军航空兵参谋长贾尔斯（Barney M. Giles）少将提交，要求美国政府采取一切手段以改善国民政府的金融困境，从而保证成都附近B-29前进机场的及时完工。2月17日，马歇尔向顶头上司史汀生做了汇报，鉴于B-29在未来可能担负的重任，史汀生对中国的经济也颇感头痛。④ 华盛顿的对策就是史迪威的战略——施压。早先，萨默维尔就曾告知财政部长摩根索（Henry Morgenthau, Jr.）：史汀生和马歇尔"业已决定将对中国政府强硬。对于与中国的合作以及中国军队目前实际上数量有限的战斗，他们表示非常不满"，必要的时候将停止修筑在华机场，甚至花1

---

① 《罗斯福致蒋中正电及蒋批示》（1943年11月12日），秦孝仪主编《中华民国重要史料初编——对日抗战时期》第3编第3卷，第285页。
② 见《各县征送民工人数统计表》，中国四川省档案馆藏民国档：116-128。
③ Romanus and Sunderland, *Time Runs Out in CBI*, p. 26.
④ Memo, Marshall for Stimson, 17 February 1944, see also notes 1 and 2, *The Papers of George Catlett Marshall*, vol. 4, p. 307.

亿美金收买蒋的某个竞争对手促其倒台。① 2月18日，史迪威又在戴维斯的建议下，派他的参谋长柏特诺（Haydon L. Boatner）准将返美，以夸夸其谈的口才向总统游说要在缅甸问题上继续对蒋施压的重要性。② 连反蒋的戴维斯也承认，"共产党通过他们的群众路线和组织天才自下而上地构成一股颠覆力量。美国人则是自上而下地去威胁他［蒋中正］摇摇欲坠的权力结构"。③

日军当然也不会坐以待毙。他们困于太平洋和印缅两地的苦战之中，回过头来突然发现中国战场运入了美军轰炸机，同时大本营也接到报告称华中、华南沿海发现可疑的潜艇基地。1月24日，东京决心实施"一号作战"（中方史称豫湘桂战役），这是日本历史上规模最大的军事行动，有20个师团（占"支那派遣军"总数的80%）的50万人参加。④ 目的在于"击破敌军，占领并确保湘桂、粤汉及南部京［平］汉铁路沿线要地，覆灭敌空军主要基地，以封杀其空袭"。⑤ 这时候，东京陆海军内部同样因为争夺飞机而闹得不可开交，总理大臣东条英机只得亲兼陆军参谋总长一职，并任用他的密友、海相岛田繁太郎大将兼任军令部总长，以图专心巩固日本"绝对国防圈"。2月22日，蒋中正从戴笠那里获报，日军正从东北和华北抽调15万部队南下，并重建了一座黄河大桥。

伴随着中美借贷、缅战延期的纠葛冲突，矛盾的焦点集于蒋中正身上。也就在同一天，即2月22日，他终于回电罗斯福。以其患得患失的性格，蒋中正首先对派遣美军观察组表示赞同，然后以极其委婉的语气暗示观察组不能去中共控制区域，而只能去"中央政府政治力量所及以及敝国军队驻扎各处"。⑥ 罗斯福简单忽略了这一点，于3月1日续电表示前述观察组

---

① Morgenthau diaries entry, 19 January 1944, in ed. William Leuchtenburg, *The Morgenthau Dairies: World War II and Postwar Planning, 1943 – 1945* (Bethesda, MD: University Publications of America, 1997), vol. 695, pp. 176 – 177.
② Telegram, Boatner to Stilwell, 19 February 1944, see note 1, memo, Marshall for Roosevelt, 14 February 1944, *The Papers of George Catlett Marshall*, vol. 4, p. 300.
③ Davies, *Dragon by the Tail*, p. 318.
④ Hara Takeshi, "The Ichigo Offensive," in eds. Mark Peattie et. al., *The Battle for China: Essays on the Military History of the Sino-Japanese War of 1937 – 1945* (Stanford: Stanford University Press, 2011), p. 392.
⑤ 服部卓四郎、『大東亜戦争全史』、東京、原書房、1965、616 – 620頁。
⑥ 《蒋中正致罗斯福电》（1944年2月22日），秦孝仪主编《中华民国重要史料初编——对日抗战时期》第3编第1卷，第164页。

"即将"派出。① 几乎同时，中共在重庆的情报网就获得了这一消息，毛泽东第一时间得知美国政府决定向西北派遣一个军事观察组。消息来源是蒋的一位美国顾问。②

蒋中正经过几番思虑之后，还是暂时抵制了这一要求。这时候，重庆以斯坦因为首的10位外国记者在延安的鼓舞下，联名函蒋，要求赴延考察。③ 作为对美军观察组搁浅的补偿，2月23日官方被迫首次批准记者访问延安。蒋指示"须有周到之准备"。④ 他特地答应给外国记者3个月的采访期限，倒不是怕他们看，反而担心不足以暴露"匪之内情与宣传及其欺诈手段"。⑤ 国民党中宣部专门制定了《招待外国记者赴延安参观计划》。最后核定了6名外国记者和9名中国记者同行。外国记者包括英国《曼彻斯特卫报》的斯坦因、苏联塔斯社的普金科、美国《时代》《纽约时报》的爱泼斯坦（Israel Epstain，秘密共产党员⑥）、《先驱论坛报》的福尔曼（Harrison Forman）、天主教报纸《中国通讯》的夏南汉神父（Comac Shanahan）、中宣部的美国顾问武道（Maurice E. Votaw），共产党或者同情中共人士占2/3。而随团的《扫荡报》记者谢爽秋，亦是中共地下党员。⑦ 记者团由国民政府外事局副局长谢保樵和新闻检查局副局长邓友德分别担任正副领队，由魏景蒙和陶启湘负责稿件的审查工作。⑧

而中共的准备工作做得更为细致。周恩来本着"一切工作要预想到底"的原则，事必躬亲。他尤其特别指示，要陪同干部沿途"指点他们注意国民党封锁边区的工事"。⑨ 延安南门交际处的接待室里也悬挂起了孙文联俄联共的卷轴和蒋的新画像，并经周亲自审核了领袖像的悬挂次序，从左至右

---

① Telegram, Roosevelt to Chiang, 1 March 1944, *FRUS*, *1944*, vol. 6, p. 367.
② 胡乔木回忆录编写组在查阅大量文献档案后，以肯定的语气写道："毛主席得知美国政府准备向延安派遣一个军事观察组是在1944年3月初。当时，八路军驻重庆办事处给党中央发来一份电报，说一位在国民党政府内担任顾问职务的美国人士告诉我们，罗斯福总统已致电蒋中正，要求派遣一个军事考察团去西北。"见《胡乔木回忆毛泽东》，第334页。
③ 聂菊荪、吴大羽主编《董必武年谱》，第198页。
④ 《唐纵日记》，1944年2月24日，第415页。
⑤ 叶惠芬编注《蒋中正总统档案·事略稿本》第56卷，台北，"国史馆"，2011，第398页。
⑥ 陈翰笙：《四个时代的我》，第70页。
⑦ 谢爽秋：《1944年中外记者团延安之行》，载《中外记者团和美军观察组在延安》，第298-306页。
⑧ 金城：《延安交际处回忆录》，第203页。
⑨ 《周恩来年谱（1898-1949）》，第571页；金城：《延安交际处回忆录》，第215页。

为斯大林、罗斯福、蒋中正和丘吉尔。① 所有反蒋标语都被撤换成了国共联合抗日。一些村子也事先进行了排练。为证明八路军的抗日成绩，毛泽东命叶剑英急令各中央局、军区"火速"搜集日伪的反共言辞。② 这些材料后来在美国人中发挥了作用。③ 延安还抽调马克思主义的翻译家柯柏年和浦化人负责中外记者稿件的审查工作。④

事后证明，中共在这场宣传战中完胜。毛泽东一向重视宣传，他对武道热情地表示："我们期待着国共两党关系会得到改善……我们一切希望都是为了团结和民主"。他更聪明地指出华盛顿对国民党的批评比中共的要尖锐激烈得多。⑤ 武道后来告诉中宣部时任国际宣传处处长的曾虚白（曾朴之子），延安的"招待非常隆重"。⑥ 可以想见，延安远离战场，就连山野里简陋的窑洞在外国记者和神职人员住起来都别有一番风味；每周六的舞会，在共产党人不过是一个娱乐节目，但在驻渝记者看来却充满了久违的节日气氛，无不备受鼓舞，甚至从中看出了延安的平等和活力。

外国记者的到来对中共来说只不过是一个热身。6月中旬，毛泽东从斯诺10日发表在美国《星期六晚报》杂志上一篇题为《六千万被忘掉的同盟者》的宣传文章中获悉，"2月间，尼米兹［Chester W. Nimitz］上将宣布美海军拟在中国海岸上建立基地，以便从那里攻击台湾和日本"。⑦ 随后他又从来延的美英记者那里获证"盟国有可能向八路军提出配合作战的请求，美国政府已开始考虑战后对华政策等等"。⑧ 中共中央指示延安外语学院在俄语和法语之外，增设了一个英语学校，由浦化人充任校长，紧急培训翻译人员。⑨ 一切都为美国更大的举措做好了准备。

---

① Hsiao Li, *Bold Plum*, p. 261；金城：《延安交际处回忆录》，第202页。
② 中国人民解放军军事科学院编《叶剑英年谱（1897 – 1986）》上卷，中央文献出版社，2007，第407页。
③ Despatch by Service, 31 July 1944, *FRUS*, *1944*, vol. 6, p. 535.
④ 《中外记者团和美军观察组在延安》，第7页；金城：《延安交际处回忆录》，第206页。
⑤ 《毛泽东与武道谈话节录》（1944年7月18日），张迪杰主编《毛泽东全集》第19卷，第16 – 17页。
⑥ 张克明、刘景修：《抗战时期美国记者在华活动纪事（二）》，《民国档案》1988年第3期，第130页。
⑦ 毛泽东：《欢迎美军观察组的战友们！》（社论），《解放日报》1944年8月15日，第1版。
⑧ 参见《胡乔木回忆毛泽东》，第333页。
⑨ 《任弼时年谱》，第467页；Hsiao Li, *Bold Plum*, p. 272.

美军来到延安

1944年6月6日，美英盟军在法国诺曼底登陆；就在欧洲战场形势扭转的情况下，中国的前途则更为黯淡。从4月起，日军对河南发动猛攻，相继夺取郑州、许昌，打通了平汉线，接着又向南攻击湖南。截至6月，国民政府军政部统计，国民党军队共伤亡2835548人，其中殉国将士1160472人，平均每30人即有一名军官。蒋的嫡系部队除了远征军和防御中共的胡宗南部队外，可谓殆尽。① 经历过7年战乱，国民政府其时已至崩溃边缘，只不过是百足之虫罢了。1944年初，岷江上游叠溪山崩，春水不畅，天府的食米供应也成了问题。② 重庆市面上出现了面值500元的法币新钞，其价值大约只相当于战前的1元，通货膨胀愈演愈烈。这让穷人更穷，贪官更贪，知识无用，政府信用扫地。中国民众和在华外籍人士一齐将矛头对准了国民党政府。

美国副总统华莱士就是在这种背景下来到了中国。6月20日下午，华莱士在范宣德、拉铁摩尔等外交人员的陪同下，辗转西伯利亚、新疆抵达重庆。这位拉铁摩尔是研究中国边疆（尤其是蒙古）问题的美国学者，在冷战期间是美国家喻户晓的亲共人士。他幼年曾随传教士父母在山东住过，后经苏联间谍居里向罗斯福介绍，得以蒋中正顾问的名义于1941年来华，1943年返美负责美国陆军情报局在旧金山的对日宣传工作。在他看来，共产党的优点在于能够坚持民族平等的原则，而且"中共只是中国历史上屡见不鲜的农民起义在20世纪的表现"而非"苏联的工具和傀儡"。他曾于1937年6月与共产党刊物《美亚》杂志的贾菲（Philip J. Jaffe）、毕恩来（Arthur Bisson）一起以观光客身份访问延安，并且做出好评。③ 此次华莱士一行还在访问苏联的时候，新任美国驻苏大使哈里曼（William Averell Harriman）特地赶往乌兹别克的塔什干会面，并把斯大林的意见转告华莱士。华莱士显然听信了莫斯科的那套后来十分著名的说辞："蒋另一大过失

---

① 《唐纵日记》，1944年6月13日、7月10日，第437、444页。
② 李璜：《学钝室回忆录》第2卷，香港明报月刊，1982，第537页。
③ Owen Lattimore and Fujiko Isono, *China Memoirs: Chiang Kai-shek and the War against Japan* (Tokyo: University of Tokyo Press, 1990), pp. 56–60, 96.

在于他拒绝利用中国共产党去对付敌人。这是一个愚蠢的政策。不但不用他们抗日,还继续在意识形态上与之争执。中共并非真正的共产党人,他们是'人造黄油'(margarine)共产党。但他们是真正的爱国者,并想打日本佬"。①

1944年6月21日,华莱士与蒋中正进行正式会谈,美使馆及国民党高级官员在座。华莱士在听取了政府各部汇报之后,发表意见,劝蒋减少货币发行和积极抗战,并提及西北胡宗南部与中共之间"相互牵制之兵力达数十万人",希望用于抗日。蒋答以"中共居心叵测",意在"赤化中国",故必须监视之。华莱士随即委婉批评了蒋的固执和独裁。他首先很客气地表示自己是"外人"原不宜置评,紧接着就置评道:中共只是因为其政治改革的主张未获国民政府采纳而走上军事对抗的道路,只要蒋先让步,允许他们"参加政府",即可经由谈判解决争端。蒋随即哭诉"非不让步,且迭作重大让步",而中共一味趁火打劫,旨在夺取政权,因此错在中共。华莱士于是正式建议由美国以第三者身份居间斡旋,并明白表示这是罗斯福总统的意思。②

6月22日晨,双方再谈,美方的态度仍是逼蒋让步,于是不欢而散。下午5时续谈。蒋中正力图证明中共系受苏联指使,却举不出切实证据,不得要领。范宣德当即以苏联当此二战之际似不致指使中共放弃抗战、颠覆国民政府而予以批驳。蒋一时慌乱,口不择言,辩称"中共自美参战后,已坚信日寇无力北进,远东战局,无须中国抵抗,日本亦将失败",故将继续"赤化"中国以夺取政权。这显然偷换了命题,而且恰恰证实了美国怀疑国民党消极抵抗的可能性。范宣德继而祭出"中共以外若干进步人士"的意见,也证明中共不过是"实行农业改革之民主集团",只要政府让步,就能与之合作。蒋则想到二十年来的仇怨而大动肝火,忙不迭地指责中共实行"毫无人道"、"惨绝人寰"的政策,旨在达成世界革命,又表示国民党秉承国父孙氏民生主义平均地权的政策才是正途,最后抛出一句"中共参加政

---

① Telegram, Harriman to Hull, 22 June 1944, *FRUS*, *1944*, vol. 6, p. 799.
② 此处及以下见1944年6月21-23日蒋中正与华莱士会谈记录,转引自张九如《和谈覆辙在中国》,台北,联经出版公司,1968,第43-59页。See also summary notes of conversations between Wallace and Chiang, 21-24 June 1944, in US State Department, *United States Relations with China*, pp. 549-559.

府一事……暂不考虑"。由此看来,蒋中正是一个笨拙的谈判家,他缺乏像周恩来那样揣摩对手而相应举出利己证据的技能,反而时时立足道德高位规劝对方相信自己一贯正确,因此往往适得其反。由于没有在适当的时机提出必要的事实论据佐证,他言辞中所表现出来的固执和说教,让美国外交官很不受用。会谈又一次陷入僵局。蒋中正这时候再次提出美国对中共和苏联双向施压的要求,华莱士表态消极,蒋即表示若此则美国应"对国共之争执,暂转超然态度"。华莱士不得不又一次抬出了罗斯福总统,蒋的语气这才稍稍缓和。范宣德趁势再次提议,为明了事实真相,美国"拟派一军事观察团及其他人员赴共区一行",被蒋当场否决。

其实在与华莱士见之前,蒋中正已于6月18日的军事会报时"决定准美国派员至延安"。① 那为何他不做个顺水人情,趁势同意呢?原来他是在没有摸清美方意图的情况下,不敢轻率许诺。23日清晨,蒋紧急召见曾担任过其顾问的拉铁摩尔,"在早餐之前于庭院中散步"。稍做寒暄之后,蒋便径直问华莱士此行的真实意图何在。拉铁摩尔根据范宣德的消息,向蒋发表了"一次最长而未被打断的谈话"。他告诉这个中国领导人,华莱士此行主要是针对战后美苏合作,美国面临的一个迫切问题是工厂转产和战后失业,美国的工商金融界也都希望与俄国达成谅解,由于中国经济上的落后局面,苏联的重建会先于中国的重建;但是"中国将始终是美国亚太政策的重要支柱",美国希望"一种能够让美国参加进来的中俄友好关系是必不可少的",同时中国应实行民族自治政策,防止边疆地区倾向于苏联,在远东成为平衡苏联的重要力量,并暗示美国会帮助中国发展海军。最后,拉铁摩尔提醒蒋,苏联在欧战结束之后就会直接进入蒙古和东北对日作战并迅速取得胜利,"那将改变太平洋战争的全貌。因此较好的办法是,在他们参战之前,美国和中国与他们真诚地达成谅解"。蒋中正应该没有忘记三年前的一个黄昏,也是在重庆,也是对拉铁摩尔,他曾私下里表态:"战后中共问题必须以武力解决,但苏联不同。我们无法与中共谈判,因为同一句话对我们和他们含义不同。不过我们可以相信斯大林,他恪守诺言。"② 然而,这个他自以为姑且可信的斯大林最终还是把蒋中正给出卖了,在下一章还会详细

---

① 蒋中正日记,1944年6月18日。
② Lattimore and Isono, *China Memoirs*, pp. 139, 181 – 183.

论述。

对于中美苏三角关系,蒋中正早有考虑。6月初的时候,兼任国民参政会参议员的原北京大学教授傅斯年(字孟真)即向他谏言:

> 苏联之参战,初于远东有大利,后乃中国之大忧。然此非中国所能劝之阻之之事,姑以不论。欧洲战胜后,苏联凭其胜利之优势,五年可以恢复,故战后世上最强之国仅美国与苏联耳。窃以为今日中美之合作,似更有加重加密加速之必要,其中有关因素,不以利小而不为,不以害小而忽之。即中苏关系,或亦可于中美亲交中得其一时之解决耳。①(强调为原文所有)

其后的事实表明拉铁摩尔的说辞,抑或是傅斯年的话,对蒋中正产生了影响。上午9时会谈伊始,华莱士先搬出总统来,说昨晚收到罗斯福经由陆军发来的电报,特要求向中共地区派遣观察团,重申蒋委员长已表示原则同意。蒋中正顺水推舟,称"经一再考虑,以为证实中共之真相,无过实地视察",爽快地同意向延安派出美军观察组。② 随后他旋即将话题引到苏联和中苏关系上来,试图借华莱士之口来证实拉铁摩尔的话,而且其后所有的会谈内容都与中苏直接谈判有关,并协同宋子文一起反复强调美国应对此发挥积极影响。华莱士意外地达成了使命。24日晨起散步及送机时,蒋中正又向华莱士多次表示:希望借美国之力改善中苏关系,对于从速举行的中苏直接会谈,"仍盼美国暗中多为中国之助";甚至即便美国愿意调解国共矛盾,国民政府亦不认为干涉了内政。当然,蒋迫切希望罗斯福援助的,还包括"每月增加空运两千吨"以及"设置中美经济合作委员会,协助中国战后经济建设"。③

---

① 《傅斯年致蒋中正函》(1944年6月5日),王汎森等编《傅斯年遗札》第3卷,台北,中研院历史语言研究所,2011,第1491页。
② Memo of conversation between Chiang and Wallace et al., by Service, 23 June 1944, FRUS, 1944, vol. 6, p. 461.
③ Lattimore and Isono, China Memoirs, p. 186; US State Department, United States Relations with China: with Special Reference to the Period 1944-1949 (Washington D. C.: USGPO, 1949), p. 57;《王世杰日记》第4册,1944年6月23日,台北,中研院近代史研究所,1990,第341-342页。

在美苏冷战的前夜，蒋中正清晰地表现出联美制苏的外交意图，同时希望与两家都达成对己有利的协议。① 他随后派了一个普通的外交官员向驻渝苏联武官罗申试探派宋子文访苏的意思，却很快收到斯大林冠冕堂皇的答复：苏联正在全力抗德，请中国外长耐心等待冬季到来，再做商议。② 蒋又应苏联政府的要求，把斯大林憎恶的盛世才撤职调来重庆，力图缓和中苏关系。③ 他甚至通报了自己与史迪威的矛盾。④ 然而，斯大林看不起蒋中正，中苏关系并没有因盛的离职而改善。直到冬季来临的时候，苏联驻渝代办才象征性地找到蒋经国，表达了安排蒋斯会谈之意。蒋中正虽然不相信莫斯科的诚意，但还是立即通知了华盛顿方面，主动表示中苏关系的任何进展都不会对罗斯福有所隐瞒。⑤ 他想不到的是，这种引美制苏的梦想很快就因国际形势的急转而破灭。

然而，华盛顿终于如愿以偿地在陕北插了一脚。观察组于1944年7、8月分两批抵达延安，并在这个中国共产党的总部一直待到1947年的3月，共约32个月。它又被美国人称为迪克西使团（Dixie Mission），暗示是被派往内战反对派的心脏。不过，这个小规模的"观察"组（18-20人）是个名副其实的初级组织，参加者包括中下级外交官、陆军军人和战略情报员，而大部分人员接到的指令较为模糊，重点是情报搜集，包括调查中共对日作战的可行性以及其对美合作的态度。

事实证明他们在很大程度上只充当了中共对美国政府的传话筒。第一任组长包瑞德（David Barrett）上校虽然是马歇尔和史迪威在1930年代平津时期的老部下，却更像是一个语言学者。他喜欢充满深情地说着北京话。从他的回忆录来看，他当时并没有主动去侦得任何有价值的情报，而是为了避免麻烦，处于被动地位。⑥ 虽然包瑞德发回了大量评估中共作战能力的报告，其中也有理性的分析，但数据主要是延安方面提供的。他们的出行几乎完全

---

① See Odd A. Westad, *Cold War and Revolution: Soviet - American Rivalry and the Origins of the Chinese Civil War, 1944 - 1946* (New York: Columbia University Press, 1993), pp. 2, 123.
② Telegram, Gauss to Hull, 27 July 1944, *FRUS, 1944*, vol. 6, p. 136.
③ Telegram, Gauss to Hull, 9 August 1944, *FRUS, 1944*, vol. 6, p. 505.
④ 〔俄〕齐赫文斯基：《回到天安门：俄罗斯著名汉学家齐赫文斯基回忆录》，马贵凡等译，中共党史出版社，2004，第72页。
⑤ Telegram, Hurley to Roosevelt, 7 November 1944, *FRUS, 1944*, vol. 6, p. 667.
⑥ Barrett, *Dixie Mission*, p. 84.

由中共安排，作为交通工具的骡马或卡车，也多由延安提供，并没有进行任何未经许可的访问。他们在各个边区设置观察组的要求，也被延安所否决。① 在一两个月之后（9月23日）重庆以安全理由明令禁止他们离开延安去访问周边地区。共产党内部还专门制定了详细的"外交工作指示"，包括接待的方针、内容、态度和规格等，明确"有关国家机密及党内秘密者应拒绝答复和供给，其不便答复者应避而不谈，或设法推开"。②

中共给美国观察者留下了这样一种印象，即他们拥有比国民党军更强的战斗力，因而更有价值。他们向这群美国使者不无夸大地讲述了八路军一一五师在1937年9月25日伏击日华北第五师团所取得的"平型关大捷"。包瑞德坚定不移地相信林彪率领的中共战士在这次战斗中歼灭了板垣师团约5000名作战部队的士兵并缴获了相当可观的战利品。他相信只要为这些共产党军队配以美式轻武器，足以牵制正规日军。③ 中共提供的战报与6月底提供给记者的数据完全相同，内容包括八路军现有战斗人员32万，武器是在74060次的对日作战中陆续缴获的，并造成日军伤亡351113人、战俘2407人以及劝降115人，这就消灭了侵华日军的半数，长期牵制侵华日军总兵力的2/5至3/5（甚至伪军还未被包括在内）。④ 在晋察冀，随着日军收缩、增兵太平洋，中共实际控制县城的数量从1943年的两个（太行山区的河北阜平和山西平顺）而增至40多个。⑤ 毛泽东稍后给华北各军区的指示明确道：

> 目前日寇忙于准备美在菲［律宾］岛登陆，隔断南洋，力求迅速打通安桂交通，华北敌军减弱，伪军动摇，我在可能条件下，应乘虚尽量消减伸入根据地内之［汪］伪军、［蒋］顽军及敌［日］军小据点，

---

① 金城：《延安交际处回忆录》，第194页。
② 《中共中央关于外交工作指示》（1944年8月18日），《中共中央文件选集》第14册，第318页。
③ Barrett, *Dixie Mission*, pp. 32, 36 – 37, 45, 84, 90.
④ 叶剑英：《八路军七年来在华北抗战的概括》（1944年8月3日），中共中央文献研究室编《叶剑英军事文选》，解放军出版社，1997，第159页；《叶剑英年谱（1897 – 1986）》上卷，第408、414页。
⑤ Michael Lindsay, *The Unknown War: North China 1937 – 1945* (London: Bergstrom & Boyle Books, 1975), p. 6.

扩大根据地，但一般的暂时不打交通要道及较大城市……充实现有小团，健全游击队，加强民兵组织……在太行［太］岳山区努力增加子弹、炮弹、手榴弹、地雷、无烟抛［射］药及炸药生产，隐蔽储存……对伪军上下层工作均须加紧。①

毋庸置疑，中共的武器非常简陋，防御主要靠自制的手榴弹和地雷，正规军装备一般只有各式步枪和机枪，来源复杂，其中有苏联供给的，有自己制造的，也有从日占区购买的。黑市的单价为：步枪20（美元）、手枪30、掷弹筒50、轻机枪80、无线电200、火炮1000。② 掷弹筒、迫击炮这样的武器都是凤毛麟角，更不要说山炮。③ 子弹奇缺，战斗部队更是规定"士兵在没有把握击中敌人的情况下，不可乱开枪浪费子弹"。④ 指挥过"百团大战"的彭德怀坦承自己在华北至多只能调动1.2万人的部队作战，说得出来的理由就是缺乏给养。⑤

表1-1 中共主要根据地1937年7月-1945年8月武器产量统计

类 别	手榴弹（柄）	地雷（颗）	刺刀（把）	步枪(含手枪)(支)	掷弹筒（个）	枪榴弹发射器（件）	迫击炮（门）	机枪（挺）
陕甘宁	360611	—	—	130	400	—	—	—
晋 绥	282909	12691	3300	276	1070	—	—	20
晋察冀	688157	5050	47618	340	2201	—	—	—
晋冀鲁豫	1234152	46933	21837	8749	—	—	—	13
胶 东	248685	19612	3086	441	169	—	2	—
新四军	1660000	108180	48001	1110	311	2196	906	—
合 计	4474514	192466	123842	11046	4151	2196	908	33

资料来源："抗日战争时期主要武器产量统计表""抗日战争时期主要弹药产量统计表"，载中国人民解放军编《军事工业：根据地兵器》，解放军出版社，2000，第762页；其中晋察冀地区产量仅含1937年7月-1942年5月及冀热辽1944年7月-1945年8月部分，胶东地区仅计1944年产量。

---

① 《毛泽东、朱德致邓小平、滕代远并告山东、平原及五台电》（1944年10月14日），张迪杰主编《毛泽东全集》第19卷，第140-141页。
② Yu, *OSS in China*, p. 168.
③ 参见《陈再道回忆录》第2卷，解放军出版社，1991，第5页。
④ Hsiao Li, *Bold Plum*, p. 281.
⑤ Theodore White, *In Search of History: A Personal Adventure* (New York: Harper & Row Publishers, 1978), p. 189.

另一个成功植入的印象是中共和苏联并非隶属关系。"中国共产党与苏联共产党之间已经没有联系",毛泽东对美国人侃侃而谈,"以前和共产国际有关系,但再也没有了。共产党是对长期中国传统的扬弃,取其精华去其糟粕。"① 作为观察组成员的谢伟思立即报告说中共领袖已经"(自发地)抛弃任何纯粹的共产主义的设想,并承认〔国民党〕中央政府和委员长的领导",但他也还留有困惑:"为什么共产党在坚持这些主张的同时,〔却又〕好像实行一种试图推翻国民党夺取中国政权的政策?"② 延安进一步给出了大胆的解释,原来是中国共产党的英文直译给美国朋友带来了误解,表示以后中共的名称要像国民党(Kuomintang)那样采用音译。③ 毛泽东笑着说,他曾经考虑为中共改名,但是,"一旦群众了解他们就不会害怕了"。④

颇为有趣的是,此时在延安实现了美苏两个军事情报组织共处的局面。中共也希望跟两边都搞好关系,从而获得两家的支援。对于苏联方面,毛泽东不仅经常用电台向莫斯科直接汇报,而且每次与美国人员接触后,也都会把交谈要点告知孙平或者他的继任者阿洛夫(Андрей Я. Орлов)。⑤ 对于美国方面,年轻的中共领导与年轻的美国外交官关系火热。毛泽东 50 岁刚出头,周恩来只有 46 岁,刘少奇 45 岁,而包瑞德 53 岁,谢伟思才 35 岁。于是,谢伟思怀着同情,向国务院报告说:"几乎可以肯定中国共产党和莫斯科之间存在某种联系。这可能通过中共在莫斯科的代表和延安的电台。中共未获得苏联武器。"与此同时,谢伟思报告说,目前在延安的俄国人有三个:一个是外科医生阿洛夫,他是坐 1942 年 11 月最后一架苏联飞机来延安的;另外两个是塔斯社的记者,郭立(Николай Н. Риммар, 昵称 Коля)和孙平。在谢伟思看来:

他们声明除了一个接收器之外没有〔其他的〕无线电设备。这已被访问过他们住所的人们和担任共产党无线电技术顾问、熟悉当地一切设施的迈克尔·林赛(Michael Lindsay)所证实。无论这些声明是否属

---

① Remarks of Mao to Votaw, 18 July 1944, *FRUS*, *1944*, vol. 6, p. 538.
② Despatch, Gauss to Hull, 8 September 1944, *FRUS*, *1944*, vol. 6, p. 559.
③ Report, by Service to Stilwell, 18 September 1944, *FRUS*, *1944*, vol. 6, p. 576.
④ Memo of conversation between Service and Mao, 23 August 1944, *FRUS*, *1944*, vol. 6, p. 614.
⑤ *The Diary of Georgi Dimitrov*, 25 July 1944, p. 326;师哲:《峰与谷》,第 86 页。

了联共（布）和中共的强烈批评。

而美军观察组是怀着很强的战术目的来到延安的。8月7日，战略情报人员就开始和中共军官讨论战略情报局（OSS，CIA 的前身）提供军事训练和援助的细节问题；8月17日，开始简单的培训讲座，包括美军炸药和轻武器的使用等，而更为重要的是，听众也是毫无限制的。根据情报人员报告，大约有超过 1000 名的八路军士兵和指战员听讲，其热情和技巧给美国军官留下了很深的印象。① 在二战的大背景下，美国人的动机都很单纯："如果有人想杀日本佬（Japs），我们就应该让他有支枪，而无论他的政治信仰。"② 这和美国决策者重军事而轻政治的战时方略是整体一致的。邹说在后来检讨美国战时对华政策时说："美国在部署军事战略时，没有考虑到它对中国国内稳定所产生的政治影响。"③ 其实，更为重要的是，美国决策者过于自信，他们不是没有考虑，而是缺乏认真的考虑，这在未来的二十几个月里表现得更加明显，仿佛中国的问题，有美国人参与就没有解决不了的。

延安让那些品秩较低的美国官员感受到了在国统区所未受到的特别尊重。④ 若干年后，时任毛泽东政治秘书的胡乔木评论道：

> 我们对美军观察组的接待很突出，给美国人留下了深刻的印象。谢伟思、包瑞德都如此。共产党领导人普遍年轻，较国民党高层表现得更有亲和力。观察组最年轻的成员高林斯最近写了一本书，他认为自己一生中最美妙的时光是在延安度过的。可以说，我们党使普通美军人员受到很大的感化。⑤

---

① See Michael Schaller, *The US Crusade in China, 1938 – 1945* (New York: Columbia University, 1979), pp. 187 – 188.
② Letter, Raymond P. Ludden to Mrs. Peterkin, 23 April 1945, quoted in Wilbur J. Peterkin, *Inside China, 1943 – 1945: an Eyewitness Account of America's Mission in Yenan* (Baltimore: Gateway Press, 1992), p. 127.
③ Tsou Tang, *America's Failure in China, 1941 – 50* (Chicago: University of Chicago Press, 1963), p. 5.
④ Hsiao Li, *Bold Plum*, p. 293.
⑤ 《胡乔木回忆毛泽东》，第 79 – 80 页。

共产党承担了美军观察组日常几乎一切开销用度。饮食也维持在当时所能提供的最好水平：早餐一般有土豆烧肉、鸡蛋、面包、烤馒头片、果酱、牛奶、米粥、雀巢咖啡等，午晚餐则包括鸡、鸭、猪肉、羊肉、时令蔬果、嫩玉米、米饭、面饼、茅台、虎骨酒、绍兴酒、凤翔酒、白干等，有时还有甲鱼、野鸡、火鸡，此外茶叶、香烟、核桃、爆米花甚至曲奇饼也无偿供应。① 由于观察组成员每天还有六美元的津贴，当包瑞德表示要为这伙食付费时，周恩来严词拒绝：你就是把钱扔到河里我也不要。②

然而，美国始料未及的是观察组的到来对中共的生存和发展发挥了至关重要的作用。通过观察组的往来，宋庆龄得以突破封锁，将大量食品、资金、农作物种子、药品和医疗设备借用美军道格拉斯运输机由重庆运给延安。这并不是一笔小数目；仅7月底的第一次飞行就由包瑞德带去了200多磅的医疗用品。③ 更为重要的是，八路军和美军观察组之间建立了合作关系。1944年末，根据美方需要，八路军太行军区在山西黎城县长凝镇修筑了简易机场，大大缩短了延安至太行的行程，而且这在1945年夏秋帮了共产党的大忙（详下章）。最为重要的是，中共从观察组那里直接获得了来自华盛顿的珍贵情报，为其制定对蒋斗争政策提供了依据。

联合政府口号

国共关系在年初缓和之后，不久就又开始谈判。在整个抗日战争时期，两党一直是打打停停，停了再打，摩擦不断，皖南事变不过是较大规模的一次。国共关系很早就成了国际关系的晴雨表。毛泽东经常挂在嘴上的是一句"国共反映美苏"。两年前，1942年夏，当毛泽东做出类似判断的时候，他的依据是"反希特勒斗争今冬明春就有胜利希望，如此则明年秋冬就有战胜日本希望。苏英美三国团结得很好，影响到国共关系亦不会很坏"，因此

---

① Barrett, *Dixie Mission*, p. 49; Davies, *Dragon by the Tail*, p. 348; Hsiao Li, *Bold Plum*, p. 280; Peterkin, *Inside China*, pp. 19, 24, 29；金城：《延安交际处回忆录》，第193页。
② Barrett, *Dixie Mission*, p. 55.
③ Letter, Song to Wilbur J. Peterkin, 22 July 1944；《宋庆龄致杨孟东函》（1944年8月5日），吴全衡、杜淑贞编《宋庆龄书信集》上卷，第276、283页。

决定要在下半年"设法改善两党关系"。① 由此推之,毛泽东在1944年初考虑到美英原本承诺于1942年开辟的欧洲第二战场即将实现以及苏联有可能废除《苏日中立条约》而对日作战,因此决定"在下半年或明年上半年"协调国共关系。

3月初,戴笠就报告蒋中正:"延安拟先派林祖涵试探中央态度,如情势和缓,则同中央谈判,凡中央所不能接受之条件,均全部提出,意在拖延时间,若无结束,即藉中央有意为难,使数十万红军无法参战,并鼓动盟邦人士代为宣传"。② 毛泽东这一次并没有派出中共长期在渝的谈判代表周恩来,而是派林伯渠和董必武这两位元老人物,在某种程度上注定了这次谈判将无疾而终。一经反复,林可以推得一干二净:"谈判是两党的公事,非个人的私事……试问我个人如何能够做主,谈判如何能够进行"。③

4-6月进行的国共和谈只不过是两党习惯性争吵的继续。双方在正式谈判之前开出的条件甚至比以往还要苛刻,这也说明彼此原本就对达成协议不抱太大期望。④ 这样,谈判未有丝毫进展。毛泽东在5月中旬,趁国民党军在日军"一号作战"中失利,完全推翻了林彪在一年前以及林伯渠在一个月前带去的条件,增开了十多项要求,包括"军队决不能少于五军十六师""边区应正名为陕甘宁边区""边区及敌后各根据地应请政府允许发行地方纸币""边区及敌后各地之民主设施,不能变更"等。毛泽东的意图在于"判明彼方毫无诚意时,准备对外发表"。果然,林伯渠一经提出,就遭到了张治中(字文白)、王世杰(字雪艇)的反驳,并拒绝向蒋提交。⑤

与此同时,毛泽东在延安召开的六届七中全会上报告说,只要有实力,有地盘,拿不下全国,也可以搞联邦的办法来解决与国民党的关系问题。根据开罗会议后得到的消息,毛泽东更有信心地宣称,罗斯福很可能会选择共

---

① 《毛泽东致刘少奇电》(1942年7月9日)、《毛泽东致周恩来电》(1942年6月26日),转引自《胡乔木回忆毛泽东》,第169页。
② 叶惠芬编注《事略稿本》第56卷,第430页。
③ 《林伯渠致张治中、王世杰函》(1944年6月11日),转引自杨奎松《失去的机会?抗战前后国共谈判实录》,新星出版社,2010,第197页。
④ 杨奎松:《失去的机会?》,第186页;参见毛泽东1944年5月21日在中共六届七中全会上的报告,中央档案馆藏。
⑤ 《毛泽东年谱(1893-1949)》中卷,第515页。

产党,予以直接援助,"将来可能出现三股子力量,即罗斯福的美军、蒋介石和共产党,看谁先进城。我们要不要争取起决定作用?我以为在此种情况下应争取起个决定作用,即争取做铁托[Josip B. Tito]"。① 一旦蒋中正对美国做反共宣传时,毛泽东就要给他"下大雨"。② 中统情报称,毛泽东注意到华莱士访华的消息,认为不可丧失此时机。③ 此后,毛泽东果然指示将国共双方条件秘密提交华莱士和在中间人士及记者中传观。④

河南守军汤恩伯部惨败后,毛泽东在整个六届七中全会期间开始酝酿新的对蒋政策。5月21日的第一次会议上,毛泽东提出的"各党联合的民族联盟",其实与9月提议的"联合政府"并不是一回事,而是介乎"统一战线"与"联邦"之间的概念。任弼时在6月5日提出的可能方式是"与地方实力派、民主政团同盟结成民主同盟,而以共产党为领袖",得到了毛泽东的赞同。⑤ 这里面没有蒋中正什么事。甚至到7月31日,中共就建立"联合政府"(coalition government)向驻昆明美国领事试探态度时,想象中的政府也只增加了"国民党的进步力量"。⑥ 这与1940-1943年毛泽东提出"新民主主义共和国"的概念是一致的,该过渡性政府里并不包含蒋中正"大资产阶级"的代表。⑦ 考虑到延安刚刚经历过主要针对王明"投降主义"的整风运动,中共领导人中也只有毛泽东敢再度提出与蒋"联合"的说法。无论中共表示对美国式民主如何推崇,深受社会进化和共产主义意识形态影响的他们,认定"国会制度,强调分权,主张民权自由、开放党禁和人民自治",不过是"旧民主"罢了,只是争取中间党派和国统区民众的工具。⑧ 他们积极建立中共政权。用刘少奇的话说:"[日本]敌人正在进攻正面,我们可以利用时间"。⑨

但是毛泽东真正想到用"联合政府"这一号召来作宣传武器,却是受

---

① 《胡乔木回忆毛泽东》,第367页。
② 杨奎松:《失去的机会?》,第186页。
③ 秦孝仪主编《中华民国重要史料初编——对日抗战时期》第5编第4卷,第260页。
④ 杨奎松:《失去的机会?》,第186页。
⑤ 《任弼时年谱》,第466页。
⑥ Telegram, Gauss to Hull, 31 July 1944, *FRUS, 1944*, vol. 6, p. 491.
⑦ 参见毛泽东《新民主主义论》,中原新华书店,1948,第17页。
⑧ 《周恩来年谱(1898-1949)》,第572页。
⑨ 中共中央文献研究室编《刘少奇年谱(1898-1969)》上卷,中央文献出版社,1996,第445页。

到了美国人的启发和鼓励。① 最早在 1941 年 2 月 14 日，居里来华会见周恩来的时候，就告诉他国民政府应该进行改组。② 1943 年末，罗斯福会见蒋中正，第一次私下提出建立国共联合政府的意见，戴维斯随后就公开主张美国支持在华建立一个新的联合政府（new coalition）。③ 1944 年初，盟邦的意见在重庆似乎已非秘密。国家社会党领袖张嘉森（字君劢）此时告知中共外围人士："美国人对蒋介石很不满意，将来可能成立联合政府"。④ 中共紧接着向美国外交部门进行了求证。5 月下旬，由救国会出面，秘密邀请美英外交官出席在成都的集会，就建立一个"真正的联合阵线政府"（united front government）寻求其本国政府的支持，并要求表态；当时与会的美国使馆二秘潘菲尔德（James K. Penfield）由于未获指示而没有给予肯定答复，但随后向大使和国务院做了汇报。⑤ 7 月 4 日，美国军方应史迪威的请求，代总统草拟了发给蒋中正的电稿，第一次明确提出将"包括共产党军队在内的所有盟军资源"置于史迪威的统率之下。⑥ 罗斯福全盘接受，将电稿未改一字，于 6 日签字后发往重庆。出于对宋氏兄妹深刻的不信任，电文由驻渝的美国高级军官菲利斯（Benjamin Ferris）准将亲自转交蒋中正，由谢伟思充当翻译。⑦ 同样是 7 月 4 日，也是在重庆，美国使馆也不甘寂寞，大使高思带着领事艾其森（George Atcheson）主动与立法院长孙科接触，提出了组成以蒋为首的联合军事委员会（joint coalition council）的建议，孙科对此表示

---

① 在官方中共党史叙述中，也存在着对 1944 年"联合政府"说法是由美国人提出的承认，只不过强调"他们［美国］说的联合政府同我党提的不同，他们是想用这个把我们套住，纳入国民党的轨道"。（马芷荪《赫尔利来华与一九四四年国共谈判》，《文献与研究（一九八四年汇编本）》，人民出版社，1986，第 339 - 340 页）美国政治学家邹谠也肯定了美国政府的意见是中共中央"联合政府"口号提出的先决条件之一。See Tsou Tang, *America's Failure in China, 1941 - 50*, p. 175.
② 《中共中央致季米特洛夫电》（1941 年 3 月 7 日），黄修荣主编《联共（布）、共产国际与抗日战争时期的中国共产党（1937 - 1943）》第 19 卷，中共党史出版社，2012，第 166 页。
③ Memo, Davies for Hopkins, 31 December 1943, *FRUS, 1943, China*, p. 399.
④ 叶笃义：《虽九死其犹未悔》，北京十月文艺出版社，1999，第 16 页。
⑤ Despatch, Penfield to Hull, 30 May 1944, *FRUS, 1944*, vol. 6, pp. 441 - 442.
⑥ Telegram, Stilwell to Roosevelt, 4 July 1944, in ed Larry I. Bland, *The Papers of George Catlett Marshall*, vol. 4 (Baltimore and London: The Johns Hopkins University Press, 1981), pp. 500 - 506.
⑦ Service, *The Amerasia Papers*, p. 62; Davies, *China Hand*, p. 191; Joseph W. Esherick, *Lost Chance in China: The World War II Despatches of John S. Service* (New York: Random House, 1974), p. 159.

出"明显的热情"。① 要知道，孙科的英文秘书陈志昆正是周恩来派去的情报人员。② 7月22日，谢伟思作为第一批军事观察组成员到达延安；7月27日，周恩来亲自向他试探，应"将所有抗日团体纳入政府"，似乎没有得到谢伟思的明确回应。③ 与此同时，高思-艾其森建议得到了华盛顿方面的支持和授权，使馆开始扩大活动规模。④ 8月16日，董必武和林伯渠向延安汇报："在英美人士的心目中，对蒋的伟大是很勉强的。但对我党所领导的、日益增长的新民主主义的抗战力量，则正以惊异的目光密切注意发展……美国今天为着打日本，必须联共，并强迫国民党联共"。毛泽东在中央领导人中做了批转。⑤ 翌日，他即指示董、林，与民盟商量"各党派联合政府"的问题。⑥ 次日，董、林回电明确说"要争取美国的支持，请由延、渝同时进行"。⑦ 几天后，8月23日，谢伟思在第二次会见毛泽东时，两人持续相处长达八个小时；其间，在毛泽东的"诱导"式询问下，谢伟思暗示美国政府已经打算迫使重庆改组政府。⑧ 9月4日，毛泽东电令正在重庆谈判的林伯渠："目前我党向国民党及国内外提出改组政府主张时机已经成熟……估计此种主张国民党目前绝难接受。但各小党派，地方实力派，国内外进步人士甚至盟邦政府中开明人士会赞成"，因此，"是项主张作成提案，即使不得通过或改变性质地通过，我仍可向国内外宣传"。⑨ 接着他又获悉高思在重庆某社交场合表态"要改变中国现在政治局面，必须请中共参加

---

① Telegram, Gauss to Hull, 4 July 1944, *FRUS, 1944*, pp. 116 – 117. See also Service, *The Amerasia Papers*, p. 67.
② Yen Chun, "The Soong Ching Ling I knew," in *China Today*, 1 January 2008, on line：http：//www.china.org.cn/english/news/237694.htm［accessed on 8 January 2015］. 中文版见陈燕《接过父母的"友好事业"》，刘铁娃译，《今日中国》2008年第1期，第34页。
③ Dispatch, Gauss to Hull, 1 September 1944, *FRUS, 1944*, vol. 6, p. 539.
④ Telegrams, Hull to Gauss, 8 July and 9 September 1944, *FRUS, 1944*, vol. 6, pp. 120, 567 – 569.
⑤ 《中共南方局致中央电》（1944年8月16日）、《毛泽东"抄弼、刘、康、周、彭、朱、叶、毛"的批示》，中央档案馆藏。
⑥ 《毛泽东年谱（1893 – 1949）》中卷，第536页。
⑦ 聂菊荪、吴大羽主编《董必武年谱》，第210页。
⑧ Memo of conversation between Service and Mao, 23 August 1944, *FRUS, 1944*, vol. 6, *China*, p. 608.
⑨ 《中共中央致林伯渠、董必武、王若飞电》（1944年9月4日），《中共中央文件选集》第14册，第323 – 324页。

政府"。① 9月10日，谢伟思再次明确告知毛泽东：已收到华盛顿发来的一封重要电报，让美国大使馆推动改组重庆政府，这就意味着要对蒋施压。他进而宣称白宫认为在中国建立一个新的政府——一个联合政府（a coalition government）——将更为便利。②事实证明，谢伟思并非如其后来辩称的那样，是在10月23日由延安返回后才从高思那里获知联合政府提议的。③ 这就让毛泽东很早就摸清了美国政府的意图，也增强了与国民党讨价还价的能力。他代表中共中央向谢伟思明确表示赞同美国政府在中国组织联合政府的提议。毛泽东于是做出正式决定。9月15日上午，林伯渠再次根据毛泽东的电令，借向国民参政会报告国共谈判之机，在报告即将完毕的时候，以呼吁形式，第一次公开提出了建立联合政府的主张，④措辞与毛泽东4日电指示内容几乎一模一样。9月22日，毛泽东在中共六届七中全会主席团会议上明确承认："我们自己常常估计不足，思想上赶不及，总是认为天下还是蒋的，没有能够及时想到和提出改组政府的问题，在这方面，美国人反倒走在自己的前面去了。"⑤（强调为引者所加）这才是"联合政府"的真正由来。尽管谢伟思、高思这些职业外交官清楚地知道，"美国不干涉中国内政"是1922年以来长期的对华政策原则，⑥但事实上从1944年初开始，各种原则的界限都变得模糊起来。

按照毛泽东的内在逻辑，他提出"联合政府"应该主要基于两点：一是战后苏联与美英的合作仍将继续，因此苏美都会希望国共合作继续；二是"蒋在抗战中有功劳，同时人民心理厌恶内战"，国共再战的观念在推销上有困难。⑦实际上，最主要的原因是中共当时还不具备正面迎击国民党的实力，即使国

---

① 聂菊苏、吴大羽主编《董必武年谱》，第213页。高思的言论则是国务卿赫尔的授意。See telegram, Hull to Gauss, 9 September 1944, *United States Relations with China*, pp. 63, 563.
② Vladimirov, *China's Special Area*, p. 231.
③ Service, *The Amerasia Papers*, p. 72.
④ 参见《林伯渠在国民参政会上的报告》(1944年9月15日)，《中共中央文件选集》第14册，第334页。毛泽东指示见聂菊苏、吴大羽主编《董必武年谱》，第213页。See also Vladimirov's papers, 13 September 1944, in Vladimirov, *China's Special Area*, p. 235.
⑤ 陶文钊等：《抗日战争时期中国对外关系》，第445页；另见《毛泽东年谱（1893-1949）》中卷，第547页。
⑥ Service, *The Amerasia Papers*, p. 72.
⑦《毛泽东致彭德怀电》(1943年1月25日)，转引自杨奎松《中间地带的革命》，山西人民出版社，2010，第431页。

民党军在最近的豫湘战役中遭受重创。① 即便国民政府有心改组，"联合政府"也只不过是权宜之计、"过渡形式"而已；等到实力强大了，中共必然还会进行革命，最终要实现社会主义乃至共产主义，这是已经明白宣告的。连戴维斯都承认，毛泽东具有夺取全国政权的明确目标。戴维斯在他最后几份关于延安的备忘录中写道："如果他们得到美国援助，即使仅与蒋所获持平，他们就能很快建立对中国绝大部分哪怕不是全部地区的控制"。②

美军观察组带来了延安与美国直接接触的契机和源源而来的军事情报。在观察组人员的鼓舞下，延安越来越觉得盟军大规模登陆中国即将到来。8月20日，毛泽东急令山东军区、新四军军部搜集有关青岛、烟台、连云港的日本海军情报，"以便供给盟军"；同日，又令太行、山东和华中各军区分别建设飞机场，供美军观察组使用；翌日，答复陈纳德派驻鄂东大悟山新四军五师的欧高士少校有关建立无线电网络和"美海陆军登陆时协同作战问题"，并复电新四军明确提出"美军在中国登陆时间，据有些美国人估计已不在很远"，指示他们于苏浙沿海地区"认真布置"。③ 而当时美国确实正积极准备在中国的登陆事宜。5月8日，美国参谋长联席会议电告史迪威、梅乐斯等，准备在中国沿海建立登陆基地。5月16日，梅乐斯要求国民政府提供中国东南"自厦门至上海沿海各港口各登陆口岸各岛屿及各突出地带"的详细资料，为准备"建立美舰队供应站之用"。④

因此中共在与重庆谈判时也底气十足，变得更为强硬。8月22日，毛泽东指示重庆谈判代表林伯渠、董必武等"应作如下措词：为了准备配合盟军反攻，敌后四十七万军队，不仅不能减少，而且应奖励它，装备它，增强它，政府首先应全部承认它的合法地位，承认其一部取消其大部的想法是违反抗战需要的，而且是办不到的……盟国援华物资一定要公平合理分配"。⑤ 9月22日，中共六届七中全会主席团研究成立"解放区委员会"问

---

① 中国学者邓野认为"联合政府"主要是毛泽东根据豫湘溃败使得国共力量对比发生变化而自主提出的政治诉求，值得商榷。见邓野《联合政府与一党训政：1944－1946年间国共政争》，社会科学文献出版社，2003，第29－31页。
② Memo, by Davies, 7 November 1944, *FRUS*, *1944*, vol. 6, p. 668.
③ 《毛泽东年谱（1893－1949）》中卷，第537页。
④ 《戴笠致蒋中正电》（1944年5月16日），吴淑凤等编《戴笠先生与抗战史料汇编：中美合作社的业务》，台北，"国史馆"，2011，第189－191页。
⑤ 《毛泽东年谱（1893－1949）》中卷，第539页。

题，毛泽东宣布国共是"两个平等的东西，不是一大一小"。①

美国，很快成了毛泽东的关注重点和决策依据。大多数中共干部对美国并无好感，即便如陈毅这样的留法派，在酒后还当着美国人的面表露出反美情绪。② 但毛泽东视华盛顿出兵中国为可趁之机，就在提出联合政府的同时，也确定了"城市工作"和"向南发展"的战略方向，改变了一年前"浙东方面不宜去人"，"战后与国民党合作时，我们即须准备于战后开至黄河以北"的总方针。③ 在中共六届七中全会第二次会议上，毛泽东在解释自己起草的《中央关于城市工作的指示》时强调，要"看谁先进城"，要"争取做铁托"。刘少奇也说"先到为君，后到为臣……你要来打，就自卫回击"。此即为建立独立政权做好准备。中共逐渐开始包围中等城市。④ 如前所述，8月21日，中共中央明令新四军各部："美军在中国登陆时间，据有些美国人估计已不在很远。因此请你们认真布置吴淞、宁波、杭州、南京间，特别是吴淞至宁波沿海及沪杭甬铁路沿线地区的工作，广泛地发展游击战争及准备大城市的武装起义。"⑤ 9月1日，六届七中全会主席团会议决定派王震等率三五九旅一部（包括至少4个连的干部）约5000人10月出发南下赴湘鄂赣创建根据地。⑥ 9月26日，中央军委又发了一个内部文件，极其乐观地要求各根据地做好准备，"在美国的帮助下，我八路军、新四军相当大的一部正规军与游击队，会抽出来接受新装备和训练"。⑦ 9月27日，中共中央又电华中局："我军为了准备反攻，造成配合盟军的条件，对苏浙地区应有新的发展部署，特别是浙江的工作，应视为主要发展方向"，⑧ 后来，更提出了"破敌、收京、入沪"的口号。⑨ 积极扩充实力，成为抗战后期中共对蒋对日斗争遵循的重要原则。

---

① 《毛泽东年谱（1893—1949）》中卷，第547页。
② Barrett, *Dixie Mission*, pp. 31–32.
③ 《毛泽东致陈毅、饶漱石电》（1943年1月5日），中共江苏省委党史办公室编《粟裕年谱》，当代中国出版社，2006，第92页；参见《毛泽东年谱（1893—1949）》中卷，第421—422页。
④ 《胡乔木回忆毛泽东》，第81页。
⑤ 《毛泽东致张云逸、饶漱石、赖传珠电》（1944年8月21日），张迪杰主编《毛泽东全集》第19卷，第57页；参见《毛泽东年谱（1893—1949）》中卷，第538页。
⑥ 《任弼时年谱》，第467页。
⑦ 《中央、军委关于民兵工作的指示》（1944年9月26日），中央档案馆藏。
⑧ 《中共中央致华中局电》（1944年9月27日），转引自《粟裕战争回忆录》，解放军出版社，1988，第304页。
⑨ 《叶飞回忆录》，第328页；《粟裕年谱》，第116页。

令人头痛的是，国民党对联合政府的提法进行了封杀。蒋中正更置之不理，在日记中写道："参政会上，上午由共党代表林祖涵报告，下午由政府代表张文白报告。其结果是非曲直判明，自于政府有利也。"① 后来蒋又向党内高级官员表示："我受总理之命，以党建国，只能还政于民，决不能还于其他党派，决不能把政权让给别人。"② 蒋召集在渝的第三方面政党代表与会，据青年党主席李璜透露，蒋表示只要和国民党合作就给小党以合法地位，共产党则不在此列，因为他们有割据的党军。美国使馆内一位还算清醒的二秘庄莱德（Everett F. Drumbright）就此事讥讽说，国民党也有党军，同样需要交予政府而免受党派影响。③ 高思大使曾报告赫尔国务卿说："鉴于他［蒋中正］有限的相关经验和所受之训练，有理由相信他对无论是民主的特征还是其实践都没有任何实际概念。"④ 他们的评价一点也不为过。蒋早年受的是日本军国主义教育，深受德国纳粹影响，有着根深蒂固的党统（人治）观念，并没有理解权力制衡的设计，对美式民主的政党轮替也是嗤之以鼻，斥为美国人不懂中国情形、完全说不通。

史蒋摊牌结果

史迪威其实比蒋中正小五岁，脾气则更为倔强急躁，人送外号"醋性子乔"（Vinegar Joe）。除了脾气之外，他之所以既不容于蒋，也不容于英国人，是因为他拼命要夺回缅甸的执着。1942 年第一次缅甸战争时他被日本人打败逃到印度，可以说是他有生以来最大的耻辱，作为美国军人，他渴望能够在跌倒的地方一雪前耻。因此，史迪威虽身为蒋的参谋长，任职的绝大部分时间都待在缅甸的丛林里，而且自始至终他都是缅甸战役的坚定支持者，不管战役规模多大，无论战略意义多小。在这一点上，蒋反不如他坚定，因为蒋还要考虑整个中国。而丘吉尔总是强调地中海的优先权；作为殖民主义者，他更不愿看到中国人光复缅甸，因此缅甸一直是英王皇冠上粘着的落发，即便可以弃之如斯，也还是英

---

① 蒋中正日记，1944 年 9 月 16 日。
② 《周恩来致毛泽东电》（1945 年 2 月 2 日），中央档案馆藏。
③ Memo of conversation between Drumright and Gauss, 2 October 1944, *FRUS*, *1944*, vol. 6, p. 631.
④ Telegram, Gauss to Hull and Roosevelt, 16 September 1944, *FRUS*, *1944*, vol. 6, pp. 573–574.

王陛下的。史迪威为了实现自己在缅甸打败日本人的目标，和两方的关系都在不断恶化。

1944年2月18日，史迪威的参谋长柏特诺游说总统重开雷多（Ledo）公路，表示蓝伽训练成功地提高了国民党军队的战斗力，然而中国问题的关键并不在普通士兵而在于高级军官的政治化。总统对此表示赞同。柏特诺强调："中国士兵一经训练并配以装备，就是第一流的战士，而中国的师以上指挥官却极易被政治所左右。"他继而表示缅甸战绩不佳主要是由于英军的不作为和国民政府不愿从云南增兵造成的。可是罗斯福并没有像他期待的那样"流露出哪怕一丁点对［蒋］委员长的失望或反感"，更没有表示出"要对委员长施压"的意思。相反，总统对雷多公路何时能够建至密支那非常关心，并对英军在缅甸的无能表示了极大不满，"似乎很想对丘吉尔先生施加压力"。① 2月24日，罗斯福主动向丘吉尔重申了加强盟军在中国战略空军力量的必要，表明增加对中国援助和夺回密支那的决心。丘吉尔则指责史迪威自大。② 马歇尔亲自致函丘吉尔和英美参谋长联合委员会英方首席代表迪尔（John Dill）元帅，措辞严厉地为史迪威辩护，但同时也去信史迪威，批评他意气用事，规劝要以美英合作大义为重。③ 而马歇尔在总统面前，则一味对史迪威赞许有加。④ 为了消弭盎格鲁-撒克逊民族的内部矛盾并且给史迪威谋一条出路，马歇尔决心把问题整个丢给中国。⑤

7月1日，迫于英国方面要求撤换史迪威的呼声日高，尤其是6月英军总参谋长布鲁克（Alan Brooke）将军施加的压力，马歇尔小心征求史迪威离开缅甸去中国战场、指挥中国军队的意见。7月3日，史迪威复电说，他同意把缅甸指挥权交给其副手，但条件是他被授予指挥中国军队的"全权"，并建议总统给蒋发"一封措辞非常严厉的信"，要明白无误地警告他美国"在华的投资和利益"，

---

① Telegram, Boatner to Stilwell, 19 February 1944, see note 1, memo, Marshall for Roosevelt, 14 February 1944, *The Papers of George Catlett Marshall*, vol. 4, p. 300.

② Warren F. Kimball ed, *Churchill and Roosevelt: The Complete Correspondence*, vol. 2 (Princeton: Princeton University Press, 1984), pp. 755 – 756, 759.

③ See memo, Marshall for Dill, 28 February 1944, and telegram, Marshall to Stilwell, 1 March 1944, *The Papers of George Catlett Marshall*, vol. 4, pp. 318 – 319, 321 – 322.

④ Memo, Marshall for Roosevelt, 30 June 1944, File 4 – 430, The Marshall Papers, The George C. Marshall Foundation, on line: http://www.marshallfoundation.org/Database.htm [accessed on 8 January 2015].

⑤ 参见齐锡生《剑拔弩张的盟友》，第448 – 450页。

同时要求必须有中共的参与。① 正是这封严厉的信函预示着史迪威不久的归程。7月4日美国独立日,马歇尔匆匆忙忙召开参谋长联席会议,又匆匆通过了由其草拟的致罗斯福总统备忘录和总统致蒋电稿。备忘录先批评"中国如今所面临的严重处境某种程度上是由于其对军队处置不当和有所忽略。如果它不把包括目前围攻共产党人的各师在内的所有资源用于抗日战争的话,那么在战争结束前几乎不可能仍旧有所作为",接着隆重推荐史迪威来"统率中国所有的武装部队"。备忘录点明"充分了解委员长对史迪威的观感"以及"英中政府双方极其否定的态度",接着从史迪威的立场出发,证明了史迪威的正确性。② 随即罗斯福发出了上文提到的7月6日电。

7月7日是中国抗战七周年纪念日,蒋中正收到了这封代表罗斯福意愿的电报,不啻为对中国及对他本人的巨大侮辱。蒋在愤懑之余,再次选择委曲求全。他立即发出三封电报,分别给美国总统罗斯福、副总统华莱士以及自己在华府的代表孔祥熙。他向罗斯福表示,可以把军权交予史迪威,但需要时间,同时希望总统派遣一位特使来华调和他与史迪威之间的矛盾;向华莱士表示了大致相似的意思,要求促成总统特使到来。蒋在给孔祥熙的电报中,则要求他从旁督促罗斯福同意与中国政府签订明确指挥权的协定,不得让史迪威掌控租借物资,更不能给中共以武器。③ 明确史迪威的权限,是蒋自始至终最主要的目标。罗斯福表示同意派遣特使,前作战部长赫尔利与前战时生产局长纳尔逊随之成行。7月11日,罗斯福宣布准备竞选连任。为了顺利实现自己第四个总统任期,他不希望中国战场在此时发生变故。

7月21日,美国海军尼米兹上将率领的中太平洋战区部队攻占关岛,这意味着盟军太平洋战场已明显优于中国战场形势的发展,中国军队必须加大进攻的态势。然而随着日本本土渐渐进入B-29轰炸的半径以内,中国

---

① Telegram, Marshal to Stilwell, 1 July 1944, top secret, in ed Larry I. Bland, *The Papers of George Catlett Marshall*, vol. 4, pp. 500-506; Davies, *The China Hand*, p. 190.
② Telegram, Marshall to Roosevelt, 4 July 1944, in ed Larry I. Bland, *The Papers of George Catlett Marshall*, vol. 4, pp. 503-506.
③ 《蒋中正致罗斯福电》(1944年7月8日)、《蒋中正致华莱士电》(1944年7月8日)、《蒋中正致孔祥熙电》(1944年7月8日),秦孝仪主编《中华民国重要史料初编——对日抗战时期》第3编第3卷,第637页;第3编第1卷,第875-876页;第3编第3卷,第635-636页。

的战略价值也降低了。也就在同一天,罗斯福正式任命杜鲁门参议员取代华莱士作为其竞选搭档。这是改变世界的一天。

7月中下旬,蒋中正都在考虑罗斯福的要求,他已经倾向于"忍辱负重"而"原则同意"。当军令部长徐永昌建议只将湘鄂赣的第六、九战区交史迪威指挥时,蒋则主张"完全接受"美国总统的要求,理由有二:一是可以约束中共或者暴露其真实意图;二是"将来我军进出东三省时,必与苏军接触,有美人在中间,至少能得到公道"。① 这一想法得到了徐永昌和王世杰的肯定。②

当时中国战场局势危急。8月8日,湖南重镇衡阳在支撑了47天后最终陷落,守军第十军军长方先觉率部向日军投降。形势急转直下,云贵川暴露于日军的猛烈攻势之下,重庆政府岌岌可危。罗斯福要求蒋立即向史迪威移交指挥权,但也安抚性地表示,正在拟定有关租借物资的新规定,将不会安排史迪威负责。③ 马歇尔也在总统的影响下给史迪威发电报,建议他在形式上放弃对租借法案物资的支配权,以避免和蒋冲突。④ 蒋中正对美国仅存的一点好感彻底动摇,"此乃盗虚名而受实祸也",他在8月31日的"本月反省录"中更进一步写道:"今日对美外交实已损失我自由之精神,无异于倭寇往昔之对我也。"在"此成败存亡关头",他不得不重新评估一下他的对美政策了。⑤ 从此以后,蒋中正在私下提到美国时,将其归入与英国一样的卑鄙行列。但蒋史矛盾貌似再度缓和。

9月6日,史迪威陪同罗斯福特使赫尔利和纳尔逊由印度飞到重庆。次日一早,蒋中正在召见特使之前先找史迪威谈话。史迪威日记写道:

> 爱的节日。花生米开门见山,说我迄今工作的百分百都是军事;现在,作为中国军队司令,就将是六分军事四分政治。说我将在国民军事委员会之下听命于他。说如果要用红军,他们就还得承认国民军

---

① 《徐永昌日记》第7册,1944年7月18、23日,第374、383页。
② 《王世杰日记》第4册,1944年7月27日,第364页。
③ 《罗斯福致蒋中正电》(1944年8月23日),秦孝仪主编《中华民国重要史料初编——对日抗战时期》第3编第3卷,第654–655页。
④ Telegram, Marshall to Stilwell, 31 August 1944, George C. Marshall Papers, Pentagon Office, Box 60, Folder 56, George C. Marshall Library, Lexington, Virginia.
⑤ 蒋中正日记,1944年8月31日,"本月反省录"。

事委员会的职权。他会时常指导我。他希望我们之间不要"客气"。他完全信任我,开玩笑说我常言中国的指挥官都不行……①(强调为原文所有)

然而,史迪威对此既不感动,也无谅解,他认为蒋中正不过是为了从他手中夺取租借物资的支配权,而他丝毫也不会让步,因为长时期的冲突在史迪威的心中留下了难以磨灭的印象——租借物资支配权就是他在华一切权力的来源。因此,当9月8日宋子文在复出之后再次与赫尔利谈起支配权问题时,史迪威觉得这将是最后的时刻:"现在,我们终于要摊牌了。"②

9月11日,罗斯福应作战部要求,致电蒋中正,要求他在不影响中国抗战兵力的情况下,征调至少5万中国劳工赴新几内亚,修筑B-29机场,末了还提醒蒋早日将指挥权交予史迪威之手。③

蒋愿以在指挥权方面的让步,来换取对租借物资的支配权。他回避了赫尔利设置美国委员会的要求,表示必须控制租借物资,并抱怨史迪威在华的实权比他还大,要"考虑"仔细界定史的职权。④ 在这一关键问题上,面对宋子文所说的"尊严"和"冒犯",赫尔利给予了他的同胞以坚定的支持:"记住,宋博士,那是我们的财产。我们制造,我们拥有,我们想给谁就给谁。"(强调为原文所有)史迪威心花怒放:"如果委员长控制分配权,我就完了。共产党人将什么也得不到。只有委员长的嫡系能获取装备,而我的[Y]部队只会去舔屁股。"⑤

由于史迪威坚持掌握租借法案物资的支配权,一度因为特使来华而缓和的蒋史矛盾,经由广西全州败绩而再度激化。⑥ 国民政府处于内外交困的情况之下。碰巧这几天,蒋中正又因家中月用50万竟被蒙于鼓中而

---

① Stilwell diaries entry, 7 Sept. 1944.
② Stilwell diaries entry, 8 Sept. 1944.
③ 《罗斯福致蒋中正电》(1944年9月11日),秦孝仪主编《中华民国重要史料初编——对日抗战时期》第3编第3卷,第309页。
④ Stilwell diaries entry, 12 Sept. 1944.
⑤ White ed., *The Stilwell Papers*, 16 Sept. 1944, p. 331.
⑥ 参见齐锡生《剑拔弩张的盟友》,第488-490页。

焦躁易怒。① 9月15日正午，史迪威带着赫尔利来见蒋。② 史迪威径直指责其全州失守，蒋则以缅北远征军迟迟不能发动攻势以牵制日军来反唇相讥，并威胁要亲自将滇西龙陵的部队撤回怒江以东，双方对峙长达一个多小时，情绪都愤怒至极。蒋对美观感达到冰点，一贯患得患失的他甚至要下定决心"据理力争，不能再事谦让，并作独立作战之准备，以防万一也"。③ 当天下午4时，高思和艾其森如约第二次前来劝说蒋中正改组政府。使馆方面当然并不知晓史迪威已对蒋本人造成的严重伤害，他们重提了曾对孙科说过也曾经孙科赞同的外交辞令，例如美国希望中国在战后能获得四强之资格，这在有着强烈民族主义情感的蒋中正听来，绝对是巨大的嘲讽和侮辱，"无异利刃刺心，若不自力更生，何以立国，何以雪耻"。在一个半小时的会谈中，双方貌合神离，彼此都无好感。④ 就在蒋中正接见高思的同时，史迪威也怀着愤怒的心情给上司马歇尔发电报：

……委员长说如果我不在一周内由密支那进攻八莫的话，他就撤走Y部队，这样我们所有的努力都会付诸东流。他不讲道理，只是一味重复他那一大堆自创而蹩脚的观念。我现在相信他认为华南的灾难无足轻重，还以为日本人在那里不会使他更为难堪，他幻想着躲在怒江后面，静待美国来结束战争。我们就指挥权的会议拖而不决，明天我们还要试着去和宋子文空谈一二，期盼着委员长能对拖延和不作为的后果有哪怕一丁点的领悟。⑤

---

① 陈方正编《陈克文日记（1937—1952）》（下），1944年9月14日，台北，中研院近代史研究所，2012，第898页。
② 齐锡生根据蒋中正日记所述"正午哈[赫尔利]与史迪威不约而来见余"断定史迪威缺乏礼数的行为方式造成了蒋的高度不快，而史迪威日记所载上午"十时半，重庆，委员长召见我，带赫尔利12点去了"，可见合理的解释是蒋召唤在先，但史迪威不愿一个人去，偏要拉上赫尔利，在蒋午休的时候求见。但这并不构成蒋不快的重要原因。参见蒋史两人日记；齐锡生《剑拔弩张的盟友》，第494页。
③ 蒋中正日记，1944年9月15日。
④ 蒋中正日记，1944年9月16日，"上星期反省录"。
⑤ Telegram, Stilwell to Marshall, 15 September 1944, quoted in Romanus and Sunderland, *Stilwell's Command Problems*, pp. 435–436.

愤怒和欲望是理智的天敌。事实上无论是史迪威的军事环境还是政治环境，在他发报前后都已经好转。9月14日，中国远征军第二十集团军霍揆彰部历三月余伤亡5万终于光复腾冲，同时由于国民党军队对困守龙陵的日缅甸方面军第三十三军第五十六师团的顽强打击，日本改变了原向怒江的进攻方向，转而解龙陵之围。① 9月17日，蒋中正实际上已经决定任命史迪威为中国战区参谋长兼前敌总司令，拥有各战区前线部队的指挥权。②

然而史迪威9月15日给马歇尔的电报引起了后者的强烈反响。此时，马歇尔正与罗斯福、丘吉尔在加拿大的魁北克讨论缅甸作战。当总统于16日问及中国形势时，马歇尔回答说："委员长打算将Y部队调回怒江以东，除非史迪威将军以雷多部队进攻八莫。怒江部队没有获得补充，现在已减至一万四千人"，总统立刻要求给蒋写一封信。③这封信由军方用打字机匆匆打出，再由马歇尔用铅笔修改后，连誊清都不用，直接以总统名义在当日就发华盛顿转史迪威。④电文措辞强硬，连鄙视蒋中正的白修德都承认"使用了领主对待马夫、侍女和犯错小童的口吻"。⑤而崇拜史迪威的塔奇曼也不讳言"语气严厉——不无白种人的优越感；对任何欧洲政府首领似乎都不会说出这番话"。⑥尽管经过中译文的掩饰，但字里行间依然可见对蒋的耳提面命：

……如阁下不立即补充缅北部队或不立即派遣生力军协助在怒江方面之华军……必须准备接受必然之结果及负完全之责任 [For this you must yourself be prepared to accept the consequences and assume the personal responsibility.] ……唯一可以破坏日军对中国计划之方法，即立刻补充怒江方面之部队，加紧继续推进，同时立即委任史迪威将军授以全权指

---

① 参见郭汝瑰、黄玉章主编《中国抗日战争正面战场作战记》（下），第1303 – 1304页；服部卓四郎、『大東亜戦争全史』、614页。
② 《唐纵日记》，1944年9月17日，第460页。
③ Minutes of the 2nd plenary meeting at Quebec, 16 September 1944, quoted in Romanus and Sunderland, *Stilwell's Command Problems*, p. 441.
④ Romanus and Sunderland, *Stilwell's Command Problems*, p. 442.
⑤ White, *In Search of History*, p. 169.
⑥ Barbara Tuchman, *Sand Against the Wind: Stilwell and the American Experience in China, 1911 – 45* (London: Macmillan, 1970), p. 492.

挥所有中国之军队……吾人对于援助中国所有之计划如再延搁犹豫，必将完全消失……①

9月19日，史迪威收到了这封电报，他不顾赫尔利的劝告，坚持要亲自交到蒋中正手中。②这封"九一八来电"当然极大地伤害了蒋的自尊，以为"平生最大之污辱"，他甚至说出"绝不能为美国奴隶"的话，并做好了与罗斯福决裂的准备。③但此时蒋中正仍旧没有下定决心撤换史迪威。④他在第二天还要宋子文去告诉赫尔利，中国军阀余孽尚存3/10，"如史迪威指导处置一有不当，难免引起对彼之危险"云云，事实上他此后两天都在考虑对策。⑤那么这最后一根稻草就并非罗斯福来电，究竟是什么呢？

是中共加强了与史迪威的联系。早在9月3日，谢伟思在延安的鼓动下，再次提议将美国租借物资分给中共。⑥8日，中共中央要求南方局根据"美军观察组在延表示，尤其是太平洋决战准备的加紧"，把握时机向史迪威"提出援助我们之必要"，并明确提出了占援华总数1/2或1/3的份额，即"我军要求应被装备二十师到三十师"。⑦13日，也就是林伯渠抛出"联合政府"的一天前，他和王炳南按照毛泽东的指示拜会史迪威并致问候，史迪威当即表示将于近期访问延安，林、王显然非常高兴，约定再晤。⑧史迪威在随后给赫尔利的备忘录中明确写有对中共的安排："第十八集团军（红军）将被任用。务必在此点上没有误解。他们会被安置在不会与中央政府军发生冲突的地方，但必须作为一分子参与危机［解决］中来"。他对中共备感放心，认为"共产党宣称的困难"以及"他们声明将服从我"都是"常识"。⑨

---

① 《罗斯福致蒋中正电》（1944年9月18日），秦孝仪主编《中华民国重要史料初编——对日抗战时期》第3编第3卷，第658－659页。
② Davies, *China Hand*, p. 203.
③ 蒋中正日记，1944年9月19日；熊式辉：《海桑集》，1944年9月28日，第453－454页；Young, *China and the Helping Hand*, p. 314.
④ 梁敬錞有关去史决定于9月19日的论断，值得商榷。见梁敬錞《史迪威事件》，第284页。
⑤ 蒋中正日记，1944年9月20－21日。
⑥ Report, Service to Stilwell, 3 September 1944, *FRUS, 1944*, vol. 6, pp. 615－616.
⑦ 《中共中央致董必武电》（1944年9月8日），中央档案馆藏；《周恩来年谱（1898－1949）》，第582页；聂菊荪、吴大羽主编《董必武年谱》，第212页。
⑧ Stilwell diary, 13 September 1944.
⑨ Romanus and Sunderland, *Stilwell's Command Problems*, pp. 429, 432.

随后 15 日，史迪威与蒋中正大吵一架，高思又跑来要求会见中共代表，而中共代表刚刚在参政会上抨击政府，提出政府改组的要求，竟与美方一致，难免让蒋领悟两者已经密切合作。16 日，延安《解放日报》第一次公开要求美军配给中共援华武器的 1/2。① 到了"九一八来电"后的第二天 20 日：《解放日报》又明确刊出了要求国民党改组政府的社论。② 第四天 22 日，周恩来在中共六届七中全会主席团会议讨论争取美援问题时，自荐给史迪威发了一个说帖，催促要把美国军火物资的一半分给共产党。③ 当日，作为红军总司令，朱德正式宣布他支持由一位美国将领来统率所有中共军队，还邀请美国总统派代表来延安。④ 史迪威随即向蒋中正宣布了向共产党提供 5 个师装备的打算，蒋回答道："君若此，余将取消君参谋长职务"。⑤ 曾任蒋中正机要秘书的外交部政务次长吴国桢揣测蒋当时的心理说："难道史迪威真的对共产党的活动视而不见吗？还是他对中国政府怀有不友好的企图呢？蒋介石不得不在头脑里提出这些问题。史迪威愈是催逼那些要求，蒋介石愈是怀疑这位总参谋长的动机。蒋愈是犹豫不决，史就催得愈紧。"⑥ 也就在 22 日，蒋中正再也无法忍受，他在日记中慨叹："史迪威对余之阴谋，必欲夺取中国全部之指挥权，已无所不用其极"，但这指挥权不是他本人早已答应过的吗？蒋主要还是考虑史与中共过从甚密，"毁谤谣诼威胁压迫，无所不至，此无异又加一共匪伤害我中国矣"。23 日，史迪威拟出进一步建议，托赫尔利交蒋，蒋由此断定"史迪威已作有计划破坏中国国家统一、毁灭中国军荣誉、威胁政府受其个人统制之策动"，并将其列为去史第一理由。⑦ 史的具体建议包括"派我去延安说服中共……听从我的指挥"；"中共装备与军火（炮兵）限五个师，维持红军充分的战斗力"；中共军队与中央军（除远征军优先外）平均分配租借物资等。⑧ 蒋中正终于下定决心，起草给罗斯福的备忘录。

---

① Vladimirov, *China's Special Area*, p. 238.
② Service's Amerasia paper, 21 September 1944, in ed. Esherick, *Lost Chance in China*, p. 275.
③ 《周恩来年谱（1898–1949）》，第 583 页。
④ Report, Service to Stilwell, 25 September 1944, *FRUS*, *1944*, vol. 6, p. 589.
⑤ 熊式辉：《海桑集》，1944 年 9 月 28 日，第 454 页；See also Davies, *Dragon by the Tail*, p. 334–335.
⑥ 吴国桢：《夜来临：吴国桢见证的国共争斗》，第 185 页。
⑦ 蒋中正日记，1944 年 9 月 22–23 日，"上星期反省录"。See White ed., *The Stilwell Papers*, 22, 23 and 25 September 1944, pp. 335–336.
⑧ Romanus and Sunderland, *Stilwell's Command Problem*, pp. 451–452.

9月24日,蒋中正召见赫尔利,唯有宋子文在场,正式要求美国撤回史迪威。与此同时,蒋把以往半遮半掩的国共矛盾首次公开,不但由国防最高委员会官方发布了题为《中国共产党问题文件》手册,历数了共产党颠覆国民政府的行为,而且还在参政会上允许讨论国共问题,甚至指派何应钦亲自告知美国大使。① 稍后国民政府以蒋廷黻、魏道明为首的驻美高级官员更密集访问了国务院文化合作处处长派克(Willys R. Peck),企图绕开范宣德的远东司宣传"中共比共产党还要共产党",② 阻止华盛顿与延安亲近之切,溢于言表。侍从室主任林蔚甚至告诉史迪威"麻烦就在共产党身上",如果他放弃武装中共的念头,可能还有转机。③

史汀生受马歇尔的影响,一直对史迪威表示支持,但他对史蒋之间发生的事情并不了解,把所有的过失都推到蒋中正身上,认为对于这样一个"无知、猜疑、封建""中世纪"乃至"不忠"的"独裁者",应该继续敲打,"如果说史汀生对他支持史迪威一事有任何遗憾的话,那就是他在总统面前替这位将军辩解得还不够好"。④ 10月7日,重庆收到来自华盛顿的威胁:"史解职的后果明显比你认识的要严重得多"。⑤ 蒋中正顶住了压力。而罗斯福此时也意识到了问题的严重性。为保证连任,他对军方主导的对华政策进行了干预,驳回史汀生和马歇尔继续对蒋施压的请求,向蒋询问继任者推荐名单,最终将史迪威撤职。⑥

10月19日,史迪威被召回,这对中美关系造成了难以想象的严重影响。中印缅战区被分割成两个,沦为美军供应链的末端。⑦ 其实,太平洋战争以来罗斯福之所以"像骡子一样"支持中印缅战区,除了一个现实的理由,即中国对反攻的价值及战后国民政府在远东可能扮演的积极角色以外,还有一个道义上的理由,那就是史迪威对缅甸的执着。如今随着太平洋战场

---

① Despatches, Gauss to Hull, 26 and 27 September 1944, *FRUS, 1944*, vol. 6, pp. 596–598.
② Memos of conversations, by Willys R. Peck with T. F. Tsiang, T. M. Wei, and H. H. Chen, 13, 20 and 27 October 1944, *FRUS, 1944*, vol. 6, pp. 641, 652, 658.
③ Stilwell diary, 28 September 1944.
④ Henry L. Stimson and McGeorge Bundy, *On Active Service in Peace and War* (New York: Harper & Brothers, 1947), pp. 533, 538–540.
⑤ Stilwell diary, 7 October 1944.
⑥ 参见齐锡生《剑拔弩张的盟友》,第531–553页。
⑦ Wesley F. Craven and James L. Cate eds., *The Army Air Forces in World War II*, vol. 5 (University of Chicago Press, 1953), p. xii.

的节节胜利和中国战场的节节败退,再加上史迪威的解职,这两个理由就都不成立了。正如史迪威在日记中写道:"显然,作战部是站在我这边的,但这个战区完了,没人期待我们有所作为,不会再派兵来了。包括总统,对花生米的态度变得强硬……日本将继德国 18 个月之后失败。亚洲大陆不会再有登陆计划。"① 据蒋中正秘书周宏涛回忆:"史案之后,美方军援日渐减少,不仅品质不佳,许多弹药及零件居然和武器尺寸不合,影响战力很大。"② 华盛顿充斥着对蒋中正的失望和反感,继而放弃了依靠中国抗日的打算,才不得不转向苏联。③ 据史汀生日记,罗斯福"非常高兴,因为他业已决定否决金在中国沿海直接登陆[的计划],他自己看好经由菲律宾,在那里我们有着道义和战略利益,他并暗示至于在中国大陆作战,我们必须留给俄国人了"。④ 是时,斯大林已许诺欧战结束后三个月内红军将派 60 个师进入远东,这才引发了雅尔塔的背弃。⑤ 后来,罗斯福去世、原子弹爆炸、斯大林违背雅尔塔密约,导致美苏在中国东北的冲突加剧,国共内战从而被真正冷战化。

魏德迈少将被任命为美军中国战区总司令和蒋中正新的参谋长。中国战场的形势持续恶化,日军已攻陷贵阳附近的安顺,重庆或者昆明首当其冲,注重养生的委员长连午觉也不睡了,来到重庆市郊的一片田野里拄着拐杖来回地走。⑥ 他再一次发誓要与重庆共存亡,甚至从西安调两个师防守桂林、柳州,美军开始将在渝的美国妇人输送至滇,"东京玫瑰"也用动人的嗓音宣布"魏德迈将军将在印度享用他的感恩节晚餐,如果他还可以吃东西的话"。⑦ 而与此同时,中国在美国决策者心目中的战略地位却急剧下降。魏德迈上任伊始即获马歇尔的直接训令,要求将中国战区内空军军官数量提升到职员总数的一半以上。⑧ 换言之,中国不再是美国铁锤敲碎日本时的砧板,

---

① Stilwell diaries entry, 4 October 1944.
② 周宏涛、汪士淳:《蒋公与我:见证中华民国关键变局》,第 26 页。
③ See Davies, *China Hand*, pp. 190, 220.
④ Stimson diaries entry, 13 October 1944, Henry L. Stimson Papers, vol. 48, p. 147, Manuscripts and Archives, Yale University Library.
⑤ *Wedemeyer Reports*! p. 327. Romanus and Sunderland, *Stilwell's Command Problem*, p. 469.
⑥ 《熊丸先生访问记录》,第 62 页。
⑦ *Wedemeyer Reports*! pp. 292-293, 316.
⑧ Romanus and Sunderland, *Time Runs Out in CBI*, p. 25.

而是沦为战略远程轰炸机的试验场。也就是说,这是美国政府对国民政府遗弃的开始。在二战的最后时刻,谢伟思更声称:"我们不必为国民党政府垮掉而害怕……任何新政府都会比当前反动的统治更加合作,并更有能力动员国家"。①(强调为原文所有)谁能想到这竟对国务院产生了深远的影响。

12月11日,蒋中正接见罗斯福派来善后的民主党众议员曼斯菲尔德(Michael J. Mansfield),这位新手议员日后在六七十年代成为参议院叱咤风云的多数党领袖。曼斯菲尔德对华友好,然而史迪威事件的影响业已表现出来。他在谈话中,对史迪威事件的处理表示遗憾,不时提醒蒋"美国人民对于中国之观念,已为之〔史迪威〕改变",批评国民政府腐败和军官无能,"在中国所见贵国一般士兵,大都吃不饱穿不暖,率领彼辈之军官亦不得其人"。他认为并且随后在国会报告说,无论是国民党还是共产党,都想仰仗美国去赢得战争而积极保持各自实力。他像同时代的其他美国人一样,带着难以掩饰的"优越感",表示罗斯福使华的代表俱是一时之选,"现在中国已获得如此良好机会"而不思改进。他还援引华盛顿路透社发表的一则电讯表示"美国今日对中国所作之援助,费力多而功效少",因此得出结论:"保卫中国,必须由中国人自己任之","中国之问题,必须由中国自己解决,如中国内部不能统一,他人图感失望而已"。②责备之意,袒露无遗,仿佛是警告蒋中正如果不迅速与中共达成和解,必将为美国上自政府下至平民普遍抛弃之。

毛赫交恶开端

赫尔利因调处国共党争而闻名中国,但他最先是作为蒋中正与史迪威之间的黏合剂而被罗斯福派往中国的。8月3日,适逢罗斯福离京而未对蒋史问题做出决策,马歇尔"为了加速这一决定,也为你〔史迪威〕寻找一条可行的出路",在事先获得史迪威首肯的情况下,向总统推举赫尔利作为特使访华,但"并不明确他的权限",只告知赫尔利要协调史迪威与蒋中正的

---

① Memo by Service to Stilwell, 10 October 1944, *FRUS, 1944*, vol. 6, p. 709.
② 《蒋中正与孟斯菲尔德谈话记录》(1944年12月11日),秦孝仪主编《先总统蒋公思想言论总集》第38卷,第169–172页;US State Department, *United States Relations with China*, p. 61.

关系。① 史汀生对赫尔利作为人选极其赞同，甚至表示他唯一担心的是赫尔利迅捷的作风与慢节拍的东方不相适应（hustle the East）。② 罗斯福一如既往地欣然接受，只不过添加了纳尔逊作为特使成员，以协助赫尔利从事"非军事"方面的工作。

对于罗斯福送到中国来的这些特使，现有的中英文献评价都不甚高。苏联间谍艾德勒称赫尔利为"绣花枕头"（stuffed shirt playing at being a great man）。③ 蒋中正的政治顾问拉铁摩尔也曾发表过有趣的论断，说赫尔利和纳尔逊都是罗斯福扔到中国来的"垃圾"——自视甚高却无用处。④ 蒋的另一位经济顾问杨格则描绘了赫尔利"老态龙钟"的样子，明确表示他完全不能胜任总统在华代表之职，而唯一让蒋颇感满意的纳尔逊"在经济方面并不胜任……只知道生产"，最终导致了中国原本就严重的通胀更为加剧。⑤ 正如数十年后1970年代初中美关系解冻前夜时那样，尼克松（Richard Nixon）总统也不信任常设的外交机构，而更偏好于个人特使这种非常方式来建立最高层之间的对话。这种方式虽然高效，但必然会增加外交政策的偶然性和个人色彩。

赫尔利是一位富有而自恋的律师。他英俊挺拔，圆滑世故，曾当过故乡俄克拉何马州乔克托（Choctaw）印第安人的代表，喜欢不时发出著名的"呦吼"呐喊声来吸引他人的注意。因在1928年总统大选时为共和党候选人胡佛（Herbert C. Hoover）拉票而在成功后被政治委任为作战部长，从而拥有少将军衔。1932年，赫尔利重操旧业，在美国石油公司与墨西哥政府的协议中再次为自己挣得谈判专家的美誉。后来的事实证明，他还是把中国问题想简单了。在华多年的林迈可后来回忆说："赫尔利鄙视中国人。他问我是否不同意他们是不可救药的民族，而且必须在一个强者的统治下以迫使

---

① Telegram, Marshal to Stilwell, 3 August 1944, top secret, in ed Larry I. Bland, *The Papers of George Catlett Marshall*, vol. 4, pp. 544-545.
② Stimson Diaries entry, 3 August 1944, H. L. Stimson Papers, vol. 48, p. 7, Manuscripts and Archives, Yale University Library.
③ Letter, Adler to White and Morgenthau, 12 Feb. 1945, in *Morgenthau Diary*, vol. 2 (New York: De Capo Press, 1974), p. 1458.
④ Lattimore and Isono, *China Memoirs*, p. 85.
⑤ Interview with Arthur N. Young, conducted by James Fuchs, 21 February 1974, pp. 59, 85-86, Harry S Truman Library, Independence, Missouri, USA, on line: http://www.trumanlibrary.org/oralhist/young.htm [accessed on 8 January 2015].

他们遵守秩序。"①

1944年9月6日，赫尔利在史迪威的陪同下抵达重庆。9月19日，由于后者不听劝阻，赫尔利基本意识到自己调处史蒋矛盾的任务已难达成。就对待蒋的态度而言，在史迪威的前车之鉴下，赫尔利明显改变了先前一味施压的做法，而是更注重蒋的意见。起初，华盛顿并不同意撤换史迪威。然而，赫尔利左右逢源，两头讨好，并与蒋达成秘密协议，即赫尔利帮助撤换史，蒋甚至表示愿意与中共妥协。②赫尔利以其敏锐的政治嗅觉，果断地改变了他的在华使命，抛弃了史迪威，而转向一个更大的计划，即调处国共关系。史迪威尚未正式离职，他即向蒋自荐赴延安做说客，并告诉中共："（一）为美苏俱不欲中国分裂，绝不同意中共之不合作，反抗中央。（二）英美对日反攻，并不以为中共军队是一种力量，打算在内"。③

他像两个月前华莱士时一样，在来华之前先去询问了苏联的意见。在莫斯科，外交人民委员（后称外交部长）莫洛托夫（Вячеслав М. Молотов）在不留记录的条件下表达了与斯大林类似的观点，即"那些自称'共产党'的中国人与共产主义没有丝毫关系。他们不过是借此表达对经济贫困的不满。一旦经济状况改善，就会忘记政治主张"。这位斯大林的宠臣继而慷慨表示："苏维埃政府乐于看到美国在中国经济、政治和军事事务中居于领导地位"。④为了表示诚意，莫斯科严禁驻渝的苏联外交官与中共公开联系，只有大使在特殊情况下才被允许与之接触。⑤

10月17—24日，赫尔利经蒋同意在重庆三次会见中共代表林伯渠和董必武。在第一次会谈中，他明白表示了自己作为罗斯福总统代表希望中国团结的意愿，就当前形势谈了大约七点意见，概括起来主要有：蒋允许他必要时去延安；中共应尊重蒋的抗日领袖地位；美国分配东西绝不偏重某一方。随后，林、董电告了延安。毛泽东结合赫尔利的意见分析，蒋确实对共产党

---

① Michael Lindsay, *The Unknown War: North China, 1937–1945*, p. 88; Hsiao Li, *Bold Plum*, p. 332.
② Memo, Davies to Vincent, 14 November 1944, *FRUS, 1944*, vol. 6, p. 693; Davies, *China Hand*, p. 229; 聂菊荪、吴大羽主编《董必武年谱》，第217页。
③ 熊式辉：《海桑集》，1944年9月28日，第455页。
④ Telegram, Harriman to Hull, 5 September 1944, *FRUS, 1944*, vol. 6, pp. 255–256; Nelson report, 31 August 1944, *United States Relations with China*, p. 72.
⑤ 齐赫文斯基：《回到天安门》，第66页。

有所缓和，并批示道："蒋最怕指名批评他，美国亦怕我们不要蒋，故在许蒋存在条件下，可以作出一些有利于我们的交易来"。①

10月18日，赫尔利约中共驻渝代表吃饭，谈了大约两个小时，除了重复前一天的观点外，还表示出美国急切要与中共合作的意图。他说："美军很快就要在中国海岸登陆，但国共不团结，美军要双方接洽，否则妨害军事行动很大"。赫尔利甚至建议："假使你们不用共产党这个外国名称，你们将大大的减少反感"。②

这时候，蒋中正终于赢得了个人对史迪威的胜利。10月22日，就在史迪威离开中国的第二天，他的前顾问戴维斯突然出现在延安，与周恩来、朱德、毛泽东等中共核心人物进行了深入的交谈，他明白表示自己所说的并非个人意见，而是"代表着美国领导人的一个非常确切的想法"，即美国愿意与一个不受苏俄控制的中共建立合作关系。戴维斯与包瑞德更提供给八路军总部一份美军在中国沿海的登陆方案，以询问中共意向。经过一周的深思熟虑，延安以江苏连云港为例，设想了登陆兵力、补给及日军反应情况，表示中共可提供5万正规军，前提是获得美国的武器支援，即从太平洋战场缴获来的日军轻武器和弹药就基本足够。③

就在10月22日下午戴维斯冒着重庆的小雨飞赴延安的时候，蒋中正和宋子文就中共问题讨论了半日。当晚，赫尔利也加入了他们的辩论，并劝告蒋立即实行民主改革。23日，赫尔利与中共代表进行第三次会谈。他为了讨好对方竟表示已经拒绝了蒋前日一个不利于延安的提案，用赫尔利的话说："叫你们在前面打，他们在后面打，意思就是要消灭你们"，继而宣布自己愿赴前线"作两军的连锁"以使国共并肩作战。④ 作为一位调解者，赫尔利在一方面前贬低另一方，意在抬高自己，是不适当的。27日，戴维斯从延安致电赫尔利，暗示后者如果访问这个共产党的红色首都将为他在罗斯福面前赢得有力的政治地位。⑤ 这正是赫尔利想要的。

---

① 《董（必武）林（伯渠）致毛（泽东）周（恩来）电》（1944年10月17日）及毛泽东10月19日批示，中央档案馆藏。
② 《董（必武）林（伯渠）致毛（泽东）电》（1944年10月18日），中央档案馆藏。当日同名电有两件，第一件概述了17日电的内容，第二件才是18日的报告。
③ Davies, *China Hand*, pp. 216–220.
④ 《董（必武）林（伯渠）致毛（泽东）电》（1944年10月24日），中央档案馆藏。
⑤ Telegram, Davies to Hurley, 27 October 1944, *FRUS, 1944*, vol. 6, p. 659.

其实，赫尔利终结了一切与援共有关的人和事。他的到来已经终结了一位美国将军，正在终结一位大使，将来还要终结军方与中共的合作。高思对于他本人未受到蒋中正的重视（更为重要的是，未受到华盛顿的重视）而深受打击，他的职能已被一个又一个钦差大臣所取代，离职是他的明智之选。而他的辞职过程，更加说明这位大使乃至整个驻华使馆在华盛顿眼中的无足轻重。在高思尚未正式递交辞职申请，而是托谢伟思向国务院带去口信后的第三天，1944年11月1日白宫毫无遗憾地宣布了他的辞职。[1] 赫尔利即将接替他的职务。

11月7日，赫尔利仍以罗斯福总统代表的身份飞抵延安。周恩来迅速派人请来了毛泽东。这是毛泽东第一次亲自赶到机场迎接外国人。延安举办了前所未有的盛大宴会，而且没有按照惯例庆祝当日的苏联国庆十月革命节。翌日上午，毛、周、朱与之会谈。赫尔利带来了一份由他亲自起草并经蒋中正修改认可的五点协定基础，其核心内容是"在中国，将只有一个国民政府和一个军队。共产党军队的一切军官与一切士兵当被中央政府改组时，将按照他们在全国军队中的职位，得到一样的薪俸与津贴……并将承认共产党作为一个政党的合法地位"。[2] 一句话，中共军队接受国民政府收编，国民政府承认共产党合法。毛泽东没有立即表态，只是礼节性表示了感谢。

11月8日下午3时会谈继续举行，毛泽东首先花了很大气力来阐述共优国劣的观念，接着针对赫五点中有关改组军队的核心问题，表明需要改组的是吃不饱、穿不暖、没有战斗力的国民党军队，随后就避开这一话题，仅表示愿意与蒋会面。赫尔利对这位中共领导人的长篇批评有些不满，但他根据调处的经验，总要先扬后抑、各有褒贬，于是他提到了国民党军最近在缅甸战场还是打了不少胜仗，又道：主席谈及委员长和国民党的时候就好像是中国的敌人所说的话一样。这一下可惹恼了毛泽东。他在片刻犹豫之后，强烈回应道："将军，我所重复的，在外国是罗斯福总统和丘吉尔首相的话，在中国是孙夫人和孙科先生的话。我想重复这些人的话，是可以的吧！说我重复敌人——日本人的话，那是不合事实的"。赫尔利赶忙说，他并不是指

---

[1] See note 20, Service, *The Amerasia Papers*, p. 74.

[2] 赫尔利：《为着协定的基础》（1944年10月28日），转引自金冲及主编《周恩来传（1898-1949）》，人民出版社、中央文献出版社，1989，第571页；另见《毛泽东年谱（1893-1949）》中卷，第556页。

日本人，而是那些希望看到中国长期分裂的人。毛泽东慢慢恢复了节奏，说自己批评中国是为了克服缺点而且反映的是希望中国团结民主的意见。赫尔利机敏地跳出了无谓的争执，改口说自己误解了主席的意思，为了中国的团结民主和肃清贪污，如果主席不同意这五点的话，希望提出自己的条件。毛泽东遂逐条表达了看法，把改组的对象改为国民政府，由新组成的联合政府成立联合统帅部，命令"一切军队"，并公平分配联合国的物资。周恩来补充说还要加上各种自由权利。赫尔利按照字面意思表示接受，并念念不忘要求删掉前面有关"误会"的记录。①这样在以国民政府主导下的改组就被换成了一个临时大拼盘，没有任何实质利益被触及。为妥善起见，毛泽东为文字定稿又多要了一天时间。

11月9日下午，赫尔利看完中共修改后的对案，当即表示"这些提议在我看来完全合理"，并也多要了一天，以便"认真研究"。至此，他基本上尚未有重大失误。但随即他就被毛泽东提出与蒋中正在重庆谈判的设想冲昏了头脑，毛泽东暗示这五点只不过是两人见面的基础，赫尔利随即以"美国的国格"担保毛泽东本人及其随员在渝的安全，甚至自告奋勇表示要在毛泽东签字后的协议上签上自己的名字。此时赫尔利唯一不放心的竟是蒋在这个大拼盘里的地位，在得到毛泽东慷慨地担保"要他［蒋中正］当主席"之后，终于如释重负，以为自己已为蒋挣到了他想要的东西。当日晚，就在赫尔利以权利法案的文笔去包装中共对案的同时，毛泽东主持了中共六届七中全会全体会议，他说："明天签字后，我们的文章做完了，问题即在重庆了"，"承认一个联合的国民政府并不妨碍中共将来组织解放区联合政府"。他是要在中国内地建立第三个政权，而第二个政权——南京"国民政府"头面人物汪兆铭在数小时后即于日本名古屋辞世。周恩来明白道出了问题的所在，即赫尔利将参加政府与成立联合政府混为一谈，而蒋则很清楚其中的微妙差别。② 其实，中共早在赫尔利来延之前就确定了对策，他们并未指望达成什么政治协议，毛泽东曾将此次会谈定性为"蒋介石要赫尔利

---

① 关于1944年11月8-10日赫尔利与毛泽东四次会谈内容，详见《胡乔木回忆毛泽东》，第346-354页，以下会谈内容皆转引于此。See also memo of conversation, 8 November 1944, *FRUS*, 1944, vol. 6, pp. 678-687; Barrett, *Dixie Mission*, pp. 59-62.
② 《毛泽东关于国共两党协定的报告》（1944年11月9日），转引自杨奎松《中间地带的革命》，第454页；《毛泽东年谱（1893-1949）》中卷，第557页。

来调停，想给些小东西而对我们加以限制"；延安随之确定了基调，就是要积极地将蒋踢过来的球再踢回去。①

11月10日，这个球经过赫尔利的润色而更加光彩夺目，但在实质上还是中共的五点意见。毛泽东对此极表满意，夸赞道："抗战八年未能得到的东西，今天在赫尔利将军帮助之下，有了实现的希望。"中午12时45分，双方在充满民主和公正的协议上签字。之后，毛泽东拒绝了赫尔利一起赴渝的邀请，但是指派周恩来随行，并立即将会谈结果电告莫斯科。②

当日下午2时，赫尔利怀揣着中共五点和一封毛泽东致罗斯福的感谢信，以及天真的自信飞回重庆。毫无疑问，蒋中正会像毛泽东拒绝他的提案一样轻松地加以拒绝。赫尔利犯的一个根本错误，就是他不应该代表他永远无法代表的蒋，贸然飞赴延安，且作为谈判双方之一（尽管协议字面上以及他自己宣称是见证人）并签了字。正如他不断提醒对方的那样，他代表的是美国总统和"美国国格"。赫尔利高估了这几个字对中共的影响力，但也低估了其对自己的反制力。他过于爱惜羽毛，反而轻率地授人以柄。

果然不出所料，蒋中正于11月11日看到赫尔利带回的五点就大呼上当。近日由于成都学生罢课一事，蒋已经大伤脑筋，对共产党早就恨之入骨，在前晚的日记上刚刚写下"离间中美情感与伤害国家利益，共匪不灭国无宁日"的话。今日又生出这许多变故，广西重镇桂林意外丧失，柳州陷落，华南最大的美空军基地被自行炸毁，贵阳、重庆、昆明岌岌可危，真是祸不单行。原以为"经验与老成"如赫尔利者竟是"糊涂失察甚于一切美人"，蒋痛感"此实于我政府为一大之打击，而是共匪诡计最大之成就也"。③

蒋当时如果知道罗斯福对此的想法，可能就要痛哭流涕了。这位美国总统刚刚宣布第三次连任成功，并同时发布今年内访华的消息，但他对赫尔利那份充满着美国权利法案精神的协定文本，并未感到困扰，恰恰相反，罗斯福本人也觉得"完全合理"，而且在获悉蒋中正将之彻底推翻的时候，显然表示出"十分失望"和反感，他不知道这个人到底在想些什么。④ 就这一点

---

① 参见《胡乔木回忆毛泽东》，第344页。
② Vladimirov's papers, 11 November 1944, in Vladimirov, *China's Special Area*, p. 265.
③ 蒋中正日记，1944年11月9、11日。
④ Snow, *Journey to the Beginning*, p. 347.

来说，赫尔利作为罗斯福的私人代表是完全称职的。理所当然，美国的契约文化是相信白纸黑字的东西，而在中国字面之下还有潜在的引申义。当他们以同样的信条去看待共产党的提案时，会离奇地发现这与国民党的提案同样合理。从另一个方面说，史汀生对赫尔利的担忧变成了现实，那就是后者不能也不愿逐渐去了解中国人的政治。

周恩来回到重庆后，如鱼得水。他乐得不被召见，尽情发挥外交天分，趁机疏通他在延安整风期间搁置的种种关系。他开始游说刘鸿生、李烛尘、章乃器等工商界人士，并赢得了他们对共产党的信任。① 周恩来还让亲共的美国财政部代表弗莱德曼（Irving S. Friedman）借回国述职的机会带亲笔信给摩根索，表示对国民党不愿进行中国政治改革的强烈失望，同时也邀请摩根索派代表莅临延安来缔造共产党与美国之间的合作。② 而财政部负责援华事务的高级官员怀特（Harry D. White）是苏联间谍。摩根索在这群共产党人的影响下，早就认为国民党已经无可救药而中共却生机勃勃。因此财部尽力耽搁国会1943年初已经通过的5亿美元援华资金的兑现，至今仅运来了价值1900万美元的黄金，杯水车薪，根本无法起到救市的效果，国民政府的黄金储备已然殆尽。怀特自豪地说："我们已在职权允许的范围内尽量拖延"。③ 用杨格的话说："那时哈利·怀特正在出卖中国。他业已为苏联挣得了数亿贷款，却阻断对中国的援助……破坏有美英成员参与的所谓平准基金管理会"。④

11月21日，赫尔利才将国民党的答复交给已在重庆活动了10天的周恩来。这一答复与最初赫携去延安的五点并无太大区别，浓缩为三条：中共军队改编；中共将领去军委会做官；重申三民主义。用毛泽东通俗的语言表示，即是"招安"。赫尔利这次谨慎了许多，当周恩来追问他是否仍同意中共联合政府的主张时，他吸取了教训："我不能使用同意的字眼，因为我不

---

① 金冲及主编《周恩来传（1898 – 1949）》，第579页。
② White to Morgenthau, 8 – 16 Dec. 1944, in *Morgenthau Diary（China）*, vol. 2, pp. 1383, 1387 – 1388.
③ David Rees, *Harry Dexter White: A Study in Paradox* (London: Macmillan, 1973), pp. 171 – 172.
④ Interview with Arthur N. Young, conducted by James Fuchs, 21 February 1974, pp. 72, 74, Harry S Truman Library, Independence, Missouri, USA, on line: http://www.trumanlibrary.org/oralhist/young.htm［accessed on 8 January 2015］.

是谈判的当事人，我只是见证人。"但毕竟赫尔利手中有中共想要的东西，他仿佛在为自己 10 天内的转变进行辩解："我们是准备帮助你们的，成百架飞机的东西等着帮助你们；但是没有这一协定，我就无法帮助你们。"这话对周恩来发生了作用。他于 11 月 29 日和 30 日两次致电毛泽东，建议以退为进，表示如果国民政府一时不能改组，中共要求成立"解放区联合委员会"，同时，再次抛出"联军统帅部"的绣球，由美国人担任统帅，中共派代表参加，而旨在"设法扩大美蒋之间的矛盾"。这位优秀的共产党外交家表示："目前美国作统帅利多害少，将来我们力量壮大了，而且有'北方'的加入，美国束缚不了我们"。① 这里的"北方"即指苏联，那时苏联会对日作战的消息早已不是秘密。

毛泽东似乎产生了犹豫，他征询留法将领陈毅的意见。这位因受饶漱石排挤而于年前调来延安的新四军代军长，连夜写好一份长篇报告，却是旨在打消毛泽东对美国的幻想。报告表达了陈毅对蒋中正乃至美国的强烈不信任，认为与国民党和解是下下之策，他把美国等同于"敌寇"，把美国可能的援助比喻成"残汤剩水"，并一针见血地指出："美帝国主义弄得极其精巧的商业手法，这是他们的传统，口惠而实不至，惯会牺牲别人替自己打仗，而外表装潢得十分漂亮。"陈并建议：对赫尔利推迟表态，不入阁，也不宜急于成立解放区联合委员会；应继续在敌后争取一两年的时间大发展，"招美依我，而我取得全局的中心地位"。这一番话说到了毛泽东的心坎上，他对这份报告大为称赞，复信写道："来示读悉，启示极多，十分感谢！今日已电渝不交复案，周董均回，拖一时期，再议下着。至于基本方针，如你所说那样，除此再无二道。"② 周恩来立即领旨辞去，赫尔利大为懊恼。

随后让赫尔利更为懊恼的事发生了，毛泽东威胁说要将五点协议"连同签名一起，公诸中外媒体"。这位新任驻华大使震怒了："妈的——他骗了我！"③ 他认为共产党故意使其难堪，并怀疑是苏联教唆的结果。毛泽东则于 12 月 12 日指示留渝的王若飞转告美方：延安毫无与之决裂之意，五点协议如赫尔利不愿发表，即可不发表，至于赫的签字以及他与毛交换的信

---

① 《胡乔木回忆毛泽东》，第 355 – 356 页。
② 《胡乔木回忆毛泽东》，第 357 – 358 页。
③ Barrett, *Dixie Mission*, p. 75.

件，中共自始既无公布之意，所欲发表者唯五点要求本身云云。为了消除赫尔利的疑虑，毛泽东又于三日后亲自去信，表示愿意与美国合作并且已得到了罗斯福的认可。他写道："罗斯福总统选举胜利时，我曾去电祝贺他。在他回给我的电报上说：为着击败日本侵略者，愿意和一切中国抗日力量作强有力的合作"。①

从赢得战争的角度来说，毫无疑问，美国军方对与中共可能的合作大感兴趣，因为这些中国人（请注意，除了国共本身之外，很多外人不认为他们是共产党）表示愿意提供人力和地利支持，即有数万士兵在临近日军的广袤的中国土地上（无论是否日占）展开战斗和协助。在对日作战的最后阶段，当原子弹研发机密仅掌握在极少数人手中的时候，军人们普遍认为登陆日本本土势所难免，而中共在华北、华东的存在就显得不仅必要而且十分重要。上自罗斯福总统，下至史迪威的继任者魏德迈将军和战略情报局长多诺万（William Donovan）将军，再到观察组包瑞德上校以降，都不反对甚至积极促成这种合作。1944年11月底，魏德迈在多诺万来华之时，授意他的参谋长麦格鲁（Robert B. McClure）少将草拟一份游击作战计划，以便于和这个特种战争专家商议，同时也想得到蒋中正的首肯。魏德迈和多诺万都批准了，之后魏德迈外出巡视。② 麦格鲁询问新任军政部长陈诚的意见，陈诚也仅表示事关重大要认真研究。③ 事实证明，麦格鲁在未获国民政府（主要指蒋中正和陈诚）和驻华大使赫尔利同意的情况下，就匆匆将计划告知了中共，从而引起了赫尔利的强力反弹。

12月15日，戴维斯、包瑞德携同情报局特工伯德（Willis H. Bird）中校飞到延安。包瑞德应该还清晰地记得七天前毛泽东和周恩来动情的承诺："如果美国抛弃我们［中共］，我们会非常非常遗憾，但是对你们的好感却未有分毫改变……我们愿全身心无条件地效劳于一位美国将军旗下（We would serve with all our hearts under an American General, with no strings or conditions attached.）……如果你们在中国沿海登陆，我们将亲往迎迓，并

---

① 《胡乔木回忆毛泽东》，第359页；Letter, Mao to Hurley, 16 December 1944, *FRUS*, *1944*, vol. 6, p. 741.
② Bevin Azexander, *The Strange Connection*: *US Intervention in China*, *1944–1972*, p. 27–28.
③ Memo of conversation between Chen and McClure, 19 December 1944, *FRUS*, *1944*, vol. 6, pp. 741–743.

听从号令。"① 这一次伯德中校带来的行动计划着实让他们欣喜，该计划包括空降四五千名美军伞兵至华北，同时给 2.5 万名八路军战士配备美式武器，协同作战。事后证明，该计划曾获得罗斯福总统同意，而且并没打算经国民政府批准。罗斯福过于自信地认为他可以同时和"两个［中国］政府"打交道，并且能够让他们彼此合作。②

在三天的逗留中，伯德一行与毛泽东、周恩来、叶剑英等密切会晤，中共方面谨慎地询问了一些技术性问题，包括中共需提供协作的具体类型。毫无疑问，这确实是中共长期以来所期盼的实质性援助。他们对伯德非常友好。伯德事后报告麦格鲁，这些共产党人对他说："华北人民视美国为最好的朋友，视魏德迈将军为总司令，如果给他们下达军令，将服从之。"③ 在临别的时候，中共还赠送伯德一把令包瑞德都十分欣羡的日本军刀。

10 天后，12 月 27 日，当包瑞德再次（也是最后一次）飞抵延安的时候，他带来了来自美国军方的新口讯：如果有（尽管按照麦格鲁的训令，他强调了这仅是一个初步的构想）一个师的美国伞兵部队在德国投降以后空降到山东共产党控制区内的海岸，中共能否在美国正式补给到达以前，提供除军火之外的日常给养？这次毛泽东、周恩来的表现并不像包瑞德所期待的那样欢呼雀跃，他们似有疑虑地询问该美军师（可能多达 2.8 万人）的行动会否事先通知中共方面，在得到包瑞德比较含糊的答复后，他们依旧表示了合作的态度。④ 中央军委内部提议与美军合作的前提条件是获得 21 个旅的装备，⑤并要求魏德迈事先交出这些武器和弹药。⑥ 他们甚至于几天后，交给观察组的执行组长、战略情报局官员克劳姆莱（Ray Cromley）少校一封信件，让军方（避开大使）转交白宫，称愿意访问美国。⑦ 朱德还向战略情报局要求

---

① Report, Barrett to Wedemeyer, 10 December 1944, *FRUS*, *1944*, vol. 6, p. 730. See also Barrett, *Dixie Mission*, p. 73.
② Snow, *Journey to the Beginning*, p. 348.
③ Telegram, Bird to McClure, 24 Jan. 1945, quoted in Michael Schaller, *The US Crusade in China*, *1938 – 1945* (New York: Columbia University, 1979), p. 203.
④ Barrett, *Dixie Mission*, pp. 76 – 78.
⑤ 《叶剑英年谱（1897 – 1986）》上卷，第 419 页。
⑥ *Wedemeyer Reports*! p. 287.
⑦ 《新华日报》1945 年 1 月 10 日，第 3 版。

2000 万美元的贷款，用于"对伪军的争取和破坏工作"。① 中共对美外交随之达到了巅峰。

中国的问题在于国共党争并没有因为抗日民族统一战线的建立而消失，相反却在第二次世界大战中愈演愈烈。美国自从参加了太平洋战争，也就具备了干涉中国政治的理由。这种干涉在战争结束前的 1944 年，变得尤为急迫：一方面，中国尤其是国民政府几乎独力抵抗日本长达七年（甚至更久），国将不国，一旦崩溃就会增大美国反攻的阻力，必然增加美军人员的伤亡；另一方面，日本必然战败，无论国民政府能否支撑到那一天，一个内战的中国既不符合美国长期对华政策，也不符合美国战后对远东的设计。1944 年，对美国来说，是干涉权力独享的一年：欧洲列强无暇也无力东顾，包括苏联在内——在这一年里，莫斯科与东京的中立条约在法律上依然有效，而斯大林与毛泽东在组织上已经没有隶属关系了。

1944 年，美国政府正式介入国共内争，就如美国人所期待的那样，对中国事务发挥了举足轻重的作用，然而其影响之深远却是始料未及的。诚如谢伟思后来在给魏德迈的备忘录中所承认："无论我们愿不愿意，我们的存在本身已经构成了影响中国内政的一股力量。"② 美国官方人员不可避免地影响了中国国内政治形势的发展：他们不但便利了中共与外界进行情报交换，更使得共产党人产生一种错觉，仿佛自己已与国民党处于平起平坐的地位，实际上鼓励了他们拒绝与国民党合作的态度。③ 用周恩来的话说，美国人介入，使得国共关系成为"举世关心的一件大事"，使过去不平等的地位变得平等。④ 毛泽东则在当年 9 月 22 日的六届七中全会主席团会议上，即表示"中共威信在大后方之高，是全国、全世界注意的问题，现在要解决中国问题，必须估计到我们"，并大胆宣称国共是"两个平等的东西，不是

---

① Letter and proposal, Zhu De to Donovan, 23 January 1945, photocopied in Yu Maochun, *OSS in China*: *Prelude to Cold War*, pp. 195 – 196. See also *United States Relations with China*, pp. 86 – 87；Young, *China and the Helping Hand*, p. 345.
② Memo by Service to Wedemeyer, 14 February 1945, in ed. Esherick, *Lost Chance in China*, p. 357.
③ See memo of conversation by Gauss and Chiang, 31 August 1944, and memo by Augustus Chase, 26 September 1944, *FRUS*, *1944*, vol. 6, pp. 547, 596.
④ 马芷荪：《赫尔利来华与一九四四年国共谈判》，《文献与研究（一九八四年汇编本）》，第 341 页。

一大一小",甚至指出中国政治的重心有逐渐转移的趋势。① 1945 年春天,他更明确宣布"外国人压[力]"促使了中共在国内地位的提升:"赫尔利来延安,美军观察组驻延安,这个影响很大,国民党特务机关也受到影响。爱金生、高桂滋这些人都说天下是我们的,文化界签名谢冰心、顾颉刚都参加了。这个报告中我们没有说这样的话,但有这股神气,我们要准备迎接胜利"。②(强调为引者所加)

在美国人看来,在驻华大使高思认为最能体现美国人思想的谢伟思看来,中国应该像美英一样实现民主的政党轮替。在美苏结盟的大背景下,包括谢伟思在内的绝大多数美国驻华外交、军事官员,尤其是自由主义左派,对意识形态的冲突并没有天然的不安,反而对国民党的独裁统治深恶痛绝,倾向于以民主妥协的方式来解决中国的政治问题。③ 而此时中国共产党所塑造出来的种种形象,适时地满足了他们的心理和价值需求,使他们觉得那些有利于共产党的报告,既是符合中国利益,也是符合美国利益的。

更为重要的是,在美国的决策者看来,中国的共产党只是中国的,而并非共产党。这一观点是经过卡尔逊、史沫特莱、斯诺、史迪威、居里、拉铁摩尔、戴维斯、范宣德、谢伟思、费正清等人的反复灌输,最终变成了罗斯福的观点,变成了美国政府的观点,也就反过来变成了马歇尔、史迪威、赫尔利等企图联合国共的任务。罗斯福相信只要莫斯科不再援助中共,这些装备简陋而又士气高昂的农民战士就极有可能接过美国递出的橄榄枝,服从美国指挥来打击华北和华东的日军,成为政府军的有效助手。美国政府从一开始就相信斯大林关于中共并非真正共产党人的言辞,而否认延安与莫斯科之间的联系。他们不相信国民党。这种深刻的不信任背后,有事实也有偏见。罗斯福绥靖斯大林,但可以得罪蒋介石。国务院上下提及中共时大抵加上"所谓"的前缀或者引号,他们推测这个所谓的共产党仅是在组织形式上模仿苏共,但在政治要求上却更为缓和;驻渝使馆宁愿相信东京和延安的宣传,而不信任重庆的任何言辞,国务院更进一步得出结论:国共不和完全是

---

① 《毛泽东年谱(1893 – 1949)》中卷,第 547 页;陶文钊等:《抗日战争时期中国对外关系》,第 445 页。

② 《对论联合政府的说明》(1945 年 3 月 31 日),中共中央文献研究室编《毛泽东在七大的报告和讲话集》,中央文献出版社,1995,第 99 页。

③ Service, *The Amerasia Papers*, pp. 80 – 81.

"重庆的过错"。① 副总统曾代表总统明确表态，美国要求介入国共谈判，但拒绝斡旋中苏关系。罗斯福本人亦暗示美国斡旋中苏的前提就是国民党对共产党让步。②但这恰恰是与蒋中正同意美国干涉的初衷相悖。此种"共产党有国界"或者"中共非共"的逻辑亦为美国未来的总统杜鲁门和他的国务卿们所继承。白宫自负地认为美国人能够促使蒋中正低头，并要让国共两派中国人统一于联合政府之下。因此，罗斯福在年初就向国民党方面亲自施压，迫使蒋中正最终允许美国向延安派驻军事观察组，以建立与中共初步的直接联系。作战部长史汀生在日记里写道："如果我们不能摆脱（get rid of）蒋介石，我们就不能与目前中国唯一的生力军取得接触，即共产党人"。③

中国战场的形势恶化是国民政府与美国政府关系恶化的先兆。这种从一开始就极不对等的脆弱的"同盟"关系，一直依靠着罗斯福的政治许诺和华盛顿的强大身段来维系，美国口惠而实不至，往往激起中国人的民族主义反响，而国民政府的腐败无能又加深了美国人本能的歧视。毫无疑问，国民政府没能发挥美国人所普遍希望发挥的作用。随着史迪威事件的发展，不单是美国军方，甚至国务院、白宫乃至普通民众对国民政府的观感都一落千丈，官方对蒋中正本人的猜忌也一度加深。随着史迪威的被召回，中国战场的价值也被无限降低，罗斯福即将以出卖蒋中正的方式去迎合斯大林的胃口。

不少中外学者认为当时中共非常希望获得美国的政治承认，其次才是武器援助。④ 这既抬高了中共的外交目标，也高抬了美国在其心目中的地位。其实恰恰相反，中共领导对承认本身并不看重，首先限于意识形态的藩篱，他们不可以也不可能视"美帝国主义"为友（当然，"美国友人"是严格归于美国人民的范畴），或者说，仅按照苏联政策以及抗日的共同需要而视之为"盟"，这在中文里的含义是有很大区别的。就在延安与史迪威加强联系的9月22日，毛泽东同孙平整整谈了两个小时，旨在澄清"美国人不可能解决中国任何问题，更别提整个远东问题。这就意味着莫斯科在最关键的时

---

① Despatches, Gauss to Hull, 29 July 1944, *FRUS*, *1944*, vol. 6, pp. 489–490.
② Message, Roosevelt to Chiang, 14 July 1944, *FRUS*, *1944*, vol. 6, p. 245.
③ Stimson's diaries entry, 14 December 1944, H. L. Stimson Papers, vol. 49, p. 92, Manuscripts and Archives, Yale University Library.
④ 例如陶文钊等《抗日战争时期中国对外关系》，第440页。

刻还得不可避免地介入进来"。① 周恩来最初提出美国观察组构想的时候，就明确要求由"美国陆军军官"组成；毛泽东则于年底表态：中共愿意充分合作的条件为美军登陆计划够大并且提供武器装备。② 就在毛、周为美援呼告的时候，延安的干部们却表达了真实的看法："美国人不会为中国人达成一项公正的协议而感兴趣的。对于共产党人来说，他们是敌人，只不过暂时与之结盟罢了。"③ 理解了这一点对于解释1944－1950年中美关系的波动和各种猜测极为重要，那就是中共为什么无法实现与赫尔利、马歇尔以至司徒雷登（Leighton Stuart）合作的根本原因。

在蒋外交最困难的时候，中共继续利用国际形势予以打击，并开始酝酿自己的政权。史迪威被撤换，好像在中共领导层并没有产生较大的反应。④ 不过，他们开始更为频繁地询问美国对于国共的政策究竟如何，并且明确表示欢迎美国对国民党采取强硬立场，一再将中国与南斯拉夫做类比，把蒋中正比作保皇派米哈伊洛维奇，暗示毛泽东即是铁托。⑤ 毛泽东希望从美国军方直接得到武器装备的援助，并使中共像南斯拉夫党那样，自己组织政权和拥有强大的军队。圣诞节那天，毛泽东向全党发出了一个具有分水岭意义的指示，明确宣布："最近八个月，中国政治形势起了一个大变化。国共力量对比，已由过去多年的国强共弱，达到现在的国共几乎平衡，并正在走向共强国弱的地位……战争愈持久，我们愈丰富，愈强盛，数年之后，我们将出现为中国最强有力的政治力量，由我们来决定中国命运。"⑥

---

① Vladimirov, *China's Special Area*, p. 239.
② Davies, *Dragon by the Tail*, pp. 252, 347.
③ Vladimirov's papers, 15 December 1944, in Vladimirov, *China's Special Area*, p. 283.
④ Barrett, *Dixie Mission*, p. 42.
⑤ 见杨奎松《中间地带的革命》，第452页。
⑥ 《中共中央关于目前形势的分析与任务的指示》（1944年12月25日），《中共中央文件选集》第14册，第432－433页。

二 靠不住的条约：1945

美国与让东北

在克里米亚山脉的最南端、黑海之滨，坐落着一个童话般的城市——雅尔塔，1945年在这里发生的一切都显得不那么真实。2月初的苏、美、英首脑会谈由斯大林选址此地。中国的"大国"头衔如昙花一现，如今也被三大国撇到了一边，罗斯福在谈论中国时已不像往年那般热情；整个会谈的基调就是瓜分世界，并确立战后三大国主导的国际秩序。2月4日，斯大林驱车前往罗斯福下榻的利瓦吉亚宫表示欢迎。美国总统一见面就宣布日内还会有两万名美军士兵在菲律宾吕宋岛登陆，截至目前在该岛总共集结了15万人的军队。① 这就是说对日作战已取得了长足的进步。随后的三天里，三国元首首先讨论了德国、波兰和国际组织。

2月8日，会议日程过半，罗斯福才提出了对日作战的问题，希望苏联提供远东空军基地及保障美军经北太平洋、东西伯利亚至尼古拉耶夫斯克（庙街）的补给线路畅通。美国当时并不知道中国东北的情况。他们以为日本关东军具有足够的实力和意志，在日本本土受到攻击之后仍旧会坚持独立

---

① 《斯大林和罗斯福谈话记录》（1945年2月4日），沈志华总主编《苏联历史档案汇编》第18卷，第388页。

抵抗。① 然而实际上，关东军早就降到三等预备役水平，抵抗难以超过10日。② 早在1944年夏天，蒋中正通过高价购得了日本关东军的大量机密情报，"举凡陆空军的部署、要塞地点、设防计划、兵种、武器、番号、人数以及将领姓名等等，无一不全"，由军委第三厅副厅长纽先铭泄露给了曾经预警过德国进攻苏联日期的中共情报人员阎宝航，阎"立刻送交罗申，用迅速照相办法，三日内交还给纽"。③ 然而，蒋没有与罗斯福分享这一情报。因此，只有苏联对于进兵东北底气十足。④ 斯大林开始索价。罗斯福表示，可以把南萨哈林（库页）岛和千岛群岛给苏联，此外，"苏联可使用位于南满铁路终点的不冻港，很可能是关〔辽〕东半岛的大连"，并同时在道义上声明各有关问题尚未与蒋中正谈论。至于大连的使用方式，罗斯福倾向于使其成为国际自由港，并提及希望以相同方式与英国解决香港问题，故不宜使用"租借"方式。斯大林随即谈到了沙皇时代俄国人就占有的中东铁路，罗斯福提出租借和中俄共管两种解决办法。斯大林随即暗示只有这些要求满足了，苏联才会对日作战。罗斯福回答说，他还没有机会与蒋中正相商，并补充说"和中国人谈话的困难之一是任何事情一旦告诉他们就会在24小时以内让全世界都知晓"。斯大林点点头，表示没有必要去和中国人谈，只要三大国商定签字，苏联绝不会泄露一个字。罗斯福的答复是他觉得可行。斯大林接着说宋子文4月底要来莫斯科，他会告诉宋将有25个师的苏军部队调去远东。至于不冻港，斯大林表态，俄国人好说话，不反对国际自由港的提议。随后，他们又谈到朝鲜的战后托管问题，斯大林问是否会有驻兵，在听到否定的答复后，他显然很满意。罗斯福又谈到了中国政治，他认为魏德迈将军和赫尔利大使做得比前任们（分别是史迪威和高思）都好，华北的共产党和重庆的国民政府关系已有所改善，而且主要过错在国民党和重庆政府，而非"所谓的共产党"。斯大林回应道，国共本该在以蒋中正为首的抗日统一战线下合作的，他不理解为何若干年前曾经有过的联合

---

① See Stimson and Bundy, *On Active Service in Peace and War*, p. 618.
② Michael Lindsay, *The Unknown War*, p. 51.
③ 《阎宝航致周恩来函》（1962年3月4日），中央档案馆藏。
④ 据1944年底苏联驻渝助理武官安德列耶夫少校告诉戴维斯，苏军在很短的时间内就能战胜关东军。See memo of conversation between Davies and Andrejev, 17 November 1944, *FRUS*, *1944*, vol. 6, p. 703.

不复存在了。① 斯大林确实是两次国共合作的倡导者，目前也不希望中国内战。根据俄国人的会谈记录，双方还谈到了蒙古问题，罗斯福表示应维持外蒙古现状。②

2月10日，苏联外交人民委员莫洛托夫主动向美国驻苏大使哈里曼递交了一份有关苏联对日作战条件的英文草案，与中国有关的部分是这样写的：

1. 应维持外蒙古（蒙古人民共和国）的现状；
2. 应恢复俄国于1904年被日本阴险攻击而损害的原有权利，即……
b）应恢复以租借［方式］对旅顺港和大连的占有；
c）在理解中国应继续拥有满洲全部主权的基础上，应恢复俄国在俄日战争以前所拥有经营中东铁路和通往大连的南满铁路的权利……
（强调为引者所加）

哈里曼马上指出，总统的建议是旅顺和大连应为自由港，两条铁路应为中苏共同经营，同时应征得蒋中正的同意。莫洛托夫对前两点无异议，单单不赞成最后一点。但随后斯大林直接找到哈里曼，说他完全愿意让大连成为自由港，但旅顺则不同，"它将成为俄国海军基地，因此俄国要求租借"。哈里曼建议他立即找总统商议。岂料罗斯福马上同意了斯大林对中国港口的要求。斯大林也做出让步，同意要就上述问题征得蒋首肯。罗斯福随即问道，是由斯大林在宋子文来访的时候提出，还是由他直接告知蒋中正。斯大林当然愿意由美国总统亲自出马。罗斯福又问考虑到保密因素，何时与蒋相商呢？斯大林答道："我准备好就告诉你"。③

结果次日，斯、罗、丘三人就秘密签署了《苏联参加对日作战的协

---

① Minutes, Roosevelt and Stalin meeting, 8 February 1945, Bohlen Collection, *FRUS*, *1945*, *The Conferences at Malta and Yalta*, pp. 768–771.
② 《斯大林与罗斯福谈话记录》（1945年2月8日），沈志华总主编《苏联历史档案选编》第18卷，第486页。
③ Memo of conversations by Harriman, 10 February 1945, *FRUS*, *1945*, *The Conferences at Malta and Yalta*, pp. 894–896.

定》。这个几乎未加修改的最终文本是这样的：

> 三大国——苏联、美利坚合众国与大不列颠的领袖同意，在德国投降及欧洲战争终结后两至三个月内，苏联将加入盟军的一方对日作战，其条件为：
>
> 1. 维持外蒙古（蒙古人民共和国）的现状。
> 2. 恢复俄国于1904年被日本阴险攻击而损害的原有权利，即：
>   a）萨哈林南部及其所有附属岛屿将归还苏联；
>   b）大连商港将国际化，保证苏联在该港的优越利益［the preeminent interests］，恢复租借［lease］旅顺为苏联的海军基地；
>   c）中东铁路和通往大连的南满铁路将由组建之苏中合营公司共同经营，鉴于苏联的优越利益将被保证的同时，中国将保有满洲的全部主权。
> 3. 千岛群岛将转交苏联。
>
> 经谅解，关于外蒙古与上述港口和铁路的协定须征得蒋介石委员长的同意。总统将自斯大林元帅建议后采取措施以获取是项同意。
>
> 三大国元首同意苏联的这些要求将在击败日本之后无条件地予以实施。
>
> 就苏联一方而言，它表示准备与中国国民政府缔结一项苏中间友好同盟的条约，以便以它的各武装力量帮助中国从日本的桎梏下解放出来。
>
> 　　　　　　　　　　　　　　　　　　约·斯大林
> 　　　　　　　　　　　　　　　富兰克林·德·罗斯福
> 　　　　　　　　　　　　　　　温斯顿·斯·丘吉尔[1]
>
> （强调为引者所加）

这短短的十几行字，是美国迫切希望苏联对日参战而囫囵吞下的恶果，其中不少模糊的概念给人留下了广阔的想象空间，对后世影响巨大。这是美国对俄国殖民主义的实际支持，诚如日后在越南支持法国的殖民统治一样。

---

[1] Agreement, Roosevelt, Stalin and Churchill, 11 February 1945, *FRUS*, *1945*, *The Conferences at Malta and Yalta*, p. 984.

当国际国内形势变化了，华盛顿很快就会为这种草率的决定而感到后悔。早在德黑兰会议上，斯大林就曾宣布将远征日本，并暗示了其政治要求，罗斯福当时并不热情，他仍希望依赖中国。1944年初，苏联外交人民委员会内部对未来远东地区的构想其实也并不包括中国东北，他们甚至不希望苏联参加对日作战，而是消耗美英去击败日本，并与国民政府保持友好关系；苏联在远东的领土要求仅为日俄战争期间被日本割占的南萨哈林岛以及千岛群岛，从而获得太平洋出海口。① 然而克里姆林宫的胃口要大得多，可能并非白宫永远都愿意满足的。

雅尔塔让斯大林获得了梦寐以求的领土。据莫洛托夫回忆，斯大林用摁钉把一张新的苏联地图钉在墙上，志得意满地欣赏起来："咱们来看看，我们得到了些什么……北方一切都好……波罗的海，自古以来就是俄罗斯的土地！……"接着，他指向了东方："这里情况怎么样呢？千岛群岛现在已归我们，萨哈林岛完全属于我们的，你们看吧，这有多好！旅顺港是我们的，大连也是我们的，中东铁路也是我们的，中国、蒙古——这都没问题……"斯大林一边说着，一边用烟斗在中国一带画了一个圈。莫洛托夫本人说过这样一句话："作为外交部长，我认为自己的任务是尽量扩大我们祖国的版图，看起来，这个任务我和斯大林完成得并不坏"。② 斯大林对雅尔塔非常满意，以至嘉奖了会谈期间担任安保任务的军警1021人。③

考虑到可能的不良影响，这个秘密协定被推迟一年公布。国民政府知道协议内容是在一个月之后。罗斯福原本打算在接到斯大林的通知之后，指派某军官作为信使自华盛顿出发经莫斯科赴重庆，再由驻华大使赫尔利向蒋中正通报。④ 岂料3月12日，驻美大使魏道明拜谒罗斯福，直接询问雅尔塔会谈内容。罗斯福承认自己"避免正式提及此事"，但同时也转告了斯大林对远东的三点要求："（一）维持外蒙古现状。（二）南满铁路所有权属中

---

① 《迈斯基致莫洛托夫报告》（1944年1月11日），沈志华总主编《苏联历史档案选编》第16卷，第698、707页。

② Феликс Чуев Сто сорок бесед с Молотовым: Из дневника Ф. Чуева. (Москва: ТЕРРА, 1991.) С. 14.

③ 《贝利亚致斯大林函》（1945年2月23日），沈志华总主编《苏联历史档案选编》第16卷，第649–650页。

④ Memo of conversations by Harriman, 10 February 1945, *FRUS, 1945, The Conferences at Malta and Yalta*, p. 896.

国，但业务管理宜有一种委托制度。（三）苏联希望在海参［崴］以南，获得一不冻军港如旅顺或其附近之港"。这实际上与三国签署的协定已有不少出入。然而接下来，罗斯福自己解释道："（一）维持外蒙古现状，主权仍属中国，似无问题。（二）南满铁路要在主权属于中国，业务管理在增进效率"；所谓委托制度"大约由三方组织之，一为中国代表，一为苏联代表，一或为美国代表，均当为铁路专家"；（三）军港问题"完全为一新问题，而在前所谈大连办法之外"，他当时就告诉斯大林说这是"将来之问题，无须太急"，他可以和蒋商量，"中国态度向极合理想，当不难获得适当解决……闻宋部长将赴莫斯科，似不妨与之先谈……或以旅顺长期借与苏联，主权仍属中国"；又谓未与斯大林谈及中共问题。如果魏道明报告无误的话，那么罗斯福无疑在很多地方撒了谎，而且全都无关保密事宜。真正需要保密的是，当魏道明询问苏联是否参加远东对日作战时，罗斯福所给予的明确答复："时机成熟，一定参加"，而且是在欧战后"即行参加，但坚持需要相当时间运送西方军力至远东，并巩固其海防"。[①] 蒋中正直到此时才确信苏联将于欧战结束后对日作战。重庆政治人物也开始风闻雅尔塔有关苏联将由陆路进攻日本的决定。[②] 然而事实表明，三巨头对中国人保密的歧视似乎也是多余的。日本御前会议6月才注意到苏联增加了远东军备，并推测"很可能对日使用武力"，鉴于北满作战的气候条件，指出"夏秋以降特别需要警惕"。但当苏联参战的消息传到东京的时候，外相东乡茂德仍在御前惊呼："苏之宣战完全出乎预料"。[③] 连在华的派遣军副总参谋长今井武夫也表示当时"无法知道雅尔塔会谈的秘密协定内容"。[④]

赫尔利是在2月回国述职的时候，被告知协定内容的，同时罗斯福指示他在未获斯大林信号之前，不得向蒋中正提及此事。4月12日，罗斯福因脑溢血在任上辞世，副总统杜鲁门按照宪法接替他成为第33位美国总统。由于缺乏外交经验，杜鲁门暂时维持着罗斯福的外交路线。当赫尔利4月

[①]《魏道明致蒋中正电》（1945年3月12日），秦孝仪主编《中华民国重要史料初编——对日抗战时期》第3编第2卷，第542—543页。

[②] 李璜：《学钝室回忆录》第2卷，第604页。

[③] 今後採ルベキ戰爭指導ノ基本大綱（御前會議）、1945年6月8日、最高戰爭指導會議構成員會議、1945年8月9日、日本參謀本部編『敗戰の記錄』、東京、原書房、1967、267、283頁。

[④] 今井武夫、『支那事変の回想』、東京、みすず書房、1964、211頁。

15日再经莫斯科赴华时，斯大林授权这位美国驻华大使自由决定何时将协议告知蒋，及如何告知。哈里曼觉得应当尽可能拖延。赫尔利谨慎地答复斯大林，他将在合适的时候向克里姆林宫询问，得到允许之后再告诉蒋中正。斯大林则向赫尔利重申了"中共非共"和支持国民政府的态度。未来的"遏制战略"之父、苏联问题专家凯南（George F. Kennan）和哈里曼曾对此表示怀疑，并专门向国务院提出过书面警告，可惜没有获得重视。凯南明确写道："我肯定莫斯科在此政策框架内尤其旨在：（1）在实质上重新获得沙俄先前在亚洲大陆攫取的所有外交和领土权利，即便没有名义；（2）主宰与苏联中亚边疆接壤的中国省份……（3）充分控制华北所有日占区，防止其他列强重复日本的侵略"。①

当赫尔利返回重庆后，在蒋中正询及之时，他们就其内容进行了讨论。当时，罗斯福已然辞世，赫尔利希望继位的杜鲁门总统尽快授权他正式通知中国政府。② 但杜鲁门仍命他保密。③ 直到6月15日。然而，孙科获悉相关消息后就立即通知了中共方面：苏联即将进入满洲对日作战。④

国共六下七上

与美苏在黑海合作密谋相左的是，共产党的意识形态渐渐成为中国政治关注的焦点问题。美国政府和军队原本企图在欧洲和远东都与共产党武装联手，打击德日轴心国的势力。1月13日，当在延安的美军战略情报局人员把伯德访问的消息发回重庆的时候，对国民政府来说，无异于晴空霹雳，宋子文立即要求赫尔利解释。赫尔利怒不可遏，直接向罗斯福投诉。⑤ 随后马歇尔十万火急地把魏德迈从前线召回，来见证属下麦格鲁和赫尔利发生的激

---

① Telegram, Kennan to Harriman, 23 April 1945, quoted in *US Relations with China*, p. 97.
② Telegram, Hurley to Truman, 10 May 1945, *FRUS*, *1945*, *The Far East*, *China*, vol. 7 (Washington: USGPO, 1969), pp. 866–868.
③ Telegram, Truman to Hurley, 12 May 1945, *FRUS*, *1945*, vol. 7, p. 868.
④ Запись беседы Скворцова с Ван Жофэем, 29 июня 1945 г. В кн.: *Ледовский А. М.*, *Мировицкая Р. А.*, *Мясников В. С.* (сост.) *Русско - Китайские Отношения в XX Веке*, том 4：*Советско - китайские отношения. 1937–1945, книга 2: 1945 г.* (Москва: Памятники исторической мысли, 2005.) C. 70.
⑤ See memo, Leahy to Marshall, 15 January 1945, William D. Leahy files, Box 21, Folder 136, RG 218, National Archives.

烈口角。① 强势的大使对自己职责的解释，终于成为一年内美国对华政策的纲要：

(1) 防止国民政府倒台；
(2) 保持蒋介石为民国总统及军队最高统帅；
(3) 和谐委员长与美国指挥官之间的关系；
(4) 促进中国战争供需品的生产并防止经济崩溃；
(5) 以打败日本为目的，统一中国所有的军事力量。②

魏德迈的资历和后台都不及前任史迪威，更不是赫尔利的对手，本就如履薄冰。早在魏赫共事之初，为了避免出现像史迪威与高思那样的尴尬关系，两人就曾结成政治同盟，即不向华盛顿报告对方辖下且有可能对其不利的事项。对于赫尔利的失约，魏德迈也只能咽下苦果。③ 他向马歇尔说明自己已与大使和好如初，请求此事不了了之。④ 包瑞德成了唯一的替罪羊，赫尔利要求华盛顿撤销对其晋升准将的任命。1月24日，魏德迈不得不召开中国战区秘密军事行动协调会议，在座的包括国民党军统的戴笠、钱大钧、郑介民，和美国战略情报局的多诺万、赫普勒（Heppner）、伯德，以及海军驻华小组的梅乐斯和美英其他情报组织负责人。魏德迈当着中国官员的面，要求今后美英任何秘密军事行动凡是需要增加人事或者物资的，都必须事先征得郑介民将军的同意，并"不得向任何个人，如某省省长或中国军阀及特殊政治团体，提供任何帮助或者物资支持"。⑤

中共对于美军军援的期望也随着包瑞德的继任者、观察组长德帕斯（Morris De Pass）上校的到来而破灭。他带来了赫尔利的建议信，信中明显

---

① Barrett, *Dixie Mission*, p. 79.
② Telegram, Hurley to Stettinius, 24 December 1944, *FRUS, 1944*, vol. 6, p. 745.
③ *Wedemeyer Reports*! pp. 305–306.
④ Telegram, Wedemeyer to Marshall, 27 January 1945, Box 7, Folder "Radios – eyes alone – wires re Communists – important messages, out, 22 – 25 January 1945," RG 493, National Archives at Suitland.
⑤ 《中美英三方秘密准军事行动会议记录》（1945年1月24日），《民国档案》2007年第4期，第50页。

支持蒋中正，暗示美援只能经由与国民政府的谈判桌。① 毛泽东不得不在 1 月 22 日答复说：周恩来将再度赴渝谈判。延安的英语学校也随之关闭，中共开始报复性地延迟提供气象情报。② 美国人不许中共公开报道对美军飞行员的成功援救，也加深了延安的反感。③ 周恩来随后首次拒绝了赫尔利有关由美国军官指挥中共军队的提议。毛泽东在电示中提出表扬，指斥"将中国军队尤其将我党军队隶属于外国，实为殖民地军队的恶毒政策，我们绝对不能同意"。④ 双方的友好关系走到了尽头。

1945 年春天，华盛顿就中国政治问题做出了一个重要决策。3 月 27 日，魏德迈、赫尔利和梅乐斯列席参谋长联席会议以提供他们对中国问题的看法。据参谋总长李海上将回忆，他们的总论点是"对蒋的中央政府进行较小的援助即可平息中国的反对派"。⑤ 魏德迈在 4 月和 5 月又多次提到他对中共将来的军事能力并不看好；而赫尔利在整个上半年都在谈这个问题。⑥

与此同时，毛泽东一直密切关注着苏联红军在欧洲的推进速度。即便是深深怀疑其对莫斯科忠诚的孙平亦表示："毛无论做什么，他的整个政策总会考虑苏联的协助。在任何关键形势下，这一政策就意味着苏联不变的支持。在要渡过任何政治危机的时候，亦会考虑到苏联对延安有利的决定性干预"。⑦ 中共注意到随着欧洲战场形势的遽变，苏联在其周边扶植了一个又一个共产党政权，因而更加确信苏联不会不支持中国革命，遂重新拿起了暂时放下的意识形态工具。⑧ 3 月 31 日，毛泽东在中共六届七中全会上推出了以联共党史（简明教程）为范本而编纂的中共党史，重申了意识形态的重要意义。毛泽东最后说："对外国主要联合苏联，对美、英及其他反法西斯的各国以联合为主，但也有警戒的暗示"，强调国内形势的变化，只要军队

---

① Letter, Hurley to Mao, 20 January 1945, *FRUS, 1945*, vol. 7, p. 181.
② Hsiao Li, *Bold Plum*, p. 300.
③ Michael Lindsay, *The Unknown War*, p. 78.
④ 《毛泽东致周恩来电》（1945 年 1 月 28 日），中央档案馆藏。
⑤ William D. Leahy, *I Was There*（New York：Whittlesey House, McGraw Hill Book Company, 1950）, p. 337.
⑥ Romanus and Sunderland, *Times Runs Out in CBI*, p. 338.
⑦ Vladimirov's papers, 17 December 1944, in Vladimirov, *China's Special Area*, pp. 283 - 284.
⑧ 杨奎松：《中间地带的革命》，第 458 页。

发展到150万人，就是"以我们为中心"，而蒋介石则"无联合可能"。① 林迈可观察说："如果不是日本在数月之后就投降的话，中国就会出现两个政府对峙的局面"。② 用毛泽东自己的话说："蒋先生总以为天无二日，民无二主，我'不信邪'，偏要出两个太阳给他看看！"③ 4月4日，毛泽东在谢伟思回国前要他带话："一旦中国发生内战，希望美国对国共双方采取不插手政策"。④

4月5日，苏联正式宣布有效期仍有一年的《苏日中立条约》期满后不再续约，而对日作战部署在一个月前就已经开始。⑤ 毛泽东大喜，宣布召开一再延期的中共第七次全国代表大会。4月23日，中共七大在"英特纳雄耐尔一定要实现"的国际歌声中召开，重申了未来十年亲苏的政策基调。755人与会，代表中共党员121万人，并有日共和韩共代表参加。⑥ 众多来延的中共高级干部，由毛泽东亲自教诲，统一对有关历史、政治问题的解释，不同"单位"的个人在非公众场合会面必须经一方单位审批同意并发给介绍信，夫妻也被分到不同部门，孩子交给托儿所。⑦

中共七大标志着以毛泽东的意识形态统一全党的完成，并全面向国民党夺权的开始。在这次大会上，毛主席所做的多个报告，都以"两个中国之命运""两个战场""两条路线"的对立方式，明确提出了要"尽可能迅速地"建立"人民政府"或是"中国解放区人民代表会议"，将国共斗争直接推向了国家政权争夺阶段。毛泽东提醒那些盲目的左派人士："不要把国民党的影响和势力看轻了，现在国民党在群众中还是有影响的，要想去掉它，还需要多少年……我们的影响不来，他的影响不会走"。⑧ 因此，中共的夺

---

① 《对论联合政府的说明》（1945年3月31日），《毛泽东在七大的报告和讲话集》，第100、103页。
② Michael Lindsay, *The Unknown War*, p. 87.
③ 左舜生：《近三十年见闻杂记》，香港自由出版社，1950，第540页。
④ 《毛泽东送别谢伟思谈话节录》（1945年4月4日），张迪杰主编《毛泽东全集》第19卷，第353页。
⑤ 扎哈洛夫主编《结局：1945年打败日本帝国主义历史回忆录》，隽青译，上海译文出版社，1978，第74页。
⑥ 日本共产党代表野坂参三（冈野进），朝鲜独立同盟代表朴一禹、崔昌益与会。
⑦ 《陈再道回忆录》第1卷，第530页；Hsiao Li, *Bold Plum*, p. 323.
⑧ 《在中共第七次代表大会上的讲话》（1945年4月24日），竹内实编『毛泽东集补卷』、7卷、東京、蒼蒼社、1985、276页；参见《毛泽东文集》第3卷，第314页。

权行动是全面的，即在军事、财政、民心各方面主动进击，一口一口吃掉国民党。延安宣布不再参加国民党于抗战期间创设的民意咨询机构——国民参政会。应该指出，它对执政党所提出的许多尖锐批评都是中肯的，例如国民政府的腐败、"大汉族主义"的民族歧视政策等。不容忽视的是，这些口号对国内外包括智识阶层在内的中下层民众具有广泛的吸引力。

与此同时，5月5日，国民党六大如期在重庆召开。这次全会的主题虽说是结束训政、实施宪政，但实质上也只不过确认了蒋中正的总裁地位。762人与会，其中中央委员148人、列席162人。蒋致开幕辞，他首先回顾了抗战历史，继而表明宪政决心："早日实施宪政，归政于民，愈速愈好"；暗指中共"以民主先驱自居，真伪倒置，黑白不分"。① 国民党素来以党化国，党章自然也比宪章重要。蒋特命CC系国民党元老李宗黄（字伯英）召集修改党章，新增一条即开宗明义："本党组织原则为民主集权制"。②

5月17日，国民党六大根据党章第六章第二十六条规定选举总裁。说是选举，其实是推举。程序极富中国特色，由吴稚晖按照蒋亲自授意起立发言，大声讴歌蒋中正二十年来的德行，"擘划军政设施，辛劳备至"，并以其国民党元老身份断言"总理在遗墨中论及〔蒋〕总裁才能时，亦隐有以总裁为其继任人之意"，继而建议今总裁既然贤明正统，不如改此前党章中"代行总理职权"为"行使总理职权"，"尤较确定"。吴稚晖一锤定音，复有会场主席于右任当即宣布"蒋同志继承总理，出师北伐……神武天纵，领导全国……总裁复谦让为怀，请各同志重行选举，此虽为我国古代之揖让大道……推选蒋中正同志为本党总裁"。③ 此后的场面是可以想见的集权制模式：全体与会人员"一致起立通过，高呼口号，响彻云霄，然后继以热烈之掌声，以示庆祝拥护，掌声连亘达三分钟之久"。④ 这不过是走形式，

---

① 荣孟源主编《中国国民党历次代表大会及中央全会资料》（下），光明日报出版社，1985，第904页。
② 《李宗黄回忆录：八十三年奋斗史》第3册，台北，中国地方自治学会，1972，第364－365页。
③ 《于右任致词》（1945年5月17日），朱汇森主编《中华民国史事纪要（1945年5－7月）》，台北，"国史馆"，1987，第116页。
④ 荣孟源主编《中国国民党历次代表大会及中央全会资料》（下），第962－963、1002－1003页。

此前总章审查组在讨论过程中，有人主张总裁不再选举，而"以蒋先生为总裁"句加入总章，孙科、邹鲁颇有异议，蒋遂改"代行"为"行使"了事。①

同日，大会专门通过了由蒋提出的对于中共问题之决议案。该决议案明显带有政治放松之意，只不过指责"中共仍坚持其武装割据之局，不奉中央之军令政令"。但内部决议则对中共抨击激烈，谓"最近更变本加厉，提出联合政府口号，并阴谋制造其所谓'解放区人民代表会议'，企图颠覆政府，危害国家。凡我同志均应提高警觉"。②蒋以素有的说教口吻称："所愿中共党员，亦能懔于民国缔造原非易事，抗战胜利尤待争取，共体时艰，实践宿诺"，旨在表明国民党愿意谈判解决两党矛盾。③

作为执政者，蒋自然清楚宪政乃中国必由之路。他早在3月1日的宪政实施协进会致辞时就宣布1945年11月12日孙文八十冥寿即召开国民大会，制颁宪法，以实现宪政。私下里，他不无目的地对赫尔利坦白："如果他作为独裁者死去，那么名字和对中国的贡献都会被遗忘，但如果他予国家以民主，予人民以自由，实施宪政，那么就会青史留名"。④可是因为认知有限，他像一个清末君主，不知道该如何改革，如何教化他的子民。

国民党六大同时讨论对苏政策问题。虽然少数人担心苏联对东北的野心，但多数人明确表示赞成与苏联结盟，并主张政府与斯大林举行谈判。蒋最后裁决，中国应该请求苏联参战，同时政府将派代表团去莫斯科。他天真地认为，斯大林不至于将东北交到中共手里。他甚至表示，如果事情变成那样，"我们西方的朋友会来帮助我们"。⑤ 5月21日，六大闭幕。

与蒋中正不同的是，毛泽东已经公开敌视美国。在5月31日下午的中共七大总结报告中，他指出：中共与美国的关系将要完结，大骂的阶段恐怕

---

① 蒋中正日记，1945年5月15日。
② 《本党同志对中共问题之工作方针决议案》（1945年5月17日），朱汇森主编《中华民国史事纪要（1945年5-7月）》，第121页。
③ 荣孟源主编《中国国民党历次代表大会及中央全会资料》（下），第922页。
④ Разговор Херли с Петровом, 21 мая 1945 г. АВПРФ（Архив Внешней Политики Российской Федерации）. Ф. 0100, Оп. 33, П. 14, Д. 244, Л. 140.
⑤ См.: Ледовский А. М. СССР и Сталин в судьбах Китая: Документы и свидетельства участника событий, 1937 - 1952. （Москва : Памятники исторической мысли, 1999.） С. 326 - 327.

快到了,美国不到山穷水尽,绝不会和我们合作。毛泽东并告诫与会者:"我们党的高级干部,应该特别注意研究美国的情况。中国可能变成美国的半殖民地,这是一个新的变化"。① 6月11日,七大闭幕。

紧接着,国民参政会六位参政员为敦促中共继续参与协商而访问延安。7月1日至5日,国民党元老褚辅成(字慧僧)、中华职业教育社的冷遹(字御秋)、黄炎培(字任之),还有青年党的左舜生、第三党的章伯钧、西南联合大学的傅斯年,一行六人乘坐美军飞机抵达延安。其中,黄炎培、左舜生和章伯钧都是刚成立的民盟成员。他们曾于月前致电毛泽东、周恩来,呼吁国共合作,并收到了由孙科转来的复电。毛泽东对来访的湖南同乡左舜生直率地说:"我这几条烂枪,可同日本人打,也就可以同美国人打,第一步我要把赫尔利赶走了再说!"② 此行虽然无功而返,但开创了中国第三方面的政党团体调处国共关系的先河。

对于苏联,毛泽东坚信斯大林一定会援助中共,并决定立即派15-20个旅去东北。他说:"国际无产阶级的援助一定要来"。③ 中共开始在电报中以暗语"辰兄"来指代苏联,辰即北方,兄即大哥,可见关系非同寻常。

然而七大以后,重庆中共代表王若飞通报了由孙科透露的雅尔塔密约内容,包括国民政府很快就会在莫斯科与斯大林订立中苏条约、苏联承认蒋中正为中国唯一领袖、东北将移交给国民党统治。王若飞对此情报尚表怀疑,认为苏联不至于在未要求中国民主化的前提下出卖中共利益。④ 这个消息对于延安和毛泽东来说,自然不无打击。

即便未获莫斯科证实,中共中央的战略还是由此确定为向南发展,打算在华东和江南富裕地区先行立足。6月12日,刘少奇在中共七大主席团常委会议上发言:"南下部队和新四军第五师要把一切工作的重心放在准备内战上"。⑤ 国共流血冲突不断发生。7月21日,国民党第一战区司令长官胡

---

① 《在中国共产党第七次全国代表大会上的结论》(1945年5月31日),《毛泽东在七大的报告和讲话集》,第192、199页。

② 左舜生:《近三十年见闻杂记》,第540-541页。

③ 《在中国共产党第七次全国代表大会上的结论》(1945年5月31日),《毛泽东在七大的报告和讲话集》,第199页。

④ Запись беседы Скворцова с Ван Жофэем, 29 июня 1945 г. В кн.: Ледовский А. М. и т. д. (сост.) Русско - Китайские Отношения в XX Веке, том 4, книга 2. С. 70 - 71.

⑤ 《刘少奇年谱(1898-1969)》上卷,第472页。

宗南进攻共产党陕甘宁边区外围淳化爷台山阵地。8月9日，八路军以新四旅、三五八旅超过5个营的兵力和巨大伤亡，消灭了国民党暂五十九师1个营的守军（5个连加1个营部）。8月12日，西安亦有美国人前来调查。①抗日战争的胜利并未给中国带来和平。

中苏首个盟约

6月30日，蒋经国在阔别八年之后，再次来到莫斯科，这一次他是和名义上的母舅宋子文一起，作为中华民国代表团的成员。他发现克里姆林宫里唯一的变化，是斯大林将自己办公桌背后的画像，由原先的列宁换成了彼得大帝。② 苏联欢迎的礼节极为隆重，斯大林热情地接待了他们，着重询问了宋子文"美国是否大量援助中国？"宋表示美供给武器并派技术人员在华协助。斯大林继而表现出对中苏同盟的信心。③

7月2日，中苏开始第一次谈判。斯大林首先把一张纸掷在宋子文面前："你知不知道这个由罗斯福总统、丘吉尔首相和我签署的有关日本的文件？"宋子文一看，知道是雅尔塔协定，回答道："这个文件是由美国政府转告的，内容大致相同"。随后双方就逐条以协定内容为基础进行讨论，也就是说国民政府要为一个自己并未签署的条约谋求最大利益的解释权。宋子文转述了蒋中正的意见。对于外蒙古现状，蒋希望搁置争议留待后人解决，斯大林表示强烈反对，声称蒙古对于西伯利亚的安全意义极为重要，要求脱离中国，甚至建议说中苏可先签订秘密协定，至打败日本之后再予公布。宋子文答以蒙古对于中国主权及领土完整的意义也同样重要。斯大林进而威胁说，外蒙古可能结合内蒙古成立蒙古人区域。对于大连国际化，斯大林主张苏中共有，并提出以1898年清政府签订的旅大租地条约为基础订立新约。宋子文再一次展示了自己的伶牙俐齿："旧条约既无战事亦当已期满，且为帝俄所为之宣言，余思阁下不致以该条约为依据"。斯大林当然否认，但旋又要求"苏联将较中国获得更多权利"。宋子文随即表示中方不拟在大连港

---

① 程悦长：《爷台山反击战》，《星火燎原》第7卷，第85—90页。
② 蒋经国：《风雨中的宁静》，台北，"国防部总政治作战部"，1967，第64页。
③ 《宋子文致蒋中正电》（1945年6月30日），秦孝仪主编《中华民国重要史料初编——对日抗战时期》第3编第2卷，第571页。

征税，否则船只可选用辽东其他港口，大连并无大利。斯大林狡辩道协定上写明大连"国际化"，未写为"自由港"。宋回敬道在俄日时期该港就已经是自由港。斯大林只好说不会比那时更为吝啬。对于租借旅顺，宋子文希望斯大林考虑中国自近代以来不惜革命来收回外国在华特权的历史，而放弃使用"租借"字眼，斯大林表示考虑其他词语，中苏可以共同管理。接着双方就谈到了与港口相连的铁路问题。又是一番争论之后，斯大林同意铁路限于干线，煤炭由中方供给，平时不运输军队，和旅顺一起共管期限在40－45年，宋子文还价为20年。随后双方谈及中国内政问题，斯大林表示苏联支持国民党的领导地位，但希望国民政府吸纳包括中共在内的其他人士参与，并同意蒋中正派代表随苏军进入东三省。整个谈判的要点在于斯大林希望以旅顺问题上的让步来换取外蒙古的独立。宋子文最后表示就苏联对外蒙古及旅顺、铁路使用期限的意见，在询蒋之后再行讨论。[①] 首日的谈话记录表明斯大林对与中国人的谈判并无充分准备，或者说遇到了意想不到的阻力，相反宋子文一开始虽以劣势却争取着谈判的主动。

翌日，宋子文找到美国驻苏大使哈里曼通报了谈判内容并要求美国解释。哈里曼说：罗斯福从未考虑过外蒙古问题，也不知道中国内政不允许承认外蒙古独立；铁路，罗斯福只提合办，并未承认苏联所有权；罗斯福主张以大连为自由港，从未想过要给苏联以特殊权益；朝鲜，斯大林不愿国际军队或警察驻扎，可能是想操纵其已组织的朝鲜军队以托管之名前去支配一切。哈里曼对最后一点"甚表疑惧"。[②] 由于等不到蒋中正的指示，宋子文于4日又电重庆，进一步询问如果斯大林坚持外蒙古必须独立，是否要中止交涉。6日，蒋复电松口说，在确保东北、新疆领土主权完整与中共服从中央的前提下，"则外蒙独立或可考虑"，其方案为在抗战胜利后，外蒙举行投票，如结果为独立，则须经立法院通过，由政府批准，"此可作为我对苏之诺言，惟不能订立任何秘密协定"；否则，宋子文可中止回国。[③] 但蒋旋

---

① 《宋子文与斯大林谈话记录》（1945年7月2日），秦孝仪主编《中华民国重要史料初编——对日抗战时期》第3编第2卷，第577－590页。
② 《宋子文致蒋中正电》（1945年7月3日），秦孝仪主编《中华民国重要史料初编——对日抗战时期》第3编第2卷，第591页。
③ 《宋子文致蒋中正电》（1945年7月4日），及蒋6日复电，秦孝仪主编《中华民国重要史料初编——对日抗战时期》第3编第2卷，第593－594页。

即又担心宋把握不了轻重而被斯大林所欺骗,遂一而再、再而三地电告"对中共问题必须剀切约束",并明确指示中止交涉的时机为"一、苏对我之要求不肯为具体之谈判时;二、苏肯具体谈判而不能达到我要求之目的时",以及外蒙疆界必须以中国地图为准,"不能以苏联自造之地图作根据"。① 由此观之,原先在罗斯福强力主导对苏绥靖下的重重矛盾如今都已暴露无遗,中美对莫斯科的不信任溢于言表。

7月7日,中苏续谈。宋子文首先指出雅尔塔协定中有所谓维持外蒙古现状的内容,中方不能承认外蒙古独立。斯大林生气地说协定为苏方起草,就是承认外蒙古独立的意思,美英都未质疑,可以当面对质。宋对"现状"的解释,即1924年中苏条约对中国享有外蒙古主权的规定,"维持"就是指"不牵动"、不变化;而斯大林对之解释为"正式承认蒙古人民共和国独立"的现状。双方又陷入争吵之中。宋子文表示苏联对外蒙古军事上重要性的关注以及受日本威胁时必须派兵去外蒙古的要求,中国人表示同意。斯大林说,不止这些,蒙古人民要独立。宋又表示,中国政府愿给外蒙古以高度自治的权利,即军事、外交的自决权。斯大林又说,只要还是中国的一部分,问题就没有解决。宋强调这是关乎国民政府执政的根本问题,斯大林这时候暗示了其对中共的影响力:"共产党能推翻政府乎?国民党自不出此,如中国与苏联同盟,则无任何人可能推翻中国政府。"他为了说服宋子文,进而详细叙述了自己的计划:远东除海参崴港口外,在堪察加的彼得罗巴甫洛夫斯克建立第三军港,并有2500公里的铁路线相通,需二三十年时间修筑;另有特卡斯脱里一港,也须建筑铁路;苏联在远东的国防系统还包括一条在贝加尔湖以北横贯西伯利亚的大动脉,以上各项需有40年时间,因此苏联需要与中国结盟,外蒙独立即为该计划的一部分。宋子文未为所动。双方最终不欢而散。②

中苏就外蒙古问题陷入了僵局。蒋经国谨遵父旨,私下求见斯大林。在他陈述其父意见后,斯大林说道:"你这段话很有道理,我不是不知道。不过,你要晓得,今天并不是我要你来帮忙,而是你要我来帮忙;倘使你本国

---

① 蒋中正致宋子文电,1945年7月6、7日,秦孝仪主编《中华民国重要史料初编——对日抗战时期》第3编第2卷,第595-596页。
② 《宋子文与斯大林谈话记录》(1945年7月7日),秦孝仪主编《中华民国重要史料初编——对日抗战时期》第3编第2卷,第599-604页。

有力量，自己可以打日本，我自然不会提出要求。今天，你没有这个力量，还要讲这些话，就等于废话！"接着在蒋经国的一再追问下，斯大林表达了对美国在五年内扶植日本起来的担忧，并且径直教导面前的这个年轻人："我可以告诉你，条约是靠不住的。再则，你还有一个错误，你说，中国没有力量侵略俄国，今天可以讲这话；但是只要你们中国能够统一，比任何国家的进步都要快。你说，日本和中国都没有力量占领外蒙古来打俄国；但是，不能说就没有'第三个力量'出来这样做？""是不是美国？"斯大林回答道："当然！"①

7月9日上午，宋子文再次询问美国大使哈里曼的意见。哈里曼解释了罗斯福在旅顺问题上让步的原因，即美国出于永久占领日本附近海岛的考虑，"无法拒绝"苏联使用旅顺，要中国"必须让步"，否则"苏联无从建筑炮台及其他军事设备"，至于共管期限20年，中国应"酌为延长"，并宣称万一谈不拢，杜鲁门总统将亲自介入云云，但也同时表示因苏联进兵东北在即，如无条约束缚，结果可能对中国更为不利。②

9日晚，中苏第三次谈判。宋子文由于知道了蒋中正有关外蒙古问题的最低要求，首先提出让步，表示蒙古人民可以投票表决独立与否。谈判僵局是打开了，却过早地暴露了中方的底线。斯大林大悦，"甚表满意"。宋子文提交了一份据说是蒋中正的来电，希望斯大林确保解决东北、新疆主权及中共"一揽子"问题。③ 但此后苏联并未就这些问题做出太大让步，仅表示军港及铁路的使用年限可降为30年，并禁止新疆边境的军火走私。斯大林为了获得蒙古独立也抛弃了自己一手扶植的"东突厥斯坦共和国"。两个月后，"东突军"东进至乌苏，北抵阿山，完全控制了矿藏丰富的伊犁、塔城、阿山三区，遂结束武装攻势，与国民政府议和。④

"关于中国之共产党"，斯大林表示说："吾人并不予以支持，亦并无支持彼等之意向，吾人认为中国只有一个政府，如在中国国内有另一政府，自

---

① 蒋经国：《风雨中的宁静》，第67-70页。
② 《宋子文致蒋中正电》（1945年7月9日），秦孝仪主编《中华民国重要史料初编——对日抗战时期》第3编第2卷，第608-609页。
③ Телеграмма Чан Кайши Сун Цзывэню, 9 июля 1949 г. В кн.: Ледовский А. М. и т. д. (сост.) Русско-Китайские Отношения в XX Веке, том 4, книга 2. С. 102-104.
④ 王柯：《东突厥斯坦独立运动：1930年代至1940年代》，香港中文大学出版社，2013，第243-244页。

称为政府,此当应由中国自身解决之问题";并且笑问"欲余派军助君解除共产党武装否?"宋子文可没有那么蠢,他首先表态希望政治解决,然后暗示斯大林应对中共施压,令其加入国民政府的战时内阁及军事委员会,将军队并入政府军。但这位苏联大元帅仅承认"中国必须只有一个政府与一个军队",目前的局面确有不良印象。① 但为表诚意,斯大林后来还是对宋透露,孙科向中共提供了秘密情报。②

7月10-12日,宋子文改与莫洛托夫商讨具体条文问题。由于对协定有关所谓苏联"优越利益"的不同解释,双方的分歧仍然很大。很明显,苏联领导人是想借此恢复沙皇曾经在中国东北拥有的特权。如果说先前与斯大林的谈判是决定拿中国哪个口袋里的东西,那么莫洛托夫则试图将那个口袋中的每一个铜板都掏走,宋子文就是捂着不放。13日,会谈因斯大林赴德国柏林西郊的波茨坦而中断。

就在宋子文为莫斯科的条件而苦恼的时候,7月9、10日两天,日军副总参谋长今井武夫少将与国民党第十五集团军司令何柱国上将在河南会谈四次。何柱国代表重庆表示两点:一是中国不可能与日本单独媾和,盟国已经确定了东京必须从满洲、朝鲜、台湾和库页岛撤军的方针;二是中国希望日本"在战后仍作为东洋的一个强国保留下来",同时并不反对天皇制度。③ 这里面明显包含有平衡苏联和限制中共的意味。

亲陆军的杜鲁门与亲海军的罗斯福不同,他对共产主义有着天然的抵触。新总统告诫自己:"蒋介石政府与我们并肩作战对付共同的敌人,我们有理由相信所谓的中共不但不帮我们,还时而帮助日本佬"。④ 他所依赖的新任国务卿贝尔纳斯(James F. Byrnes)是故总统罗斯福国内政策强有力的支持者,也曾是他在参议院的导师,对警惕共产主义扩张有着共识,这位国务卿当时就曾坦言,请客容易送客难,因此他最为焦虑的是赶在俄国人进入

---

① 《宋子文致蒋中正电》(1945年7月9日),及宋子文与斯大林当日谈话记录,秦孝仪主编《中华民国重要史料初编——对日抗战时期》第3编第2卷,第609-620页;см.: Ледовский А. М. СССР и Сталин в судьбах Китая, С. 300.

② Запись беседы И. В. Сталина с Сун Цзывэнем, 12 июля 1945 г. В кн.: Ледовский А. М. и т. д. (сост.) Русско - Китайские Отношения в XX Веке, том 4, книга 2. С. 136.

③ 今井武夫、『支那事变の回想』、210-211頁。

④ Memo, by Truman, November 1945, in ed. Robert H. Ferrell, Off the Record: the Private Papers of Harry S. Truman (New York: Harper & Row, Publishers, 1980), p. 74.

大连和旅顺之前把日本处理掉。① 而且，俄国人对杜鲁门的观感也是彼此彼此，斯大林不无遗憾地表示："现在，罗斯福总统死了，丘吉尔很快就和杜鲁门协同起来"。② 杜鲁门是美国历史上一个倒霉的过渡总统，即便后来经民选连任，他也无法摆脱罗斯福遗留下来的著名困境——赢得了战争却输掉了和平。而这一困境的核心就是中国。他只能辛勤地在他原本就不擅长的外交领域迎接来自内部和外界的各种挑战，而诸多挑战似乎都要围绕着中国问题展开。遗憾的是，对于他来说，"中国只是一个地理名词"。③ 7月16日，一颗原子弹在美国新墨西哥州的荒漠中试爆成功。当消息到达柏林之后，美国转变态度，不再要求苏联参加对日作战了。④

华盛顿也开始正式介入中苏会谈。7月17日，杜鲁门在柏林首次与斯大林谈到对日作战问题。斯大林不得不承认他仍未与宋子文达成协议。无论如何，这一步在法理上对于苏军进入东北是必要的。杜鲁门重申美国的立场为大连应是一个开放的港口。斯大林毫不掩饰地回答如果由苏联控制，那么大连就会是开放的。同样参与雅尔塔会议的贝尔纳斯提醒说罗斯福做出让步的前提是中国拥有对大连的控制权。随后贝尔纳斯经授权以总统名义，给中国发去一电，告诫蒋中正切勿让步太多。⑤ 这就是重庆收到的24日电，电文又一次撼动了蒋脆弱的神经："余曾请阁下执行雅尔塔协定，但余未曾请阁下作超过该协定之让步"。⑥ 对此，蒋中正只能在日记中发发牢骚："侮辱已极。余对雅尔塔会议并未承认，亦未参加，毫无责任，何有执行之义务。彼诚视中国为附庸矣"。⑦ 其实他乐见美国干涉中苏直接交涉，唯不愿美国擅自牺牲中国的利益。

与此同时，7月24日在柏林，当杜鲁门绕过赛西林宫硕大的圆桌，压

---

① James Forrestal Diary, 28 July 1945, in ed. Walter Mills, *The Forrestal Diaries: the Inner History of the Cold War* (London: Cassell & Company Ltd., 1952), p. 90.

② Жуков Г. К. Воспоминания и размышления. (Москва: Агентства печати Новости, 1969.) C. 694.

③ Harry Truman, *Memoirs*, vol. 2 (Garden City, NY: Doubleday, 1955), p. 126.

④ See Stimson and McGeorge Bundy, *On Active Service in Peace and War* (New York: Harper, 1947), p. 637.

⑤ James F. Byrnes, *Speaking Frankly* (New York & London: Harper & Brothers Publishers, 1947), p. 205.

⑥ 《杜鲁门致蒋中正电》（1945年7月24日），秦孝仪主编《中华民国重要史料初编——对日抗战时期》第3编第2卷，第640页。

⑦ 蒋中正日记，1945年7月28日，"上星期反省录"。

抑住内心的骄傲而告知斯大林美国已经研制出一种比现有任何炸弹都更具破坏力的新型武器时，斯大林的反应出奇的平静，这反让白宫决策者备感失望，甚至怀疑斯大林没能理解这个消息的震撼意义。① 其实，这个克里姆林宫的主人比他更早了解到原子弹的内幕，一散会就迫不及待地与莫洛托夫商议要加速苏联的仿制进程。② 斯大林还询问远东军队是否能够较原定计划提前10天进军东北。③ 而杜鲁门则在日记中写道："谢天谢地，希特勒或者斯大林的随从们没有发明原子弹"。④ 8月6日，美军向广岛投下了原子弹，促使日本突然投降，也加快了中苏两国谈判的进程。

8月4日，蒋中正在重庆曾家岩接见了由苏联二战期间驻华大使潘友新（Александр С. Панюшкин）举荐而继任其职的彼得洛夫（Аполлон А. Петров），新大使通知说斯大林明日可返莫斯科，希望重开会谈。蒋再次表达了请苏联尊重中国主权的意愿，并表示在中苏条约签订后苏联对日作战时，自己想亲访莫斯科。⑤ 8月7日，当中苏谈判继续在莫斯科展开的时候，蒋中正预感到苏联进军东北在即，要求宋子文马上向苏方表示"东北原有各种工业及其机器皆应归我国所有"。斯大林允诺将予"同情考虑"。⑥

8月8日，美国驻苏大使哈里曼求见斯大林，转达了杜鲁门总统干预苏中谈判的意图。在申明"门户开放"的美国传统对华政策原则之后，哈里曼建议苏联政府以通报形式表明这一点，并呈上美国拟好的俄文译本，实际上是想借此传达新总统的新立场。斯大林阅后随即表示，这里面没有雅尔塔协定中提及的苏联优越地位。美国大使解释说："当罗斯福总统谈到苏联的优越地位时，他心里想的是充分保证苏联通过东北抵达不冻港的过境运输。总统所想并未超越这些。"斯大林回敬说，他们也没有超过这些，相较沙皇

---

① Truman, *Memoirs*, vol. 1, p. 353; Byrnes, *Speaking Frankly*, p. 263.
② Жуков Г. К. Воспоминания и Размышления. С. 713.
③ Василевский А. М. Дело Всей Жизни. （Москва: Политиздат, 1978.）С. 522.
④ Truman diary, 25 July 1945, in ed. Ferrell, *Off the Record*, p. 56. 苏联从1943年4月开始就通过间谍不断获取美国原子弹研究计划"曼哈顿工程"的内部机密。See Christopher Andrew and Vasili Mitrokhin, *The Sword and the Shield* (New York: Basic Books, 1991), pp. 117, 129 – 132, 147 – 148.
⑤ 《蒋中正与彼得洛夫谈话记录》（1945年8月4日），秦孝仪主编《中华民国重要史料初编——对日抗战时期》第3编第2卷，第640 – 642页。
⑥ 《蒋中正致宋子文电》（1945年8月7日），及宋子文当日复电，秦孝仪主编《中华民国重要史料初编——对日抗战时期》第3编第2卷，第642 – 643页。

时代，他们对中国人已经够慷慨大方的了。然后，哈里曼与斯大林直接讨论了中苏协定的有关内容。美国大使甚至通报说，华盛顿已要求宋子文在达成最终协议前必须与之相商。斯大林很不高兴地说，他不反对杜鲁门总统干预此事，不过他觉得总统不能只听中国人的，也应该听听俄国人的意见。大使表示，宋的一般建议是符合美国对于雅尔塔协定的解释，不应超过这一点，他反复强调这是杜鲁门总统的意见。① 在表达了对这位新总统意见的尊重之后，斯大林心里想到的就是让俄国人尽快出现在中国东北土地上。

8日下午，莫洛托夫通告国民政府代表团，苏联将于数小时后对日宣战。8日夜间至9日拂晓，苏联三个方面军约137万人强渡了时临夏汛的额尔古纳河、黑龙江和乌苏里江，进入中国东北。莫斯科给他们的命令是紧迫的，即于15－20日内在2300公里宽的战线上纵深600－800公里击败67万日本关东军主力并占领东北。② 可是8月10日晨，日本即通过中立国瑞士、瑞典向美、中、英、苏四国政府，发出求降照会。哈里曼也适时通知宋子文不应对苏做出更多让步，暗示美国将对这些让步不负任何责任。③ 然而苏军进入东北既成事实，重庆不得不允许苏军占领时期发行毫无准备金的军用券，式样与法币相似，比值相等，说什么将来以日本赔款支付。④ 形势发展得如此之快，以致宋子文再次见到斯大林的时候，苏军业以惊人的速度挺进东北腹地，国民政府已成骑虎。

10日晚9时，斯大林一见到宋子文就问，还愿不愿意续谈订约，宋马上表示愿意，并希望从速解决。斯大林也做出让步，放弃了苏联原先有关旅顺口和大连的额外要求，并且在三个重要问题上做出表态：承认中国在新疆的完整主权；苏联军队最晚在三个月内撤出东北；苏方一切援助将全部提供给作为中国中央政府的国民政府。⑤ 斯大林同意删去声明草案中有关中国统一和民主化的词句，并表示说："看来中国共产党将要骂苏联政府同意接受

---

① Minutes of conversation between Harriman and Stalin, by Kennan, 8 August 1945, *FRUS*, *1945*, vol. 7, pp. 960 – 965.
② 扎哈洛夫主编《结局》，第84页。
③ US Department of State, *United States Relations with China*, p. 117.
④ 《中华民国国民政府与苏维埃社会主义共和国联邦政府关于苏军进入中国东三省后之财政事项协定》（1945年8月9日），国民党中央委员会党史馆藏会议记录6.3－33.7。
⑤ 《宋子文、王世杰致蒋中正电》（1945年8月10日），秦孝仪主编《中华民国重要史料初编——对日抗战时期》第3编第2卷，第645页。

有关支持国民政府的上述条款"。① 双方尚余下有关蒙古疆界、旅顺口的混合军事委员会、大连港的建筑设备所有权、中长铁路的管理、苏联运经铁路物资的海关检查、大连港指挥官的法律地位等具体问题没有解决。

12日，蒋中正致电宋子文，重申了必须先确定外蒙古边界再行承认独立的原则。宋子文为达成协议而没有理会。② 13日，双方再度开会，宋子文宣称，蒋中正同意承认蒙古人民共和国于"现在之边界"内的独立，随后斯大林对一些具体问题做了妥协，谈判有了实质性进展。14日，斯大林仍然想敲一竹杠，突然提出苏军百万东北驻军的费用问题，希望国民政府承担。宋子文当然不会同意，说抗日战争使中国国力耗尽，政府连自己的军队都养不起，美国在华驻兵都是他们支付费用。斯大林不管："美国是个富有的国家"。王世杰说："我方财力有限，即钞票目前亦无法运往东北"。莫洛托夫威胁说，苏军将可能自行解决。斯大林也说，苏军将自行在东三省征取民物，只发收据。双方未能商定。③ 对于东北的工业设备，宋子文提出"从日本人那里缴获的军用物资全部移交中国［国民政府］"，斯大林仅表示"可以考虑"。事后表明，斯大林的"可以考虑"就是指将东北工业设备拆除并运回苏联，军火则提供给了中共。

8月15日清晨6时，中苏谈判人员在熬夜两晚之后，终于将条约各文本交付签字。斯大林非常高兴，举杯庆贺，并祝蒋委员长健康，祝中国军力强盛、日本不能再起。④ 其时，东京已于数小时前宣布无条件投降。宋子文将于数小时后直飞华盛顿，亲美的格局已经显露无遗。

不可能的和平

在广袤而又有重工业基础的东北建设背靠苏联的政权是抗战时期毛泽东思考今后中共生存问题而得出的基本方针。据说，因为担心国民政府的军队

---

① Запись беседы И. В. Сталина с Сун Цзывэнем, 10 августа 1945 г. В кн.: Ледовский А. М. и т. д. (сост.) Русско - Китайские Отношения в XX Веке, том 4, книга 2. С. 167.
② 《蒋中正致宋子文电》（1945年8月12日），及宋子文当日复电，秦孝仪主编《中华民国重要史料初编——对日抗战时期》第3编第2卷，第648-649页。
③ 《王世杰日记》第5册，1945年8月14日，第151页。
④ 《王世杰日记》第5册，1945年8月15日，第152页。

占领华北平原的要津,中共曾有过进军东北的讨论,并认定热河和辽宁南部的山区很适合游击作战。① 1942年仲夏,毛泽东指示刘少奇预先在山东做好战后准备:"须估计到日本战败从中国撤退时,新四军及黄河以南部队须集中到华北去,甚或整个八路新四须集中到东三省去,方能取得国共继续合作的条件(此点目前不须对任何人说),如此则山东实为转移的枢纽。"② 毛泽东随后又密令罗瑞卿、杨成武、吕正操部部署到长城内外一线,伺机向东北渗透。③ 1944年9月初,毛泽东又电华北,表示"满洲工作之开展,不但关系未来中国之局面至巨,而且已成刻不容缓之紧急任务",晋察冀、冀热辽、山东等地分别成立满洲工作委员会,为接管东北做好组织准备。④ 9月22日,毛泽东向孙平表示苏联出兵东北之时,中共将提供人力帮助,甚至愿提供万余指战员去西伯利亚受训。⑤ 11月,毛泽东命令"准备几千干部到满洲去"。在七大开会期间,毛泽东又三令五申东北"很重要""特别重要""极其重要",已将东北视为中共发展的命脉。⑥ 因此,占领整个东北是中共中央的长期政策,而并非一时兴起。

其实在黑龙江兴安岭地区还分散着大约有2300人的共产党武装,称东北抗日联军,由曾在莫斯科受训的中共党员周保中指挥。但因长期与中共中央失去联络,在1940年代初期被整编为苏联第二远东方面军第八十八步兵旅,包括中朝士兵1000多人,主要负责搜集东北边境的军事情报。1945年7月下旬,八十八旅即接到苏联命令,将随苏军进展,参加解放东北和内蒙古的战斗。⑦ 8月10日开始,即根据苏联的指示,先以少数伞兵空降东北,其主力随后按批分成57个工作组,随苏军进入东北各城市、县城,帮助苏军维持秩序。⑧

---

① Michael Lindsay, *The Unknown War*, p. 3.
② 《毛泽东致刘少奇电》(1942年7月9日),《毛泽东军事文集》第2卷,军事科学出版社、中央文献出版社,1993,第681页。
③ 师哲、李海文:《在历史巨人身边》,第215页。
④ 《中共中央致晋察冀分局电》(1944年9月4日),《中共中央文件选集》第14册,第321页。
⑤ Vladimirov, *China's Special Area*, p. 239.
⑥ 《彭真传》编写组编《彭真年谱》第1卷,中央文献出版社,2012,第261、268页。《彭真年谱》第1卷,第284、285页。
⑦ 胡淑英:《东北抗日联军教导旅始末》,《黑龙江党史资料》第10辑,中共黑龙江省委党史工作委员会编印,1987,第182页。
⑧ 参见周保中《战斗在白山黑水》,辽宁人民出版社,1983,第38-39页;曾克林《戎马生涯的回忆》,解放军出版社,1992,第222页。

而对于国民党蒋中正来说，他在与毛泽东几乎相同的时候，即1941 – 1942年，开始思考战后东北处置问题。他对美国顾问拉铁摩尔说："战后当全面解决问题的时刻到来时，边疆问题将随着日本人的离开而成为首先需要解决的问题。这将牵涉到苏联。"据拉铁摩尔回忆，他曾书面建议蒋中正让国民党的情报机关在东北招募青年，并将他们秘密送到重庆培训，作为将来东北的后备干部，"当战争结束，您的先头部队进入东北时，他们将由东北口音者陪同，这些人将作为国民党的代表与他们的老朋友相会"。[1] 1945年2月，蒋以原东北军何柱国部成立第十五集团军，秘密派少数地下先头部队进入东北。中苏谈判期间也曾谈及国民政府派员随苏军一起进入东北，但未能实行。

斯大林在最初进军东北的时候亦未肯定将在那里支持中共武装。[2] 自5月9日至8月9日，莫斯科都没有向中共方面通报有关对日作战的消息。斯大林看不上毛泽东，莫斯科认为只要依靠苏军中东北抗联的中国人就够了。周保中也未与延安取得联系。在苏军工作的刘亚楼似乎也不知情。只有孙平曾私下里透露过"苏联一定会出兵"，但没有告知确切日期和计划。[3] 斯大林如果信任中共，即便时间再紧迫，也一定不会对延安保密。

而对于美国来说，渗透东北一直是战略情报局多诺万局长的梦想。5月28日，赫普勒在河北省阜平县空投了库里奇（F. L. Coolidge）少校的五人小组，以便与当地中国军队取得联系，寻找在冀热察乃至东北活动的可能性。然而这个小组成员很快被中共晋察冀分局代理书记程子华和军区副参谋长耿飚拘禁，没收了武器并切断了与外界的联络，直到三个月后才获释放。[4] 至此，战略情报局并无太大作为。

8月10日，日本政府通过中立国瑞士发出求降照会，唯一的条件就是保留天皇。杜鲁门支持贝尔纳斯的主张："如果要接受任何条件的话，我想

---

[1] Lattimore and Isono, *China Memoirs*, pp. 136 – 137.
[2] 欧美史学界认为斯大林从一开始就计划在东北援助中共的观点是错误的。Z. B. Dieter Heinzig, *Die Sowjetunion und das kommunistische China 1945 – 1950: Der beschwerliche Weg zum Bündnis* (Baden – Baden: Nomos Verlagsgesselschaft, 1998), s. 78.
[3] 师哲：《峰与谷》，第18、88页；《在历史巨人身边》，第217页。
[4] See Yu, *OSS in China*, pp. 220 – 223. 参见中共中央文献研究室编《朱德年谱》，人民出版社，1986，第1207页。

提条件的是美国而非日本"。① 美国政府囿于美利坚的面子，拒绝了日本有限的条件。在随后交涉耽搁的几天中，红军从四面八方迅速向东北挺进。

这个突如其来的胜利，曾让中共措手不及。延安在 10 日晚得知此消息后，立即进入亢奋状态，"各部队的战报、电文和总部的命令、指示等等，日夜不断地在延安和各解放区之间来回飞传着"。中央军委适时进入战备状态，在总参谋部下成立作战部。② 中共中央命令华中局"即日发表江苏、安徽、浙江三省主席，上海、南京两市长"的任命。③ 同时"为配合苏联红军"作战，以朱德的名义，延安自 11 日零时始，于一天之内向各地方部队接连发出七次命令，公开表示要向东北、内蒙古进发，并要控制全国范围内的主要铁路线和战略设施，"如遇抗拒，应坚决消灭之"。④ 毛泽东明确通告全党，要准备以"极猛烈的"战争形式，占领全国各主要城市和交通线，并使各根据地连成一片、相互呼应。稍后，中共公开拒绝了蒋中正要求第十八集团军"就原地驻防待命"的命令，并谴责"中国法西斯头子独夫民贼"蒋中正"发出的全面内战的信号"，同时指示晋绥军区"全力歼灭"由归绥（呼和浩特）出发准备受降的傅作义所部，并抢先夺取了张家口。⑤ 对美国，延安以不刺激为主，"批评暂时将取和缓态度"，"对美军登陆仍应准备作双方有利的配合"，但同时也告诫各地尚须对美军保持警惕，"斯科比危险的可能性尚未过去"。⑥

8 月 11 日，美国总统杜鲁门电告蒋中正，首次建议东北日军由苏军受降，中国其他地方的日军由国民政府受降。⑦ 中共中央立即以"中国解放区抗日军"名义致函美、英、苏三国驻华大使，完全否认国民政府，要求在对日受降中自己能拥有相应的主体性权利，并吁请美国政府停止租借法案的执行。⑧ 8 月 14 日，日本宣布无条件投降。

---

① Byrnes, *Speaking Frankly*, p. 209.
② 伍修权：《我的历程（1908－1949）》，解放军出版社，1984，第 166 页。
③ 《粟裕年谱》，第 124 页；参见《叶飞回忆录》，第 343 页。
④ 《中共中央文件选集》第 15 册，中共中央党校出版社，1991，第 217－225 页。
⑤ 《毛泽东年谱（1893－1949）》下卷，第 3、4、7 页。
⑥ 《中央关于日本投降后我党任务的决定》（1945 年 8 月 11 日），《毛泽东军事文集》第 3 卷，第 1、3 页。斯科比系英国陆军中将，1944 年率领第三兵团攻取德占希腊，迎回流亡英伦的希腊政府，消灭共产党武装。
⑦ Telegram, Byrnes to Hurley, 11 August 1945, *FRUS*, 1945, vol. 7, p. 496.
⑧ 《中共中央文件选集》第 15 册，第 238－240 页。

国民政府积极准备收复东北。蒋中正在 8 月 11 日中苏条约谈判的过程中即任命熊式辉（字天翼）为中国军事代表团团长，希望随苏军进入东北，以方便接收。① 14 日，中苏间还正式签订了一个秘密协议，规定国民政府可派代表及助理若干人，在苏军占领地行使法律、行政及建立军队的权力；但同时也规定了苏军在"作战地带"的排他权力及其人员的治外法权。② 但对于国民党军如何进入东北、行政人员如何接收等问题都无具体协定。日本投降后的 8 月 30 日，蒋向国防最高委员会提出《收复东北各省处理办法纲要》，并派熊式辉为军事委员会委员长东北行营主任、蒋经国为外交部驻东北特派员、张嘉璈（字公权）为东北行营经济委员会主任。一班人马选好了，只等待苏联方面的通知。无论是以蒋中正为首的国民政府，还是以魏德迈为首的美军军官普遍对中苏条约持乐观态度，认为中共将不得不面对被苏俄遗弃的命运。魏德迈说，美国已经为蒋的 36 个师改换美式武器，这是中国当前最为强大的军事力量。③ 他们有理由相信没有莫斯科的支持，中共势力在国民党军的铁腕下只能土崩瓦解。

然而，当中苏条约的内容尚未传到延安的时候，冀热辽军区司令员李运昌在 13 日贯彻延安命令已率 1.3 万余人的部队分三路向东北进发。8 月 16 日，斯大林明确电告中共中央：苏联已与美国达成一致，为避免中国内战爆发，共产党应与国民党在重庆谈判，同时苏联将把占领的中国东北领土全部交予国民党。④ 这对中国共产党来说，无疑是个极大的打击。19、20 日，莫洛托夫、季米特洛夫和潘友新来电，要求中共中央"根据剧变之形势，改变对蒋介石政府的政策"。⑤ 中共中央急电华北方面，以谨慎的态度，先派延安干部 1200 人于一周后由晋绥军区政委林枫率领进入东北，又命令原待命之东北军将领、八路军山东滨海支队长万毅率 4 个团不少于 6000 人秘密开至热河边境，同时"必须明确宣布去东三省之任务（乘［苏联］红军占

---

① 《蒋中正致宋子文电》（1945 年 8 月 11 日），秦孝仪主编《中华民国重要史料初编——对日抗战时期》第 3 编第 2 卷，第 646 页。
② 《关于中苏此次共同对日作战苏联军队进入中国东三省后苏联军总司令与中国行政当局关系之协定》（1945 年 8 月 14 日），秦孝仪主编《中华民国重要史料初编——对日抗战时期》第 3 编第 2 卷，第 666 - 667 页。
③ Snow, *Journey to the Beginning*, p. 361.
④ Westad, *Cold War and Revolution*, p. 80.
⑤ *The Diary of Georgi Dimitrov*, 18 and 19 August 1945, p. 379.

领东北期间和国民党争夺东北)";另抽 5 个团由吕正操、林枫率领开进东三省。① 22 日前后,斯大林再次电告中共中央:"中国不能打内战,否则中华民族有被毁灭的危险,毛泽东应赴重庆和谈"。②

可以想见,毛泽东是怀着怎样的心情,指示各军区改变战略方针的。他无奈地写道:"苏联为中、苏条约所限制及为维持远东和平,不可能援助我们。"因此,毛泽东不得不改变占领大城市和交通要道的计划,决定先夺取小城市及广大乡村,并"作持久打算"。③他仍令刘少奇以中共中央名义指示晋察冀和山东分局"抽调大批干部由一部武装掩护到[苏联]红军占领区,去建立党的组织,建立地方政权",以"迅速争取东北"。④但是由于摸不清苏联的底线,他还不能贸然让大批军队进入东北,只是令吕正操、林枫相机试探,同时,令各地"须用一切方法购买子弹及其他军用品,尤其是子弹,愈快愈多愈好"。⑤毛泽东一方面积极备战,另一方面,根据斯大林的意见,表示将亲自与周恩来一起赴重庆谈判。⑥

8 月 25 日,就在毛泽东赴重庆前,完成了一次大手笔的战备调动。充满讽刺意味的是,这一调动是在美军的帮助下达成的,因此在"冷战"起源的问题上,美国明显处于不对等而滞后的一方。为了将在延安参加七大未

---

① 《中共中央军委致山东分局、平原分局、冀绥分局并告冀察晋分局电》(1945 年 8 月 21 日),中央档案馆藏。
② 《周恩来年谱(1898—1949)》,第 615 页;《毛泽东年谱(1893—1949)》下卷,第 14 页;参见师哲《峰与谷》,第 20 页。
③ 《毛泽东致各党委、各军区电》(1945 年 8 月 22 日),《中共中央文件选集》第 15 册,第 243 页。
④ 《毛泽东致各党委、各军区电》(1945 年 8 月 22 日),《中共中央致晋察冀、山东分局电》(1945 年 8 月 22 日),转引自金冲及主编《刘少奇传》上卷,中央文献出版社,1998,第 519 页。
⑤ 《刘少奇年谱》上卷,第 479 页。
⑥ 8 月 14 日,蒋中正发出第一封邀请毛泽东赴重庆谈判的电报。毛泽东于 16 日复电:"朱德总司令本日曾有一电给你陈述敝方意见,待你表示意见后,我将考虑和你会见的问题。"20 日蒋中正再度邀约。22 日周恩来代为复电:"兹为团结大计,特先派周恩来同志前来进谒。"蒋翌日三度电邀。毛 24 日复电:"(特急重庆)蒋中正先生勋鉴:梗电诵悉。甚感盛意。鄙人亟愿与先生会见,共商和平建国之大计,俟飞机到,恩来同志立即赴渝进谒,弟亦准备随即赴渝。晤教有期,特此奉复。毛泽东敬。"参见《毛泽东年谱(1893—1949)》下卷,第 8、10、13 页;《周恩来年谱(1898—1949)》,第 614 页;1956 年 3 月 31 日,毛泽东对时任苏联驻华大使尤金承认自己当时是因为斯大林执意要求而被迫赴渝的。См.: Юбин П. «Мао Цзэдун о китайской политике Коминтерена и Сталина» Проблемы Дальнего востока, 1994, №5. С. 105.

返的各大军区主要负责人以最快速度运至前线，毛泽东派一直充当美军观察组联络人的叶剑英出面，向美军借一架 C-46 运输机，请求将一批干部送到山西东南黎城县长凝镇的太行山八路军前方总部。当时观察组的负责人认为这在自己权限范围内，未经请示就毫不犹豫地答应了。然而这是一次高风险的飞行，因为这批干部包括林彪、陈毅、刘伯承、邓小平、滕代远、薄一波、陈赓、陈锡联、陈再道、萧劲光、李天佑、邓华、黄春甫（江华）、聂鹤亭、王近山、宋时轮、张际春、杨得志、傅秋涛、邓克明 20 位最善战的高级将领。中共尽力将风险降到最小，让他们每人都带上降落伞，并派燕京大学毕业的黄华随行充当翻译。飞机 9 时许从延安东关起飞，两个多小时后将这一大批中共高级军官安全运抵太行，节省了中共当时须两个月左右才能完成的陆路行程。这竟然比美军帮国民党空运军队要早一天。①

在他们离开延安前，毛泽东曾嘱咐道："你们回到前方去，放手打就是了……打得越好，我越安全"。② 这番话作为最高指示下达到了团以下的作战部队。这些共产党高级将领在稍事休息后便分三路，立即赶赴各自预定的战区：新成立之晋冀鲁豫局以刘伯承、邓小平为首的将领骑马于两日后赶到河北涉县赤岸村（距离仅 30 公里），在那里制定了上党、平汉战役的计划；原赴山东的林彪一行至河南濮阳接中共中央指示于 10 月下旬经山海关赶至东北；华中局陈毅在赶赴山东的途中就组织破坏了津浦铁路，并于此后有效地阻击了国民党军北上。8 月 27 日，就在魏德迈刚刚开始用美军运输机向南京、上海、汉口、北平等大城市运送国民党军的时候，八路军晋冀鲁豫军区刘、邓抢占先机，用电话命令太行部队进攻晋东南长治以北的襄垣县城。③

8 月 28 日，毛泽东在得到苏美高层分别对自己人身安全担保以后，携周恩来、王若飞，在赫尔利的陪同下，由延安飞抵重庆。④ 毛泽东有着不喜被人胁迫的性格。他临行前要刘少奇铭记"须知蒋委员长只认得拳头"，又

---

① 牛大勇：《影响中国前途的一次空运》，《历史研究》1995 年第 6 期，第 176-181 页。
② 《毛泽东年谱（1893-1949）》下卷，第 14-15 页。
③ 《保卫抗战胜利果实的第一仗——上党战役》，《李达军事文选》，解放军出版社，1993，第 198 页。
④ 参见师哲《峰与谷》，第 89 页。

对秘书说"很可能是不了之局"。① 是次会谈注定不会有任何突破。毛泽东在渝期间,韬光养晦,也拜会了主战的 CC 派陈立夫,结果当然不欢而散。②

就在国共谈判胶着之时,9 月 10 日至 10 月 12 日,刘伯承、邓小平又以 3 个纵队的优势兵力进攻阎锡山部第十九军两个师,围点打援,重创太原来援的彭毓斌部 8 个师及两个炮兵团,伤亡国民党军 3.5 万余人,死者包括名将彭毓斌,俘虏十九军军长史泽波,最终夺取上党地区。③ 上党一战为刘邓扩充了大量火炮和士兵,野战军人数达 6 万余,奠定了一年后在定陶首歼国民党一个中央军整编师(赵锡田整三师)的基础。这一地区(涉县、长治、阳泉)更以太行山脉为依托,因其矿产资源和军工基础而发展成为中共的火药库。④ 10 月 4 日,新四军新成立的苏浙军区叶飞部第四纵队,奉命阻击国民党第三战区顾祝同部第二十八、三十九军东进,以掩护主力北上山东,血战 16 小时,据报叶飞部死亡 213 人。接着,镇江商轮因连续七昼夜赶运新四军北渡,以致轮机损坏,加之超载,终于发生长江上的沉船事故,造成约 800 人葬身鱼腹。⑤ 10 月 22 日,已返延安的毛泽东给陈毅、粟裕发电:"必须集中强大的野战军,山东、华中各须有一个至少三万五千至四万人的野战军,并须计算到连续战斗后的补充,动员民兵助战,地方党政亲自动手,协助作战。"从此,毛泽东一再亲自督促各军区加速扩充野战部队,并许"给以最好的武器和充足的弹药"。⑥ 华中迅速发展到 15 个野战主力团(3 万人)。10 月 30 日,中共地下党王定南策反原西北军改编的新八军高树勋部阵前倒戈。刘邓趁势追击第四十军,俘虏军长马法五。毛泽东的盘算是"动员全力,控制东北,保卫华北、华中,六个月内粉碎其进攻,然后同蒋谈判,迫他承认华北、东北的自治地位","否则和平是不可能的"。⑦

---

① 师哲:《峰与谷》,第 22 页;《胡乔木回忆毛泽东》,第 82 页。
② 《成败之鉴:陈立夫回忆录》,台北,正中书局,1994,第 334 - 335 页。
③ 《李德生回忆录》,解放军出版社,1997,第 146 - 149 页;张一夫、常成、李抗:《张一夫先生访问记录》(2012 年 12 月),《口述历史》第 13 期,台北,中研院近代史研究所,2013,第 124 页。
④ 中国人民解放军编《军事工业:根据地兵器》,第 23 页。
⑤ 《叶飞回忆录》,第 352 - 353 页。
⑥ 转引自《叶飞回忆录》,第 373、376 页。
⑦ 《彭真年谱》第 1 卷,第 321 页。

苏美两分中朝

根据斯大林和罗斯福的雅尔塔密约，苏联在中国东北享有"优越利益"，这是势力范围的一种变相提法。而这种"利益"又通过 8 月 15 日的中苏盟约合法地确定了下来。8 月 12 日，蒋中正和斯大林获悉了杜鲁门分别受降的安排，并未表示反对，后于 8 月 17 日作为盟军的"一号命令"如是发布：

> 甲、在中国（满洲除外）、福摩萨及北纬十六度以北之法属印度支那境内的日本高级将领及所有陆海空军及附属部队应向蒋介石将军投降。
>
> 乙、在满洲、北纬三十八度线以北之朝鲜半岛部分及库页岛境内之日本高级将领及所有陆海空军及附属部队应向远东苏军总司令官投降。
>
> ……………
>
> 戊、……北纬三十八度以南之朝鲜半岛部分及菲律宾之日本高级将领及所有陆海空军及附属部队应向美国太平洋舰队陆军总司令投降。①

尽管美国声称命令的下达仅是为了协调盟军之间占领行为的便利，并不具有任何国际法意义，然而事实上却奠定了中国、朝鲜和越南被分割为苏美两强势力范围的基础。对中国而言，虽然没有说明，但该命令显然依据的是年初的雅尔塔密约。华盛顿尽管已有反悔之意，但由于从未认真考虑过战后中国问题而有所准备，一时间只能任由已在中国东北和朝鲜的苏军长驱直入。②

就在莫斯科要求毛泽东与蒋中正合作的时候，8 月 16—17 日，后贝加尔方面军的苏蒙骑兵机械化部队占领张北，并按照莫斯科指示未南越长城进攻华北重镇张家口，与适时赶来的八路军冀察军区郭天民部隔大境门相望。③ 向

---

① 参见《通令第一号》（1945 年 8 月 12 日），陈志奇编《中华民国外交史料汇编》第 15 卷，台北，渤海堂文化公司，1996，第 7060—7061 页。

② See James I. Matray, "Captive of the Cold War: The Decision to Divide Korea at the 38th Parallel," *Pacific Historical Review*, vol. 50, no. 2 (May 1981): 161–165.

③ 扎哈洛夫主编《结局》，第 183 页；姚夫等编《解放战争纪事》，解放军出版社，1987，第 11 页。

东在热河、辽西,苏先头部队于8月下旬不断遭遇八路军冀热辽军区李运昌部北进人员,起初几乎都予以缴械,但通过翻译获知是中共军队后,随即表示了热情的合作态度。从军事上来说,如果中共部队能够提供良好的支援,应该是苏军指战员所乐见的。从文化上来说,共同的话语迅速构成了联系双方中下级军官的纽带。在平泉,郝福洪支队三个连因翻译问题被缴械后,以拍胸脯称"我们是布尔什维克"的方式,取得了苏军谅解。① 在赤峰,第十五军分区赵文进部从苏军那里接管了市政防务。② 这是已知的日本投降之后远东苏联红军与隶属延安的中共军队的首个重要合作。随后在辽西绥中,第十六军分区曾克林部在缴械危机化解后,更成功地劝说苏联校级军官,以反坦克炮的火力,于8月31日支援八路军向西从等待国民政府受降的华北日军手里攻占了长城锁钥——山海关。③

日本关东军司令山田乙三大将是在8月17日下午才向远东苏军总司令华西列夫斯基(Александр М. Василевский)元帅建议停战,并用无线电向所属部队下达了立即停止军事行动和向苏军缴械的命令。苏军却复电将停战日期推迟至20日,对未及占领的南满大城市和工业中心——长春和沈阳实施空降,并有效控制。22日苏军进驻旅顺、大连,之后仍继续向南挥进,直到朝鲜半岛北纬38度线附近,并掠夺大量战利品。其中,据苏方公布的数据,包括686台坦克、861架飞机、2129辆汽车、1565门高射炮、2139具迫击炮和掷弹筒、11988挺机枪、30万支步枪等。④ 后来这些武器绝大多数给了中共部队。⑤

随着美苏在东欧矛盾加剧,杜鲁门倾向于在远东限制苏联的势力。由于原子弹爆炸之后,莫斯科出人意料地提前进军中国东北和朝鲜,华盛顿虽想尽可能先占,但心有余而力不足,只能在"一号命令"中根据最初由马歇

---

① 宋诚:《我的回忆》,《冀热辽人民抗日斗争:文献·回忆录》第2辑,天津人民出版社,1987,第422页。
② 苏军占领赤峰后,中共北方局地下党员王逸伦主动取得联系,并因其留苏背景,很快得到信任,建立了初步的军政机构,随后交赵文进部张立文接管。参见张立文《接收热北重镇——赤峰市》,《冀热辽人民抗日斗争:文献·回忆录》第2辑,第584页。
③ 曾克林:《戎马生涯的回忆》,第197-205页。
④ 扎哈洛夫主编《结局》,第257、302页。
⑤ Борисов О. Советский Союз и Маньчжурская Революционная База, 1945-1949. (Москва: Мысль, 1985.) С. 121. 参见秦孝仪主编《总统蒋公大事长编初稿》第5卷(下),第836页。

尔提出的北纬 38 度线为界规定受降区域。斯大林出于某种考虑，居然予以认可。① 这就是朝鲜半岛长期对峙的由来。9 月，苏联"普加乔夫"（Пугачев）号将远东红军八十八旅第一营营长金日成（本名金成柱）连同其他 65 个朝鲜同胞运抵元山港。年轻的金日成很快被塑造成传奇式的民族英雄，成为朝鲜共产党－劳动党领袖，控制了半岛北部。②

回到中国。8 月 24 日，蒋中正召集国民党中常会与国防最高委员会，批准了《联合国宪章》。他在会上提出国民革命最重大的目标和最迫切的工作："一为首先恢复东三省的领土、主权及行政之完整。一为恢复我台湾及澎湖的失土。一为恢复朝鲜的独立自由"。③ 东北、台湾和朝鲜都曾是孙文的民族主义中明确提到过的"失地"。④ 主义的实现似乎近在咫尺，孰料将来此三地都会面临联合国托管的提议。

中共军队和苏军一样加快了进入东北的速度。8 月 28 日，刘少奇对中央党校首批出发赴东北的干部讲话，明确宣布"我们决定还是派军队去"，表示"国民党还没有去，你们要赶快去抢"。⑤ 29 日，延安命令所有待命部队，在"不直接影响苏联在外交条约上之义务"和"为［苏联］红军所坚决反对之事我必须照顾"的前提下，化名东北军或义勇军，"应迅速出发"，"越快越好"，秘密进入东三省，"不要声张"，"不要坐火车进入大城市"，目标是在广大农村和苏军未进驻的中小城市建立共产党政权和武装，在大城市建立地下组织；"必须完全控制"中苏条约规定范围以外的热河和察哈尔两省；同时破坏同蒲、津浦、陇海铁路，"铁轨、枕木全部移开、毁坏或埋藏，桥梁炸毁"，以减缓国民党军队北上和东进的速度。⑥

---

① James I. Matray, "Captive of the Cold War: The Decision to Divide Korea at the 38th Parallel," *Pacific Historical Review*, vol. 50, no. 2（May 1981）: 161 – 165.

② 据回忆，金日成回到朝鲜的日期是 1945 年 9 月 19 日。Yu Songchol, "I Made the 'Plan for the First Strike' that Invade the South on June 25th," in ed. Kim Chulbaum, *The Truth about the Korean War: Testimony 40 Years Later*, pp. 146 – 148.

③ 秦孝仪主编《总统蒋公大事长编初稿》第 5 卷（下），第 813 页。

④ 孙文的东北尚指俄占黑龙江乌苏里江，见氏著《三民主义》，商务印书馆，1947，第 25 – 26 页。

⑤ 《刘少奇对出发东北干部报告记录》（1945 年 8 月 28 日），转引自金冲及主编《刘少奇传》上卷，第 520 页。

⑥ 《中共中央军委致冀察晋分局并告山东分局、晋冀鲁豫分局、华中局电》、《刘少奇致张云逸电》（1945 年 8 月 29 日），《中共中央文件选集》第 15 册，第 253、257 – 258 页。

然而，八路军落后的通信设备并未让这些指示及时传至前方部队。冀热辽军区曾克林部怀里揣的还是延安 8 月 11 日火速进兵东北的命令，压根就不知道其后 29 日有关"不要声张"的指示内容。9 月 5 日，曾克林率一千多人大张旗鼓地乘火车开赴已被苏军占领的沈阳，被从欧洲战场赶来、担任沈阳卫戍司令的科夫通·斯坦克维奇（Андрей И. Ковтун-Станкевич）少将用机枪拦截在火车站。这位苏联高级军官两天没有让他们下车。由于知晓莫斯科的外交政策，科夫通不敢轻易让这支武装入城。他在与曾克林进行的三次交涉中，以傲慢的语气质问道："你们是什么军队？从哪里来？是谁叫你们来的？……根据《雅尔塔协定》和《中苏友好条约》，[莫斯科] 最高统帅部是不会同意你们进沈阳的。"① 科夫通立即向上级做了报告。

与此同时，在西北，苏联派"三星红徽符号"飞机 10 架次轰炸了新疆乌苏精河国民党军驻地，新二军司令部的勤务兵数人及沙子山五七一团两连全部被炸死。这已经构成了对中苏条约的违背。重庆和莫斯科的矛盾陡然激化。②

西北的变故促使东北问题变得复杂。正是曾克林的误打误撞转变了中苏共产党的最高决策。9 月 6 日，斯大林接到远东部队报告之后，决定一不做二不休，摒弃对国民政府的条约义务，复电命令他们接待八路军武装。③ 于是，当 6 日李运昌率 5000 人进入山海关时，苏军已接到通知派汽车出城迎接，并举行了隆重的入城仪式，甚至特地用 5 部电影摄像机记录了八路军进城的场景。7 日，由后贝加尔方面军司令、刚刚在欧洲战场崛起的马林诺夫斯基（Родион Малиновский）元帅亲自接见并宴请了曾克林及其政委唐凯，整个过程由苏近卫坦克第六集团军司令克拉夫琴科上将出面，元帅本人隐瞒了身份。席间，苏方竟然主动道歉，并解释了莫斯科的外交政策，还亲昵地说道："我们现在……称你们为同志，我们是同志式的谈话"。接着，苏方表示，在此的中共军队可改名为东北人民自治军，"自治军就不会受到条约

---

① 曾克林：《戎马生涯的回忆》，第 212 - 213 页。
② 蒋中正日记，1945 年 9 月 6 日；《朱绍良致周至柔电》（1945 年 9 月 7 日），秦孝仪主编《蒋公大事长编初稿》第 5 卷（下），第 827 - 828 页。
③ 东西方学者认为斯大林在 1945 年 9 月之后只排斥美军而非国民党军进入东北的观点是牵强的。例如：Ледовский А. М. Китайская политика США и советская дипломатия, 1942 - 1954. (Москва: Изд-во Наука, 1985.) C. 134；陈晖：《马歇尔使华与苏联对华政策》，《历史研究》2008 年第 6 期，第 143 页；Brian Murray, *Western versus Chinese Realism*, pp. 153 - 154.

的限制。我们可以在东北睁一只眼闭一只眼"。① 这是莫斯科授权、帮助中共夺取东北的开始。需要指出的是，两国共产党此时确立今后合作仍采取隐蔽方式，一定考虑到了重庆和华盛顿可能的反应。②

伴随着两国共产党军队第一次口角的是，中共在协调东北老百姓与苏联老大哥之间关系时遇到了困难。曾克林的部队刚进入沈阳，就发现到处都有苏军抢劫事件发生，不少当地人前来报案并希望自己的中国同胞能主持公道。曾部随即向延安进行了报告，说苏军"衣衫褴褛，纪律甚坏"，又向当地苏军政治部交涉，要求他们严肃纪律。苏联人的答复是，他们到德国时就是这样干的，士兵们对法西斯极为仇恨，此时枪毙的违纪者最多已达一天二十多人。在苏联占领东北的最初三个月，尤其在各大城市，抢劫和强奸事件频繁发生，直到12月份，夜间此类案件仍时有发生，甚至包括中共的高级将领也因撞见苏联士兵抢劫而被枪杀。12月14日夜，松江军区副司令卢冬生（刘亚楼在苏联时的同学）在制止了一起持枪抢劫之后被未遂案犯从身后开枪打死。③ 中共中央采取的对策是一方面与苏军暴行划清界限，另一方面利用中苏盟约为苏联辩护。④ 蒋中正未能也未敢把握时机，像一年后中共抓住沈崇事件那样（事详下章），大肆宣传公开反苏。

按照曾克林与苏联占领军达成的初步秘密协议，八路军摘下臂章，佩戴东北人民自治军符号，从此获得了在东北各地活动的权利。⑤ 曾克林任东北人民军沈阳卫戍司令，同时铲除刚刚建立的国民党沈阳、锦州市党部，枪毙了"汉奸"和"反革命分子"，成立了沈阳市临时人民政府，由中共干部担负主持实际工作的副职。随后，中共部队以沈阳为中心，分五路接管辽宁境内各城市的工厂、军用仓库，收编部分原伪满洲国的军警，并收缴了大量日军武器弹药。在沈阳苏家屯日军军火仓库，包括曾克林在内的中共官兵"不顾疲劳，先后拉了三天三夜，拉出步枪两万支，轻重机关枪一千挺，还

---

① 曾克林：《戎马生涯的回忆》，第218、227页；曾克林：《我们是怎样取得东北这一战略基地的》，《冀热辽人民抗日斗争：文献·回忆录》第2辑，第575页。
② Vgl. Eva-Maria Stolberg, *Stalin und die chinesischen Kommunisten 1945 – 1953*: *Eine Studie zur Entstehungsgeschichte der sowjetisch – chinesischen Allianz vor dem Hintergrund des Kalten Krieges* (Stuttgart: Franz Steiner, 1997), s. 100.
③ 徐焰：《苏联出兵中国东北纪实》，香港，天地图书有限公司，1993，第172 – 174页。
④ Westad, *Cold War and Revolution*, p. 91.
⑤ 李运昌：《忆冀热辽部队挺进东北》，《中共党史资料》1985年第15辑，第68页。

有一百五十门各种口径的迫击炮、野炮和山炮"。在苏军未发现的锦州日军北大营,中共还缴获了"步兵炮、迫击炮二十八门,重机枪、轻机枪二百一十六挺,步枪三千二百多支,手枪一百五十多支,炮弹一百余箱,各种子弹五万余发,汽车二十余辆"。① 经交涉,还获得了锦州小岭子飞机场的十几架飞机,但后来撤离时全部毁坏。②

来自东北的意外消息极大地振奋了中共中央领导人。因"在东北极好发展",9月11日,胶东区吕易自大连返回后电告:"〔苏联〕红军某少将与之非正式接头。据称我在乡村活动,红军不加干涉,在大城市组织非武装之团体亦可"。③ 而冀热辽区李运昌报告说:"与苏军指战员在山海关开盛大联合会,他们表示援助我们……热河成立军区行署及专署,已通知苏军,他们表示尊重我们的政权和领导机关",并详述了苏军允许中共帆船和轮船在辽东半岛登陆各地点。④ 刘少奇于是正式命令山东速派4个师12个团"共二万五千至三万人",经海路分散进入东北;⑤ 同时命令三五九旅尚未南下的第二梯队掉头北上;另外,命李运昌部以5个团接替苏军控制山海关至沈阳一线防务。⑥

与此同时,蒋中正发现苗头不对,也频电在美京的宋子文,充分表达了对红军暗自换防的担忧:"美军此次对中国之运舰列于优先第四位,魏德迈屡与美国军部交涉,至今仍无着落,照现状,则美国供我运舰最早在十二月初旬……必致延误,俄军或因此借口自由撤兵,而让其防地归中共","此为最险之事也"。但华盛顿"态度并不积极",说什么"东北接防事,应由中国与苏联交涉"。蒋闻讯骂道毫不相干,"对俄接防之交涉,自当由我政府依据条约与俄自行交涉"。他按捺住心中怒火,"惟要求提前借用运舰",希望月底即可由上海运兵至大连"一万至二万人",后陆续增加,计划"当

---

① 曾克林:《戎马生涯的回忆》,第223-224页。
② 徐志:《接管锦州概况》,《冀热辽人民抗日斗争:文献·回忆录》第2辑,第586-588页。
③ 《中共中央致重庆代表团电》(1945年9月11日),转引自金冲及主编《刘少奇传》上卷,第522页。
④ 《聂(荣臻)、肖(克)、程(子华)转李运昌致中共中央电》(1945年9月11日),中央档案馆藏。
⑤ 《中共中央军委致山东分局电》(1945年9月11日),《中共中央文件选集》第15册,第271页。
⑥ 曾克林:《戎马生涯的回忆》,第231页。

在十二万人以上"。① 蒋任命何思源为山东省主席,利用投降的日军以最快速度控制了济南及胶济铁路沿线要地。就在刘少奇命令山东中共军队由海路进入东北的9月11日,美海军第七舰队占领青岛。

随后,苏联方面明显加快了与中共暗自协调的步伐。9月15日午,一架漆着红五星的双引擎军用运输机降落在延安东关机场。② 机上乘客包括苏军德米特里耶·贝鲁罗索夫（Дмитрий Белорусов）中校和曾克林。这是莫斯科授权东北苏军与延安在战后的首次接触。美军观察组随即将此消息向上汇报,但未获华盛顿的重视。这位中校军官遂以马林诺夫斯基元帅代表的身份,向中共发出口头通知如下:

> 按照［莫斯科］红军统帅部的指示,蒋介石军队与八路军之进入满洲,应按照特别规定之时间;苏联红军退出满洲前,蒋军及八路军均不得进入满洲;八路军之个别部队已到沈阳、大连、长春、平泉等地,请朱总司令命令各该部队退出苏联红军占领之地区;苏联红军统帅部转告朱总司令,红军不久即将撤退,届时中国军队如何进入满洲应由中国自行解决,我们不干涉中国内政。③

尤其是这最后一句,实际上是暗示了苏联对中共夺取东北的许可。贝鲁罗索夫甚至还表示说马林诺夫斯基元帅对八路军"抱深厚之同情"。④ 当日下午,中共方面由代理主席刘少奇在杨家岭召集中央政治局会议,立即听取曾克林对东北情况的汇报。

曾克林的报告说:一方面,"扩兵极容易。每一号召即有数百人",他的部队由原先的两千左右发展到两万余人,增至10倍,其中一半为"收编

---

① 《蒋中正致宋子文电》(1945年9月11、13日),秦孝仪主编《蒋公大事长编初稿》第5卷(下),第831－834页。

② 至今对这一中共中央与苏军直接会晤的日期及随后东北局出发的日期仍存在相差一日的争论。按照曾克林回忆,苏军飞机于9月14日从沈阳起飞,途经多伦时休息一夜,15日上午抵达延安,应视为可信。(参见曾克林《戎马生涯的回忆》,第229页)。支持这一说法的其他文献包括中共中央档案馆藏1945年9月15日曾克林《关于我在东北现况通报发各中央局电》。

③ 《刘少奇年谱》上卷,第490页;参见曾克林《戎马生涯的回忆》,第235页。

④ 曾克林:《戎马生涯的回忆》,第235页。

保安队",且"全为新式装备";另一方面,"武器及资财甚多,无人看管,随便可以拿到",曾克林做证说目睹"有枪数十万枝,大炮数千门及弹药、布匹、粮食无数"。而且更为重要的是,苏联有意为之:

  红军只驻大城市及要道,各小城市及乡村无人管理,秩序很乱……
  红军不准许八路军及中央军进入满洲,但我们个别同志及我们部队不用八路军番号者,都可帮助并委为卫戍司令、市长及其他重要职务,因而得以控制资财及发展武装……
  现在满洲最自由,一切人只要不带武装不用八路共党番号即可自由进入满洲,乘火车不要买票。
  我党在各大城市甚活跃。各地应设法抽调大批干部到东北工作。①

  形势已经十分明朗。中共前期的试探性措施如今有了回报。于是,刘少奇把握毛泽东"争取东北"的方针,不是缩小而是扩大了增兵的力度,成立以彭真为骨干的东北局,再派山东四个师赴东北,不进大城市。与此同时,为了应付苏联人,采取一些形式上的撤退:"一、撤名义;二、撤小部分到乡下,主要部分留沈阳;三、从沈阳至营口、山海关,把撤退闹得轰轰烈烈。三种撤法都用"。②

  随后,朱德和伍修权(兼任翻译)在王家坪八路军总部与贝鲁罗索夫"正式谈话"。朱德根据刘少奇的决议表示,八路军可以撤退,但是"在热河、辽宁,一九三七年中日战争爆发时即有八路军活动,并创有根据地,请允许该地区八路军仍留原地",贝鲁罗索夫起初不同意,但在伍修权的一再坚持下,双方最终还是达成协议,即苏军同意将锦州、热河两省完全交中共军队接管。③ 因为锦热原为"满洲国"省份,所以这是苏联对仅仅一个月前签订中苏条约的重大违背,而且必然是经过斯大林的授意。

  刘少奇更连夜开会,抓住这个"千载一时之机",将原定的南下战略正式转变为"向南防御、向北发展",立即以中共中央名义电令南进部队改向

---

① 《中共中央致各中央局电》(1945年9月15日),中央档案馆藏。
② 《刘少奇年谱》上卷,第490—491页。
③ 曾克林:《戎马生涯的回忆》,第235页。

东北，调去七大中央委员、候补中央委员 22 人强化领导，尤其林彪不去山东而转赴东北，华北、华中各中央局迅速抽调成建制的军事干部出关，具体为"华中二十个团，山东三十个团，冀察晋二十五个团，晋冀鲁豫二十五个团"，共百团干部，"从班长、副班长、排、连、营、团长及事务人员、政治工作人员均配齐"，"其他炮兵、工兵、骑兵、化学、教育等技术人员亦应配去"。刘另电令华中局张云逸、饶漱石"华中能去东北干部应速去"。① 同时以大连、营口、安东（今丹东）为中转，由山东和东北局负责，把军人、干部以"东北的劳工或华北的难民"身份，迅速运入东北。② 刘少奇大胆放弃长江以南经营多年的根据地，怀着"苏也可掩护我们"的心理，设想中共"控制热、察及冀东，在满洲沿海又配置数万兵力，即可阻止蒋军进入满洲，控制东北"；"现在问题就是快的问题，一刻千金……但只要搞到了冀东与满洲，劣势总比无势好"。③

9 月 16 日，苏军用飞机将第一批中共东北局干部、将领，包括彭真、陈云、伍修权、曾克林等七人，从延安运至山海关。尽管当时苏军只是想让他们协调与中共地方部队的关系，但他们的目标毫无疑问是占领东北。④ 这些人随后抵达沈阳，并在城南张作霖大帅府建立了中共东北局机关，对外不挂牌，但经苏军告知莫斯科。⑤ 陈云、彭真以及两个月后到沈阳的张闻天、高岗都是七大公布的中共中央政治局委员，占了全体 13 名委员的近 1/3。

同日，晋绥军区贺龙方面也传来好消息，他们与苏军克尼德涅夫中将举行了会谈。苏军表示"所占领之地坚决要求八路军主力火速北开接受（包括蒙古东北）；武器答应将七九口径枪给我们，其他武器也可，在保守秘密条件下给我们一部，但不要叫蒋［中正］傅［作义］知道"，并要求立即汇报延安：中共开赴内蒙古后经常与北方保持联系，遇到蒋军进攻不得已时可靠近外蒙古边境，甚至退入外蒙古。⑥ 这显然是莫斯科的旨意。延安迅即派出吕正操部北上接防，并组织骆驼队，绕道大青山，前往库伦（后改名乌

---

① 《刘少奇年谱》上卷，第 492 页。
② 《彭真年谱》第 1 卷，第 297 页。
③ 《中共中央致重庆代表团电》（1945 年 9 月 18 日）、《并刘少奇在中共中央政治局会议发言记录》（1945 年 9 月 19 日），转引自金冲及主编《刘少奇传》上卷，第 526—527 页。
④ 伍修权：《我的历程》，第 168 页。
⑤ 曾克林：《戎马生涯的回忆》，第 242 页。
⑥ 《中共中央致重庆代表团》（1945 年 9 月 17 日），中央档案馆藏。

兰巴托）接收了大量军火。① 由是，刘少奇经毛泽东首肯，制定了"背靠苏联、朝鲜、外蒙古、热河"的战略部署。② 而几天前，9月9日，美军观察组再次用飞机将中共晋察冀统帅聂荣臻、萧克、刘澜涛、罗瑞卿、郑维山等由延安运抵晋东北的灵丘。③

与中共的挺进相比，国民政府和军队迟迟不得进入东北。苏联驻华大使彼得洛夫通知重庆外交部，苏军主力将于10月中下旬开始撤退，拟于10-15日由马林诺夫斯基元帅与中国全权代表商讨撤军事宜。熊式辉这才准备赴长春会晤。④ 9月8日，蒋中正才得知一周前中共协同苏军占领了山海关。他向苏军表示抗议。苏联方面为表明不偏不倚，宣称东北城市中没有任何中国的作战部队。⑤ 曾克林的部队之后也象征性地迁往沈阳市外二三十公里处驻扎。⑥

美国在得到苏军武装中共的消息后，马上向苏联提出抗议。自8月底以来，莫斯科一连串单边行动触怒了美国军方，尤其是苏联在日本投降之后的急速进军更不可避免地引起了猜疑。而对于中国战区长官魏德迈来说，共产党拘禁甚至杀死美国军官的行动大大激怒了他。8月25日，战略情报局派往徐州的伯奇（John Birch）上尉被杀。⑦ 美国人对蒋中正的要求迅速回应。魏德迈立即着手将国民党军从西南运往华东和华北。马歇尔同意了蒋中正利用日军维持华北秩序的政策。9月30日，美国海军陆战队士兵在河北塘沽和山东港口登陆。在随后的一周内，约有5万名美军占领华北各主要港口以及大城市北平和天津。

莫斯科猜疑更重，鉴于驻华北美军数量的激增，担心蒋会倚势"控制东北各省，控制旅顺和大连"。⑧ 这带来了共产党方面对东北政策的再次调整。10月初，科夫通以没有苏联签证为由，驱逐了沈阳的法国领事和美国

---

① 秦孝仪主编《中华民国重要史料初编——对日抗战时期》第5编第3卷，第70-71页。
② 《彭真年谱》第1卷，第303、304页。
③ 《毛泽东年谱（1893-1949）》下卷，第14页。
④ 张嘉璈东北接收交涉日记，"工作开始前之准备"，斯坦福大学胡佛研究所档案馆藏。以下藏所略。
⑤ Ковтун - Станкевич А. И. 《Комендант Мукдена》На китайской земле：Воспоминания советских добровольцев, 1925-1945.（Москва：Наука, 1974.）С. 427.
⑥ 《彭真年谱》第1卷，第305页。
⑦ See Yu, *OSS in China*, pp. 235-241.
⑧ 扎哈洛夫主编《结局》，第306页。

情报人员。① 苏军改变了先前对中共控制的谨慎态度，实行放手政策。据中共东北局报告，9月30日美军登陆前彭真等还抱怨苏联给予武器数量有限，"友方对我限制更严"。② 10月3日，苏军"态度空前的好，接着即有人偷偷告我，上级有人来"，随后会见一神秘老人，"并有六七位将校作陪"，老人批评中共背靠苏联的现行部署"还没有脱离游击战争概念"，指示道："你把南边，特别是山海关方向抓住（长春路是商办，谁若运兵须要交涉），北面自然是你们的。东三省人力财富主要在南边，又是门户，把这里掌握了，北面还有什么要紧"。这就是说支持中共控制全东北。接着，老人更指示彭真与"战利品的管理者"克拉夫钦科上将及其军事委员图马尼扬中将直接交涉，在保密的前提下，中共有何要求即可"问他们要"。彭真当即要到了"三万支步枪、一千挺机枪、十五门大炮"。10月4日，苏军进一步提出包括"所有吉林、长春、哈尔滨、齐齐哈尔、四平街、安东、沈阳、本溪"等地区，希望中共在月底前全部接防。③

这其实是斯大林要求中共改变原先的防御性部署，增加山海关和沈阳兵力，以阻挡国民党军进入东北。彭真同意"将主力布置于南部，并请中央以林彪所部控制山海关一带"。④ 苏方开始将缴获的日本武器大规模供给中共军队，甚至表示如一时无力接收则可代为保留一个月。同样是10月4日，东北局再电延安，谓苏方"表示已下最后决心，大开前门，此间家务全部交我"，"总观全局，我们建议你下最大决心，立即从各区抽调卅万主力，于一个月内赶到，用尽一切方法，控制此间。这是决定全局的一环"。⑤ 两日前，刘少奇还告诫彭真"不是首先将主力部署在满洲门口，抵住蒋介石"。⑥ 两日后，刘少奇则回电称：

> 一、彼方既下决心，我应表示我方自有办法，但三十万虽不到，一个月可有十万到达冀东和东北，本月底可再抽三十五万到。国民党有将

---

① Yu, *OSS in China*, pp. 245–246.
② 《彭真年谱》第1卷，第305页。
③ 《中共东北局致中央电》（1945年10月8日），中央档案馆藏；田酉如：《彭真主持东北局》，人民出版社，2007，第56页。
④ 《彭真年谱》第1卷，第308页。
⑤ 《中共东北局致中央电》（1945年10月4日），中央档案馆藏。
⑥ 《彭真年谱》第1卷，第307页。

近五十万大军沿平绥、同蒲、平汉、津浦路向平津、东北前进,我冀鲁豫太行五台等区部队均能抽调必须阻止顽军北进,并消灭其一部,才能掩护我已出动之十万到达目的地,并进行工作,否则顽军大部队集结平津必隔断华中华北与东北热河联系,东北亦无法安全进行工作,干部已大批出动,二星期后即可陆续到达。

二、在平绥、同蒲、平汉、津浦四路我与蒋军大冲突即将开始,请与辰兄商量能否在张家口、绥远方面给我以必要的帮助,使我在这些大冲突中获得大胜利,对东北及全中国的局势均将起大影响,望能在此着之成功,在东北伪军伪警在我到达后必须解除武装或重新加以整编,大批调动与改造其干部才能掌握在我手里,望加注意和准备。①

苏军甚至允许将大连市的行政权力交予中共,沈阳、大连的市长、警察局长也都由中共充任。② 共产党员、张学良的弟弟张学思调任中共辽宁省主席,原北方局干部朱其文副之。已返延安的毛泽东迅速准确领会了莫斯科的意图,在刘少奇10月19日给东北局的指示中又加上一句:"我党方针是集中主力于锦州、营口、沈阳之线,次要力量于庄河、安东之线,坚决拒止蒋军登陆及歼灭其一切可能的进攻,首先保卫辽宁、安东,然后掌握全东北,改变过去分散的方针"。③

很明显,在这场东北争夺战中,中共是积极挑战的主力,苏共则是其幕后的依靠。④ 苏军占据时,中共所有工作都要征得他们负责军官的同意。⑤ 即便苏军撤走后,中共建立的政权组织也打算采用"中苏友好协会"的名称。⑥ 周恩来在返延报告时说:"远方朋友［苏联驻渝大使］曾为此向我们做过多次解释",苏共的立场就是"在可能［与］条件许可情况之下"必然给它的中国同志以援助和支持,"只是这种援助必然是不公开的,这种支持

---

① 《中共中央致东北局电》(1945年10月6日),中央档案馆藏。
② Ковтун‑Станкевич «Комендант Мукдена». C. 426;《彭真年谱》第1卷,第311页。
③ 《彭真年谱》第1卷,第315页;《毛泽东军事文集》第3卷,第64页。
④ См.: Ледовский СССР и Сталин в судьбах Китая. С. 300.
⑤ 钟子云:《从延安到哈尔滨》,载李树泉主编《中国共产党口述史料丛书》第4卷,中共党史出版社,2013,第194页。
⑥ 《彭真年谱》第1卷,第317页。

必然是暗示式的"。① （着重号为周恩来所加。）

　　同时，中共也利用美国迟到的"冷战"意图，谋求利益最大化。10月22日，延安又一次利用美军观察组的飞机将高岗、张闻天、刘英、李富春、王鹤寿、凯丰等11人由延安运至河北邯郸，他们于一个月后到达沈阳。② 对于秦皇岛登陆的美军，中共采取"美军在形式上与我交好，我亦与之交好"的方针，"避免与美军武装冲突"，但同时明确"这是美顽之麻痹手段"，坚持彻底破坏铁路、电线的行动。这当然也符合苏联的利益，苏军曾指示东北局"美空军如来侦察不要射击"。③ 延安认定美军不会干涉。④ 但不久仍发生了美国商船"赫尔姆斯"（George R. Holmes）号事件。该船停泊秦皇岛，船长等五人登陆并驱车前往山海关，途中遭到中共驻守该地冀热辽军区第十七分区临时组建的十九旅四十六团袭击，但在确认身份后又很快停火，大副受轻伤住院，吉普车被扣。⑤ 秉承"与之交好"以及"不能给敌人以借口"的外交方针，中共该旅旅长同时也担任山海关卫戍司令的张鹤鸣亲自过问，并为这些美国人专门聘请了厨师，后予以释放。⑥ 事态未有进一步发展。⑦

　　而国民党面对苏联，遭遇的却又是另一番景象。蒋介石坚持在大连登陆的要求，被苏联政府驳回，而且"态度甚凶横"。⑧ 10月12日，熊式辉携东北行营主要人员由北平飞赴长春，获报工业设备已被抢劫多半，"丰满大电厂发电机八部已取其六，抚顺炼钢炉已拆取二只，长春广播机件正在拆取。各机关家具、汽车，亦搬运一空"。哈尔滨以北铁道由1.435米标准轨换成苏联1.524米的宽轨，已成割据。种种迹象表示苏联在东北会做长期打算。10月13日，国民政府代表终于在日本关东军司令部旧址见到马林诺夫

---

① 《周恩来关于国共谈判给中共中央的书面报告》（1945年12月5日），中共中央文献研究室编《周恩来一九四六年谈判文选》，中央文献出版社，1996，第6页。
② 赵俊明：《高岗传》，陕西人民出版社，2011，第143－144页。
③ 《彭真年谱》第1卷，第314、322页。
④ См.：Ледовский А. М. СССР и Сталин в судьбах Китая. С. 205.
⑤ See telegrams, Joselyn to Byrnes, 5 and 7 November 1945, Navy to State, 14 November 1945, in FRUS, 1945, vol. 7, pp. 602－603, 607－608, 625－626.
⑥ 张维东：《山海关保卫战》，载黎连荣、邢志远编《从东北到海南岛（续集）——解放战争中的第四十三军》，军事科学出版社，1996，第10－11页。
⑦ Memo, by Acheson of conversation with Forrestal, 8 November 1945, FRUS, 1945, vol. 7, p. 609.
⑧ 蒋中正日记，1945年10月6日。

斯基,但他对所提登陆、运输、接管等问题大多推诿,或言须请示上峰,或言须两政府间协商,或言有种种困难。只不过苏军表示将于11月20日起由南满北撤,约11月30日撤出中国,另中方所提营口、葫芦岛两地登陆无问题,但国民党军应经由铁路运入东北。国民党早先派去秘密工作人员的活动因受苏军"严厉措置"威胁而取缔。空降的接收大员立时陷入孤立无援的境地。据张嘉璈回忆,"厨子、卫队,均系苏军司令部所派。长春市长曹肇元及公安局长,均系苏军最近委派,自不易自由行动。亦不知如何与当地工商界及经济事业机关人员接触,如同身在异国"。不仅如此,最要命的是国民政府官员手中的法币禁止流通,又无法获得红军券,前中央、交通银行被勒令停业,可怜他们只能依靠别人孝敬来的满洲中央银行券200万元"聊解行营燃眉之急"。[1] 也就在东北行营一筹莫展的13日,蒋中正密电胡宗南印发《剿匪手本》。[2] 10月18日,他亲自召见苏联大使彼得洛夫,尽力挽回中苏关系。蒋再次表达了在大连登陆的要求,解释他之所以请美国帮助运兵是因为苏联驳回了国民政府向其借用舰艇的请求。他甚至向斯大林保证:不追击中国共产党人,并为他们保留一定的地盘,实行自治,设立自治机构和自治军队,只要中共承认国民党中央的崇高领导。[3] 莫斯科对此未予理睬。

随着将阻击国民党军队作为"目前中心一环",中共与苏军开始联合行动。苏方不但于10月16日拒绝国民党军在日前允许的营口登陆,还要求中共派兵阻止。东北局请求苏联"运用外交力量并给以运输便利",以使主力部队到达指定地点。苏方继而同意"设法将蒋军登陆时间迟滞十天左右"。利用这段时间,东北的中共军队大举消灭当地现存的国民党武装,"肃清顽方在东北之内应力量",各地军队更兼程赶至,准备决战。莫斯科派来代表,与东北局"保持经常联系","态度愈积极,关系皆好"。在协助阻击国民党军、解除武装、接收政权方面,苏军上下"更积极些放手些",不仅秘密给予武器物资,有十一二万步枪、约四千支机枪及众多弹药、通信器材等,后来把劫掠剩余的工厂都交中共支配,而且将承德至锦州及沈阳一线

---

[1] 张嘉璈日记,1945年10月12、13、18日。
[2] 熊向晖:《我的情报与外交生涯》,中共党史出版社,1999,第25页。
[3] Ледовский А. М. СССР и Сталин в судьбах Китая. С. 212.

（除沈阳市外）的部分铁路运输也交由中共控制，除运兵外，还可将武器装备分散、消化。苏方还许诺在11月15日前协同中共军队打击国民党军。11月1日，刘少奇报告说，原先日军重兵把守的平绥、同蒲、津浦等各主要铁路干线均被中共军队占据或破坏，国民党军各部"均不得进，故去东北者除海运空运外别无他道"。① 毛泽东明确指出："拒止蒋军登陆、着陆及接收政权，此点如无苏军协助则不能成功"。②

10月24日，复又爆发《光复报》事件，斯大林对重庆敌意更甚，对延安的支持也随之升级。起因是刚刚设立于长春的国民党吉林省党部发行《光复报》，刊登消息说斯大林因健康关系不能问政，大权悉交莫洛托夫掌管。③ 这可触犯龙颜，间接导致莫洛托夫日后失势。苏军当日搜查了吉林省党部，将办事人员拘禁一夜；并切断了东北行营的电话线，将长春市长、警察局长之职交予中共掌握。重庆为避免再起争执，按照苏军要求停止了在东北的党务活动。蒋经国上书云："想我父子二人，命定忍苦受难，深信祖先有灵，必能使［父亲］大人万事如意"。④ 然而，当国民党军试图按照苏军所允在葫芦岛和营口登陆时，却发现两地均已被中共重兵占领，无从上岸。苏方解释说，这些武装系由关内进入，并参加了抗日战斗，而自己为了撤退，无力也不便干涉中国内部事务。

10月17日，当熊马再谈的时候，苏联在东北不合作的态度并未因重申撤兵日期而有丝毫减弱。对于熊式辉所提登陆、接管各问题，马林诺夫斯基改称：国民党军可于11月初在葫芦岛和营口两地登陆，亦可由陆路进达承德，至沈阳、哈尔滨等处，唯须苏军撤退之后，"不使两军相遇"；如仅空运少数宪兵，可在苏军撤退前四五日办理；苏方担保"交通线内不容有非正式军队，如有，必令缴械"（言下之意，其他地方可有中共军队），中方可派员接受中长路以外的铁路；满洲境内各工厂均为苏军战利品，且抚顺煤矿应归中长路经营等。⑤ 一方面，莫斯科惧于国际舆论，不得不撤军；另一

---

① 《中共中央致重庆代表团电》（1945年11月1日），转引自金冲及主编《刘少奇传》上卷，第530页。
② 《彭真年谱》第1卷，第313、314、318－319、320、321、330页。
③ 张嘉璈日记，1945年10月24日。
④ 秦孝仪主编《总统蒋公大事长编初稿》第5卷（下），第859、861－862页。
⑤ 张嘉璈日记，1945年10月17日。

方面，出于对美国在秦皇岛和天津登陆的不安，斯大林利用当前有利的占领形势，突破了中苏条约的各种承诺，企图加强对东北的控制。

中共中央则摆出决战架势，"竭尽全力，霸占全东北"，命令东北局对于"从任何方面进入东北之蒋军，须坚决全部消灭之"。① 10月27日，毛泽东致电东北局："至本月底，有三万军队、六千名干部到达东北，十一月将有六万军队、两万干部到东北。总计到年底，共有十二万军队、三万干部到东北"，并命令他们不可"松懈人心与看轻迅速作战的准备工作"，明确"十一、十二两个月是我们争夺东北及热河的成败关键"。② 11月4日，在给晋冀鲁豫局的指示中，毛泽东更指出"可能迫使蒋军先在大沽、唐山、秦皇岛登陆，如此我可争取时间布置内线作战，决心保卫沈阳不让蒋军进占。一俟苏军撤退，我方即宣布东北人民自治"；至于中共兵力，"李运昌最先入东北之五千人，现已扩大至八万，分布南满各地为地方部队，惟战斗力弱。我正规军入满者至此刻止，计有五万左右，在路上半月内可到者约五万，共十万左右，为内线之主力"，加上紧急从各地抽调10.9万人，命12月中下旬到达热河、辽宁、冀东交界地区，以从外线夹击国民党军，并伺机入关。③ 毛泽东明确说："没有更大的胜利，特别是东北的胜利，武装斗争是不易停止的。十一月至十二月中旬将是蒋与我武装争夺东北的另一次高峰，战场是在辽宁南部、锦州、热河、冀东地区。我必须集中可能的力量，争取这战略性质的决战胜利，奠定我巩固的大根据地"。④ 新四军三师主力黄克诚部3.5万人，用两只脚从苏北走到东北，历时59天，其中非战斗减员3000人。⑤ 正如延安设想的那样，国民政府被迫在华北秦皇岛登陆，再由陆路推进时，遭到了中共部队的猛烈阻击。⑥

至年底的莫斯科外长会议召开，苏美之间基本上达成了两分中朝的默

---

① 《彭真年谱》第1卷，第312、317页。
② 《彭真年谱》第1卷，第320－321页。
③ 《中共中央致晋冀鲁豫局电》（1945年11月4日），《中共中央文件选集》第15册，第401－402页。
④ 《中共中央军委致聂萧刘罗并告林彭电》（1945年11月4日），转引自金冲及《较量：东北解放战争的最初阶段》，《近代史研究》2006年第4期，第13页。
⑤ 《黄克诚自述》，人民出版社，1994，第195页。
⑥ 参见蒋永敬和刘维开《蒋中正与国共和战（1945－1949）》，台北，台湾商务印书馆，2011，第2－3页。

契。苏联虽然不喜美国在华北驻军，但只要华盛顿不干涉东北，亦可接受。12月23日，斯大林接见了贝尔纳斯国务卿。"为什么美国不愿意从华北撤走军队呢？"贝尔纳斯笨拙地答道，美国政府很想撤军，只不过现存义务和实际情况使得这一愿望难以实现。斯大林装作若无其事的样子说，如果美国想在华驻军，苏联政府并不反对，只希望事先告知；随后，又说如果中国人民认为蒋介石依靠外国军队的话，委员长将失去他的权势，因此他最好自食其力，而美国也最好不要动摇他在民众中的权威。至于遣返华北日人，斯大林笑道，25个苏联飞行员就能受降沈阳两个日本军团，5万国民党军足矣。[1]

国共两党对于莫斯科会议态度迥异。蒋中正否定了其决议有关中国部分的合法性。而延安则表示赞同，接纳了苏美两分中国的现实，甚至已开始准备在华北与美国人做生意。它在稍晚发布的外交方针指示中说明："苏联除开一般通商外是不会到山东及华中华北来投资经营任何事业的，美国资本要控制中国（解放区在内）今后的经济生活，其趋势已不可避免"，因此"应争取美国经过我们及山东工商业者的手来进行解放区的经济活动，我们即可从中获得利益"。[2]

西南第二战线

如同诺曼底登陆一样，中共在西南开辟"第二战线"，号召城市居民起来对抗国民政府，并代为反美。11月5日，毛泽东以中共发言人名义公开谴责国民党欺骗民众、发动内战，并向全国发出动员令："现在的中心问题，是全国人民动员起来，用一切方法制止内战"。[3] 11月7日，中共特地在十月革命节当天召开抗议美军武装干涉中国大会，会议主题包括要求美军立即撤出中国。[4] 19日，郭沫若在重庆应声发起成立反对内战联合会，号召国统区反对国民党的内战政策，反对美国干涉中国内政。然而，20日，信

---

[1] Davies, *Dragon by the Tail*, p. 423.
[2] 《中共中央致山东、华中、张家口、太行、东北局电》（1946年5月3日），《中共中央文件选集》第16册，第151-152页。
[3] 《国民党进攻的真相》，《毛泽东选集》第4卷，人民出版社，1960，第1167-1168页。
[4] 向青等主编《苏联与中国革命（1917-1949）》，中央编译出版社，1994，第530页。

奉自由主义的重庆《大公报》却发表主笔王芸生的社论"质中共"一文：

> 共产党也许要说有兵是一种手段，是一种不得已。但天下事，绝不可不择手段，手段错了，则一切全错；天下事也绝不可诿诸不得已，原谅了不得已，就一切都得原谅了。中共可以说，我们的兵是"人民的武力"。这是值得一辩的。兵是国家的，只有国家有兵，人民不得有兵，也无所谓人民的武力。若使人民自己可以有兵，则你是人民你有兵，我是人民我也有兵，虽说是"人民的武力"，而实际是私兵。举国纷纷，尽是私兵，则国家必然大乱。我们主张军队国家化，就是只许国家有兵，不许人民有兵，也不许党有兵。①

毫无疑问，这在中共看来，国统区舆论很有"统战"的必要。11月21日，延安广播号召"国民党统治区的同胞，起来响应重庆反内战联合会所发起的运动"。

西南边陲的春城昆明，在过去数年中，由于"云南王"龙云奉行与国民党中央貌合神离的政策，共产党在滇省得以迅速发展，昆明随着中日战事而崛起为继上海、香港之后的国际左派重镇，与延安形成北呼南应之势。早在1943年周恩来就派南方籍党员华岗化名林少侯，以大学教授的身份作掩护，常驻昆明，与以郑伯克为首的中共地方组织一起，"统战"左派知识分子。华岗一到昆明就有意结交了费孝通、闻一多等知名教授，并根据周的指示，利用他们"在学术界，在青年学生中，还是有广泛的社会联系和影响"，扩大"民主同盟"、"民主青年同盟"为中共"党的强有力的外围组织"，尤其是"通过各种活动促使更多的人认识了美国杜鲁门政府支持蒋介石打内战，反共反人民政策的反动本质"。② 他们以西南文化研究会名义，密切联系，时常聚会，传阅的却是西北毛泽东的著作。③ 11月22日，中共云南省工作委员会依据延安广播内容，决定组织昆明四所主要大专院校学生

---

① 《质中共》（社论），重庆《大公报》1945年11月20日，第2版。
② 楚图南：《回忆和华岗同志在一起工作的日子》，载中共中央党史研究室编《楚图南文选》，中共党史出版社，1993，第175-177页；参见郑伯克《回顾一二一运动》，载中共云南省委党史资料征集委员会编《一二一运动》，中共党史资料出版社，1988，第323页。
③ 于化民：《一二·一运动中的西南联大教授会》，《史学月刊》2008年第6期，第52页。

于 25 日集会，以"揭露美蒋制造内战的阴谋，并在学生群众中酝酿"。① 当日，刚刚晋升为西南联大社会学系教授的费孝通突然发表了《美国你不应这样——致美国人民的公开信》，将挑起内战的矛头直指美国政府。这位 35 岁的年轻教授将之与法西斯相比："你们政府不惜以你们的子弟，提了枪，坐了坦克，不久之后，甚至会驾驶飞机，帮助国民党以武力来解决华北和东三省的共产党……你们若想在军事上保证安全……必须控制全世界，消灭一切有威胁你们的可能力量……德国和日本的失败原因在哪里？"② 费来出头，并非偶然。他适旅美两年归来，是民盟云南支部的重要成员，他的话在学生中更有说服力。而且，费孝通的长兄费振东是中共早期正式党员；三哥费青曾是共产党青年团的小组长，此时亦在联大任教。③ 由于受到左翼哥哥们的影响，费孝通在少年时即热衷革命，留学期间又与国际左派往来频繁，也多次参与过共产党组织的活动，因此他和共产党有着千丝万缕的联系。④ 这可以解释他为何一面对美国政府赞许信赖有嘉，一面又在关键时刻率先公开反美。⑤ 中共"有严密的部署，布置了一线二线三线，组织没有暴露"。共产党通过其各线组织对青年学生施以强势的影响。在昆明市 44 所中等以上学校的学生自治会中，国共双方实力对比为 8∶20，其余 16 所虽为中间派，但也有与中共学校合作的可能。⑥

国民党方面，蒋中正则趁龙云滇军主力由卢汉带赴北越受降的机会，令嫡系杜聿明（字光亭）发动军变夺取云南。龙云下台，蒋正式任命三迤元

---

① 郑伯克：《回顾一二一运动》，《一二一运动》，第 327、5 页。
② 《美国你不应这样》，《费孝通文集》第 3 卷，群言出版社，1999，第 354 页。
③ 有关费青组织共青团，见吴江市地方志编纂委员会编《吴江县志》，江苏科学技术出版社，1994，第 545 页。
④ 费孝通口述："两个哥哥的政治态度和做人的道理，对我影响很深，实际上影响了我一生的政治立场。可以说直到现在，我所做的事情都没有背离他们的想法。"见费皖《我的叔叔费孝通》，辽宁人民出版社，2010，第 64 页；另见张冠生记费孝通谈话："我早年有过热衷于政治、很革命的一个时期，跟着大哥、二哥，受他们的影响，闹革命很有劲道"。见张著《费孝通传》，群言出版社，1999，第 44 页及第 57 页费自述革命经历。现有资料已充分表明费正清的学生阿古什所谓费孝通"与中国共产党人没有直接接触，中国市面上也看不到有关他们的出版物，他对共产党一无所知"的论断是不准确的。See R. David Arkush, *Fei Xiaotong and Sociology in Revolutionary China*（Cambridge, MA: Harvard University, 1981), p. 204.
⑤ 费孝通于 1946 年 7 月主动向美国驻昆明领事馆寻求政治避难，受到了美国领事罗舍的庇护。参见费皖《我的叔叔费孝通》，第 82 页。
⑥ 郑伯克：《回顾一二一运动》，《一二一运动》，第 325、329 页。

老李宗黄任职省党部主任、代理省主席；10月26日杜聿明调任东北保安司令，他的乡党老上级、黄埔系的抗日名将关麟征改派云南警备总司令。这个李宗黄在春城素有辣手之名。1927年，南京初克，唐继尧殁，李即奉蒋令返乡整理党务，不久龙云在混战中胜出主滇，李曾发挥过一定的作用，旋在"清党"中因龙袒共而渐生龃龉，李宗黄曾亲自拔枪上阵，威慑学生"驱李"集会。因此，李宗黄与龙云、中共皆有宿怨。1945年7-8月间，蒋介石曾四度见李，秘商削龙，口头许他"回滇主政"，并说是暂由卢汉过渡，"到了相当的时间，再为伯英兄真除"。于是，李宗黄10月7日上任伊始，即大刀阔斧地改革省政、平抑物价，并谓"华北风云紧急"，尤以"迅即严密防范奸党活动"为要。① 就在延安广播号召各地响应重庆"反内战"运动的11月21日，李宗黄的工作刚获一点起色，蒋中正却正式任命卢汉为云南省主席，并定于12月1日就职，李则改任民政厅厅长。他心中不快，向蒋请辞。23日，李又获报延安广播中有暗示将在昆明举行对己不利行动的内容，更受刺激。② 24日，李主持云南省国民党党、政、军联席会议，下令"凡各团体学校一切集会或游行，若未经本省党政军机关核准，一律严予禁止"，并派人警告云南大学校长熊庆来不许借至公礼堂给学生作会场。

11月25日，中共遂假昆市西郊的联大草坪按期集会，并请陕籍老同盟会员张奚若教授出面游说关麟征：学生集会时会守规矩而不游行。③ 19时，昆明大中院校超过3000名学生有组织地聚集在草坪周围；他们自备了蜡烛、汽灯，中共联大总支书记袁永熙指派了学生纠察队。受到邀请的钱端升、伍启元、费孝通、潘大逵等教授先后讲话。其中，尤以费孝通题为《美国与中国内战之关系》的演讲最富鼓动性。演讲期间，关麟征为防止学生游行，命戒严部队关闭城门，封锁至联大西门主要街道。会场外时有鸣枪，费孝通便号召大家鼓掌，将集会推向高潮，与会者随之发出共鸣：用我们的声音来反抗枪声。④ 继费孝通演讲之后，中共按预定计划在会场上宣读了《反对

---

① 参见《李宗黄回忆录：八十三年奋斗史》第4册，第46-50、206-207页；第3册，第368-369页。
② 参见《李宗黄对昆明学潮之声明》（1946年5月30日），《一二一运动》，第457页。
③ 郑伯克：《回顾一二一运动》，《一二一运动》，第328页。
④ 《天地有正气，昆明学生在枪炮声中站立起来》，《一二一运动》，第74页；参见胡麟：《一二一的回忆》，香港，海虹出版社，1949，第5页。

内战告全国同胞书》、《告美国人民书》和《致美国政府书》等，重复了多项要求，包括"［军队］不得以任何理由作为推进之借口"、"美国政府应立即撤退驻华美军"等。国民党省党部原作操纵会场打算，但未实现，最后在主席团近旁的党部监察委员、调查室主任查宗藩不得已亲自申请以老百姓的身份发言，说抗日胜利后当"戡乱"等语，即被拉扯下台。翌日，在中共的领导下，学联以联络员串联的方式通知全市罢课三天，计有34校参与。①

昆明国民党党部在李宗黄的直接领导下则采取"以宣传对宣传、以组织对组织、以行动对行动"针锋相对的方针，激化了矛盾。中共以联大为核心成立了学生造反组织"罢课委员会"，铅印出版物《罢委会通讯》，组织学生散发。② 国民党就由驻滇第五军军长邱清泉负责成立"反罢课委员会"，遍街张贴反共标语，如"从CP［中共］到CY［青联］的外围同学们！罢课不可怕，怕的是CP的圈套"、"共产党制造内乱"等。针对共产党的反美宣传，国民党云南的党团组织进行了反苏宣传。例如，秘密三青团员以"联大政治系1946级"名义，宣传"赞成反内战，在昆明、重庆、延安都要反内战；要求美苏撤退在华驻军"，并在联大学生中产生影响，以致工学院全体表决《告全国同胞书》时竟以73∶138而未获通过，迫使中共方面将口号修改为"谁发动内战，我们就反对谁"以及"反对外国助长中国内战，要求撤退在华美军"，终获通过。当中共派出宣传队、宣传组上街宣传的时候，国民党则派出打手队，当街追赶、殴打、逮捕。③ 27日，李宗黄、关麟征召集昆明大中学校校长训话，责令翌日无条件复课。

就在这个时候，白宫发表了马歇尔将军将作为总统特使访华的任命。对于马歇尔，蒋中正知道因为史迪威事已生过节，心中颇为忐忑。蒋很清楚他将直接影响美国的对华决策，而美国势必进一步对华施压而促成国共和谈、联合政府。在随后月余，马歇尔来华一事时常压在蒋的心头而无法释怀。④ 昆明学潮既为共产党渗透，蒋介石当然不想在马歇尔抵华之时授之以柄。美

---

① 郑伯克：《回顾一二一运动》，《一二一运动》，第328页。
② 郑伯克：《回顾一二一运动》、昆明学生罢课委员会：《昆明市大中学生为反对内战告全国同胞书》（1945年11月28日），《一二一运动》，第328—329、76页。
③ 郑伯克：《回顾一二一运动》，《一二一运动》，第331—333页。
④ 参见蒋中正日记，1945年12月3、7、9、18、21日。

国驻昆领事也本能地注意到了国民政府的这种担心：关麟征不但派他的副参谋长专程拜访领馆，仔细询问是否收到过学生致美国政府的信件，还派其他代表去美国新闻处。一周后，关麟征本人在拒绝接见联大教授代表的情况下，却亲自与美籍教授长谈达四个小时。①

值得一提的是，重庆政府不但要顾忌反美，亦不想在全国范围内掀起反苏运动。由于新疆伊犁三区事件适获平定、东北苏军又重申撤兵日期，蒋中正一方面仍寄希望于斯大林能够信守诺言，"并不愿因共党关系而阻碍我中俄邦交，非至其组织傀儡政权，则决以极端忍耐处之"；另一方面还打算以苏制美，"在此美国强硬态势之时，我国对俄方式，应示以宽和，不宜竣拒"。② 他身边的幕僚们亦主对莫斯科持谨慎态度，而不敢与苏联决裂。③ 因此，蒋中正只想尽快了结学潮，遂派高教司司长周鸿经"前往劝导复课，如开导无效，即不惜解散"。④

孰知到了 28 日，昆明事态出现恶化的趋势。上午 10 时，西南联大学生开会时曾就是否复课问题"发生争执"，场面混乱而告中断。⑤ 罢委会 80 余名代表在云南大学泽清堂集会，决定无限期扩大罢课规模，并鼓动工人罢工、商人罢市，同时喊出了五六年后国人耳熟能详的警句："美国要想代替日本来统治中国"。⑥ 29 日，联大召开全校大会，教授们即动员学生次日复课。此前罢委会已有反对教授会之标语，其代表更当场激烈反驳，将事先准备好的一封给教授公开信"由学生一人朗诵，用挑战口吻，措辞婉转而激昂，听众热烈鼓掌，继续罢课"。⑦ 当民盟的左派教授闻一多、吴晗等也提出适时复课的主张时，中共云南省委立即派人做思想工作，联大总支书记袁永熙并暗示这是南方局的意思，还劝解道："罢课刚刚开始，学生的要求一条也没有实现，此时若无条件复课，无异示弱于暴力，不但学生难以接受，

---

① 温德（Robert Winter）、白英（Robert Payne）访问关麟征报告，《一二一运动》，第 478 页。
② 蒋中正日记，1945 年 12 月 20、21 日。
③ 参见《王世杰日记》第 5 册，1945 年 12 月 4 日，第 225 页；《唐纵日记》，1945 年 12 月 10 日，第 562 页。
④ 《唐纵日记》，1945 年 11 月 28 日，第 557 页。
⑤ 《联大、云大、中法、英专四大学学生自治会罢课委员会紧急启事》（1945 年 11 月 29 日），《一二一运动》，第 90 页。
⑥ 胡麟：《一二一的回忆》，第 11 页。
⑦ 季镇淮编《闻朱年谱》，清华大学出版社，1986，第 163 页。

对整个斗争也不利。希望老师们理解"。民盟方面表示接受。① 因此，在中共云南党委的组织下，学生对复课进行了各种方式的抵制，罢委会宣传队继续上街宣传，并拓展了范围，"第一日［29日］尚在校内附近，第二日扩及全市"，在昆明南大门近日楼张贴大壁报，演出以25日集会为题材的活报剧，并将《致美国政府书》等送入美国驻昆领事馆及美国新闻处等机构。② 青年学生一经鼓动起来，"一再要求举行游行示威"，29日更加"跃跃欲试，要求即刻游行"，连中共云南省委负责人郑伯克也承认"左的倾向在群众中潜滋暗长"。中共的"反内战"宣传再次发挥了影响，无论如何，比国民党抛出的"反内战的便是共产党"要更有号召力，而且已经获得了城市中下层的支持和赞助。③

在李宗黄看来，种种迹象表明中共与龙云、卢汉一派的势力相勾结，正欲酝酿针对他个人的大规模暴动。过去反共的经验告诉他，要先下手为强。对于学潮，蒋中正早有令在先："政府即视为妨害对敌作战、阻挠抗战胜利之祸国行为，必当予以断然严厉之处置，决不稍有姑息"。④ 李宗黄对此清楚了解。从11月28日开始，国民党军、党、团干部和共产党学生宣传员之间多次发生暴力冲突。尤其是11月30日下午，军政部第二军官总队学员（即待业军人）周海泉等奉命在南屏街美国新闻处门口枪击联大学生何泽庆右臂，经由惠滇医院取出子弹。⑤

12月1日大规模流血冲突终于发生。根据各种资料的描述，虽然对于某些细节还不清楚，但事情发生的可能情形大致如下。上午8时，李宗黄将卢汉迎入五华山省府，举行交接仪式。9时，李来到省党部，以主任委员身份，亲自动员党团骨干："过去我在昆明办党，学生们也闹事，打到门口来，当时，我手下的干事宁伯晋他们就是不怕，他们也打了出去。现在，他

---

① 章学新：《第二条战线的闯将袁永熙的传奇人生》，《炎黄春秋》1996年第11期，第62页；参见王汉斌1978年11月20日口述记录，《一二·一运动史料选编》（下），云南人民出版社，1980，第273页。
② 《昆明学生惨案经过》，原作者不详，《一二一运动》，第40页。
③ 郑伯克：《回顾一二一运动》，《一二一运动》，第334－336页。
④ 《朱家骅致各教育厅厅长、各大中专学校校长等电》（1945年5月4日），《蒋中正文物，一般资料》，"国史馆"藏特交档案002－080200－00581。
⑤ 《周云林等美国新闻处华籍职员书面证明》（1945年12月7日）、《国民党中央执行委员会秘书处抄送教育部公文》（1946年7月17日），《一二一运动》，第375、454页。

们又向我们进攻了,这是大家效忠党国的时机,我们要以宣传对宣传,以流血对流血,进行还击"。讲话后,李叫他们不带证章、暗藏武器、准备出发。① 10时,有军政部第二军官总队三个中队穿着制服的学员300余人,携木棍、锄头等物,列队来到凤翥街附近的联大新舍北区门口。学生由于事先获得消息,已用黑板、桌子等物堵门,并准备了石块,隔墙扔向门外。两边遂成互掷局面。军官学员强夺路旁面店板凳及摊贩的扁担作武器,领队以口哨指挥猛攻校门,并成功地砸出几个大洞,有四五名学员持木棍趁势钻入,攻击学生,被后者群起用石块击出,其中一名叫崔俊杰的(胸标述字第1025号)被捉。两面复隔墙以石块对打,有学生缘梯与墙外言和未遂。11时20分左右,墙外学员王斌持手榴弹,拉火欲投,被适时赶来的联大教授高崇熙上前阻止,领队遂将手榴弹夺去丢在南区校舍以外;南菁中学出纳、兼职教师于再(拥有国共双重党籍)本来此理发,已遭板凳殴打,不幸又被弹片重伤头部。午后12时许,三青支团秘书周绅、国民党部登记科长杨灿率领便服干事约30人,闯入龙翔街联大师范学院,破坏校舍,并向食堂前院西北角扔手榴弹一颗,未伤人;但当他们进入食堂后,学生躲在食堂与隔壁昆华工业职业学校相通的两扇窗户的窗台后面,向入侵者投掷石块,国民党党团干事们被迫退出,有四五个学生持木棍、石块紧追其后,忽然,又有两颗手榴弹在门内爆炸,联大文科二年级生潘琰(国民党员,后亦被宣布为共产党员)胸部受伤,复被人以利器猛刺腹部;师专学生李鲁连、昆工学生张华昌(注册姓名荀极中)被弹片重伤头部;联大文科三年级生缪祥烈重伤左腿。伤员被抬至云大医院等处救治,途中李鲁连殒命,于、潘、张三人当晚不治,缪君截肢。当日亦遭暴徒袭击的,还有云大门口、联大附中、联大工学院办公室及宿舍等处,另10人重伤住院、轻伤者14人。国民党军官学员及党团干事方面伤者人数未详。整个过程军队和警察都未出面制止。② 事后,联大国民党团负责人姚从吾教授感慨道:"捣乱者希望的惨案,

---

① 沈沉:《一二·一惨案侧记》,并时任国民党云南省党部人事室主任薛梦如1986年的书面证明,《一二一运动》,第423-424页。
② 参见1945年12月26日梅贻琦报告,另见温德、白英访问关麟征报告,南菁教师张人鹤、联大学生张崇安、罗纪行、黄其道、刘杰、寻兆华等回忆记录,复参考龚政德1955年的审讯供词,《一二一运动》,第107-111、429-431、481-482页;昆明学生联合会编《"一二·一"惨案死难四烈士荣哀录》,昆明,无出版信息,第1-3页。

他们竟代人家造成了！"①

命案既已发生，而国民政府随后的处置方式却又蠢笨至极。卢汉只能大呼不幸，关麟征自认倒霉，随即向蒋报告。地方当局更严密防止消息外泄。蒋中正坚持了他对待学潮一贯强硬的立场。12月2日晚，蒋经侍从室获悉事态扩大，于次日晨下令关麟征枪毙投弹凶手。② 4日，昆明最高军政当局由卢汉、李宗黄、关麟征等组成临时军事法庭来审判"一二·一"案疑犯，谁知漏洞百出，匪夷所思。最后的审判结果是：军官总队全部9名被告无一获罪，另推出陈奇达、刘友治、陈云楼3人顶罪，陈奇达更供出手榴弹系日前刚刚认识的一个自称姜凯者让他投向师院的。且不论你信不信，反正法庭是信了，而且在不问姜凯"籍贯、年龄、住址"及"相貌身长"的情况下，就匆忙于一周后拉了两名人犯去黄土坡枪毙结案，陈云楼送渝继续军法审判，对于"姜凯"二字则一直通缉下去。③ 尽管这个结果，蒋中正也不满意，屡令卢汉公布姜凯指使详情，但最终也无可奈何。蒋本人对李宗黄、邱清泉的责任非常清楚，他在日记中写道："虽为共匪所主持与煽惑，而我党干部军政当局之无智识、无能力竟造成惨案，徒供反动派之口实"。④ 他囿于人情面子，难以展开对案件调查处理，而一味追求学潮的尽快平息。

有人命殒，中共云南省委正好以苦主身份大做文章。人称"傅大炮"的北大代校长傅斯年在给妻子的信中写道："此等惨案，有政治作用者，岂有不充分利用之理？四个棺材，一条腿，真奇货可居。全昆明市闹得不亦乐乎"。⑤ 首先是停灵。出于明显的政治目的，四位死者的遗体被陆续抬至联大图书馆内。从12月2日入殓至次年3月14日入土，尸体（除潘琰一人火化外）一直停放棺内，且布置了灵堂，开始中国式"哀悼政治"。据估计最开始的一个半月参加祭吊人数达到15万（约当时昆明半数人口）。其次是广播。在情感或者主义的驱使下，昆明知识阶层以极短的时间，制造出大量

---

① 《姚从吾致陈雪屏、郑毅生函》（1945年12月11日），北京大学档案馆藏。
② 《唐纵日记》，1945年12月3日，第559页。
③ 《云南省警备总司令部军法处致省政府函》（1945年12月12日），《一二一运动》，第433页。
④ 蒋中正日记，1945年12月6日。
⑤ 《傅斯年致俞大綵函》（1946年1月5日），王汎森等编《傅斯年遗札》第3卷，第1665页。

较为通俗的政治及文艺宣传品,包括壁报、漫画、歌谣、话剧、挽联、挽诗、文告、书刊等,这些宣传的主旨在于"从昆明血案联系到反动派全国性的内战政策;从四烈士牺牲联系到要求民主自由"。为了扩大影响,从 2 日开始,中共进一步动员人力,每天组织 1000 – 2250 名学生分赴全市各处,选取人烟稠密的地方,"先行唱歌,待市民集中后,再行讲演。然后又唱歌,又演讲,如是继续下去"。唱的什么歌呢?有人记得这么两句:"民主是哪样?民主是哪样?民主是一杆枪"。① 中共地下印刷厂开足马力,使得学联主要刊物《罢委会通讯》的发行量超过了昆明当时任何一份报刊,出版物之多,仅《"一二·一"惨案实录》截至 15 日就印发了逾 50 万份。再次是结果。2 – 6 日,昆明大中学教师共 298 人签名宣布罢教直至学生复课。蒋中正迫于压力,将自请处分的关麟征于 10 日停职。通过宣传,学生在运动初期博得了社会广泛同情。至 14 日,共收到各界捐款近 3000 万法币,几乎都用来弥补巨额的运动开销。国统区的重庆、上海、成都、遵义等地也举行了小范围的声援活动。②

　　随着时间的推移,平息学潮变得越来越必要。首先从运动的大本营联大渐渐涌现出不同意见。4 日上午 9 时至下午 3 时,联大教授 82 人开会 6 小时,"精彩紧张,可谓空前",已经暴露出教师群体的分化。其间,以闻一多为首的左派教授坚持继续罢教,而以周炳琳(字枚苏)为首的多数教授主张逐渐复课,最终付诸表决,结果 19∶61,否决罢教,改为停课 7 日,校方"迅速设法劝导学生复课"。③ 其次来自国民政府方面的压力越来越大。蒋中正命教育部正副朱部长(朱家骅、朱经农)妥善处理学潮,复令卢汉"如不能解决,即应解散其学校,另将学生集训"。④ 在蒋看来,"自由主义误国害学之罪甚于共匪,为不可宥也"。⑤ 7 日,他亲自发表通告,含蓄地责备学生不辨是非而为人利用,"课业中辍"而"自误误国",视其为"国家

---

① 余斌:《昆明记忆:文化与生活》,云南民族出版社,2003,第 18 页。
② 参见《昆明学生惨案经过》,原作者不详,《一二·一运动史料选编》(上),第 40 页;郑伯克《回顾一二一运动》,《一二一运动》,第 341 – 342、351 – 352 页。
③ 《姚从吾致陈雪屏、郑毅生函》(1945 年 12 月 11 日),北京大学档案馆藏;《西南联大教授会第四次会议记录》(1945 年 12 月 4 日),《一二一运动》,第 381 – 382 页。
④ 参见《唐纵日记》,1945 年 12 月 2 – 6 日,第 559 – 560 页;《蒋中正致卢汉电》(1945 年 12 月 8 日),《一二一运动》,第 432 页。
⑤ 蒋中正日记,1945 年 12 月 7 日。

之羞",务必"导学生于正轨","切不可任令罢课风潮再有迁延"。① 另外,蒋特派青年军编练总监霍揆彰中将暂代昆明警备司令,暗示要对罢课学生用狠。两位在外的联大常委傅斯年(4日)和梅贻琦(12日)相继赶回昆明,在前中研院代院长朱家骅的指挥下,迅速形成了主导复课的核心力量。12日,傅斯年分电朱、蒋两位领导,提出"若星期一仍不复课,地方人士必大起反感,教授或不少辞职,如此,学生将尽失同情与立场。再不复课,自不妨考虑其他办法"。② 14日,傅主持联大常委会议,决定下周一(17日)起照常上课;卢汉照此报告蒋中正,但已做该日复课无望准备,电请决定"最后之处置"。③ 15日,侍从室唐纵电告正在北平视察的蒋中正,建议政府不能解散学校,但可开除拒不上课的学生。④ 朱家骅也替校长和学生们求情:"希望在执行最后处置办法之前,能有数日缓冲期间"。⑤ 次日,蒋表示同意。但昆明方面尚不知悉,连闻一多也再度动摇。他找到联大中共代表袁永熙,请示道:"你们下一步打算怎么办?罢课不要拖得太久,过去我们在教授会上说话,多数人都支持,现在会上我们成少数派了。教授们从学校利益考虑,都希望早些复课"。⑥ 17日限期已到,昆明阴雨,复课仍旧未遂;傅斯年转变方法,"加压力于学生",约梅贻琦辞职,其他教授相劝,商定如20日学生不复课,即总辞职。⑦ 傅闻两人更争吵起来。19日,教授会向学生发布忠告:"如坚持罢课,则前途演变恐有不忍言者"。⑧

学生和民众也发生分化。据中共云南省委的统计,12月9日成为运动

---

① 蒋中正:《告昆明教育界书》(1945年12月7日),《一二一运动》,第437页。
② 《傅斯年致蒋中正电傅斯年致朱家骅电》(1945年12月12日),王汎森等编《傅斯年遗札》第3卷,第1660-1661页。
③ 《卢汉、霍揆彰致蒋中正电》(1945年12月14日),《一二一运动》,第445页;《梅贻琦日记》,1945年12月14日,清华大学出版社,2001,第190页。中国学者认为17日的选定是因为美国特使马歇尔定于是日访华,如杨奎松著《国民党的"联共"与"反共"》,社会科学文献出版社,2008,第571页。本书作者并未发现有力证据。
④ 《唐纵日记》,1945年12月15-17日,第562-563页。
⑤ 《朱家骅致蒋中正电》(1945年12月15日),中研院近代史研究所档案馆藏朱家骅档案301-01-09-034。
⑥ 袁永熙1988年访谈记录,转见闻黎明、侯菊坤编《闻一多年谱长编》,湖北人民出版社,1994,第945页。
⑦ 《傅斯年致俞大綵函》(1946年1月5日),王汎森等编《傅斯年遗札》第3卷,第1665页。
⑧ 《教授会告同学书》(1945年12月19日),《一二一运动》,第385页。

盛衰的分水岭："联大新校舍（即校本部）参加罢联工作的学生，约为学生总数的三分之一强，十二月十日以来逐渐下降到四分之一左右，一部分工作人员已从工作中退出，一部分在职工作人员有疲倦的感觉。不少中间派同学对运动逐渐冷淡，坐茶馆聊天，瞧电影消遣，成为他们的主要生活。""中间派已有厌倦情绪"。① 20—24 日，有一二成学生陆续复课，但学生会"加以阻拦"，并"采取行动，剥夺同学应得权利"。② 其间，普通民众对血案的意见也发生分歧，昆明国民党中统 9 日前后的一份情报显示："老百姓有骂学生乱闹行死者，有骂第五军官士兵仗势杀人者"。③

整个学潮是由延安中共中央发起、昆明中共云南省工委执行、延安最终了结的。中共重庆（南方）局最晚在 12 月 3 日已得知惨案的发生，并居中发挥了信息传导作用。④ 12 月上中旬，昆明原本派王汉斌、程法伋带着"惩凶"和"无限期罢课"的意见，去重庆汇报工作。南方局按照刘少奇的口头指示，立即命令"必须复课"，并要他们买机票赶回；为保险起见，还动用了其他渠道即时通知了昆明方面。12 月 20 日左右，郑伯克收到南方局来信，接着罢委会不再坚持李宗黄必须立时撤职的复课条件。25 日，中共云南省委正式向罢委会下达了停灵复课的决定。⑤ 26 日，罢委会宣布次日复课。

共产党接着引导青年学生将政治宣传转入乡村。知识青年到农村去是中共长期有效的群众动员方式，毛泽东早在抗日初期就号召"中国的知识青年们和学生青年们，一定要到工农群众中去，把占全国人口百分之九十的工农大众，动员起来，组织起来"。⑥ 中共中央尤其是周恩来一直重视国统区青年学生假期下乡的组织，亲自起草各项指示，"主要是播散反蒋斗争种子，学习与群众接近，而不是一下子就希望开花结果"，而这种动员是双重的，起到"向群众作宣传，锻炼自己"的效果。⑦

---

① 郑伯克：《回顾一二一运动》，《一二一运动》，第 351—352 页。
② 《西南联大教授会第 9、10 次会议记录》（1945 年 12 月 22、26 日），《一二一运动》，第 386—387 页。
③ 中央调查统计局情报，昆明，1945 年 12 月 10 日，《一二一运动》，第 441 页。
④ 参见《为昆明死难学生呼吁》（短评），《新华日报》，1945 年 12 月 4 日，《一二一运动》，第 217 页。
⑤ 郑伯克：《回顾一二一运动》，王汉斌 1985 年 8 月 16 日书面证明，《一二一运动》，第 352—356、366—367 页。
⑥ 《青年运动的方向》（1939 年 5 月 4 日），《毛泽东选集》第 2 卷，第 565 页。
⑦ 《周恩来年谱（1898—1949）》，第 738 页。

马歇尔即将访华也对中共的政策产生了影响。血案发生后，美国在中共的攻击次序上，很自然地降到了次要地位，宣传方式上也更为含蓄，貌似不经意地提及。例如，12月4日昆明罢委会发表的一篇由10句话组成的檄文中，只有半句兼及美国，谓执政当局有"友邦的军队和物资的支助"。① 12月9日，周恩来借延安纪念"一二•九"运动10周年的机会，突然公开表达了对美国久违的善意。"中华民族渴望独立的精神，不仅是中国几千年来民族的传统"，他接着话锋一转，"而且是从世界上先进的国家——美国的独立战争中学来的，希望美国政府以平等友好的精神来看待我们，才能有很好的中美合作"。② 同日，周致电重庆董必武、王若飞："赫尔利政策失败，马歇尔来华在方法上有改变可能"；并赶在马歇尔赴华前一天的16日抵渝，表示了积极合作的态度。③ 重庆南方局也随即否认反美，并撰文驳斥中央社，称"他们把昆明学生反对内战运动歪曲为'反美'（见《中央日报》5日，《和平日报》1日），欲以离间中美人民之间的友情"。④ 是故18日，刚刚调任昆明的美国领事石博思向国务院汇报说："总领事馆还没有观察到学生中有反美情绪的迹象……学生们对早先提出过的美军撤离中国的要求已经几乎不再提及"。27日罢委会复课宣言的"对国府当局要求"中，也抹去了"美国政府应立即撤退驻华美军"一条。⑤ 这本是学潮最根本最主要的诉求之一，直至12月6日的《告全国同胞书》中还明确列出。罢委会在解释自己妥协原因时，也包括了"国际局势转变"一点，即"美国改变对华政策，强调中国必须和平民主，不再支持中国反动派进行内战……因此这几天随着马歇尔□□来华，国内大规模的内战多少是抑止了，延安代表飞渝，国共两党都表示愿意停止内战，政治协商会议召开在即"。⑥ 其中□□两字，现已辨识不清，但可以想见，应该是有关头衔的敬称。我们从另一封1946年初

---

① 《假面具遮盖不了血的事实》，原载《罢委会通讯》第4期，1945年12月4日，《一二•一运动史料选编》（上），第174页。

② 《延安各界青年纪念"一二•九"十周年大会》，《解放日报》1945年12月10日。

③ 《周恩来年谱（1898-1949）》，第630-631页。

④ 《一二一惨案的反响》，原载《新华日报》，1945年12月11日，《一二一运动》，第224页。

⑤ 参见《昆明市中等以上学校罢课联合委员会复课宣言》（1945年12月27日），《一二一运动》，第256页。

⑥ 《这是一个新的开始》，原载《罢委会通讯》第15期，1945年12月27日，《一二•一运动史料选编》（下），第62页。

以昆明学生联合会名义致"美利坚合众国特派驻华特使马歇尔元帅阁下"函的起首几句,可以体会到当时中共对于美国政府既恨且慎的矛盾心情:"贵国大总统杜鲁门以大政治家的远见,于十二月十六日明白宣布了对华的外交政策,清除了前大使赫尔利所给予中国人民的忧虑。阁下恰于敝国国共内战烽火连天之时,荣膺新命,远涉重洋,光临敝国,我们在此,表示热忱的迎迓与崇高的敬意"。①

华北还是东北

面对中共突如其来的攻势,仍沉浸在胜战喜悦中的美军显得有些不知所措。华盛顿觉得,不应在二战后还为中国人的纷争(civil strife)去损失美国的人力和声誉,然而,在"冷战"继起的情况下,中国又有着鸡肋般的战略价值。11月1日,作战部询问国务院:"考虑到盟军在日本的权力,我们是否设想过接受对远东大陆事务的某种必然性参与?从军事观点看,这决定必须设计何种军事步骤去抑制东方无法接受的侵略。例如,远东尤其有关满洲、内蒙、华北和朝鲜发生利益冲突时,就美国将坚守的至低限度发表一个确切声明,会极有价值"。②

与此同时,心系美军战后归国"魔毯(Magic Carpet)行动"的陆军参谋总长马歇尔,询问魏德迈华北海军陆战队员可以撤离的最早日期。③ 魏德迈的回答是11月15日。同理,他回绝了蒋中正突然提出将原赴青岛的第八军和赴台湾的第六十二军改运至塘沽的请求,因为这样将增加后勤困难并推迟他的遣返计划。④ 11月6日,作战部、国务院和海军部协商对华政策,基本由活跃的作战部次长麦克洛伊(John J. McCloy)发言,他指出:"根本上需要决定的是我们应在多大程度上支持蒋统一国家的努力",而"我们已经为这一政策做出相当的投资"。然而,在苏联动向不明的情况下,美国的政策就变得格外谨慎而举棋不定。"如果俄国决定给予中共有力支持的话",

---

① 《昆明学生联合会致马歇尔特使代电》,原载昆明学联编《学联简报》1946年1月13日,《一二一运动》,第275页。
② Memo, War to State, 1 November 1945, *FRUS*, *1945*, vol. 7, p. 600.
③ Telegram, Marshall to Wedemeyer, 3 November 1945, *FRUS*, *1945*, vol. 7, p. 601.
④ Telegram, Wedemeyer to Marshall, 5 November 1945, *FRUS*, *1945*, vol. 7, pp. 603–604.

麦克洛伊说,"那我们就真的麻烦了"。国务卿贝尔纳斯主张帮助国民党运送军队,但仅限于此。而刚刚接替史汀生就任作战部长一职的柏特森(Robert P. Paterson) 倾向于采纳一线将军魏德迈的意见。① 三天后,魏德迈又拒绝了蒋中正利用美军运兵至东北纵深的要求。② 14 日,魏德迈正告马歇尔在现有政策下不应再继续帮助国民党向北运兵,因为那势必激化与中共的冲突。"目前的计划是基于没有共产党军队的情况下,由平津向北推进并控制满洲的关键地区",魏德迈慨叹道:"美方的形势评估表明中国中央政府完全没有与共产党作战而占领满洲的准备"。他尚且乐观地认为已经运至平津秦一线的第十三、五十二(秦皇岛-山海关)、九十二(北平)、九十四(天津)四个军足敷战略控制华北及遣返日人之用,现有美海军陆战队员可以撤回,而不应被中共作为挑衅、煽动和宣传的素材。他向蒋中正建议说:"中国应立即决策,在进入满洲之前,巩固长城以南、长江以北的地区及其陆上交通线"。③ 当美海军第七舰队司令巴贝(Dan Barbey) 中将私自告诉蒋可以运兵时,魏德迈声色俱厉地说,假使委员长想让巴贝中将做其参谋长,他可以让贤。④

魏德迈当时建议的是,华北第一。在随后给蒋的备忘录中,他明确了国民党军当前的任务:"吾人须稳定长城以南至越南边界整个中国的政治、经济及军事"。这未尝不是雅尔塔遗留下来的美国在华势力范围。接着,他详细地分析中国各个区域现状的差异及美苏不同的政策,指出:"应当集中力量控制华北,并迅速实施政治及行政改革……委员长及其中国参谋人员并未充分考虑国民政府军队在满洲中心的补给和安全保障措施。基于上述事实再加上缺乏足够的兵力和运输设备,我建议委员长,做任何占领满洲打算之前,应当致力于恢复华北并巩固他在那里的军事政治地位"。⑤

魏德迈最后以蒋中正参谋长的身份谨慎建言:"倘吾人能得到美国援助,应

---

① Minutes of meeting of the Secretaries of State – War – Navy, 6 November 1945, *FRUS*, *1945*, vol. 7, pp. 606–607.
② Telegram, Wedemeyer to Marshall, 9 November 1945, *FRUS*, *1945*, vol. 7, pp. 612–613.
③ Telegram, Wedemeyer to Marshall, 14 November 1945, *FRUS*, *1945*, vol. 7, pp. 627–628.
④ *Wedemeyer Reports*! pp. 349–350.
⑤ US Department of State, *United States Relations with China*, p. 131.

尽速选五个精锐的军开入长城以南之华北,或亦可利用葫芦岛以一个军开入东北,吾人保证对此等军队之弹药及装备,当源源接济"。① 此时,魏德迈试图纠正故总统罗斯福出让东北的政策,第一次提出了将东北交由联合国代管的建议,旨在阻止苏联在那里的单边行为。可惜被好面子的蒋中正直接驳回。②

11月11日,蒋召集高级将领研究东北问题,"自觉愤激异甚,有失体态"。③ 12日,蒋经国电告其父:"装备完整之八路军二千人,今日开入长春市内。离长二十华里大屯坼飞机场方面,集中八路军二千人……即我空运部队能到长春,亦定将立即与八路军作武装冲突。公权〔张嘉璈〕先生认为东北问题,已至作最后决定之时"。④ 当日,蒋中正派张群向熊式辉通气,将撤回东北行营。11月15日,他正式改变半月前国民党军队速入东北的"第一要务",决定先用5个军的兵力肃清华北,对苏绥靖,"东北问题暂时搁置,留待将来解决"。他另有亲笔信给儿子,指示东北行营撤退,静观其变,如尚有转圜希望,则可对苏表达不欲启衅、地方民选甚至经济合作之意。⑤ 东北行营宣布由长春移至日前克复的山海关。16日,蒋中正在重庆做搁置东北问题讲话:

　　我决定将东北行营移驻山海关,而以原来准备开入东北的五个军,加入华北方面,首先来肃清华北方面的土匪,先安关内,再图关外。这种由近及远的政策,我想一定不会错误的。否则,如果我们舍近而图远,不先除腹心之患,以求华北之安定,而孤军深入东北,则东北名存而实亡,同时华北方面土匪的力量,必将一天天的膨胀,清剿的时间就更须延长了。⑥

实为美国人不支持。而今国民党军队对美军的依赖程度经由魏德迈的主

---

① 秦孝仪主编《中华民国重要史料初编——对日抗战时期》第7编第1卷,第159页。
② *Wedemeyer Reports*! p. 349.
③ 蒋中正日记,1945年11月11日。
④ 秦孝仪主编《总统蒋公大事长编初稿》第5卷(下),第883页。
⑤ 《蒋中正致张嘉璈函》(1945年10月25日),转引自张嘉璈日记,1945年10月26日、11月15日。
⑥ 蒋中正:《剿匪战术之研究与高级将领应有之认识》(1945年11月16日),秦孝仪主编《先总统蒋公思想言论总集》第21卷,第189-190页。

持之后达到了空前的地步。换装美械的国民党军第十三、五十二军,主要靠美国供给军火。这两个军在11月3日刚从香港运抵秦皇岛,然而,"登陆之后,在秦皇岛附近等待弹药及运输工具补充……当初换美械时,只领到训练用弹药三个月份","美军承诺作战时弹药另行分发。在贵阳训练时已将训练用弹药用去三分之二。历经反攻丹竹机场及梧州等战役,弹药一直未获补充"。①

熟料,蒋介石的这一试探性举动却换来了斯大林的让步。为了挽回外交上的面子,苏军在11月17日向国民政府宣布从长春撤退,并当然否认对中共的援助,借口中共的出现是由于苏军撤出后国民党军队没能及时填补空白。碰巧19、20日,毛泽东频电东北局:"请友方尽可能拖延国民党军队进入满洲的时间……对我们有利,因为一个月内我们已出发的部队和干部即可全部赶到满洲"。② 因此,苏联建议,如果国民政府希望其推迟撤军时间,则可延期一至两个月,即由原定之12月3日延至1月3日或2月初。

与此同时,莫斯科在战后第三次改变了对中共的政策,强硬要求中共撤出沈阳、长春、哈尔滨等大城市和铁路线。北满的陈云来电汇报说:

苏令我军退出哈城东北局来

甲、今夜廿一时此间苏方转告我们,关于长春苏军的命令,国民党军队将到。哈尔滨命令我军于廿二日全部退出哈城,并告诉他们退到何处。声明无价钱可讲。

乙、我已接收尚未运走之二万四千支枪及机枪炮仍要收回(看管)。

丙、我问他们红军是否决于十二月三日撤退,他们说未定,且说可能已撤回苏联者将重来东北。③

这在中共决策层引起了不小的冲击,毛泽东要陈云一探究竟。陈求见驻

---

① 石觉、陈存恭、张力:《石觉先生访问记录》,台北,中研院近代史研究所,1986,第209页。

② Агеенко К. П. Военная помощь СССР в освободительной борьбе китайского народа. (Москва: Воениздать, 1975.) С. 99.

③ 《陈(云)致林(彪)、彭(真)电》(1945年11月17日),中央档案馆藏。

哈的远东红旗第一军军事委员斯莫林科夫少将,却吃了闭门羹,转由卫戍司令卡扎科夫(Карчаков)中将接待。这位任过使馆武官的将军刚开始还比较客气,当获悉中共不愿撤军时,态度变得强硬,说:"这个地方的政权是我们苏联红军的。你们退也得退,不退也得退。这是我们上级的命令"。①而沈阳方面,科夫通表现得更为强硬,彭真说苏军表示"必要时不惜武力将我驱散",伍修权则回忆卡夫通甚至甩下一句"如果你们不走,我就用坦克来赶你们走"。②

当延安获悉该政策来自最高层时,考虑到莫斯科对中共发展的决定性作用,最终还是决定接受。陈云充分报告了苏联政策的两面性,即"一方面,把沈阳、长春、哈尔滨三大城市及长春铁路干线交给国民党;另一方面,援助我党在满洲力量的发展",并且肯定"苏联力量的存在,对我在满洲的工作方针,显然起着决定的作用","以实力为后盾,拒绝美国力量直接渗入满洲"。他在给东北局并中央的电文中承认"独占满洲,这种可能性现在是没有的",因此主张中共有计划地撤出三个大城市及铁路干线,争取时间发展有生力量。③毛泽东自此就患了"病","全身发抖,手脚痉挛,冷汗不止,不能成眠",师哲随即电请莫斯科派医生来延救治;经两位苏联医生细致检查过后,确认毛只是"精神过于紧张"。于是,他顺势借休养退居幕后,但要求就近搬至王家坪的桃林,随时关注事态发展。④刘少奇代表中共中央复电东北局,无奈地说"彼方既如此决定,我们只有服从",承认"企图独占东北特别是独占东北一切大城市,已经是肯定的不可能"。中共领导人甚至担心"即使在苏军撤退后,我们消灭进入东北之蒋军,占领东北大城市,美军还有可能进入东北"。也就是说,中共已开始考虑与美国为敌的状况。对于莫斯科的反悔与强硬态度,毛泽东虽极不情愿,但心里

---

① 钟子云:《从延安到哈尔滨》,载李树泉主编《中国共产党口述史料丛书》第4卷,第194页。
② 彭真:《东北解放战争的头九个月》,载《辽沈决战(续集)》,人民出版社,1992,第8页;伍修权:《往事沧桑》,上海文艺出版社,1986,第162页。
③ 《陈云、高岗、张闻天致中共东北局电并转中央》(1945年11月30日),《陈云文选(1926-1949)》,人民出版社,1984,第221-222页。
④ 师哲:《峰与谷》,第24-25页;《彭真年谱》第1卷,第339页。

明白,他需要时间,需要"和平",需要苏联的支持。① 中共东北局机关匆忙迁往本溪。

而美国方面也出现了调整政策的呼声。11月16日,已升任国务院中国事务处长的庄莱德提交了一份旗帜鲜明要求扩大援蒋的备忘录。"显而易见,中国局势已到关键阶段",他敲响警钟,"接下来几周的发展势必影响中国、远东乃至世界的未来"。庄莱特强调:"无论有无苏联援助,如果中国共产党能够在华北和满洲立足,那么中国强盛统一的前景将会黯淡并可能不可挽回地丧失……这就意味着抗日战争已然徒劳"。② 11月19日,驻华美军总部表示拒绝继续海运国民党军北上平津。蒋中正"甚为着急,急电魏德迈来渝商议"。③ 魏德迈谎称:我已经尽了最大努力,10天前就发出了要求政府批准海运的电文,现在还没有收到答复,别无他法。④ 11月26日,魏德迈再次致电新任陆军参谋总长艾森豪威尔(Dwight D. Eisenhower),建议修改美国现行政策。在盟军的中国战区即将取消之际,魏德迈坦承:"经过考虑,我认为中国中央政府在现有状况下,没有能力肃清华北和满洲日军,除非获得美国的进一步援助,或者苏维埃俄国全心全意在满洲予以合作"。他进一步指出,由于"中共游击队的破袭和拦截",蒋不光无力长期驻守交通线,甚至连遣返华北的日本大约72.3万名战俘和12.6万位平民也变得异常困难。这无疑是华盛顿最不想听到的。魏德迈的乐观在上一个月已经用尽,他甚至认为美军如果不直接参战,国民政府将无法收复东北,亦无法遣返日人。其最终并且唯一的建议就是利用联合国托管满洲和朝鲜并担负起遣返的重任,然后以民族自决的方式决定中国的未来。⑤

11月,中国政治军事事态的发展完全背离了美国驻华大使赫尔利的设想。当10月10日"双十协定"达成的时候,他以为自己调处两党关系的使命已近成功。然而苏联在东北援助中共,不光违背了中苏条约,也违背了先前对赫尔利的承诺,动摇了他赖以调处的基础。就在魏德迈电请修改现行

---

① 《中共中央致东北局电》(1945年11月20日),转引自金冲及主编《刘少奇传》上卷,第533页;《中共中央致东北局电》(1945年12月7日),《中共中央文件选集》第15册,第465页。

② Memo by Drumright, 16 November 1945, FRUS, 1945, vol. 7, p. 629.

③ 《唐纵日记》,1945年11月20日,第556页。

④ 秦孝仪主编《总统蒋公大事长编初稿》第5卷(下),第889页。

⑤ Telegram, Wedemeyer to Eisenhower, 26 November 1945, FRUS, 1945, vol. 7, pp. 679–684.

对华政策的 26 日，赫尔利在华盛顿选择了与其前任高思截然不同的离职方式，轰轰烈烈地公布了他火药味十足的辞职信，将对华政策的失误归罪于国务院内的亲共分子。而此时他的共和党同僚麦卡锡（Joseph R. McCarthy）正在积极准备来年威斯康星州参议员候选人提名的初选。赫尔利言辞激烈地批评说：

> 我请求解雇反对美国在中国战场政策的职员。这些职业外交官返回了华盛顿，并以我的上级身份，供职于国务院中国处及远东司。这些人中有些曾被我解雇的职员已任命为我们在亚洲的总司令顾问。在上述职务中他们绝大多数至今仍支持共产党武装，并时常伙同帝国主义阵营反对美国的政策。这，总统先生，正说明了为什么由美国最高层制定的外交政策会被部分外交官员低效贯彻的原因之一。①

这次炮轰虽然没有五年后麦卡锡那样惊天动地，但也给杜鲁门政府带来了不小的冲击。11 月 27 日，国务院、陆海军部联合会议决定继续中断了一周多的运送国民党军赴华北和东北的军事行动。

就在 24 小时以前，东北保安司令长官杜聿明率领国民党第十三、五十二两军以迅雷不及掩耳之势占领了位于秦皇岛至沈阳一线的中段锦州。毛泽东充分意识到形势的严峻程度，他以务实的态度指示东北局："请你们注意这种事实，杜聿明两个军由山海关打到沈阳几乎未遇严重抵抗。我之东北新部队还不能作战"；而山东赶来的老部队"因疲劳，没有地方群众配合及各种困难，如不经休整准备，亦几乎不能作战"；因此，"我们一切条件都不够，但我们必须利用东北一切对我有利的条件迅速准备，以便明春能够胜利的决战"。②

鉴于苏联不愿出面，中共甚至考虑与重庆谈判东北问题。11 月 30 日，返渝的张嘉璈拜会刚刚参加联合国成立大会从美国回来的董必武，告之以苏联同意国民党军打通山海关至沈阳（榆沈）间的铁路，劝中共军队退出锦

---

① Letter, Hurley to Truman, 26 November 1945, *FRUS*, *1945*, vol. 7, p. 724.
② 《中共中央致东北局电》（1945 年 12 月 7 日），《中共中央文件选集》第 15 册，第 465 – 466 页。

州至沈阳段铁路线。董答应转达延安。① 延安回电表示，值此"苏军严拒美军入东北"的时机，"同意就国民党军驻长春、沈阳问题进行协商"。②

此时美国总统杜鲁门外交经验明显不足。他稚嫩地对自己说："我们没有卷入中国内部事务"，他单纯地以为："俄国、英国和美国都已承认蒋介石领导下的中央政府，而斯大林说中共并不［获承认］，我们只是在为这场［第二次世界］大战扫尾"。③ 杜鲁门只能盼望有一个威望大过赫尔利的人可以帮助政府来压制这个骚动，他马上给这个人打电话，希望他能够代表美国去中国调处国共纷争，这个人就是前陆军参谋总长马歇尔。在杜鲁门看来，如果连马歇尔都做不到的事情，就没有人能做到了。马歇尔只好硬着头皮接下了这个不可能完成的使命。白宫矫枉过正，反而更加执着于国共联合政府的政策。

而蒋中正竟对苏军推迟撤离的建议表示同意，撤军日期延至1月3日。蒋希望借此转机与苏联达成有效的接管协议。12月5日，蒋经国与马林诺夫斯基在长春谈判，后者一改先前不合作的态度，欣然同意先在长春空投一个师的政府军兵力，并保证另有两个师可由铁路运至沈阳。苏军统帅甚至表示愿意解除驻区内非政府军的武装。这是半年以来的巨大转变。12月9日，蒋复同意将苏军撤退日期延至明年2月1日，并放弃了原先"先安关内"的打算，命令其军队继续向东北进军。

12月11日，杜鲁门、马歇尔、李海和贝尔纳斯四个人审定美国对华政策。毋庸置疑，美国的长远目标是要建立一个统一、民主的中国，但是要实现这一目标却是困难重重。在战后复员的压力下，美国领导人难以战胜强大的孤立主义回潮，对"军事干涉"的否定成为对华政策的基石。④ 而另一个幽灵萦绕着华盛顿，那就是中共并非"真正的共产党"。这样，唯一合理的对华政策就是促进国共之间达成协议，虽然这是赫尔利也尝试过的，但现在主持人换了，情况自然也可能不同。马歇尔将军得到的命令就是"敦促中国政府召集各主要党派的全国代表大会，以实现中国的统一，并就此达成一

---

① 张嘉璈日记，1945年11月30日。
② 聂菊荪、吴大羽主编《董必武年谱》，第232页。
③ Memo, by Truman, November 1945, in ed. Robert H. Ferrell, *Off the Record: the Private Papers of Harry S. Truman*, p. 74.
④ See Tsou, *America's Failure in China*, pp. 306 – 307.

个停火协定"。而战时对华影响深重的美国财政部也不可避免地面临着权力收缩,随着摩根索的辞职,而不复影响对华决策。以反通胀为要的新财长文生(Frederick M. Vinson)当然漠视中国,称"自身用途浩繁,一切均须通过国会,盼中国政治早日安定"云云。①

在一定意义上,杜鲁门的对华政策完全是罗斯福的继续,带有很强的功利色彩而缺乏远瞻性:表面上声称支持国民政府,但这种支持是有限的,而并非无条件的。杜鲁门尽管没有说出类似"找其他人或者一群人来代替他"这样的话,但史迪威事件的影响依然存在。这位将军成功使条件交换的原则得以贯彻,而这一原则却讽刺地构成了他失败的主因。贝尔纳斯主张公开运送国民党军去东北,但将是否运至华北严格保密,以作为控制蒋中正的条件。由于史迪威的影响,马歇尔自然厌恶中国的这个独裁者,但他在战后苏联日益突出的威胁面前,无可选择地被迫支持蒋,这为他的使命笼罩了阴影。他在赴华之前就为自己留好了退路:"如果委员长,在他(马歇尔将军)看来,未能做出合理让步以致政治统一的努力归于失败,美国如放弃对委员长的继续支持,那么势必导致中国分裂以及俄国或将复占满洲的悲剧性后果,综合影响也就意味着我们的太平洋战争没能实现其主要目标"。马歇尔接着问总统,一旦这种不幸发生,他是否仍要帮委员长运兵至华北?将军紧接着提醒总统"这样做就意味着本政府将不得不丧失其自尊并违背其大部分政策"。总统和国务卿回答说,仅限于遣返华北日本人的需要。② 因此,马歇尔的使命是极为有限的。杜鲁门原本就为自己劳烦已退休的马歇尔而抱愧万分,现在对马歇尔的崇拜更有如滔滔江水,说到底还是低估了中国形势的严峻程度,当然也高估了66岁马歇尔处理纠纷的能力,好像这位神人无所不能一样,将中国事务完全托付甚至不带任何责任。自此一年对华政策,再次成为马歇尔的一言堂。③杜鲁门授权他:"在你与蒋介石及其他中国领导人交谈的时候,你可以最

---

① 张嘉璈日记,1945 年 9 月 6 日。

② Memos of conversations, by Marshall, 11 and 14 December 1945, *FRUS*, *1945*, vol. 7, pp. 767 – 768, 770.

③ 中国资深外交官、驻纽约联合国安理会代表郭泰祺一年后评价说:"外交政策……关于我国者,年来泰半取决于马帅,此点贝恩〔纳〕斯曾逑与祺言及"。见《郭泰祺致外交部电》(1947 年 1 月 9 日),与马歇尔有关文件,中研院近代史研究所档案馆藏外交部档 411.2 – 0069。

直白的方式说话。尤其是，你要声明，鉴于中国对信贷、经济领域的技术援助及军事援助（我指计划中的并且我原则同意的美军顾问团）的愿望，一个不统一并因内斗而四分五裂的中国没有资格获得美国施以的援助"。①

12月15日，杜鲁门发表了对华政策声明：

美国政府以为至关重要的是：

（1）国民政府与中国共产党及中国其他持不同政见的武装力量之间应协商停止敌对行动，以使全中国回归到中国人的有效控制之中，包括立即遣返日军。如应中国之请，美国准备协助以达成必要的保证，并邀请联合王国和苏联政府共同参与这一努力。

（2）召开全国主要政党代表会议，谋求早日解决目前的内争，以达成中国的统一。

美国及其他联合国家承认目前的中华民国国民政府为中国唯一合法政府，为达成统一中国目标的适当组织。

……美国的支持将不扩展至以美国军事干涉去影响中国任何内争的过程。

美国深知目前中国国民政府是"一党政府"，并相信如果此政府的基础加以扩大容纳国内其他政治党派的话，即可推进中国的和平、团结和民主的改革。因此，美国力主中国国内各主要政治党派的代表举行全国会议，以达成协议让他们在中国国民政府内得享有公平有效的代表权……诸如共产党军队那样的独立武装存在是与中国的政治统一相背离的，事实上使之无法实现。通过广泛代表的政府机构，上述独立军队应被取缔，中国所有的武装力量有效编入中国国民军……②

这一政策声明旨在为马歇尔使华铺平道路，因此对国共两党来说都各有利弊。中共虽然撰文表示欢迎，但在内部指示中，明确表达了要提高警惕：

---

① Letter, Truman to Marshall, drafted by Vincent and revised by Byrnes, 15 December 1945, *FRUS*, *1945*, vol. 7, p. 765.
② Letter, Truman to Marshall, 15 December 1945, *FRUS*, *1945*, vol. 7, pp. 770–772.

这"并不意味着美国政府改变了扶助蒋介石的一贯立场,但美国决定不直接参加中国内战……是可以加以利用的"。① 就美国的筹码来说,马歇尔对共产党的压力来自对国民党潜在的支持,而对国民党的压力也同样来源于这一点。看起来,好像都是美国对国民党的支持,仿佛对国民政府这边更为有利;但反过来一想则不然,因为没有了美国的支持,国民党一方就只剩下压力,而共产党方面则无拘无束。

马歇尔的使命注定无法达成。12月20日,他甫抵沪上接见魏德迈的时候,后者即坦承国共不可能和解:一方不愿意放权;一方正戮力夺权,且有苏联的援助。不知道年迈的马帅是无可奈何还是过于自负,他发狠说:"我必完成使命,而你必助我"。② 21日,蒋中正怀着忐忑的心情在故都南京亲迎马歇尔。他把自己酝酿已久的话向这位美国对华政策的实际制定者倾诉:苏联与中共之间存在明确的联系,后者在广泛的政策方面依靠苏联,苏联已在东北用武器装备中共,中共毫无诚意和实行拖延战术等。他认为症结在东北:苏联打算在那里建立一个傀儡政权,东北的苏军统帅故意拖延撤兵,作为援助中共的一种手段,而非如其所言是应中国政府之请。然而,马歇尔根本没有听信,他简单认定这番告白不过是国共相互猜疑的反映罢了:"一方面,国民政府畏惧、不信任苏联,坚信中共是苏联的傀儡。国民政府不相信中共的诚意和真挚。另一方面,中共也同样不信任国民政府……除非他们获得政府的许诺,足以保障作为政党继续存在并活动的自由,才会交出军队"。③ 这与赫尔利最初的想法并无二致,成为贯穿始终而无法解除的魔咒。事实表明,此时马歇尔没有真正意识到东北问题的国际性,在他的眼里,苏联大致还是战时那个共同对付德国的盟友。

12月22日,马歇尔辗转抵达重庆。国共双方各自获得了不同的待遇。23日,马歇尔立即会见中共代表周恩来、叶剑英和董必武。周恩来以其征服过史迪威的魅力,再度征服了史的老上司。周说中共的政策是和罗斯福的政策相同的,是与杜鲁门的声明相一致的,即中国不能再有内战,主张由政

---

① 《胡乔木回忆毛泽东》,第426页;章文晋:《周恩来与马歇尔使华》,载《周恩来研究学术讨论会论文集》,中央文献出版社,1988,第261页。
② *Wedemeyer Reports!* p. 363.
③ George C. Marshall, *Marshall's Mission to China, December 1945 – January 1947: The Report and Appended Documents*, vol. 1 (Arlington: University Publications of America, 1976), pp. 6 – 7.

治协商会议草拟宪法，然后由改组后的政府筹备国民大会，以通过宪法，使中国走上宪政之路；又说美国有许多地方值得中共学习，譬如华盛顿的民族独立、林肯的三民主义与罗斯福的四大自由等。① 这难道不就是美国精神吗？而马歇尔对待另一方国民党则不同。24 日，是平安夜，又临近马歇尔的生日（31 日）。蒋中正在重庆摆宴祝寿，但宾主却不欢而散。据陈立夫回忆，马歇尔"竟以殖民地总督式的口吻，大大的责备我们一顿，参加的文武百官，听了甚为不悦"。② 最初的接触，即留下了彼此的负面观感。

与此同时，苏、美、英三大国莫斯科外长会议达成协议，像 23 年前一战后华盛顿会议达成的九国公约一样，列强宣布了对中国"不干涉内政"的原则。公报表示："苏军[从东北]撤退，已应中国政府之请，延至[1946 年]2 月 1 日……美军之驻华北，亦系应中国政府之请……一俟完成[日俘遣返]任务或中国政府无需美国帮助也能[独立]完成时，美军当即撤退"。③ 然而，美军在撤退的过程中发生了掀起全国反美高潮的沈崇事件，苏军在撤退的过程中则把武器军火秘密送给中共方面。此后中国重新陷入南北纷争，苏联一如既往地煽风点火，而美国也一如既往地明哲保身。

1945 年是背叛与欺骗的一年。正如罗斯福 2 月 7 日给斯大林的信中表达的那样，这位美国总统生前对战后安排最大的目标就是"不许我们和苏联发生裂痕"。④ 其合理逻辑在于美苏合作成为战后和平的基石，其实施方式却是满足苏联的领土要求，好以虔诚的善意对之进行感化。然而，无论罗斯福如何自欺欺人，这种"裂痕"早已存在，而且还将继续。绥靖苏联就好像是以肉饲熊，而欲望是喂不饱的。事实表明，斯大林的清单只会越来越长：仅仅在是年 2 月底至 3 月，雅尔塔会议后的两周，罗斯福去世前一个月，斯大林已经在罗马尼亚和波兰采取单方面行动。罗斯福在与共产党关系问题上过于自负，战时那种仅靠他个人强势外交（包括霍普金斯）维系的脆弱的美苏

---

① 《周恩来与马歇尔谈话节录》（1945 年 12 月 23 日），《周恩来一九四六年谈判文选》，第 23 页；《周恩来年谱（1898 – 1949）》，第 623 页。
② 陈立夫：《成败之鉴》，第 344 页。
③ US Department of State, *United States Relations with China*, p. 125.
④ 《罗斯福致斯大林函》（1945 年 2 月 7 日），沈志华总主编《苏联历史档案选编》第 18 卷，第 473 页。

关系模式在战争末期已经摇摇欲坠，罗斯福本人的健康状况适时允许他十分体面地回避了对苏、对华政策失败的窘境。4 月 12 日，他在吃午饭的时候突发脑溢血逝世，美苏合作的理想就如同他那张未竟的画像一样成了永远的奢侈品。但是，即便罗斯福能够任满四届，局势难道会有转机吗？

雅尔塔总是让人回想起 30 年前的兰辛－石井协定，中国的主权和邻国的特权可以在条文里并行不悖、和平共处。有关"征得蒋委员长同意"的话，不过是一种自欺欺人的道义安慰罢了。斯大林很大方地让赫尔利自行决定通知国民政府的时机，他根本不在乎蒋的意见。这种秘密外交的弊端，很快就在中苏关系中显现出来。

《中苏友好同盟条约》虽然名字好听，却是中国不平等条约在二战后的延续。这是莫斯科外交上的大成功。斯大林深深明白没有这个条约，雅尔塔协定不过是一张废纸，而通过这个条约他合法地继承了沙俄在东北的某些特权，以锦上添花般地对日作战取得了事半功倍的效果。重庆方面自不待言，就华盛顿来说，该条约无疑是其外交的大失败。从杜鲁门以下原本都希望能够反悔雅尔塔时的轻率而限制苏联在中国东北的权益。条约签订之后，杜鲁门干涉中国的决心不是减小反而加大了。对于中国本身来说，国民政府在大军压境的情况下做了城下之盟，蒋中正聊以自慰的是，他获得了苏联在孤立中共以及保证东北与新疆主权方面对国民政府的承诺。然而这种承诺就如同雅尔塔协定一样，只不过是建立在实力对比差异基础上的空中楼阁。当美苏冲突加剧而中共以实际行动来突破限制框架的时候，正如斯大林告诉蒋经国的那样，"条约是靠不住的"。

不少美国观察家、学者都曾经希望或者认为美国在前冷战时代通过给中共较苏联更为优厚的利益就可以将之拉拢。这种判断忽视了意识形态的主导作用；或者，以后见观之，没有认识到中共与美国先后进入冷战状态的时差。欧战后期，中共即推出美苏主要矛盾论。中共确定美苏敌对的意识至少要比美国早半年，甚至更多。1944 年下半年的延安蜜月时期是建立在中共企图与苏美两国同时合作的基础之上。随着时局变化，中共于 1945 年初明确了其亲苏反美的根本政策，即二选一的冷战政策。在赴重庆谈判前夕，毛泽东首次明确向孙平表示了访苏的意愿。[①] 在美军登陆问题上，延安由年初

[①] Vladimirov's papers, 2 September 1945, in Vladimirov, *China's Special Area*, p. 497.

的热烈欢迎转向年末的激烈抨击。只有当中共实力强大到足以与苏共公开分裂的时候，它才会在美苏两者中选择前者。

所谓"双十协定"，即《政府与中共代表会谈纪录要点》，只是名副其实的会议记录。因为坚持了各自表述的原则，所以对双方都无甚约束。即便如此，其中双方一致同意部分，如总则和军队国家化问题等，明确规定了"坚决避免内战"及军队缩编规模，都没有变成现实。① 国共显然都没有遵守签字条约义务的打算。用毛泽东的话说，"不过是废纸"。②

东北时局之所以瞬息万变，完全是因为国共美苏四方势力之间的不断位移。他们中的任何一方都根据变化了的时事而不断转变自己的政策，都体现出了打破现有秩序体系的愿望，其中以实力最弱的中共最为突出。苏美在战后矛盾的加剧，使得东北问题更加复杂。苏联打算恢复沙俄时代在东北有关特权的行为，招致了美国大举登陆华北的回应，双方开始分别援助中国共产党与中国国民党，因此，美苏最早的冷战冲突在1945年的最后四个月以国共内战的形式表现出来。美苏不可能在彼此失和的时候而使国共达成联合。1945年12月，当蒋中正再次派出蒋经国作为特使访问莫斯科时，斯大林借蒋经国之口明白告诫其父："我再三声明，也是我最大的一个要求：你们决不能让美国有一个兵到中国来，只要美国有一个兵到中国来，东北问题就很难解决了"。③

苏联对中共并不重视，斯大林希望延安乖乖地向法共学习，做和平的反对派。10月底，孙平走的时候，把军医阿洛夫和其他情报组的成员都带走了，只留下了一个电台。后来苏联仅派回了阿洛夫和内科医生米尔尼柯夫以及毛泽东的儿子毛岸英。④

毛泽东无意与蒋中正妥协。在返回延安后，他说："我们清楚地表示要和平。但他们不能这样讲。这些话，大后方听得进去，要和之心厉害得很……我们是路线清楚而调子很低，并没有马上推翻一党专政"。毛泽东看

---

① 参见《政府与中共代表会谈纪录要点全文》（1945年10月10日），《政治协商会议》（上），大陆图书杂志出版公司，1946，第1-2页。
② 《中共中央致重庆代表团电》（1945年10月29日），刘武生主编《从延安到北京——解放战争重大战役军事文献和研究文章专题选集》，中央文献出版社，1993，第29页。
③ 蒋经国：《风雨中的宁静》，第74页。
④ 师哲：《峰与谷》，第24-25页。

到了蒋取消新闻检查的民主改革,视其为"从未有之弱"。因而在其发给全党的指示中说:"暂时许多局部的大规模的军事冲突仍不可避免……解放区军队一枪一弹均必须保持,我党在东北地区一切照既定计划执行"。①

《中国共产党历史》明确写道:对八路军、新四军挺进东北的行动,只要不影响苏联在《中苏友好同盟条约》中所承担的义务,苏联红军也给予非公开的支持,并向他们移交部分缴获的日军武器。同时,苏联红军还多次阻止国民党军队经海路登陆大陆、葫芦岛和营口。苏联红军采取的这些措施,对中国共产党领导的八路军、新四军争取时间先机进入东北,起了积极的作用。②

在毛泽东许可下,周恩来还是回到重庆继续作中共和平大使。就在返渝前夕表达对美友好的同时,周恩来向党内高层剖析了自己1946年的工作意图:"我对美国态度是力求在某种程度上中立它,不挑衅,但根据毛主席四种区别(政府与人民、错的与对的、反动分子与进步分子、今天与明天),对其错误政策必给以适当批评……"目的全在于"使其知难而退"。③(强调为周恩来所加)

---

① 《胡乔木回忆毛泽东》,第422–423页;《双十协定公布后应注意的问题》(1945年10月12日),《毛泽东军事文集》第3卷,第55页。
② 中共中央党史研究室:《中国共产党历史》第1卷(下),第859页。
③ 《周恩来关于国共谈判给中共中央的书面报告》(1945年12月5日),《周恩来一九四六年谈判文选》,第6页。

三　一个破碎的心：1946

东北完全除外

　　1946年1月1日，哈尔滨市长杨绰庵在市政府前宣誓就职，市民欢呼雀跃；东北沦陷十有五载，一时间仿佛和平已然实现。外交部长王世杰自重庆发来电报，表示"美苏僵局，已于莫斯科三长会议打开。今后苏方当不易独自由之行动。国际全局好转。国共商谈重开，对停止军事行动，双方意见渐接近。其他问题，似可望妥协"。张嘉璈慨叹道："王外长始终不明了苏方对于东北有其局部策略"。① 政学系新锐杨绰庵只做了区区四个月的市长就被辗转北上的八路军三五九旅炮轰下台。

　　其实，1945年底开始苏联红军交给国民政府的只是一个个漂亮的俄国套娃：莫斯科不但仍旧控制着内部治安，而且还暗中资助东北的中共同志。中共军队和机关只不过暂时移驻城市周遭，且在苏军的协助下，发动农民清算分田，镇压反对派，并以关内来的部队为基础，成建制地扩军。据前首任哈尔滨市委书记的钟子云后来回忆，省委核心班子就住在距哈尔滨东25公里的宾县，同时苏联红军给予了莫大的支持："不但供应生活用品，还提供武器弹药。把过去日军的军火仓库打开，利用晚上派各种车辆把枪支弹药源源不断地送给我们。使我们军队的装备得到了很大改善"。而"在四个多月

---

① 张嘉璈日记，1946年元旦。

里，国民党只是接受了政府机关里的一套虚设机构，和一座省政府办公大楼。外县的各级政权机构，他们一个也没能接收，一直掌握在我们的手中"。①

苏联的意图正是如此，它早已同过去日本一样将东北视作自己的禁脔。斯大林在此时与蒋经国的会谈中明确表示：东北工业之"战利品字样，不能取消。合办企业，可分为若干公司。一切在撤兵前商谈，撤兵后发表"。②苏联实行了将中国关内和东北区别对待的方针。当中共代表叶剑英、王若飞于1月1日求见重庆的苏联大使彼得洛夫，询问莫斯科有关马歇尔调处的指示时，大使托病不出，一秘列多夫斯基（Андрей М. Ледовский）仅表示"中国现有内政问题应由中国人民自己在没有外人干涉的情况下解决"。③ 当日，中共代表团团长周恩来也回复马歇尔说："中共欢迎外来的友谊，但也希望盟国恪守'不干涉中国内政'的诺言"。④然而两天后，苏联大使又明白告诉中共代表："满洲问题完全除外，如要运兵及防止冲突，可向苏联交涉"。⑤ 次日，周恩来即表示："在东北的行政管制与行政机构，应决于东北人民，给东北人民以民主。"意即国民党中央无权干涉东北已建立的共产党政权。1月5日，周恩来正式向马歇尔及国民政府代表张群提出停战须"满洲除外"的要求，他的理由耐人寻味："我们承认东北问题的特殊性，因为它关系到政府接收东北的主权，牵连到美国协助中国经海路运兵到东北境内，应由国民政府直接与美苏办理，中共不参与其事"。⑥ 马歇尔当然非常高兴。

国民政府比马歇尔更快意识到苏联在国共谈判中无形的手。1月7日，张群提出将停战例外的范围扩大到华北原属"满洲国"的热河及其接壤的察哈尔地区，因为苏联占领军曾与国民政府协议，由政府接收赤峰、多伦及其以南地区。而这两个城市1945年秋天苏军就已交由中共管理。随着国共围绕这一问题开始争吵，马歇尔马上干预搁置争议，向蒋中正施压：发布停

---

① 钟子云：《从延安到哈尔滨》，李树泉主编《中国共产党口述史料丛书》第4卷，第195—197页。
② 张嘉璈日记，1946年1月18日。
③ Ледовский А. М. СССР и Сталин в судьбах Китая. С. 209.
④ 《周恩来年谱（1898—1949）》，第634页。
⑤ 《中共重庆代表团致中央电》（1946年1月3日），中央档案馆藏。
⑥ 《周恩来年谱（1898—1949）》，第635页。

战令而不提赤峰和多伦。

中共开始积极谋求苏联参加调处。周恩来在觉察到拥护苏联现有政策可能对中共实际利益产生损害时，申辩道"接收主权涉及苏联，讨论时应有苏联代表参加"。① 1月7日，毛泽东亲自电告斯大林："中国问题依然复杂。国共斗争有许多特殊性和曲折性，中共还面临着很多困难。所有这一切都应当充分认识到。美国插手两党之间产生的实际问题，对其效果所引发的后果，特别应当预见到"。② 他希望斯大林能够干预。刘少奇根据毛泽东的意见，指示周恩来争取苏联大使同意，再加上英国，组成三大国联合调处。③ 电报上说："关于停战运兵，就我们方面来说，满洲一起解决不除外为好。但以美人领导之三人委员会及三人司令部即借此插入满洲，对苏不利，因而即对我不利。但若满洲除外，国民党即要求热察除外，并可能在将来拒绝和我谈判满洲停战与运兵问题，如此则满洲问题可能久延不决，对我不利"。延安明显发生了动摇，它要周即刻征询苏联意见：他们能否很快使我们与国民党谈判解决满洲问题？如果不能，我们可否在此次谈判中规定满洲也必须纳入停战令的范围之内？④ 1月9日，延安再电周恩来，要他明确通知苏联大使，表示希望修改"满洲除外"政策的意愿：中共中央急切要求达成全面停火而且苏联大使至少参加有关满洲问题的国共谈判。⑤ 然而莫斯科始终不愿走到明处，以马歇尔和蒋中正并未正式提出为由，表示了拒绝。⑥ 延安随即指示："谈判停战协定时东北、内蒙古除外，这样对我方有利"。彭真也在东北局号召"乘这一时机，在西满打一仗"。⑦

这时候，蒋中正实在熬不住马歇尔长达两个半小时的游说，终于向其让步。⑧ 1月10日，张群表示此次停战令可以不触及热察。国共达成关内停火协议：停止一切战斗；除另有规定者外，停止一切在中国境内的军队调动。

---

① 《周恩来年谱（1898 - 1949）》，第635页。
② 《毛泽东致斯大林电》（1946年1月7日），转引自陈晖《马歇尔使华与苏联对华政策》，《历史研究》2008年第6期，第142页。
③ 《胡乔木回忆毛泽东》，第427页。
④ 《中共中央致重庆代表团电》（1946年1月8日），中央档案馆藏。
⑤ 《中共中央致重庆代表团电》（1946年1月9日），中央档案馆藏。
⑥ Запись беседы Н. Т. Федоренко с Го Можо, 30 января 1946 г. В кн.: Ледовский А. М и т. д. (сост.) Русско - Китайские Отношения в XX Веке, том 5, книга 1. С. 51.
⑦ 《彭真年谱》第1卷，第369页。
⑧ 蒋中正日记，1946年1月9、10日。

"另有规定"即包括"对国民政府军队,为恢复中国主权,开入东北九省,或在东北九省境内调动,并不影响"。① 但另一方面,国共双方又各自秘密下令迅速抢占战略要地。重庆命令各军尽快控制军事要地并解除日军武装以免中共军队利用;而延安除命令各军区"坚决彻底消灭"蒋之进攻以外,特别指示东北局"应速谋发展",与苏军商量"从一些次要地区撤退交我接受",必须控制靠近苏蒙地区的一切要点。② 军事调处执行部随即在北平协和医学院挂牌,叶剑英作为中共代表合法进驻,政府代表是军统的郑介民,美方则是公使级代办饶伯森(Walter S. Robertson)。

美方主导下的停战协议使得中共在东北的地位立时合法化。苏军一改原先遮遮掩掩的口气,承认东北有延安的武装。张嘉璈在停战令生效的翌日记下:"今日发生数种事件,显示苏方变易态度……苏方答称……因蒋主席与中国共产党已下令双方停止冲突……苏方与共产党毫无联系,如系不攻击苏军,苏方即不予〔过〕问。以往苏方谈话中,从未露出中国共产党字样,今公然提出,即所谓非法武装已公开化。亦即苏方将以不愿与共军冲突为词,而拒绝协助我方接收。"中共态度趋硬。③

就在停战协议生效的时候,完全美械装备的国民党蒋系第七十一军运抵南满地区,尚有四个军在陆续运输中。1月14日凌晨,跃跃欲试的中共东北局发动了辽东重要港口——营口争夺战,并一直持续到翌日凌晨5时,不惜一切代价夺回了营口,对手是半美械、原关麟征国民党第五十二军骨干第二十五师,且有苏军卡车掩护。④ 马歇尔接到报告后,于1月24日向国共提交了一份备忘录,建议军调部向营口派出停战执行小组。他非常清楚东北在国共、美苏间的特殊地位,希望借派遣执行小组的方式来缓解那里不断升温的紧张局势。蒋中正因怕得罪斯大林而拒绝美国人去营口。⑤

而苏联此刻态度的摇摆却构成了中共在关外也主张停火的重要原因。延

---

① 此"东北九省"指二战后在原关外三省范围内设立行政区划之辽宁、辽北、安东、吉林、松江、合江、黑龙江、嫩江、兴安九省。
② 《中共中央致各局各区党委电》(1946年1月10日)、《中共中央及致东北局电》(1月11日),《中共中央文件选集》第16册,第19-21页。
③ 张嘉璈日记,1946年1月18日、2月8日。
④ 姚夫等编《解放战争纪事》,第76页;董彦平:《苏俄据东北》,台北,1965,第79页;张嘉璈日记,1946年1月12日。
⑤ Marshall, *Marshall's Mission to China*, vol. 1, p. 51.

安对下解释说："苏联不会助我内战，但可助我与国民党获得妥协"。中宣部随即转向"教育全党全军与各界人民，不要幻想蒋会真的变成民主派"。①在征得苏联大使馆首肯之后，中共立即同意停战小组进入东北。② 延安在1月16日给周恩来的指示电草稿中原有"其余一切只能宣传，只能拖"字样，可能觉得过于悲观，复又勾去，改为"让其拖下去，拖之责在他不在我"，明确宣布"他现利于速绝不利于拖，愈拖我愈强他愈困难愈被动"。③这也是符合事实的。1月24日，苏联使馆警告周恩来"营口及东北绝不能打，据他们确实所知，在满洲发生战争，尤其是伤及美人，必致引起严重后果，有全军覆没及惹起美军入满的绝大危险"。随后，中共中央压制跃跃欲试的东北局"在长春路及长春路上一切城市避免与国民党发生战斗……营口、盘山确系在十三日二十四时后夺回，则准备退出该两城"，并准备迎接马歇尔的停战执行小组，利用营口与国民党谈判，要求其承认中共在东北的地位；刘少奇明确指出："现全国停战业已实现，东北亦必须停战，整个国际国内形势不能允许东北单独长期进行内战"。④ 因此，马歇尔看到的是一个积极支持向东北派执行小组的周恩来，并且在讨论实际草案时周要求不限于军事问题并确立国民党军进驻的时间表。⑤ 周恩来向苏联汇报："美国人现在干得不坏，他们试图帮助中国恢复秩序并停止骚乱。这样，同时帮助国民党及共产党……鉴于此，中共也打算利用他们［美国人］目前的行动来加强自身的地位（стремится использовать их нынешние мероприятия, чтобы усилить свои позиции），即便将来可能还得面临一些挑战"。⑥

苏联虽在东北军事问题上表现和缓，但在经济上却毫不松口；与之相对应，美国则紧急干预苏联在东北不断膨胀的经济要求。1月14日，苏军经济顾问、国外贸易部远东司司长斯拉特阔夫斯基（Михаил И. Сладковский）向张嘉璈催促合办东北重工业事，云价值22亿工矿交还中

---

① 《中共中央宣布部通知》（1946年1月13日），《中共中央文件选集》第16册，第24页。
② 《彭真年谱》第1卷，第393页。
③ 《中共中央致重庆代表团电》（1946年1月16日），中央档案馆藏。
④ 《彭真年谱》第1卷，第381、383页。
⑤ Marshall, *Marshall's Mission to China*, vol. 1, pp. 52, 54 – 55.
⑥ Запись беседы Пемрова с Чжоу Эньлаем, 6 февраля 1946 г. В кн.: Ледовский А. М и т. д. （сост.） Русско - Китайские Отношения в XX Веке, том 5, книга 1. С. 57.

国，但另值 38 亿者必须中苏合办，甚至有些由苏方控股，包括抚顺煤矿。① 1 月 19 日又有苏联驻华大使彼得洛夫径直向蒋中正面呈了有关战利品及合办企业的声明。28 晚，蒋中正将此透露给经渝返美的哈里曼，并表示他不会给苏联所要求之东北企业的产权，但为了防止苏联继续拆除工矿设备及破坏东北经济，他打算给苏联一些其他的补偿。哈里曼毫不掩饰自己的反苏情绪，表示这完全是"一起破坏和盗窃案件"，并且向国务卿贝尔纳斯指出，苏联现在的要求已经超越了雅尔塔和中苏条约规定的范围，"如果我们现在为了让俄国人不要战利品，而默许他们要求中国放弃对这些重要工业企业利益的话，俄国就会控制满洲的工业和经济，这将严重影响美国的贸易利益及整个门户开放的政策"。他要求国务院立即对苏联施加压力，并称已征得马歇尔将军的同意。② 斯大林则斥"门户开放"为"帝国主义之侵略手段，故中国一面开放门户，一面应准备关闭门户"。③ 这个时候，九个美英记者出现在东北更平添了苏联的猜疑。④ 苏美在东北经济问题上矛盾尖锐。

2 月 1 日，莫斯科对华盛顿做出强硬表示，再度食言而改变政策，不但并未如期撤出东北，反而将已撤走的部队又派了回来。马林诺夫斯基发表声明："东北经济合作问题，希能采用简单迅速办法解决，不愿第三者，又不愿东北再成为反苏根据地"。⑤ 斯拉特阔夫斯基也强调"不愿见有第三国"问题。⑥ 这第三者指的就是美国。蒋中正逐渐意识到苏联已将自己的撤军与华北美军挂钩，"美军如不撤退，则俄军驻东北之部队亦不撤退也"。⑦ 苏军秘密将辽阳、鞍山、本溪煤铁纺织区的政权正式交予中共东北局，"并由双方签字，该区以南（包括安东）苏军不再交给国民党，对外暂不公布……旅顺、金州完全归苏军长期驻兵"，更以"大连为自由港"而不准国民党驻军。中共则以旅大公安总局名义组建万人规模的武装警察部队；这些武警在

---

① 张嘉璈日记，1946 年 1 月 14 日。
② Telegram, Smyth to Byrnes, from Harriman, 30 January 1946, *FRUS, 1946*, vol. 10, *The Far East: China* (Washington: USGPO, 1972), pp. 1100 – 1102.
③ 张嘉璈日记，1946 年 1 月 18 日。
④ Utley, *Last Chance in China*, pp. 220 – 224.
⑤ 秦孝仪主编《总统蒋公大事长编初稿》第 6 卷（上），第 87 页。
⑥ 《张嘉璈与斯拉特阔夫斯基谈话记录》（1946 年 1 月 26 日），秦孝仪主编《中华民国重要史料初编——对日抗战时期》第 7 编第 1 卷，第 424 页。
⑦ 蒋中正日记，1946 年 3 月 2 日，"上星期反省录"。

建制、管理和训练上都从属于辽东军区，实质为正规军的预备队，先后共有14300 余人被成建制地送往战场。① 马林诺夫斯基甚至要沈阳卫戍司令科夫通做好"长期留在东北"的准备。②

正是在这个时候，苏联与英美之间的矛盾表面化。2 月 9 日，斯大林在莫斯科选民大会上发表演说，要求苏联人民为不可避免地与资本主义制度的战争做好准备。2 月 22 日，苏联战斗机在旅顺上空袭击了美机。作为回应，3 月 5 日，丘吉尔选择在杜鲁门的家乡密苏里州发表演说，这就是著名的"铁幕"演说。传统意义上的冷战即是由此拉开序幕的。然而就中国局势来说，这不过是国共冲突加剧的蝴蝶效应罢了。

苏军元帅马林诺夫斯基对国民政府经济部长翁文灏坦言，苏联正在着手准备下一场战争并且决不容忍对东北的"外国干涉"——当然，指的就是美国。苏联人还明白告知他们不会让国民党把东北开发为工业基地，除非与美国断交。他们甚至还表示在西伯利亚发展成强盛的军工基地以前，东北只能保持落后和不发达状况；但如果国民党答应上述条件，苏联政府就可以援华重建，当然合作的区域首先还是在东北。③

国民党在东北停止党部活动、忙于高层经济谈判的时候，中共东北局则发展壮大。他们甚至受到苏军鼓舞，而一度向延安请战："现战局发展已消灭了敌人五个整营……估计二三日内尚可再消灭敌人一部，我士气甚旺，建议丙丁暂不找美蒋谈东北停战问题，待打至相当阶段或美顽打我时再谈如何？"④ "丙丁"是重庆中共代表团的代号。毛泽东"甚喜""甚慰"，并表同意："你们在打了这一〔仗〕之后，还可能再打一仗，望加注意。如美蒋立即答应停战，你们亦还可再打一星期到十天，在士气甚旺时停下来是有利的"。⑤ 中共抓住机会发展北满。2 – 3 月，三五九旅到达哈尔滨，市郊即驻有中共军队主力部队 1.1 万余人，占据了 22 个县城。⑥

---

① 《彭真年谱》第 1 卷，第 389 页；韩光著《旅大人民的支前工作》，中共中央党史资料征集委员会编《辽沈决战》第 1 卷，人民出版社，1988，第 583 – 584 页。

② Ковтун – Станкевич «Комендант Мукдена» С. 434.

③ Utley, *Last Chance in China*, pp. 236 – 237.

④ 《中共东北局致中央电》（1946 年 2 月 15 日），中央档案馆藏。

⑤ 《彭真年谱》第 1 卷，第 395 页。

⑥ 《北满根据地建设的进展情况》（1946 年 4 月 20 日），《陈云文选（1926 – 1949）》，第 227 页。

延安对美则是沿袭往年策略，积极利用马歇尔的求和心理而共同施压于蒋。周恩来分析美国人"鉴于赫尔利的失败，必须站在国共矛盾之上以便操纵国共双方，而不能站在国共矛盾之中，使他们丧失调解人资格，故我们可利用美人此种态度来争取自己地位……马歇尔允再次向蒋催问";① 又复表现出对马歇尔的迎合，以达到"中立美国"的目标。周恩来甚至以美苏关系为饵游说马歇尔，表示中共愿意成为美苏之间的桥梁，缓和两者在亚洲的冲突。② 这对年迈的马帅不无诱惑。当时盛传毛泽东要去苏联养病，毛还特地要周恩来传话给马歇尔表示，如果要出国的话，他愿意先到美国去看看，因为那里有很多东西可以学习。马歇尔听后非常高兴，表示立即向杜鲁门报告。③ 3月4日，马歇尔来到延安，毛泽东特地要求《解放日报》提前刊登了《欢迎马歇尔将军》的社论。中共还举行了隆重的大型招待宴会和歌舞晚会，这一次马歇尔也没有发任何脾气。毛泽东当然不会在此时忽略苏联的感受。次日晨，他尚未起床就让师哲请来苏联代表阿洛夫，解释说："昨天举行了一次隆重的招待宴会，你知道了吧？气氛相当热烈。但马歇尔只能在礼堂里作客，却不能像你一样坐在我的寝室里同我聊天。你明白了吗？我想，无需再作多的解释……"④

宪政还是训政

1月10日，就在国共关内停火协议发布的同时，政治协商会议召开。马歇尔可谓雷厉风行，双管齐下。中国国民党、青年党、共产党、民主同盟和无党派代表38人与会。其中，国民党势力影响下的共有13人（除其本党8人外加青年党曾琦等5人），而共产党得11人，余下4人亲国、4人亲共、6人尚在两可之间。表面上看，好像是国民党派人数占优势，实则中共方面更加整齐划一，国方内部派系众多，于是主张分权的反倒占与会者的多数。⑤

---

① 《彭真年谱》第1卷，第381、383页。
② 章文晋：《周恩来与马歇尔使华》，载《周恩来研究学术讨论会论文集》，第262页。
③ 《胡乔木回忆毛泽东》，第393页。
④ 师哲：《峰与谷》，第28页。
⑤ 《周恩来关于国共谈判的书面报告》（1945年12月5日），《周恩来一九四六年谈判文选》，第11—12页。

尽管蒋中正在政协开幕辞中标榜"满足人民的愿望，解除人民的痛苦，保障人民的自由"，并且称"中国必须实现民主"，然而，可惜他并不知民主为何物，只知道"宪政没有实施以前，人民真正的意志，还没有充分表达的途径，我们大家的责任，却是十分的沉重"。① 作为政治家，他其实关心的不是民生疾苦，而是头脑中幻想出来的与私欲相结合的主义信仰。任而无责，就是蒋中正一生最大的过失。傅斯年曾将他比作希腊悲剧中的英雄形象："其力量同时亦成为其缺陷。那些令他声名鹊起并在抗日战争中挽救中国的性格特质，却恰恰是我们通往民主之路上的绊脚石"。②

在蒋中正的授意下，国民党代表提出的改组政府建议仍旧是换汤不换药，不仅只是在现有政府基础上增加人选，而且就总统一职亦规定享有许多排他的特权。

中共当然表示反对，并以美国人提供的纲领作为攻击政府的"合法根据"。延安明确指示周恩来："改组政府必须坚持不低于杜鲁门声明与三国公报的水平……不许多数党在政府中超过三分之一"，并且以之为基础：

（三）军队国家化问题亦不能低于杜鲁门声明，我应明白表示非有广泛代议制政府则军队无法统一。对此问题，我应坚决转入主动，广泛发动舆论指出，国民党的庞大军队是中国军队不国家化的基本关键，必须首先要他彻底国家化，要各党派无党派共同管理军委军令军政军需军校军队，不许排斥异党。

（四）国方不接受我之要求不要紧，不会破裂，他唯一的内战法宝已受约束，而我则有三国公报与杜声明的合法根据（对此应大力宣传）。如我现迁就他而参加政府交出军队，则我有受严重约束和损失的危险。③

共产党在抗议的同时，逐步进行地方政权的构建。随着各边区控制面积

---

① 秦孝仪主编《先总统蒋公思想言论总集》第 21 卷，第 227 页。
② Utley, *Last Chance in China*, p. 137.
③ 《中共中央致重庆代表团电》（1946 年 1 月 16 日），中央档案馆藏。

和职能的扩张，民政机构也进一步细化，开始成立铁路管理局、公路管理局、河务管理局和邮务管理局，形成各自独立的经济行政实体。同时各级政府都实施军管，提出了"一切服务于战争需要"的口号。①

中共的抗议在美国人那里发生了效果。1月22日，马歇尔面见蒋中正，并提交了一份临时政府组织法草案，重点在废除国民党一党专政。该草案规定，撤销最高国防委员会，代以临时政府委员会，由蒋指定20人组成，其中国民党约占一半即9人，其余共产党6人、民盟1人、青年党1人、无党派3人，可视为最高权力机关，其2/3的多数可以通过被蒋否决的提案；另外，各主要官员包括院长、部长、军委会委员可由蒋提名，但须满足国民党50%、共产党30%及其他20%的比例要求；各省、市长须蒋由国共提名人选中指派。政府委员会还有一个重要职能，就是起草宪法，准备提交定于5月5日召开的国民大会讨论。②蒋非常不以为然，私下斥之为"共党所不敢提者"，但迫于美国的压力，最终命国民党代表在政协上提出。

政协形势在马歇尔的推动下，朝着相互妥协的政治轨迹发展。国民党代表甚至同意"凡收复区有争执之地方政府，暂维现状"。共产党代表也在国民党在政府中比重、国民大会代表资格和军队国家化等一系列重大问题让步。1月31日政协闭幕会，全体一致通过了政府组织案、国民大会案、军事问题案、宪法草拟案及和平建国纲领，似乎国内和平已经近在咫尺，仿佛国共二十年宿怨一夕化解。苏联广播表态："无论在中国国内或联合国其他国家中，一切民主人民都欢迎政协会的决议，并希望迅速实现这些决议"。③周恩来甚至在陶行知家午餐时对蒋匀田表示，中共愿让出一席国府委员给国社党，使张君劢、张东荪两先生都能参加，并声称"毛主席也参加国府委员会为委员。毛主席将住在扬州，开会即到宁参与，会毕即回扬州"。④

政协通过的政府组织案规定，组织一个多党参加的国民政府委员会，成为"最高国务机关"。按照协议，该机关不仅制定施政方针、财政预算，甚至决定立法原则、任免立法监察委员，可谓国家统治核心。国府委员会由

---

① 董必武：《交通会议总结报告》（1948年1月4日），载《晋冀鲁豫边区交通史》，人民日报出版社，1989，第171页。
② Memo, by Marshall, 23 February 1946, *FRUS, 1946*, vol. 9, p. 141.
③ 转引自姚夫等编《解放战争纪事》，第89页。
④ 蒋匀田：《中国近代史转折点》，第89页。

40 人组成。其中国民党委员占一半，另一半席位由共产党、青年党、民盟、无党派协商分配。凡有关施政纲领的提案，"须有出席委员三分之二之赞成始得议决"。这就是在此后 11 个月内共产党一直要求占 1/3 席位即 14 人的否决权依据所在。其实，就提案的性质是否有关施政纲领，尚须半数以上委员即 21 人方可决定。

而国民大会案规定，首届国大为制宪国大，于本年 5 月 5 日召开。国民代表共 2050 人，是在维持原有 1200 名代表不变的情况下，增加台湾、东北及党派代表 850 人。宪法草案经代表 3/4 多数即 1538 人同意则可通过，通过半年内行宪，进入"宪政"时代。

军事问题案规定，中国实行军党分立的原则，改党军为国军，任何党派不得在其中进行政治活动。同时严禁军队干涉政治，国民党军尽速于半年内先整编为 90 个师，共产党军也相应缩编一定规模，双方最终合编为 50 或 60 个师的国家军队。

宪法草拟案实际上规定了国家的政权组织形式：中央由行政、立法、监察、司法、考试五院组成；地方自治，省政民选，与中央之间均权，"省得制定省宪，但不得与国宪抵触"。至于宪草本身，由政协五派共推 25 名代表，外加专家 10 人，修改 1936 年国民党制定的"五五宪草"，以两个月为限。①

作为"五五宪草"曾经的主持人，孙科以国民党代表身份同意了张君劢等人对孙文五权宪法设想的根本改动。他其实有自己的小算盘。在许宝驹、王昆仑等中共地下党员的谋划下，孙科、李济深、冯玉祥密邀国民党反蒋同志于右任、龙云、刘文辉、李任仁、陈铭枢、杨杰等于重庆民权路聚兴诚银行集会，以孙为国民党领袖而改革党务，罢免蒋中正，定于稍后召开的六届二中全会上联署提出。② 然而，事后孙科又为蒋敲打而未敢实施。2 月 8 日，蒋中正已决定实施反击，"列举违反建国大纲各点"，来否定新宪草。③

至于和平建国纲领通篇美好，说到底可望而不可即，根本不值一提。政

---

① 参见《五大决议案》（1946 年 1 月 31 日），《政治协商会议》，第 37–42 页。
② 王德夫、楼开炤编《中国国民党革命委员会历史研究（民主革命时期）》，中国人民大学出版社，1994，第 45 页。
③ 蒋中正日记，1946 年 2 月 2 日"上星期反省录"、2 月 8 日。

治协商会议是中国民主历史上的一现昙花。但因为国共两大党的代表都不能完全代表两党,政协决议时刻面临着被实权派否决的危险。

就国民党来说,2月10日,蒋中正约见高级干部谈话,表示:"此次政治协商会议中,宪草所决定之原则与总理遗教出入处颇多。余事前未能评阅条文,在协议决定以前,不及向本党代表贡献意见,以相商榷。协议既定之后……欲据此原则作为定案,则窒碍甚多,且决不能拘束国民大会而使之通过,亦为甚明之理"。① 随后3月1日召开的国民党六届二中全会,成为党内各派系对参加政协会议国民党八代表的集体炮轰,孙科、王世杰、张群、张治中俱噤若寒蝉,唯元老级别的邵力子一人做了辩解。蒋中正对批评的默许,使得事态后来竟发展为国民党内派系之间的夺权斗争,并最终直指蒋本人。3月4日、11日蒋两次发表演讲,喊停了对代表的批评,并顺势表达出自己对政协决议的不满。② 国民党六届二中全会是蒋对马歇尔压力的巨大反弹,使得国民政府改组的一线希望丧失了。

当时,刘少奇、周恩来等负责的中共中央显然倾向于遵从苏联意见而达成关内和平。1月27日,王若飞在重庆向苏联大使报告政协进展,获得了"辰兄"的表扬:友人认为这是大胜利,是蒋的大让步,没有可怕的危险,我们应学习法国的经验。③ 与此同时,周恩来赶回延安汇报政协情况,刘少奇大加赞同,他说:"今天主要的问题是左倾,是不相信和平,不相信政协的方法可能达到比军事斗争更大的结果";他同意军队国家化,认为即便取消了军队中党的领导,但"大危险是没有的,因为这一让步换来了全国范围内的民主运动的胜利",而更为重要的是"我们这个和平方针与苏联的方针一样,他们要了解我们这一点"。④ 然而事实上,毛泽东对于任何实质性让步都是不赞成的。2月8日,中共开始考虑政协决议实施的时候,毛泽东就表示"第一是决不能答应把我们的军队与国民党的军队合编起来,第二是驻地仍应坚持在我们自己的地区"。⑤ 四天后,当中央书记处会议进一步

---

① 秦孝仪主编《总统蒋公大事长编初稿》第6卷(上),第43页。
② 见汪朝光《1945-1949:国共政争与中国命运》,社会科学文献出版社,2010,第64-73页。
③ 《中共重庆代表团致中央电》(1946年1月28日),中央档案馆藏。
④ 《刘少奇在中央会议上结论》(1946年1月28日),中央档案馆藏。
⑤ 《中共中央致各区、军委电》(1946年2月8日),中央档案馆藏。

讨论军队整编问题时，毛泽东指出："美蒋要以统一消灭我们……军党分立还不是最危险的，合编分驻才是最危险的。"他甚至含蓄地将批评的矛头指向苏联："我们国内国际条件与法国不同"。局面迅速变成了一边倒的形势。王稼祥也认为，马歇尔的计划是要完全控制全中国的军队。刘少奇不得不承认"以军队国家化换取国家民主化的思想有危险，这种思想要在我们同志中去掉"。① 毛泽东一从重庆回来就说过："解放区军队一枪一弹均必须保持，这是确定不移的原则……即将来实行编整时，我方亦自有办法达到一枪一弹均须保存之目的。过去中央指示各地扩大军队，整编主力计划，继续执行不变"。② 又说："人民的武装，一枝枪、一粒子弹，都要保存，不能交出去"。③ 短短一个月，中共的立场因毛泽东的决断而发生转变，随后更表示了对宪法草案的否定。④

按照军事问题案的提议，国共整军方案于 2 月 25 日下午 4 时由张治中、周恩来和马歇尔在重庆上清寺尧庐签字后生效，明确规定了 18 个月的执行期限：根据整编每师至多 1.4 万人、三师为一军的标准，第一年先将国共陆军师数目分别整编为 90 个和 18 个（东北国 15 共 3、西北国 15 共 0、华北国 21 共 12、华中国 27 共 3、华南国 12 共 0）；再六个月进一步缩编为国 50 共 10，并在东北、华北和华中将缩后中共军队合编入统一的政府军，中共军官在华北和华中 4/10 个军中充任军长。毛泽东在给周恩来的指示中写道："在原则上赞成他［马歇尔］的意见……美蒋的目的在于政治上让步，军事上取得攻势，对这种阴谋必须严重注意。"在执行上，内部的提法是在第一年整编完毕后再行看待合编问题，实则"两党军队合编不能答应"。⑤

3 月 17 日，正值壮年的军统局首领戴笠突遇飞机失事死亡。这对中共来说，是天大的喜讯：不但军统局的情报活动遭受严重挫折，一些国民党的秘密特工就此失联，而且蒋中正个人的信息渠道也顿时收窄，其刚愎自用日甚一日。就算对蒋家忠心耿耿的私人医生晚年也说："他觉得自己的坚持都

---

① 转引自杨奎松《中间地带的革命》，第 496 页。
② 《中共中央致各局并转区党委电》（1945 年 10 月 12 日），刘武生主编《从延安到北京——解放战争重大战役军事文献和研究文章专题选集》，第 29 页。
③ 《关于重庆谈判》，《毛泽东选集》第 4 卷，第 1159 页。
④ Despatch, Monnett B. Davis to Byrnes, 19 September 1946, *FRUS, 1946*, vol. 10, p. 210.
⑤ 章文晋：《周恩来与马歇尔使华》，载《周恩来研究学术讨论会论文集》，第 265 页。

是对的，所以别人的话都听不进去。且除了戴传贤、吴稚晖、经国先生及［美龄］夫人外，能与他讲话的人也太少，加之没人敢在他的面前有所批评，大家在他面前都唯唯诺诺"。戴笠在时，还有他提供情报。可是当戴雨农的座驾在南京岱山风雨中坠毁之后，"情报系统均由经国先生负责，总统的消息来源便十分受到限制，除经国先生与夫人外，没人能对他讲外界的事情……总是报喜不报忧……到了他们那种地位的人，已经听不进任何不入耳的声音，因为他们已经被权力冲昏了头。权力使人腐化，连经国先生晚年也是一样，我们在旁边其实都看得清清楚楚"。①

按照整军方面的精神，并且在马歇尔的直接压力下，蒋中正还不得不命令广东张发奎暂缓清剿辖区的中共武装，即曾生的东江纵队和海南冯白驹的琼崖纵队，准许他们北调。② 3月27日，军调部三人小组达成协议，2400人的中共军队可由美国军舰负责运送至华北，甚至由国民政府支付373686000元法币的路费。③ 7月5日，美三艘坦克登陆舰将东江、珠江、韩江、南部部队骨干共2583人安全运抵山东烟台，这批人后来经过整训编入华东野战军，在将来的鲁南、孟良崮、淮海战役中发挥了重要作用。④

蒋中正对于马歇尔的施压自然表示不满。据张群向同乡李璜透露：蒋先生很不高兴马歇尔向他施压，强迫对中共停战，以致贻误军机。青年党党魁李璜则回应说："蒋先生既决心要消灭共军，则不应敷衍美国而表示可以和谈，大可以与马歇尔将军公开摊牌，让他回美国去，万不宜有这样的拖泥带水的作法！因为美国人……往往自以为是，而不瞻前顾后的；将来事如无成，他是容易怪到政府的头上，认为政府对他没有诚意的啊！"⑤

必须特别指出的是，此时的中国，八年多的战争已经使社会经济千疮百孔，当下最重要的任务应是收拾民心、恢复民生而不应再有任何战事。负责战后复兴的蒋廷黻简述了当时的困境："我们面临最艰难的任务还在于那些被战争破坏的地区。例如广西有许多城市几乎完全被毁。湖南的长沙八成尽

---

① 《熊丸先生访问记录》，第95-96页。
② 《张发奎将军抗日战争回忆录》，第80页。
③ 《东江共军北撤问题解决，军调第八小组发表两公报》，原刊《华商报》，1946年5月24日，载《东江纵队北撤斗争纪实》，中共广东省委党史研究室编印，1996，第366-367页。
④ 周伯明：《纪念东江纵队北撤五十周年》，载《东江纵队北撤斗争纪实》，第12页。
⑤ 李璜：《学钝室回忆录》第2卷，第592-593页。

毁。湖北老河口地区的乡镇村庄全在拉锯战中一扫而光。这些地方的居住问题最为严重";"一大难题是缺乏运输";"中国极其需要公共设施建设——公路、铁路、运河、堤坝的维修"。① 然而内战和通胀无疑加重了恶性循环。

通货持续膨胀直接导致城市中产阶级对国民政府不满加剧,而他们原本应是国民党的忠实支持者。公务员、教师等薪水阶层尤甚,不但拿到手的薪金业已缩水,原先的储蓄更血本无归。到了1946年8月,国民政府不得不将法币兑美元的官方汇率由2020:1调至3350:1,而年底的时候,黑市汇率已达6500:1。② 原处中立地位的黄炎培被迫含泪甩卖百衲本二十四史以换得食米,卖字为生,并以传统中国文人的口吻自嘲道:"渊明不为五斗折腰去作官,我乃肯为五斗折腰来作书,我今定价一联一幅一扇米五斗……请君谅焉,我非高抬身价趋人前,无奈法币膨胀不值钱"。③ 年轻一点的罗隆基说过:"在主义上我始终不愿作无意识的攻击,无结果的纷争……政治组织,总要拿保障人民的生命做出发点。保障人民的生命,是任何政府最低最低限量的责任。假使政府连这点最低最低限量的责任都负担不起,他有什么资格来要求人民的服从,人民的拥护,人民的爱戴?"④ 国民党的法统地位业已失却了抗日胜利后炫目的光环,而从根本上动摇了。

在原广大的沦陷区,国民政府的经济政策则是自掘坟墓。出于道德偏见,蒋中正本就对那里的人民怀有深刻的不信任,又因为政府财政捉襟见肘而实行与民争利的财政金融政策。早在抗战胜利之初,美国财政部的苏联间谍怀特就劝告国民政府以掠夺的方式收复东北,抬高法币汇率,"例如假定满币一元值法币五十元,应定为二十五元对一"。⑤ 后来,金融专家冀朝鼎提出过类似的建议,而被国民党所采纳。例如国民政府财政部规定汪精卫政权发行货币200元只相当于法币1元,而汪政权的200元是以1:2收取日本军用券的400元得来的,而日军用券的400又是以1:1的平价相当于战前法币的400元,姑且不论重庆法币的现实购买力,单就票面而言,沦陷区的货币只相当于战前1/400,更不要说当时法币已经滥发得相当厉害,掠夺民间

---

① Utley, *Last Chance in China*, pp. 324 – 325.
② US Department of State, *United States Relations with China*, p. 221.
③ 许汉三编《黄炎培年谱》,文史资料出版社,1985,第192、213页。
④ 罗隆基:《政治论文》,新月书店,1932,第194 – 195页。
⑤ 张嘉璈日记,1945年9月5日。

财富甚至比日军还要厉害。上海的批发价格指数1946年内就增加了7倍。又如按6折兑现战时发行的黄金储蓄券,甚至不承认美金储蓄券的政策,无不动摇了政府的信誉。① 国民党更把沦陷区的工厂大多作为"敌伪"产业而关闭劫收了,事实上也降低了中国经济急需的生产能力,造成了大量失业和物价飙升。② 连反共的李璜也承认:"复员而成为国家大患者,倒还不是饥饿的人民,而是少数大小军人、大小官吏与奸商败类勾结,趁接收沦陷区域,大发混财,等于强盗一般,真所谓人欲横流,风纪荡然,国民政府的信用为之破产"。③

一纸难包众火

随着2月12日雅尔塔密约的解密,中国各地出现了此起彼伏的反苏运动。颇具讽刺意味的是,这反而帮了中国共产党的忙。莫斯科自觉东北是块已经咬在嘴里的肉脯,要它再吐出来实在心有不甘,这种不甘化作对美国乃至国民政府的深深怨恨。3月初,苏联开始由东北撤军。从1945年8月算起来,占领期已超过半年以上。但直至此时,斯大林仍没有下定决心要依靠中国共产党人去打败国民党,偏偏在东北的苏军又大开方便之门。2月23日,苏军再次鼓励中共"应大批增强东北干部,增调主力,确保对东北的控制"。④ 中共中央积极利用了国内的反苏浪潮。毛泽东准确估计到"苏军在东北似乎又暂时可放手一些",3月5日,延安指示东北局"乘此时机",要求苏军配合迅速剿匪,并尽可能将中小城市尤其是"南满南段、中东西段某些城市"交予中共。当苏联从抚顺、铁岭乃至沈阳撤退的时候,他们只通知中共东北局去接收,并针对国民政府的反苏言行指出"凡红军撤退处都可打"。⑤

东北苏军的态度促使毛泽东大胆重拾占领大城市的信心,从3月中旬开始火药味再度浓烈。3月9日,沈阳卫戍司令科夫通突然接到上级命令:

---

① 陈立夫:《成败之鉴:陈立夫回忆录》,第336-339页。
② Utley, *Last Chance in China*, p. 92.
③ 李璜:《学钝室回忆录》第2卷,第625页。
④ 《彭真至中共中央电》(1946年2月23日),中央档案馆藏。
⑤ 《彭真年谱》第1卷,第403、406页。

"最迟 3 月 11 日从沈阳撤退，将全部政权移交给中国人"。① 一方面，特罗增科（Троженко）告知锦州国民党代表团苏军将于 15 日撤离沈阳，"无须办正式接防手续"；② 另一方面，沈阳苏军将 13 日撤空的消息通知中共东北局，希望他们"迅速攻入沈阳"。彭真和林彪"照顾友方意见"，立即制定了包括切断沈阳电源、粮食、燃料供应等内容的大型破坏计划，并请示延安。然而，刘少奇因奉行早先提出的"让开大路、占领两厢"政策，命令彭真"沈阳不必去占"，"水、电厂应加保护，不得破坏"。而毛泽东则在致重庆及东北局电中以支持的口吻，着重强调"不了解为什么要让出许多地方给国民党。东北全党全军都是这种心理，东北局诸同志不过是反映这种意见"。③

3 月 12 日，刚刚访问延安的马歇尔以为局势缓和，返美述职，东北事态失去了原本有限的监督。此时在东北的中共正规军已达 341200 人，包括南满 105501 人、西满 76011 人、北满 73115 人、东满 57125 人、直属队 12600 人、朝鲜师等 16000 余人。东北局复又命令 4 月 5 日前在当地征兵 19000 人。④ 彭真报告说，苏军批评他们对美国人过于礼貌，并称不能让国民党控制长春以北地区，"东北友人态度甚硬"。3 月 15 日，毛泽东致电周恩来："东北的苏联友人态度强硬，重庆的苏联友人态度过于软弱，不要全听"。⑤ 16 日，苏军再次明确表示凡其撤退之地，"包括沈阳、四平街"，希望中共"放手大打"。彭真在未获中央批准的情况下，已同意黄克诚部夺取四平。⑥ 17 日，毛泽东电令彭真："将整个中东路（包括哈市）让我驻兵，永远占住，不让国民党进驻一兵一卒"，时间愈快愈好，"造成优势，以利谈判"。⑦ 延安继而呼出口号"以长春为我们的首都"!⑧ 毛泽东此时的意图就是以实力证明中共可以守住北满，赢得苏联的支持。因此，小小四平在毛

---

① Ковтун - Станкевич «Комендант Мукдена» С. 434.
② 《董彦平致张嘉璈电》（1946 年 3 月 11 日），转引自张嘉璈日记。
③ 《彭真年谱》第 1 卷，第 405 - 407 页。
④ 《彭真年谱》第 1 卷，第 399、404 - 405 页。
⑤ 《周恩来年谱（1898 - 1949）》，第 651 页。
⑥ 《彭真年谱》第 1 卷，第 410 页。
⑦ 《中共中央致东北局电》（1946 年 3 月 17 日），载中国人民解放军军事科学院编《毛泽东军事年谱（1927 - 1958）》，广西人民出版社，1994，第 475 页。
⑧ 《彭真年谱》第 1 卷，第 417 页。

泽东的眼中就是大半个东北。

四平是长春的西南门户，位于松辽平原和东南丘陵之间的过渡地带，是随着近 40 年来铁路交通的兴起而形成的枢纽，南满铁路贯穿其间，向东可达梅河口而西至通辽，四通八达。鉴于其重要的地理位置，蒋中正已确定为辽北省的省会，但驻守的只有空降的省主席刘翰东和 6000 多名收编的前伪满洲国士兵，国民党军主力尚驻沈阳。前国民党印缅远征军、全美械装备的新六军、新一军从华南或空运或海运，已至南满。按照蒋 3 月 13 日下达给新一军代军长郑洞国的命令，国民党军应于 4 月 2 日开入四平。新一军现军长孙立人，毕业于马歇尔的母校弗吉利亚军事学院，曾随史迪威一起征战缅甸丛林，1944 年夏由新三十八师师长升任此职，此时随商震率领的中国军事代表团在美国出席联合国安全理事会军事参谋团会议。① 而新六军军长廖耀湘出身黄埔六期骑兵科，毕业于法国圣西尔军校机械化骑兵专业，原和孙立人一样属史迪威、郑洞国辖下，同一时间由新二十二师师长扩编升职。

3 月 15 日，中共原苏北（新四军）部队开始进攻四平飞机场。苏军帮助林彪由长春运兵南下。次日，战斗正式开始，四平守军难以抵挡中共主力军队的猛攻。中共顺利于 17 日占领四平。3 月 19 日，沈阳国民党军主力一分为二，新一、第七十一军从两个方向上进发四平，新六军的目标则是南满重镇本溪。由于春季冰雪初融，道路泥泞，再加上中共军队毁坏了铁路和桥梁，国民党军的机械化部队行速缓慢，到了 3 月 24 日北上部队才推进至铁岭。

与此同时，东北停战谈判仍在艰难进行中。按照延安当时的打算，在占据有利地位后谈和，而美国则帮忙要价。正如周恩来 3 月 19 日报告所称："美国要中国安定才能借给大笔款项，目前蒋不敢表示破裂"，"故我们目前的方针是把握蒋美矛盾及蒋之两面派弱点，用全力打击其反动一面"。② 3 月 23 日，毛泽东命令东北局利用"美方急于解决东北问题"的心理，在可能的协议达成以前，"你们应立即动手大破北宁路及沈阳附近之长春路，愈迅速愈广泛愈好，迟则无用。同时空前动员全军在运动中及其立足未稳之时，

---

① 见陈存恭、蔡惠如、高惠君《陈良埙先生访问记录》（1989 年 7 月 12 日），载中研院编《孙立人案相关人物访问记录》，台北，中研院近代史研究所，2007，第 22 – 23 页。
② 《周恩来年谱（1898 – 1949）》，第 652 – 653 页。

坚决彻底歼灭国民党进攻军队愈多愈好，不惜重大伤亡（例如一万至二万人）求得大胜以利谈判与将来"。① 24 日，毛泽东在"美苏、中［蒋］苏关系业已改善"的情况下，仍然不愿放弃控制长春、哈尔滨及中东铁路全线的打算，命令东北局"速与辰兄交涉，允许由我方派兵占领"，如得允许，则"不惜任何牺牲反对蒋军进占"，"黄［克诚］李［富春］部动员全力坚决控制四平街地区，如顽军北进时，彻底歼灭之，决不让其向长春前进"。② 26 日，周恩来与马歇尔留守代表吉伦（Alvan C. Gillem）中将谈判，指责"政府在东北不断增兵，扩大内战"，要求"马歇尔在美交涉［国民政府］借款一事，最好在改组政府、修改好宪草后实现，否则现在借款会使顽固分子更嚣张，政府改组更困难，必影响整军的进行"。③ 3 月 27 日，国共美三方签订《调处东北停战的协议》，采纳的是中共的意见，是个"调处"协议，并无停战规定，与 3 月 11 日马歇尔的建议相去甚远。共产党方面充分利用这个软弱无力的协议，命令东北局在苏军撤退一两日内抢占长春、哈尔滨、齐齐哈尔等地，一经占领，则停战小组即便派往亦只能承认既成事实。④ 吉伦后来对重庆调来的苏联驻平总领事列多夫斯基抱怨说："［国共］双方对自己承担的义务都没有责任感……在执行部，他们签署自己并不打算履行的文件。美方除了签上名字外没有其他任何事情可做，还不知道这些协定文件并不具任何实际意义"。⑤ 中共中央向来要求所属部队"灵活执行"执行部所发出的命令。⑥

而苏军完全控制了事态的节奏。国共美三方协议签字当日，苏军特罗增科中将即通知国民党东北行营副参谋长董彦平"将于四月三十日撤完，至长春以北地区，不能等待国军到达接防，只能将防务交予地方现存武力"，明显"对东北北部五省别具怀抱"。⑦ 莫斯科再度玩起两手，一面对

---

① 《中共中央致东北局及林彪、肖劲光电》（1946 年 3 月 23 日），中央档案馆藏。
② 《中共中央致东北局并告林彪、黄克诚、李富春电》（1946 年 3 月 24 日），《毛泽东军事文选》第 3 卷，第 153 页；《毛泽东年谱（1893 – 1949）》下卷，第 63 页。
③ 《周恩来年谱（1898 – 1949）》，第 653 页。
④ 《彭真年谱》第 1 卷，第 416 页。
⑤ Ледовский А. М. СССР и Сталин в судьбах Китая. C. 210.
⑥ 《粟裕年谱》，第 143 页。
⑦ 秦孝仪主编《总统蒋公大事长编初稿》第 6 卷（上），第 84 页；参见董彦平《苏俄据东北》，第 7 页。

中共东北局提出接管长春的要求"未能允许",另一面又告诉他们"现在应彻底破坏长春以南的铁路",并积极运输中共军队布防。① 蒋中正获报:"四月三、四等日由哈尔滨开长春北德惠之布海站下车十三列车,载'共军'约一万五千名,哈拉屯六列车,载'共军'约一万八千名,四月四日由双城开至德惠'共军'一列车"。② 蒋中正所不知道的是,哈市苏军4月25日撤离的时候,除了"两铁甲车,并可能有一部武器"之外,还送予中共"十万步枪,一万轻重机枪,一千门炮"。③ 而华盛顿惮于内战之名,极力限制对国民党的军火供应。据新一军军需官周以德回忆,美国给的"只有食物,没有弹药","这也是最后一次的补给……供应了所有御寒衣物"。④

4月3日,四平外围战打响。次日,停战执行小组飞抵150公里以外的梅河口。而与此同时,林彪致电毛泽东:"我此刻已到四平街……此次集中近六个旅的兵力拟坚决与敌决一死战"。6日,毛泽东回电表扬说:"非常正确。党内如有动摇情绪,[哪]怕是微小的,均须坚决克服……我军即有数千伤亡,亦所不惜";"本溪方面,亦望能集中兵力,歼灭进攻之敌一个师";"上述两仗如能打胜,东北局面即可好转……为达此目的,必须准备数万人伤亡,要有决心付出此项代价,才能打得出新局面。而在当前数日内,争取四平本溪两个胜仗,则是关键"。⑤ 既然认定是"关键",毛泽东开始"心绪不宁",8日又电,亲自过问兵力配置、后勤补给、兵源补充等问题,甚至细致地指导说"破路极关重要……主要须掘断路基又宽又深",而且不论已占未占均"须大破"。⑥ 在战斗初期,林彪集中优势兵力各个击破的战略取得了一定成功。

至4月16日,四平仍在中共手里,长春亦将为其攻占。蒋中正急令东北行营主任熊式辉:"此时凡可在后方抽调之部队,如在沈阳及锦州附近

---

① 《彭真年谱》第1卷,第416、422页。
② 秦孝仪主编《总统蒋公大事长编初稿》第6卷(上),第103页。
③ 《高岗致中共东北局并中央电》(1946年4月20日),中央档案馆藏。
④ 陈存恭、万丽娟:《周以德先生访问记录》(1988年8月17日),载《孙立人案相关人物访问记录》,第5页。
⑤ 《毛泽东年谱(1893–1949)》下卷,第65页;《中共中央致林彪并告彭真电》(1946年4月6日),《毛泽东军事文选》第3卷,第159页。
⑥ 《中共中央致林彪、彭真电》(1946年4月8日),《毛泽东军事文选》第3卷,第161页。

者，应皆抽调至四平街之前方……虽后方空虚一时，亦无所顾虑"。18 日，他意识到中共"必将在长春或公主岭与国军决战"，命熊式辉"切勿轻进"，甚至给予了超越长春城市本身的价值判断："决战关系重大，必须计出万全，而长春得失与收复迟早无甚紧要也"。① 至此，国共双方的决战终于就要开始了。

4月18日，当马歇尔从美国经北平飞返重庆的时候，国民党新一军向四平发动猛攻。蒋中正告诉他，你以前争辩说，共产党会履行他们的协议，是错误的，因为他们未能交出2月25日规定三周内交出的军队序列，他们进攻了长春，他们也拒绝继续恢复华北的交通。蒋甚至表示，他考虑完全撤出东北，然后交给国际解决。对此，马歇尔表露了他对国共双方的态度。他说："共产党进攻长春明显违背了他们的协议，但同时我也感到中国局势中本来存在的深刻不信任和怀疑，政府过去的行径是致命的挑衅，而且有时是不可原谅的愚蠢。"他明确反对蒋的抗苏企图："我反对他的看法即他或许决定要撤出满洲，或者实行一次重大撤退。我认为仍有相当希望可以达成妥协，对政府来说，这远比一次可能的撤退要更为有利。"毫无疑问，马歇尔对国民党的不信任要多于对中共："我不同意他关于共产党拒绝继续恢复交通的说法，因为在我看来，共产党在批评政府交通部人员的态度方面更有话说"；"国民党曾经有过在满洲取得和平的机会，但却没能把握住"。② 而蒋中正此时已不得不依赖马歇尔的判断，他很快就抛弃了与苏联妥协的愿望，拒绝了斯大林的访苏邀请。③

然则，4月29日，马歇尔在返华10天后，第一次向周恩来承认失败，自己将退出调处。可想而知，他未来253天滞华期间所做的只能是继续对蒋施压。周恩来及时报告延安："马艳 [29日] 晨见周……他已智穷力竭无法再从事调停，希望国共直接会谈……马情绪不高，数月来第一次看到他这样颓丧……当晚九时亦将他告周之话告蒋及他将停止调解……马虽如此，但尚为我们组织飞机和寻找 [南京] 房舍"。如同对待史迪威那样，周恩来成功地向马歇尔推销了以下观点：（1）无法停火是蒋不承认东北有中共武装造

---

① 秦孝仪主编《总统蒋公大事长编初稿》第6卷（上），第109－111页。
② Marshall, *Marshall's Mission to China*, vol. 1, pp. 101－103.
③ 蒋中正日记，1946年5月6日、31日"上月反省录"。

成的,"只有'剿匪',并无调处";(2)蒋只有"被迫时他才做一些让步";(3)蒋"有过多少机会给他去接收长春路,他不去……不忙于接收";(4)中共"主张停战,从未说应该打……主张派小组去,把一切冲突停止下来";(5)"在联合政府未成立、东北内战未停止前,美国不要借款"。他的意见比蒋的意见管用。周恩来自签署整军协定之后即改变原来态度,开始反对美舰运送国民党军赴东北,而蒋中正则反对对此限制,并坚持再向东北运送两个军。即便国民党在美国协助下运至东北军队的数目还未及整军协议一年内的限额,而中共在苏联的支持下却早已扩军超出同期限数的10倍有余,但马歇尔仍因周恩来的抗议而拒绝了蒋中正的要求。①

4月27日,四平方面国民党军暂停了进攻,双方进入相持阶段。28日,毛泽东发生了动摇,他致电林彪:"请考虑打下去为有利,还是迅速停战有利。如打下去,须准备5月间顽方能增加一个军兵力……如我能于5月上半月歼灭及击溃现攻四平之新一军,则以打一仗再停战为有利,否则似以早日停战为有利"。②29日,周恩来在重庆继续对马歇尔施加影响,积极主张马上停火。③30日,他电告毛泽东:"一切问题须看一周变化,从国际四外长会议直到保卫长春之战。请东北以最大之力守住四平、公主岭,大举破路,夺取铁路一二城市,以保长春,而促停战成功"。④ 于是,毛泽东又回到了原先的立场:"时局正在变化,明后天可能签订停战协定;望死守四平,寸土必争。"而东北局已至极限,在5月1日给毛泽东的复电中,恳求道:"我所占地区已达饱和点,同时我主力部队已苦战三月,急需休整补充训练……若能停战停运,求得一月之休整……纵然停而复打,对我亦无大害处"。毛泽东考虑利用马歇尔谈判并在停战前取得最大利益,于是电令"东北全党、全军努力奋斗,克服困难"。⑤

---

① 《周恩来与马歇尔会谈纪要》(1946年4月29日)、《周恩来致中共中央并转东北局及叶剑英、罗瑞卿,并转饶漱石、李富春、伍修权电》(1946年4月30日),《周恩来一九四六年谈判文选》,第277-278、282页;See also Marshall, *Marshall's Mission to China*, vol. 1, pp. 103-104, 107-108.
② 《毛泽东年谱(1893-1949)》下卷,第74页。
③ Marshall, *Marshall's Mission to China*, vol. 1, p. 106.
④ 《周恩来致中共中央并转东北局及叶剑英、罗瑞卿,并转饶漱石、李富春、伍修权电》(1946年4月30日),《周恩来一九四六年谈判文选》,第282页。
⑤ 《彭真年谱》第1卷,第438-440页。

4月29日至5月3日，杜聿明亲自指挥本溪作战，成功收复，随后北进，集中全力攻打四平，战场形势发生了逆转。林彪还试图在四平以南双庙子地区断敌后路，迫使杜聿明从南满甚至关内抽调部队增援。彭真再度下令紧急征兵1.7万人。① 东北局总卫生部也提出要求："按大决战最高伤亡数为1万人计，最低需补充纱布130大［匹］，绷带、白布100［匹］，脱脂棉300磅"等。② 毛泽东在5月13日对林彪还有信心，并拒绝了马歇尔要中共撤出长春的交涉。5月14日，国民党军以优势兵力和强大火力对四平实施总攻。15日，毛泽东除继续令林彪"坚守四平"以外，再度考虑"有条件地让出长春"。18日，林彪不支，最终"大踏步"向哈尔滨方向撤退。孙立人从美国赶回指挥，新一军于19日夺回四平。③ 是次决战以国民党的胜利而告终。22日，民盟张君劢、黄炎培、沈钧儒、章伯钧、梁漱溟联名致电国共两党，建议中共撤出长春、国民党不进兵、各方协商成立东北政务委员会。毛泽东立即电告周恩来表示欢迎。④

四平一役对林彪主力部队造成重创。他向延安报告："我各被插断部队尚未归队，且一时难归队。部队未穿上单衣，粮食困难，宿营地困难，部队逃亡现象严重，士气日益涣散，战斗力薄弱……现在吉林以东的部队如不向南移或北移，则无衣食"。中共已无力守长春，乃至哈尔滨等类似的大城市，并做好了在东满山区打游击的准备。⑤ 黄克诚电告："由关内进入东北之部队，经几次大战斗，战斗部队人员消耗已达一半，连、排、班干部消耗则达一半以上"。⑥ 参与四平西南高地争夺战的单印章，所属新四军三师（前身八路军一一五师三四四旅）黄克诚部七旅是主力部队，他回忆说："我当时是十九团的，两千几百人，伤亡了一千五，还有六、七百人。这六、七百人，说起来六、七百，勤杂人员、机关干部、连以下干部，一个连［只剩下］十个、八个，

---

① 《彭真年谱》第1卷，第442页。
② 穆迪生：《公主岭梨树前线工作报告》（1946年5月4日），高恩显主编《中国人民解放军第四野战军卫生工作史：资料选编（1945年8月－1950年5月）》，人民军医出版社，2000，第3页。
③ 参见陈存恭、蔡惠如、高惠君《陈良壎先生访问记录》（1989年7月12日）、王筠《竹阶七十自述》，载《孙立人案相关人物访问记录》，第23、129－130页。
④ 金冲及主编《周恩来传（1898－1949）》，第628页。
⑤ 《彭真年谱》第1卷，第448、450页。
⑥ 《黄克诚军事文选》，解放军出版社，2002，第400页。

有好几个连打光了"。① 5月21日，毛泽东给各军区司令员发布指示称："四平已失，为不给顽方以发动大战之借口，各地……应保持平静，不要有所动作"；或"作战暂勿举行"等。② 此时中共中央不论是周恩来还是毛泽东急切指望马歇尔实现停火，予林彪以喘息的机会。

5月5日，国民政府由重庆迁回南京。马歇尔这时与其说已完全丧失了对中共谈判的主动权，还不如说他从来就没有得到过。东北及华北不断恶化的军事冲突与他来华的任务日益格格不入。为了达成停火，他积极对蒋中正施压。必须强调的是，随着事态的发展，他已经完全不相信国民政府能够收复东北，但更不愿为中国而与苏联在东北发生正面冲突。马歇尔在5月10日就明确要求"国民政府军队应集中于南满"，并只"增加一个师，维持[整军协定中国共] 5∶1的比例"。他要蒋"同意让共产党军队，作为将来国民政府军队的一部分，配置在哈尔滨以西至满洲里一线"。③ 他担心蒋攻占长春，甚至在哈尔滨以西驻军，都将惹恼延安而不履行已经达成的协议，还可能会招致苏联的武装干涉。④

国民党受制于美国而没有把握住决战后的有利形势。杜聿明原本积极乘胜追击，并已捕获林彪的详细撤退计划。⑤ 蒋中正无可奈何道："我中央军则须由美军代为运输，一切计划皆受其牵制，且彼时时以撤退其海军，中止其运输，以为胁迫，使我不能不迁就彼对共党妥协之建议"。⑥ 迫于马歇尔持续增强的压力，他先命白崇禧前去督和，后于5月23日亲自飞往沈阳。但就在同一日，杜聿明占领长春。这种突如其来胜利使蒋中正觉得"关于东北军事政治与对俄、对共、对美方针应作重新考虑"。

---

① 北京八路军山东抗日根据地研究会：《挺进东北》第7集（彩色纪录片，38分钟），中国电视剧制作中心，2013。
② 《中共中央致陈毅、舒同、张鼎丞、粟裕、谭震林电》（1946年5月11日）及同日致刘伯承、邓小平电，《毛泽东军事文选》第3卷，第231-232页。
③ Marshall, *Marshall's Mission to China*, vol. 1, p. 109.
④ Minutes of meeting between Marshall and Yu Ta-wei, 28 August 1946, *FRUS, 1946*, vol. 10, p. 89.
⑤ See Harold M. Tanner, *The Battle for Manchuria and the Fate of China: Siping, 1946* (Bloomington: Indiana University Press, 2013), pp. 176-177. 蒋中正日记，1946年5月22日。
⑥ 秦孝仪主编《总统蒋公大事长编初稿》第6卷（上），第115页。

他暂时顶住了马歇尔的压力，默许了杜聿明继续追击。① 国民政府此时创设国防部，首任部长白崇禧积极主张乘胜消灭林彪。② 国民党军一直推进到松花江的北岸，新一军五十师"过松花江后即命停止前进"。③ 哈尔滨已近在咫尺。

蒋中正于5月28日在沈阳给马歇尔去信，摆出谈条件的姿态。他要求马歇尔："你必须取得共产党的保证，即军队整编方案将立即付诸实施，并在东北率先实行。你必须立即制定并告知实行军队整编方案的具体措施……为确保共产党的诚意起见，希望你对你所参与一切协议的实施规定时限，并负责监督共产党方面严格遵守这些协定。"这样，他可以同意停火。虽然没有证据表明马歇尔在30日看到这封信时心情如何，但他根本就没有理睬。翌日，他继续对蒋施压："我未收到你对我5月29日［要求立即停战］电报的答复……我的调处工作不仅日益困难，而且本人正直的地位即将受到严重质疑"。④

就在这个节骨眼上，蒋中正终于又一次屈服。他仍幻想着可以同时获得美苏两个大国的支持，另外也希望能巩固南满已经占领的地区。他寄希望于中共遵守三个月前在美国主导下达成的整军方案。毕竟根据该方案，中共1946年在东北得有三个师的兵力，而且蒋同意他们"可以驻扎在黑龙江省的新边界以内"。⑤ 6月2日，外交部长王世杰向为躲避马歇尔而待在北平的蒋中正报告：马歇尔非常生气，要蒋立即返回南京。蒋为"勿伤对马个人之情感"，虽感"痛心与耻辱极矣"，而顺从于马氏压力，并做出了他后来抱悔终身的决定，同意"立即停战"。⑥

6月4日，周恩来欣然接受马歇尔所提停火计划，并希望将蒋中正提议的10天期限延长至一个月，"至少二十天，要停止进兵、进攻、追击，还

---

① 蒋中正日记，1946年5月23—25日。
② 白崇禧、郭廷以、贾廷诗：《白崇禧先生访问记录》第2卷，台北，中研院近代史研究所，1984，第339页。
③ 潘德辉、陈存恭、万丽娟：《潘德辉先生访问记录》（1988年8月17日），载《孙立人案相关人物访问记录》，第11页。
④ Marshall, *Marshall's Mission to China*, vol. 1, pp. 127–129.
⑤ Letter, Mei-ling Soong to Marshall, 24 May 1946, cited in Marshall, *Marshall's Mission to China*, vol. 1, p. 124.
⑥ 蒋中正日记，1946年6月2—3日。

应包括停止运兵"。① 5 日，双方最后商定停火 15 天。东北停战令自 6 月 7 日正午生效。而就在 7 日当天中共攻占了吉林市东的铁路枢纽拉法（今属蛟河市）。② 周回延安，毛泽东指示林彪："应利用此十五天时间，休息补充，提高士气，准备再战"。③ 他在给其他军区的指示中说："你们的工作必须是一切都准备打"。④ 周恩来也要求"积极备战"。⑤ 6 月 20 日，蒋再次在马歇尔的建议下，将停火延迟至月底。他以为中共军队主力已在决战中被消灭，余下的不足为虑。他真的想错了。中共此时在东北的策略是"避免挑衅，拖延时间，积极准备"。⑥ 从此，林彪得以哈尔滨为基地，不断发展壮大。毛泽东秋后总结："过去［7－9］三个月战争，吸引了蒋介石原拟调赴东北的几支有力部队于关内，使我们在东北得到休整军队、发动群众的时间，这对将来斗争也有重大的意义"。⑦

四平战后，苏军明确要求中共在关内另辟战场，以解北满之围，甚至表示可以从朝鲜海运武器弹药至中共力量占优势的山东支援。⑧ 从 5 月底开始，一条自朝鲜经安东至烟台的武器供应线开始流动。陈毅部接收到的第一批物资即有"八二重机枪三十挺、子弹四十万发、炸药一万箱及电气材料、广播电台、印刷材料和摄像机等"，他们以"一千瓶白兰地"回赠。⑨ 毛泽东随后于 6 月初命令刘伯承、陈毅所部立即攻取长垣、泰安等地，以为"报复"。⑩ 6 月 22 日，毛泽东更明确下令："山东区以徐州为主要作战方向，集中山东主要力量配合苏皖北部各区，攻取黄口、砀山、虞城、涡阳、夹沟、符离、宿县、任桥、固镇及徐蚌间各点，主要着重调动徐州之敌于野战中歼灭之，相机占领徐州"，又令"山东以胶东对付青、潍，以渤海对付济南，其余鲁中、鲁南、渤海三区主力及新四军主力全部南下……粟裕、谭

---

① 《周恩来年谱（1898－1949）》，第 670 页。
② 伍修权：《回忆与怀念》，第 210 页。
③ 《毛泽东年谱（1893－1949）》下卷，第 89 页。
④ 《中共中央致华东局电》（1946 年 6 月 6 日），转引自《粟裕战争回忆录》，第 356 页。
⑤ 金冲及主编《周恩来传（1989－1949）》，第 630 页。
⑥ 《中共中央致各中央局、军区电》（1946 年 5 月 21 日），转引自《粟裕年谱》，第 149 页。
⑦ 毛泽东党内指示《三个月总结》（1946 年 10 月 1 日），《毛泽东选集》第 4 卷，第 1207 页。
⑧ 《中共东北局致中央电》（1946 年 5 月 20 日），中央档案馆藏。
⑨ 《肖华致陈黎舒并报中央电》（1946 年 5 月 28 日），中央档案馆藏。
⑩ 《中共中央致刘邓薄并告贺李聂刘电》（1946 年 6 月 2 日），《中共中央致陈舒电》（1946 年 6 月 5 日），中央档案馆藏。

震林主力对付江北之敌"。① 蒋中正则急调两个军赴山东，一个守济南，一个守青岛。这正中毛泽东下怀。

中共虽在东北失利，但却因此转机，抛弃了分兵攻守城池的方法，发挥自己擅长运动战的优势，扬长避短，将占地守城的负担丢给南京，重新以消灭敌人有生力量为主要目标。7月16日，毛泽东以晋冀鲁豫陈赓部为标杆，宣传以多打少、以少胜多的战略："我陈赓纵队现已开始作战，采取集中主力打敌一部、各个击破之方针，取得两次胜利。我各地作战亦应采取此种方法，每次集中火力打敌一部，其比例应为三对一，最好是四对一，以求必胜，各个击破敌人"。② 20日，毛泽东明确指示各军区："若干地方、若干城市的暂时放弃，不但是不可避免的，而且是必要的。"③ 他并切实地将这一思想贯彻全军。简单来说，就是搁置占地攻城的请示，但凡保证歼敌的，即刻批准。

而蒋中正则在6月26日晨，发动了对中原宣化店地区的合围。宣化店原本有个好听的名字——仙花店，它位于湖北、河南两省交界的盆地上，竹竿河徜徉其间，是个武陵源一般的去处。然而就在国民政府胜战东北的时候，中原的战火也在这里点燃了。从1945年秋天开始，李先念的新四军第五师就被国民党郑州绥靖公署主任刘峙以26个师的兵力包围在这一地区，准备"围剿"。1946年4月11日，蒋中正密令胡宗南：5月4日发起进攻，5天结束战斗。胡的机要秘书、共产党员熊向晖立即向延安报告了此事。④ 4月29日，毛泽东指示周恩来："（一）为反对国民党阴谋围击五师本日已发表公开声明；（二）迅向马歇尔交涉保证五师不被围攻，并迅即转移；（三）请考虑是否可以向马歇尔借美金百万元，为五师粮食及转移之用，六个月后由苏鲁两省筹还；（四）五师问题办妥你再赴东北。"⑤

5月4日，周恩来与马歇尔会谈，指出国民党军将向中共中原解放区进

---

① 《中共中央致刘伯承、邓小平、薄一波、陈毅、舒同电》（1946年6月22日），转引自《叶飞回忆录》，第377—378页。
② 《中共中央军委致各局、各军区转各师各纵首长》（1946年7月16日），《毛泽东军事文选》第3卷，第348页。
③ 《毛泽东选集》第4卷，第1187页。
④ 熊向晖：《我的情报与外交生涯》，第27页。
⑤ 《毛泽东年谱（1893—1949）》下卷，第74页。

攻，这是新的全面内战。为制止内战，希望政府派代表到湖北协商解决第五师的转移问题。马歇尔当即赞同周恩来的提议，并表示他可以派北平军调处执行组美方代表白鲁德（Henry A. Byroade）于 5 日由北平直飞汉口。6 日早晨，大雨滂沱，白鲁德、周恩来和王天鸣代表三方，乘吉普车奔赴武汉以北 100 公里的宣化店，8 日上午 11 时到达。

其时，美军已经做好了帮助政府围攻华中中共军队的准备。据共产党员李敦白（Sidney Rittenberg）回忆，身为军调部执行处主任的白鲁德准将在如厕的时候告诉这位美国小伙子："［新四军第五师］这些人将会被抹掉（wiped out）。我最近刚从东北回来，那里的红军是国军的十倍，政府打不赢。但是在这里国军却占上风，我们打算让他们消灭共军"。李敦白将这些话告诉了新四军司令员李先念。①

一听到宣化店遭到进攻的电报，毛泽东找到苏联驻延安代表阿洛夫，告诉他"这是一个信号，是国内和平彻底破坏、国内战争全面开始的第一枪"，"是内战的开始！是蒋介石对我们的挑衅和正式宣战！"他当然是说给斯大林听的。② 其实早在一个月前，华东局就报告："我们已集中六、七、八纵队于苏中地区，并拟于五师战斗大爆发时，不待苏中［蒋］顽军之动作，而先行发动攻势"。翌日，毛泽东复电表示"先下手的计划是可行的"，只须事先征得他的同意。③ 东北失利之后，毛泽东在 6 月 1 日给中原的指示电中说："美蒋对我极为恶劣，全面内战不可避免。要求美机运款接济你们，恐已希望甚小，你们须求自救之道"。④

胜负的转折点

蒋中正必须面对马歇尔转加的压力。但马歇尔手中并没有能制约中共的

---

① Sidney Rittenberg and Amanda Bennett, *The Man Who Stayed Behind* (New York: Simon & Schuster, 1993), pp. 46, 55, 56, 59, 61 – 62, 64, 66, 69, 70. 吕迅：《李敦白先生访问记录》（2012 年 5 月 15 日），个人收藏。
② 师哲：《峰与谷》，第 27 页。
③ 《粟裕、张鼎丞、谭震林致陈毅并中共中央电》（1946 年 5 月 5 日）及中央 6 日回电，转引自《粟裕年谱》，第 148 页。
④ 《毛泽东年谱（1893 – 1949）》下卷，第 88 页。

牌，他所能做的只有压蒋和共。① 在蒋看来，"马歇尔不问我国之利害祸福如何，亦不顾其本国政策之能否实现，而惟以其个人之功利成败是图，一意对'共党'迁就，以致扬汤止沸，劳而无功"。②

马歇尔希望以承认东北现状来换取中共让出华北的热河、察哈尔和山东。他不满于蒋对中共的强硬态度。6月9日，他为了向中共示好而做出了一个重要举动。像罗斯福于二战期间归还苏联密码本一样，马歇尔将周恩来前一天遗失在他专机上的笔记本"用厚纸包装、火漆密封"，派副官当面交还。这个笔记本上记有中共高级情报人员熊向晖在南京的住所和一个"熊"字。③ 如果将之透露给国民党方面，那么熊向晖就很容易暴露，也就断绝了日后与中共性命攸关的一个重要情报来源。但马歇尔显然不相信蒋中正，反而选择了周恩来，没有把资料交给国民政府。6月13日，马歇尔在给蒋的备忘录中说，中共不可能接受政府对军队配置提出的对案，"谈判的目的是使国民党不遭受困难，除非攸关重大利益问题，否则应避免提出会拖延谈判和根本不会被接受的条件"。④ 但国共双方势同水火，彼此都不会满足于对方开出的条件。

自1946年7月29日起，美国中止对蒋一切军事援助。由于美械对弹药及补给的需求量较大，在军火禁运的环境下，国民党军战斗力大大受限。⑤ 一位东北前线的国民党军官承认："国军的胜利主要依靠飞机和机械化部队。一旦这些军火补给被切断，他们就无法继续取胜"。⑥ 而曾主导国民党军改革的魏德迈四个月后在美国陆军战争学院的讲话中，激烈批评马歇尔的对华政策："国民政府军绝大部分装备是美式的。如果我们不继续卖给他们军火来补给这些装备的话，他们将在军事战役中极大受挫。同样，还取决于中共自外界获取援助的程度，但那却是非常、非常隐晦的"。⑦

---

① See memo by Butterworth to Marshall, 6 September 1946, *FRUS*, *1946*, vol. 10, p. 148.
② 秦孝仪主编《总统蒋公大事长编初稿》第6卷（上），第150页。
③ 熊向晖：《我的情报与外交生涯》，第29–30页。
④ Memo, Marshall to Chiang, 13 June 1946, *FRUS*, *1946*, vol. 9, p. 1044.
⑤ 见汪朝光《1945–1949：国共政争与中国命运》，第262页。
⑥ Minutes of meeting between Marshall and Lee Chen-pien, 7 January 1947, *FRUS*, *1946*, vol. 10, p. 686.
⑦ *Wedemeyer Reports*! p. 380.

三　一个破碎的心：1946 | 179

7月7日，中共中央第一次明确发表了它的"冷战檄文"，批评"美国的援蒋政策是企图取代日本，变中国为美帝国主义的殖民地"。① 稍后毛泽东大张旗鼓地宣传"自卫战争"，称中共"不但必须打败蒋介石，而且能够打败他"。② 他获得了斯大林的秘密支持。苏军在东北大连培训从未见过坦克的华东部队军官如何对付美式重武器。③ 中共明确告诉美国驻华人员："中共对国共问题与对美态度不能脱离莫斯科之关系"。④

7月13日，战火又由苏北燃起。当日，毛泽东给华中局的指示原本是"待敌向我苏中、苏北展开进攻，我苏中、苏北各部先在内线打起来，最好先打几个胜仗，看出敌人弱点，然后我鲁南、豫北主力加入战斗"。⑤ 华中局粟裕则"先发制人，大胆试战"，以6∶1的局部优势兵力率先进攻了泰兴、宣家堡等地国民党军第一绥靖区李默庵辖下整编第八十三师的两个团。⑥ 李默庵在黄埔时期曾经陈赓介绍加入过中共，后因中山舰事件退党，但与中共时有往来，原本对"剿共"就不大积极，这次亦采中庸战术，分进合击。而粟裕则是以老区地利，集中一点，坚持以多打少。随即国共在如皋、海安、黄桥等地大规模交火。双方损失惨重。讽刺的是，双方高层都获报捷。粟裕说，谨遵延安先在内线打几个胜仗的指示精神，"灵活出兵，哪里好消灭敌人就在那里打仗"，以1.5万人的伤亡，歼灭国民党军6个旅并5个交警大队（原戴笠"忠义救国军"改编）共5万–5.3万人。⑦ 李默庵则报告说，占领重镇海安，"收复了盐城以南的大部分地区，保障了浦口至南京的铁路以及长江下游的交通"，使"苏北共军大势已去"，伤亡"二三万人"，自身损失约4万人，他后来回忆说"也算正常，南京政府从来没有怪罪我什么"。⑧

蒋中正从7月14日起避居庐山，不是避暑，而是避马。7月18日，马

---

① 《解放日报》1946年7月7日，第1版。
② 师哲、李海文：《在历史巨人身边》，第335页。
③ 《粟裕年谱》，第203页。
④ 蒋中正日记，1946年8月1日。
⑤ 《毛泽东军事文集》第3卷，第340页。
⑥ 《苏中战役总结》（1946年9月25日），《粟裕军事文集》，解放军出版社，1989，第258页。
⑦ 《粟裕战争回忆录》，第354页；卢胜、王炳南：《卢胜回忆录》，东方出版社，1992，第173页。
⑧ 《粟裕年谱》，第173页；《世纪之履：李默庵回忆录》，中国文史出版社，1995，第274页。

歇尔携新任驻华大使、燕京大学老校长司徒雷登飞到庐山见蒋，两人又起小摩擦。据司徒大使叙述，"餐后，各位先生齐聚一堂，蒋总统即询问马歇尔将军对最近事态的看法。马歇尔将军……非常直白地谈到了昆明两次不幸的暗杀［李公朴、闻一多］事件及其对美国舆论的恶劣影响。总统显然有些尴尬"。而马歇尔将军事后解释说，"是蒋总统那时问的一些问题自己招惹的"。① 经历这次小摩擦，马歇尔更加确信中国问题的关键还是在于蒋中正和他的国民政府。在停火整军无一兑现之际，马听从司徒建议将调处又转到组织国府委员会上去。这实质上重蹈了赫尔利的覆辙。国共双方遂于外交上展开了争夺画饼的口水战。

7月26日，马歇尔再次登庐，转述周将停战与改组政府相联系的建议。8月5日，蒋中正提出对案，即中共须接受5个条件：（1）退出苏皖边区；（2）退出胶济线；（3）退出承德；（4）退出东北除新黑龙江、兴安和嫩江省、延吉以外地区；（5）退出6月7日后所占领的晋鲁地区。在刘斐假意的奉承声中，蒋还以为由于亲自指挥，山东陈毅部已被歼十之六七。② 他满心欢喜地告诉马歇尔：如果阁下有耐心的话，就能看到瓜熟蒂落——共产党将会主动寻求马的帮助并做出必要让步来达成协议。马歇尔却表达了相反的看法。③ 其时周恩来只需抓住两点即可无往而不利，一是政协决议，二是国共对等，都是蒋的软肋，而又是马歇尔所提倡的。

蒋马都不知道仅在7月15日至8月7日，苏军就秘密由海路运给陈毅步枪12145支、重机枪182挺、轻机枪56挺、掷弹筒167个、大小炮7门、刺刀11164把、子弹10312840发、炮弹43588发（2000发九二步兵炮炮弹，余为山炮弹）、掷弹筒弹6700发、炸药219900斤。④ 这条补给线除8月中旬将弹药运去东满之外，在1946年5月下旬至10月25日期间一直工作，而且运送武器弹药的数量远远超过以往的水平。⑤

自7月开始，中共东北局正式在平壤以"利民公司"名义设置办事处，一直经营与朝鲜和苏军之间的物资交流，历时两年零七个月。军火

---

① Despatch, Stuart to Byrnes, 21 July 1946, *FRUS, 1946*, vol. 9, p. 1389.
② 《徐永昌日记》第8册，1946年7月30日，第462页。
③ Notes of meeting, between Marshall and Chiang, 16 August 1946, *FRUS, 1946*, vol. 10, p. 52.
④ 《肖华致陈张黎舒并报中央、东北局电》（1946年8月9日），中央档案馆藏。
⑤ 参见杨奎松《中间地带的革命》，第507-508页。

三　一个破碎的心：1946 | 181

货物经由四条交通线路秘密流动：苏联以大连为中转，实现朝鲜终年不冻港南浦、罗津至山东半岛的海运；陆路运输则利用朝鲜的铁路网，以南满的安东（今丹东）——新义州或辑安（今集安）——满浦和东满的图们——南阳为进出口岸。有据可查的包括："一九四六年山东指派倪振通过办事处买到三百吨炸药、三百万只雷管、一百二十万米导火线。一九四七年春，山东又指派黄友年等通过办事处买到一百二十吨炸药、二百吨硝酸、一百吨丙酮、十五万双胶鞋"。硝酸钾和丙酮是主要制爆品。除此之外，输入的军用品还包括硫酸、甘油炸药、苦味炸药等。1946 - 1949 年，苏朝通过上述线路运给中共的，有两千多车皮的日军作战物资，另外还有苏军的"国际主义支援"。据不完全统计，过境物资在 1947 年 1 - 7 月达到 21 万吨，1948 年更有 30.09 万吨；过境人员 1946 年 7 - 12 月达 3000 人次，1947 年过万，1948 年仅图们一口就有 8685 人次。同期中共方面则至少输出了 5 万吨粮食及其他物品。① 陈毅的参谋长陈士榘为了证明当时山东野战军炮兵实力强劲，曾在回忆录里透露："弹药是从东北运来的，比较充足，随时可以补充"，"从东北军区、东满军区经海上运到山东的，储存在滨海山区，随时可以前运补充部队炮兵"。② 因此，中共当然不会同意蒋中正的要求。

更有甚者，中共部队还收到来自美国的"额外"援助。联合国善后救济总署③从是年初开始向中共提供大量的药品、食品和纺织品，还有汽车、汽油、柴油、机油、润滑油等物资和工农业器材，总重约 10 万吨，约值美金 1000 万元，超过联总援华总吨数的 2.5%。按照协定，运费、工资约 548 亿元法币尚需国民政府支付，而运载工具则由美国供给。有两个美籍联总官员在其中发挥了重要作用：一个是出生北平的詹姆士·格兰特（James P. Grant，后来赤脚医生运动的鼻祖），和宋庆龄、叶剑英关系密切；另一个是路易士（Vinita Lewis），与陈纳德组建的 CAT 空运公司（CNRRA Air Transport）签立合同，用飞机在几天内将一大批贵重物资和现金经开封运至

---

① 丁雪松、李思敬等：《回忆东北解放战争期间东北局驻北朝鲜办事处》，《中共党史资料》第 17 辑，中共党史资料出版社，1986，第 200、202 - 204、208 页。
② 陈士榘：《天翻地覆三年间：解放战争回忆录》，中共中央党校出版社，1995，第 42、61 页。
③ UNRRA 以往译作"联合国善后救济总署"，简称"联总"，其实跟 1945 年成立的联合国机构没有隶属关系，存在于 1943 年 11 月至 1947 年 10 月，绝大部分救济品来源于美国。

晋冀鲁豫及苏皖边区。①

中共将救总援助的物资几乎都用于军事。山东作为主要的物资集散地，在一份有关美国救济物资发放的总结报告中称："大部物资均用于支前或军工建设，对于自卫战争实起了相当作用。"为了军用，干部会做两本账，"表面计划"由美国共三方讨论决定，但实际上，美国救济品运到中共辖区后，由其派去的司机、工人卸运，完全控制了物资的发放和使用。联总虽有代表到场，但根本无法监督；共产党方面有时亦会主动邀请联总代表参观某些有组织的发放，以去疑心。② 联总一次就拨给卡车、吉姆西（GMC）牌货车、工程车、加油车40多辆，外加零配件和汽油，这些物资"主要用于军运"。正是联总给予的汽车装备，使得晋冀鲁豫军区的现代化运输初具规模（之前用畜力和木炭车），"汽车和修理工具才得到初步改善"，及时完成了战场前线的"军需运输任务"。中共还对联总方面"申明参加军运的是缴获的国民党汽车，一面编造运输单据争取了不少零配件和油料"，长此以往竟未暴露。③ 黄河工程款也被用于抢购布匹药品等物资。④ 另据胶东军区副司令员周志坚回忆，"抗战胜利时，联合国救济总署救援山东的物资，一直存放在仓库里"，他曾为自己的部队要来一批毯子，每个人发一条，每匹马发两条，垫在鞍子下面，"这些毯子当时确实解决了部队野外露营和防雨防寒的问题"。⑤

8月10日，马歇尔向媒体发表公开声明，再次为调处失败铺路。也就在同一日，美国总统杜鲁门像他的前任一样，签署了一封马歇尔拟定的给蒋中正的警告信："倘若中国内部之和平解决办法，不即于短期内表现真实进

---

① 《行政院善后救济总署业务总报告》，行政院善后救济总署编印，1948，第103、117页；成润等：《回忆"解总"沪办》，载《上海周公馆——中共代表团在沪活动史料》，上海人民出版社，1994，第296－299页；参见《周恩来年谱（1898－1949）》，第742页；《亲历与见闻——黄华回忆录》，世界知识出版社，2007，第68页；Ling Chung（林仲），"The Sorrow of China: the Story of the Yellow River and the Betrayal of a Mission," in *The China Weekly Review* (12 July 1947): 164. See also Jon Rohde, "Early influences in the life of James p. Grant," in ed., Richard Jolly, *Jim Grant: UNICEF Visionary* (Florence: Giuntina, 2001), p. 41.
② 《中国解放区救济总会山东分会两年来工作总结报告》（1948年9月），山东省档案馆编《山东革命历史档案资料选编》第21卷，山东人民出版社，1986，第134－136页。
③ 《晋冀鲁豫边区交通史》，第53、90－91页。
④ 成润等：《回忆"解总"沪办》，载《上海周公馆——中共代表团在沪活动史料》，第297页。
⑤ 《峥嵘岁月：周志坚回忆录》，鹭江出版社，1994，第20－21页。

三 一个破碎的心：1946

步，则美国舆论对中国之宽宏慷慨态度，势难继续，且本人必须将美国立场重行审定"。① 15 日，恰为中国抗战胜利一周年之日，蒋中正接到了杜鲁门来电，悲愤莫名，认为语意侮辱，殊难忍受，对共产党一味迁就，而对自己"反以专用压力，以余为可欺也"，遂自欺欺人地故作宽大："美之幼稚只可一笑置之"。② 16 日，马歇尔又赴庐山忠告蒋，政治解决比武力解决更有和平的希望，武力只会使国家走向灭亡。他相信周恩来有关中共愿意加入政府和愿意停火的表示都是真诚的。③ 蒋中正反问马歇尔："中国非共党参加之政府，即不成其民主政府乎？"④ 然而，他不可避免地产生逆反心理，不禁对美国的任何建议都拒之门外，也不希望司徒雷登介入有关政协决议的讨论。⑤

就蒋对马歇尔的质问，主持日常事务的副国务卿艾奇逊（Dean Acheson）显然有点心动，他特地询问远东司司长范宣德的意见。范宣德以民盟不会同意为由加以驳斥。在范宣德看来，蒋对政协决议的否定，更证实了他的成见（"prejudging"），进而主张抛弃美国政府自 1945 年年底以来对蒋原本就不太情愿的支持，明确"强烈反对给予处于大规模内战中的［国民］政府以任何实在的物质援助"。⑥ 他稍后宣称："现在所有报告都表明俄国人并没有直接介入或者在物质上援助［中国］共产党。相信他们不愿在华出现与我们敌对并彼此公开军援交战双方的状况。因此，如果我们也避免给予蒋军以公开的军事支持，那么也就不会发生我们不愿意看到的情况了——那就是我们与俄国人为争夺中国而展开的军事竞赛。"⑦ 这位"中国专家"完全无视美国记者已经公开的有关苏联在东北援助中共的报道。⑧ 中国对他们来说仍是列强的角斗场。而艾奇逊的论调更带有英国式殖民主义的

---

① 《杜鲁门致蒋中正电》（1946 年 8 月 10 日），秦孝仪主编《中华民国重要史料初编——对日抗战时期》第 7 编第 3 卷，第 208 - 209 页；Marshall, *Marshall's Mission to China*, vol. 1, pp. 205 - 206.
② 蒋中正日记，1946 年 8 月 15 日。
③ Notes of meeting between Marshall and Chiang, 16 August 1946, and minutes between Marshall and Yu Ta - wei, 28 August 1946, *FRUS, 1946*, vol. 10, pp. 52, 87.
④ 蒋中正日记，1946 年 8 月 16 日。
⑤ Notes of meeting, between Marshall and Chiang, 19 August 1946, *FRUS, 1946*, vol. 10, p. 57.
⑥ Letter, Vincent to Acheson, 21 August 1946, *FRUS, 1946*, vol. 10, p. 58.
⑦ Memo, Vincent to Clayton, 26 September 1946, *FRUS, 1946*, vol. 10, p. 228.
⑧ See Utley, *Last Chance in China*, pp. 228 - 232.

色彩："一些英国人时有表达他们的观感说日本将重新填补远东的权力真空，或至少发挥一种'稳定的影响'。我们认为，远东并没有权力真空。貌似俄国和我们已经将之填补。因此，主要问题还在于调节我们与俄国人在那里的关系，避免我们的合法利益受到侵害"。①

在马歇尔的主导下，美国已经中止对国民政府的军事援助；到了8月中旬，杜鲁门正式以总统令方式禁止军火运华，包括禁止向国民党出售军事物资和飞机零件，该禁运令在以后10个月中将持续有效。②蒋中正唯有感慨："马歇尔愤于国、共调停中梗，自七月份起，即已电请美国政府断绝一切对华援助，至此，复又制止我国向美国购买剩余军火之禁令，于是国军补给，遂因此而完全陷于困境矣"。③ 8月下旬，国务院拒绝为国民政府急需购买的1.3亿发7.92毫米"中正式"主力步枪子弹发放出口执照。④ 随后，又中止交付已拨中国的原订援建8又1/3个空军大队的租借法案剩余物资。⑤这就让人想起了1937年美国中立法案的影响。马歇尔其时曾对驻青岛的第七舰队司令库克（Charles M. Cooke, Jr.）提及：我们（美国）过去武装过中国（国民党）人，现在我们要解除他们的武装（disarming the Nationalists）。库克后来在参议院麦卡伦委员会上作证时，也表达了自己的异议："当然，共产党人在满洲得到苏联充足的供应，有兵工厂运入的，也有从日本人那里缴械的枪和弹药。我们那时实际上明确地知道这一切"。⑥ 周恩来在半年前对美国"减少或暂停对蒋之军事援助"的设想，业已实现。⑦

后来屡遭诟病的剩余物资买卖，其实真正是美军和菲律宾拣"剩"下来的，没有武器或弹药。8月30日，国民政府终于就购买美国战时在印度、中国及17个太平洋岛屿上的部分物资签订协议，包括卡车、机器、交通器

---

① Telegram, Acheson to Marshall, 23 November 1946, *FRUS*, *1946*, vol. 10, p. 560.
② US Department of State, *United States Relations with China*, pp. 355–356.
③ 秦孝仪主编《总统蒋公大事长编初稿》第6卷（上），第238页。
④ Letter, Cummins to Wang, 23 August 1946, *FRUS*, *1946*, vol. 10, p. 757.
⑤ Minutes of meeting between Marshall and Yu Ta-wei, 19 September 1946, *FRUS*, *1946*, vol. 10, p. 208.
⑥ McCarran hearings, quoted in Ralph de Toledano, *Spies, Dupes, and Diplomats* (New York: Duell, Sloan and Pearce, 1952), pp. 201–202.
⑦《周恩来关于国共谈判的书面报告》（1945年12月5日），《周恩来一九四六年谈判文选》，第5页。

材、定额干粮、药品等。貌似援助，实则负担，因为大部分是国民政府用债权换来的，是买的，不是送的。国民政府还要负责这批物资繁琐的运输。马歇尔坦言："这对目前的军事形势极少或全无关系，因为［国民政府］真正能够把任何如此大量非军事物资运入中国都要花费许多个月的时间"，"例如可能卡车运输就要四五个月，然后还要接收、整理才可以加以利用"。①即便要将民用物资转用于军事目的，也是大半年之后的事，但相应的消耗却是得不偿失的。就这样，美军在战时及战后拖欠因汇率纠纷而搁置的2412亿法币债务仅以剩余物资折1.5亿美元抵付，实欠尚巨。然而截至1947年5月中旬，上海物资供应局仅签收2500万美元的剩余物资，其中"以卡车为主"；新闻局长董显光公开表示"因运输工具之缺乏，迄今美方所交到惟全数之小部分而已"。②

8月中，国务院针对苏联在全球的意图给作战部发了一份备忘录，摘要传送给了马歇尔。美苏在华冷战较量的前景已然在望："苏俄在华明确目标在于排除美国的影响并以莫斯科的影响取而代之。主要的担心是，假使美国因某个或某些原因撤出中国，结果将会导致苏俄在这一全球重要区域的战略性胜利……苏俄扩张，其影响将在不久的将来控制中国和满洲的人力、原材料和工业潜力。"这份备忘录甚至将苏联比作五年前的日本，美国将在中国海、东南亚、欧洲和中东面临苏联的全面威胁。③

尽管国务院遏制苏联的意图已经非常明显，但陆海军方面却在这个关键时刻态度疲软。原因在于二战刚刚结束，复员成为美国民众和幸存军人的最大呼声，自然限制了战时膨胀起来的全球战略。年初的时候，海外驻军甚至发生了暴动，普遍要求回国。接替马歇尔为陆军参谋总长的艾森豪威尔将军一上任即萌生退意，被复员和预算两大问题弄得焦头烂额。④ 库克海军上将

---

① Telegram, Marshall to Truman, 17 October 1946, *FRUS, 1946*, vol. 10, p. 383; Marshall, *Marshall's Mission to China*, vol. 1, p. 274.

② 《中央日报》1947年6月5日；李倪致叶公超函（1947年6月19日）、《中美处理战时物资未动用部分协定》，中研院近代史研究所档案馆藏外交部档431.5-0001。截至1947年6月30日，中国实际获得美国剩余物资约值7100万美元。"物资局发表声明，公布美运华物资数量，纠正联合社错误报导"。见《中央日报》1947年7月26日。

③ Telegram, Carter to Marshall, 14 August 1946, *FRUS, 1946*, vol. 10, pp. 27–28.

④ Dwight Eisenhower diaries, 15 December 1945 to 12 November 1946, in ed. Robert H. Ferrell, *The Eisenhower Diaries*, pp. 136–138.

考虑苏联对朝鲜半岛的侵略时,首先想到的是把那里的美军撤到中国或者日本。①

美国国内对华舆论战后一分为二。此时白修德与自己的老板鲁斯(Henry Luce)决裂已一年有余。以白修德为代表的亲共产党派和以鲁斯、霍华德(Roy Howard)为首的亲国民党派展开激烈论战。② 亲共派对陆战队驻华、剩余物资买卖等政策进行了攻击。这当然与中共情报人员陈翰笙和美国共产党的联合活动不无关系。③ 却让原本一副事不关己模样的艾奇逊觉得十分为难,他向马歇尔诉苦:"我知道我们在华行动属于最高级别的命令,并且与我们的政策声明完全一致。但我觉得民众还未充分了解,尚有诸多误会,缺少一年来我们为贯彻总统声明付诸全部行动的确切消息"。④ 这时候,鲁斯帝国和霍华德报系起而应对,努力宣扬国民政府的好处。然而,这场论战使得冲突的解决更趋复杂,因为它暴露了国共两党太多的问题。⑤ 美国对华外交也因此完全陷入了一种举步维艰的境地,只能消极维持着原本注定失败的政策。

杜鲁门也开始了他的国防缩减政策。美国当时对外债务已高达2800亿美元,通货膨胀仍在加剧,而且每年尚需支付80亿美元的退伍军人救济金。作为行政首脑,杜鲁门竭力保持政府的收支平衡。面对第80届共和党国会讨好选民降低税率的立法,总统不得不削减军费预算,并因此与海军部长弗雷斯特(日后首任国防部长)结怨。国会批准将陆军裁至66.9万人,杜鲁门进一步减到56万,实际仅为55.2万人。美国本土可以作战的陆军预备队,即马歇尔所称的1又1/3个师,实际上只有驻北卡的第八十二空降师而已。⑥ 因此派驻军事顾问团成为美国战后军事援助中国、希腊的主要措施。12月18日,杜鲁门总统再次发表对华政策声明,宣布驻华美军已由1945

---

① Minutes of meeting between Cooke and Marshall, 22 August 1946, *FRUS*, *1946*, vol. 10, pp. 64 – 65.
② Notes of meeting between Lee Chen – pien and Marshall, 20 December 1946, *FRUS*, *1946*, vol. 10, p. 643.
③ 参见陈翰笙《四个时代的我》,第81页。
④ Telegram, Carter to Marshall, 6 December 1946, *FRUS*, *1946*, vol. 10, pp. 199, 596.
⑤ Minutes of meeting between Marshall and Wei Tao – ming, 9 December 1946, *FRUS*, *1946*, vol. 10, p. 603.
⑥ See Omar N. Bradley and Clay Blair, *A General's Life: an Autobiography by General of the Army* (New York: Simon and Schuster, 1983), 474.

年的约11.3万人降至1.2万人以下,换言之,几乎90%业已撤离,而且"将进一步减至维护执行部美军人员及青岛机场、仓库所必需的人数为止"。①

而周恩来的外交打算,全在于"配合安全理事会苏方要求撤退美军"。他抓住马歇尔立即停火的要求,也吃透了蒋中正不会同意,因此一方面代替毛泽东表态中共可率先停战,以"证明拖打责任均在蒋",从而进一步博取马与司徒的同情和信任;另一方面已抛弃马歇尔,开始针对马本人"连续发动新闻攻势","使调处执行部非宣告解散不可,则美军只有撤走"。② 这使民盟众人对其突然激烈的反应甚为不解。③ 周恩来的策略又一次获得成功。8月29日,处于困境的马歇尔近于哭诉地向周恩来和盘托出自己与蒋中正的谈话细节。他虽然早已怀疑延安与莫斯科之间在舆论宣传上的秘密合作,但竟然还是试图以诚恳感动这位共产党外交家。马歇尔慨叹道:"我想我已经停止了几乎所有对〔国民党〕政府的直接军事援助,但〔共产党的〕政治宣传还是指称如果国民党——或者政府——没有美国政府的军备支持就不可能再继续战斗一个礼拜"。④ 他在随后给杜鲁门的电报中,将调处僵局主要归咎于"政府军事领导人"——蒋中正,而中共的反应只是自卫。⑤

在美国的严峻压力下,蒋中正甚至考虑寄希望于苏联。入夏之后,苏联外交所表达出来的善意使得莫斯科的立场更加难以捉摸。四平、长春之失,证实了斯大林先前对中共实力的估计。他再次玩弄两手,一改先前对蒋强硬的态度,积极通过各种渠道向国民政府示好,表示无意阻止中国的统一,并重申不支持中共的原则。⑥ 8月31日,蒋中正邀请彼得洛夫大使前往桂林的疗养胜地小住,借机表达了访苏的意愿:"我请您一有可能就转告斯大林大元帅,一旦中国国内政局稳定,我想亲自去见他"。⑦ 但莫斯科没有答复。

---

① Statement by President Truman, 18 December 1946, Harry S. Truman Library & Museum, on line: http://trumanlibrary.org/publicpapers/viewpapers.php?pid=1835 [accessed on 8 January 2015].
② 《周恩来致中共中央并叶剑英、李克农电》(1946年8月27、31日),《周恩来一九四六年谈判文选》,第628、634-635页。
③ 蒋匀田:《中国近代史转折点》,第82页。
④ Minutes of meeting between Marshall and Chou, 29 August 1946, *FRUS, 1946*, vol. 10, pp. 105-106.
⑤ Telegram, Marshall to Truman, 30 August 1946, *FRUS, 1946*, vol. 10, p. 110.
⑥ 秦孝仪主编《总统蒋公大事长编初稿》第6卷(上),第151页。
⑦ Ледовский СССР и Сталин в судьбах Китая. С. 213.

至9月15日，马歇尔第八次上庐山，建议召开三人小组会议，商议停战问题。蒋对马厌恶已极，并不为之所动，认为中共亦"反对美国、嫌恶马歇尔之调解"，反而自信占领张家口之后宣布停战，则中共必妥协而参与国大，或者国共之间可以直接谈判，也就可以把指手画脚的马歇尔踢开了。①

　　9月17日，王炳南在南京召开记者招待会，表示中共渴望停火的夙愿，同时威胁说周恩来有可能退出和谈，并认为责任完全在国民党方面。更为重要的是，王代表周公开否认中共接受过任何苏联援助，甚至将来亦不可能。②但他私下里却承认与苏联大使时有来往，并声称苏联愿居中调停。③周本人随后也表示退出谈判，他的声明已然"冷战"化："美国好战分子误导下的政策，即变中国为美国反苏的基地和美国商品及投资的市场是不切实际的"。④中共的外交政策此时已明显带有苏联影响的特征。

　　10月1日，马歇尔在中共的压力下，向蒋发出了最后通牒：立即停战，否则彼自请杜鲁门总统召回，并终止美国之调处。两人关系"非常紧张"。⑤他要蒋明白"美国现在的调停者是意志坚决之辈"，不会再容忍"委员长继续他三个月以来的攻势"。⑥当蒋看到这一通牒时无奈地记下："马歇尔固执成见，专以压力加之政府，而不明了共党蓄意破坏美国调处之阴谋"。⑦周恩来其时已接到延安"不必继续挽留司、马"的指示。⑧

　　此时蒋中正要的是张家口，与之相连系的是铁路和国大。占领此地具有很强的军事经济政治意义。在军事上看，张垣自古兵家必争，现在更是经由热察走廊勾连"关内共军与关外共军之陆路联络及关内共军之枪弹接济"的枢纽。⑨

---

① 蒋中正日记，1946年9月18日。
② Telegram, Stuart to Byrnes, 19 September 1946, *FRUS*, *1946*, vol. 10（Washington：USGPO, 1972），p. 209.
③ Telegram, Marshall to Truman, 23 September 1946, *FRUS*, *1946*, vol. 10, p. 219; memo, Vincent to Clayton, 26 September 1946, *FRUS*, *1946*, vol. 10, p. 228.
④ Telegram, Stuart to Byrnes, 21 September 1946, *FRUS*, *1946*, vol. 10, p. 212.
⑤ 《司徒雷登日记：美国调停国共争持期间前后》，1946年10月1日，陈礼颂译，傅泾波校，香港文史出版社，1982，第9页。
⑥ Notes on meeting between Marshall and Stuart, and the ensuing memo by Marshall to Chiang, 1 October 1946, *FRUS*, *1946*, vol. 10, pp. 261, 268.
⑦ 蒋中正日记，1946年10月1日。
⑧ 章文晋：《周恩来与马歇尔使华》，载《周恩来研究学术讨论会论文集》，第270页。
⑨ 《王世杰日记》第5册，1946年10月11日，第405页。

张家口通过铁路与北平相连，又是"屏翰神京"的北方门户。就经济而言，"喀拉干"（蒙古语名）本就是繁荣的贸易中心。桑干、潮白数条河流贯穿其间，土壤肥沃不说，盛产土豆、燕麦和皮衣。更何况它是（北）平（归）绥包（头）铁路干线上的重镇，山西的煤炭往往经此运出。从政治上讲，它是中共大区晋察冀的首府，是其在关内占据的最大城市。国民政府的统治自然具有极强的象征意义。迫使中共派代表出席在这里召开的国民大会，是蒋的一个炽烈愿望。问题的焦点就在张家口。蒋中正其实非常希望中共参加国民政府，但铁路又必须以武力来打通。蒋说，如果以武力取得铁路，共产党只能就范，又说"如果冲突停止了，就无法迫使共产党出席国民大会了"。①

蒋中正做出了最后的妥协，于 10 月 2 日提出立即停战条件：（1）政府原同意国民政府委员名额内中共 8 名，民盟 4 名，共 12 名，中共则要求 14 名（共 10、民盟 4），兹折中为 13 名，即中共 8 名、民盟 4 名、无党派名额中的 1 名由中共提名，中共应即提出其国府委员及其国大代表名单；（2）切实实施整军方案，规定中共军队 18 个师之驻地，应限期入驻。② 中共以条件中没有专门提及张家口而拒绝。

而民盟各派代表与周恩来关系十分微妙。③ 梁漱溟、莫德惠和黄炎培三人本提出一个缓和东北局势的折中方案，即将齐齐哈尔、北安、佳木斯交中共驻军，铁路沿线的 41 个县城（包括中共占据的 20 个）由国民政府只派警察与县长，当时是得到了民盟与青年党代表一致的赞同，纷纷签了字，由梁、莫并李璜三人送予周恩来、黄送孙科、罗隆基送马歇尔。谁知前三人一到梅园，周已得沈钧儒、张申府二人密报，"匆匆一阅之后，立刻哭了起来，向漱溟大声哭叫道：'我们错交了你这一个朋友了啊！我们以为你是好人，你这种东北方案，岂不害死我周恩来！毛主席知道了，他要认为我在这里干的什么糊涂事，交些什么朋友！'言毕伏案哀鸣不已"。④ 后来周恩来也严厉责备黄炎培"不守信义，落井下石"，并说道："我们是打出来的，[一旦战败了] 我们可以去打

---

① Marshall, *Marshall's Mission to China*, vol. 1, p. 417.
② 秦孝仪主编《总统蒋公大事长编初稿》第 6 卷（上），第 266 – 267 页。
③ 见叶笃义《虽九死其犹未悔》，第 38 – 39 页。
④ 李璜：《学钝室回忆录》第 2 卷，第 618 – 619 页。参见梁漱溟《忆往谈旧录》，中国文史出版社，1987，第 216 – 217 页；蒋匀田《中国近代史转折点》，第 123 页。

游击，你们怎么办？"① 民盟于是急忙将提议从孙科那里撤回。且不论该案可行与否，说到底不过是第三方表达意愿的一次机会。

一直谈论国共互不信任的马歇尔将他对蒋的不信任也推向顶峰。周恩来一再告诫他："蒋介石已准备大打，并竭力要把美国拖下水"。② 马要防蒋绑架美国，尤其是借反苏绑架美国。③ 国务院远东司司长范宣德已为此准备好对策，即全面中止援华。④ 10月4日，蒋马再次发生冲突。蒋中正一定要在收复张家口之后，自动宣布停战；马歇尔表示反对，坚持说6月和谈蒋曾首肯他把张家口划归中共的提议。蒋中正复以国家元首和虔诚基督徒的名义表明自己的正直。⑤ 两人闹翻，马歇尔第一次要求白宫将其召回。

10月6日，事态貌似出现了一线转机。蒋中正听取政学系王世杰"不可逼马歇尔返美"的建议，召见马歇尔和司徒雷登，把张家口停战加入10月2日的两点条件中去，最后表示只要中共就此两点立即参与谈判，就愿意休战10天。⑥ 马歇尔立即电告华盛顿撤回前日致杜鲁门的召回请求，并兴高采烈地告知了中共方面。孰料曾要求停火的周恩来简单地加以拒绝，理由是10天太短，什么也做不了。马歇尔简直不敢相信自己的耳朵："因为在我看来共产党似乎明显希望停止张家口的战争。然而从这次的答复判断，我显然是错了"。⑦ 由于周恩来避居沪上，他的口讯是经驻宁代表董必武和王炳南转达的，因此马歇尔尚不甘心，立即赶往上海求证。这次美国人多了一个心眼，马歇尔要吉伦请周10月9日来寓所吃饭，并不透露其将出席的任何信息。

这样，马歇尔在上海顺利见到了周恩来。周起初称他收到马发出的有关停战的两个文件有出入，一个说是国共谈判将"考虑"（to consider）蒋之条件，而另一个却说旨在"实行"（to carry out）之。马歇尔回答说："这两

---

① 童小鹏：《周恩来在解放战争时期领导第二战场斗争的历史贡献》，载《周恩来研究学术讨论会论文集》，第281页；李维汉：《回忆与研究》第2卷，中共党史资料出版社，1986，第648-649页。

② 章文晋：《周恩来与马歇尔使华》，载《周恩来研究学术讨论会论文集》，第269页。

③ Marshall, *Marshall's Mission to China*, vol. 1, p. 284; minutes of meeting between Marshall and Wei Tao-ming, 9 December 1946, *FRUS*, *1946*, vol. 10, p. 604.

④ Memo, Vincent to Acheson, 3 October 1946, *FRUS*, *1946*, vol. 10, p. 277.

⑤ Marshall, *Marshall's Mission to China*, vol. 1, 288; notes of meeting by Marshall with Chiang, 4 October 1946, *FRUS*, *1946*, vol. 10, pp. 287-288.

⑥ 《王世杰日记》第5册，1946年10月6日，第403页。

⑦ Marshall, *Marshall's Mission to China*, vol. 1, p. 296.

份文件都是我口授的，一份用了五分钟，另一份用了十分钟。周将军现在所谈论的是我的英文，而非蒋委员长的意图"。周恩来遂就问题的实质答复道：蒋的第一个条件即有关国府委员会席位的折中方案是违反政协决议的，中共无法取得40席中的1/3以上（即14席），没有否决权；而第二个条件即中共军队按整编协议进入驻地，但没有对国民党军做相应的规定，暗示国民党方面可自由移动；因此，"蒋委员长认为他的两项建议是他所能做出的最大让步，但依照共产党的观点，这不是让步，相反，这是难以接受的条件"。他继而提出共产党方面新的条件，即国民政府"必须是永久"放弃进攻张家口，将部队撤回原防，至于原防是哪里，则没有说明。周顺带又加上一点，"实施政协决议"。①

双十节当天，第十二战区司令长官傅作义声东击西，经张北奇袭成功。国民党军占领张家口。次日国民党宣布11月12日召开国民大会，然而中共并未有如蒋中正预期的那样俯首称臣。张家口已成废都，52家工厂连同车站、电站和工人宿舍一起被毁。② 晋察冀军区着手大力破坏平汉线安阳、石门（石家庄）和保定附近的铁路。国民党军则先后攻占各重要车站：平张线中间的怀来、津浦线的沭阳及胶济线的高密，并在平汉线上向邯郸推进。蒋中正显然有着经济打算，又占领了豫西北的焦作和鲁南的枣庄这两大采煤中心。延安于10月18日发表声明，要求恢复1月13日军队位置、停战协定及政协决议，"亦不肯无条件停战了"。③ 马歇尔已是无可奈何花落去："美国调停人退居幕后，将此刻的主要责任交给中国人自己"。④ 国共双方抛弃了马歇尔，于南京孙科寓所直接会谈。⑤

蒋中正被占领张家口取得的暂时军事优势所鼓舞，但他也认识到自己兵力瓶颈所在。在经济和外交的压力下，蒋已将国民党59个军整编为师的水平。⑥ 他匆匆召见周恩来之后赶赴台湾，庆祝该岛回归一周年，同时希望把驻扎在

---

① Marshall, *Marshall's Mission to China*, vol. 1, pp. 292–308.
② *Time*, 18 November 1946, quoted in Utey, *Last Chance in China*, pp. 297–298.
③ 梁漱溟致储安平函《关于"中国的政局"》（1947年3月14日），《观察》第2卷第4期，1947年3月，第21页。
④ Marshall, *Marshall's Mission to China*, vol. 1, p. 324.
⑤ 见《王世杰日记》第5册，1946年11月9—10日，第421—422页。
⑥ Minutes of meeting between Marshall and Chen Cheng, 24 October 1946, *FRUS, 1946*, vol. 10, p. 416.

那里的第六十二、七十两个军北调。临行之前，蒋叮嘱王世杰与中共谈判方针，即国府委员可按政协会议改组，但行政院须于国大开会后始能改组。①台湾主席陈仪乐得减少省政府的财政负担，夸口台湾治安良好，蒋非常满意。② 不想牛皮吹破了，三个月后那里就将发生大规模的暴动。

毛泽东则说："三个月以来，国民党区最广大阶层的人民……关于马歇尔调解是骗局，国民党是内战祸首这些真理，明白的人已日益增多。广大群众在对美国和国民党失望之余，转而寄希望于我党的胜利。这是极有利的国内政治形势"。③ 中共因此坚持国大改期、行政院须于国大召开前改组。国民政府则要求中共提出国大代表名单。双方根本不可能达成协议。

蒋中正在一些细节问题上过于固执。在马歇尔与张君劢、罗隆基11月初的一次讨论中，前者又想起了让共产党到政府做官的提案，希望以此为契机重拾国共两党之间的信任。马歇尔顺口说让周恩来当交通部长，这样中共破坏铁路的问题就迎刃而解，但叫张罗二人不要公开。④ 后来在民盟的一次记者会上，罗隆基还是把这次谈话的内容透露了出来："政府主张先召开国大，而后改组政府。中共则相反。那时中共要求长交通、经济两部。政府却不同意……到现在我还不了解政府为什么要坚持先召开国大，后改组政府……当时我告诉马歇尔，中共要交通部，政府就给周恩来当交通部长。那末，政府不是整天责备中共破坏交通吗？周恩来当了交通部长，他们还能再破坏吗？"⑤ 尽管表述上有些出入，问题也没有那么简单，但点出了蒋中正缺乏魄力。况且，毛泽东早就说过"去几个人到重庆做官……我们绝不能干"。⑥

11月11日，国民党单方面停火。11月15日，国民大会在延期三天之后在张家口正式开幕。青年党及无党派人士于当日晚补交了代表名单，而中

---

① 《王世杰日记》第5册，1946年10月21日，第410页。
② 杨鹏：《台湾受降与二二八事件》，载政协文史资料研究委员会编《陈仪生平及被害内幕》，中国文史出版社，1987，第102 - 103页；参见严如平、贺渊《陈仪全传》，人民出版社，2011，第275页。
③ 毛泽东党内指示《三个月总结》（1946年10月1日），《毛泽东选集》第4卷，第1209页。
④ Notes on meeting between Marshall, Carsun Chang, Lo Lung - chi and Yeh Tu - yi, 3 November 1946, FRUS, 1946, vol. 10, pp. 467 - 468.
⑤ 辛耶：《记罗隆基招待会》，《观察》第3卷第8期，1947年第10月20页。
⑥ 《毛泽东、周恩来致王若飞电》（1944年12月12日），张迪杰主编《毛泽东全集》第19卷，第207页。

三　一个破碎的心：1946 | 193

共和民盟拒绝参加。第二天，周恩来找马歇尔辞行，表明美国调处彻底失败。几天后周返回延安。

马歇尔认为中共是被意识形态的宣传所欺骗。然而，毛泽东的湖南同学、时任南京陆军医学院血清研究所所长的李振翩明确告诫过马歇尔，延安的力量是增强了而非减弱。他说："共产党现在拖延的原因可能是五个月后，他们或许会更有胜算。在过去的几个月内，他们已经消灭了国军总数的1/5。从国军手里缴获的美式武器已足够其装备18个师。他们甚至相信只要战争继续，就能缴获更多。"李更猜测苏联会在延安丢掉张家口之后对其施压，逼其求和。马歇尔于是对中共为何宁可失地也不愿和谈备感迷惑。李接着指出："共产党认为尽管他们丧失城市但却没有丧失力量。他们觉得政府并没有足够的部队，去防守所有这些地方。共军必击其虚"。后来李又说"共产党觉得政府的经济崩溃势在必然，因此他们拖延愈久形势就愈有利"，① 可谓一针见血。在11月11日，北平军调处叶剑英在与苏联总领事列多夫斯基的一次谈话中，也透露了延安的真实打算。对于国民党的第三次停战令，叶评价说中共军队不会停火，对外理由是周恩来没有签字，其实"在这个时期，共产党对停战不感兴趣，因为战局发展对中共有利，对国民党不利"。② 从军需的角度出发，马歇尔的观点并没有错，即中共难以承受丢掉这些富裕城市所造成的损失。可是他或许忘记了，国共双方都在与时间赛跑，而政府方面的负担显然比挑战方要重得多。③

毛泽东现在关心的是在东北站稳脚跟。这里粮食产量丰裕，煤矿水利现成，发电能力和铁路密度是关内的三倍，工业水平更达四倍以上，完全可作战争基地。因此，为"执行中央巩固东北根据地的方针"和解决东北局的内部分歧，叶剑英随后由北平乘坐美军飞机赴哈尔滨，返程时还带回了"东北向中央提供的一大批黄金"。据伍修权回忆，"由于黄金数量较多，他［叶剑英］让有关同志缝制了两件特别的棉背心，将金条一一絮在背心夹层

---

① Minutes of meetings between Marshall and Lee Chen-pien, 18 September and 12 December 1946, *FRUS*, *1946*, vol. 10, pp. 199, 618.
② Ледовский А. М. СССР и Сталин в судьбах Китая. С. 210.
③ 马歇尔曾清楚地说过"共产党意识到即将来临的［经济］危机而在制定计划时考虑进去。与之完全相反的是国民政府军事领袖无视经济问题而认定武力解决"。See *United States Relations with China*, p. 211.

里"。① 不久，华东局书记饶漱石也乘美机去了趟哈尔滨，以协调中共两大战区之间的联系。② 马歇尔随后不得不率先关闭了哈尔滨的军调部组织，因为他刚刚意识到"我们每周一次的班机仅为共产党人提供了一条往来哈尔滨的空中通道"。③

需要强调的是，这种交通线并不限于华北与哈尔滨之间。美国人为了表示公正，直到中国内战进行一年半以后，仍然为数量众多的中共"代表"提供军用飞机作为交通工具。当年8月，就连叶剑英的翻译黄华也曾以请示周恩来为名，用美军飞机运金至沪，作为南方局的活动经费，一次就重达6.3公斤（101个两盎司金锭）。④ 除此之外，中共还借此传递情报、发放报纸，甚至与国统区的游击队建立联系，带去电台和密码。⑤

11月21日，中共核心领导毛、刘、周在枣园开会，毛泽东总结了一年来国共关系情况，说道："战后的世界变成美国反动派与世界人民的对立，在中国也反映这种对立，因此中国的斗争与世界有密切的联系。中国人民中间以及我们党内都有打不打的问题，但这个问题现在是解决了，剩下的问题便是胜不胜"。⑥

反苏还是反美

时空回溯到年初1月16日晚9时半的东北。一列小火车从抚顺开往沈阳方向，恰好行至一半，在一个叫李石寨的小车站停了下来。车上坐的正是47岁的国民政府经济部接收工矿特派员张莘夫。

张莘夫本就是吉林人，北大文学系出身，后考取公费留学美国密歇根矿业学院（今密歇根理工大学）改习矿冶，抗战时期曾主持国民政府钨矿开采。此行原系奉张嘉璈之命，按照中苏条约前去接收抚顺煤矿。该区此时处于中共控制之中。张莘夫一行自然碰钉，后被苏军勒令离开，他只得折返。

---

① 伍修权：《回忆与怀念》，中共中央党校出版社，1991，第545页。
② Telegram, Gillem to Marshall, 16 December 1946, in FRUS, 1946, vol. 10, pp. 199, 630.
③ Marshall, *Marshall's Mission to China*, vol. 1, pp. 426–427.
④ 黄华：《亲历与见闻——黄华回忆录》，世界知识出版社，2007，第67页。
⑤ 李锐、丁冬、李南央：《李锐口述往事》，香港，大山文化出版社，2013，第220页；〔俄〕齐赫文斯基：《回到天安门》，第90页。
⑥ 《毛泽东年谱（1893–1949）》下卷，第150–151页。

正当他认为已脱险境之时，车门忽然打开，涌入几个喘着粗气的武装兵士，把张和数名随行人员的棉衣剥去，强拉下车，捆绑之后带至距离该站五百米外的南山坡，用刺刀捅死，以雪掩埋。张至死并未求饶。据报，随员中有高呼"中国人的良心"而亡者。①

此事经逃回路警报告后，东北行营副参谋长董彦平中将即以发生在红军控制范围内向苏军司令部参谋长特罗增科中将交涉。苏方最终的答复是惨案系"匪"所为，除张莘夫一人的遗骸尚存外，其余尸首俱于行凶处焚毁，苏军概不负责。② 其实，张莘夫事件与苏军不无关系。据时任中共辽宁第三地委书记吴亮平回忆："国民党派张莘夫等人……到了半路，[地方上]来了电话，说是苏联红军军官要搞[张]他们……当时苏联红军部队驻抚顺，实行军管，红军的事，我们无权管……苏联红军指挥我们部队，说他们是坏人，把他们几个人杀了"。③ 另有当事人辽东军区保安第八旅二十三团三营七连连长莫广成于半年后被俘时供称："那天保安旅副司令刘子义抵站……刘即对驻站排长陈桂东说，接收抚顺煤矿火车即将开回……及车到站陈桂东受刘子义之命将车中人员逮捕，待我由营部回来，张莘夫等八人已经被绑，脱去大衣只穿便衣，刘与郭就命令我把张等押到野外去杀死"。④

紧接着 2 月 12 日，苏美英三国正式公布了一年前签订的雅尔塔密约内容。经媒体报道后，舆论哗然。张莘夫事件也被曝光。陪都东北同乡于 16 日聚会，邀请莫德惠报告东北情况，接着率先游行请愿。东北问题遂成舆论热点。在此情况下，青年学生很清晰地分为反苏和亲苏两派。天津《大公报》后来还登载了傅斯年、王云五、储安平等 20 位先生温和的抗议书，而批评的锋芒所及包括罗斯福、丘吉尔和国民政府，更直指苏联"最失道义最不荣誉"的"帝国主义"行为。⑤

面对民众高涨的反苏情绪，患得患失的蒋中正再度听从王世杰的建议，

---

① 参见《许铮、高旭征致董彦平报告》（1946 年 1 月 31 日），及沈阳郭森、李遒民等报告，秦孝仪主编《中华民国重要史料初编——对日抗战时期》第 7 编第 1 卷，第 314－316、324 页。
② 《特罗增科致董彦平函》（1946 年 2 月 27 日），载董彦平《苏俄据东北》，第 128 页。
③ 雍桂良等：《吴亮平传》，中央文献出版社，2009，第 120 页。
④ 《国防部诉莫广成判决书》（1948 年 11 月 29 日），秦孝仪主编《中华民国重要史料初编——对日抗战时期》第 7 编第 1 卷，第 340－341 页。
⑤ 傅斯年等：《我们对于雅尔塔秘密协定的抗议》（1946 年 2 月 24 日），彭明主编《中国现代史资料选辑》第 6 卷，中国人民大学出版社，1989，第 65－66 页。

选择隐忍，而没能很好利用。① 他甚至觉得有朝一日莫斯科还会良心发现。②于是，20日，蒋指示国民党内部对于学生可能发起的反苏游行"设法劝阻"，劝阻不了则"善为引导，避免正面攻击苏联"，说什么"中苏友好条约，为安定远东，使我得有建国机会之基本措施，我方决定忠实履行其义务，苏方亦当同样履行，我只可就两国共同利益上加以劝告，不可抨击，所有行动标的，应以条约为依据"。同时国民党中央要求各种团体发表的宣传口号，不可超出下列范围："（甲）忠实履行中苏友好条约，奠定东北永久和平。（乙）苏联依照条约协助国军收复东北，睦邻邦交。（丙）共产党军队退出东北。（丁）共产党立即交出军队。（戊）军令统一政令统一。"③

蒋中正的顾虑，无外有三。第一，张莘夫事件完全是苏联对国民党不同意所谓东北"中苏经济合作"的报复。他害怕如若更加刺激斯大林，莫斯科拒不履行条约怎么办？苏军霸占东北、新疆甚至内蒙怎么办？变本加厉援助中共怎么办？第二，反苏势必涉及中苏友好条约的签订，这与自己脱不了干系。他担心一旦事态失控，老百姓由质疑条约合法性转向质疑政府的合法性怎么办？自己不是同意外蒙独立了吗，中共趁机上位怎么办？第三，问题的症结还在美国。鉴于美苏之间冲突加剧，他要防止一旦中国局势动荡，华盛顿会不会趁机甩手不管、袖手旁观呢？会不会趁机推翻自己，转而支持中共，牺牲自己去绥靖苏联呢，抑或直接与莫斯科达成分治中国的协议呢？随着年纪和责任的增加，总裁也变成了失裁。

国民党内亲苏恐苏势力远比想象的要强大得多。太子派孙科自不用提，说什么"以前满洲经济为日人垄断，今分若干与苏联，何尝不可？"蒋经国曾要政府立即划清与民众反苏之间的界限。④ 单就政学新贵就足以影响局面。举例来说，负对苏交涉首责的外交官们几乎都不赞成反苏。除了前面提到的中苏条约签字人、外长王世杰以外，驻苏大使傅秉常"亦同此意"，理由是斯大林"认为十年至二十年内，英、美绝不会与苏联作战，故英、美

---

① 《王世杰日记》第 5 册，1946 年 2 月 19、22、24 日。
② Utley, *Last Chance in China*, p. 234.
③ 《中国国民党中央致各省市当局指示电》（1946 年 2 月 20 日），秦孝仪主编《中华民国重要史料初编——对日抗战时期》第 7 编第 1 卷，第 638 页。
④ 张嘉璈日记，1946 年 2 月 13、23 日。

之干涉亦将无效"，换句话说美国人靠不住，只能对苏服软。① 而亲美的宣传部长吴国桢同样是这个想法，游行当天当美国记者在其办公室见到他的时候，吴几欲哭泣。② 就连亲历东北经济谈判的张嘉璈都责怪蒋没能挽回对苏友谊。实则当时中苏经济谈判亦无进展，大游行之前两天张自己还在日记里写道："最重要者，在于中共在东北势力之膨胀。在此一月中，中共武力已立基础。即使与苏联交涉能致协议，各大都市以外之接收，非用武力不可"。③ 正因为此，国民党放任苏联公开混淆视听。

无论如何，总裁毕竟是总裁。依据蒋指示精神，负责党务的陈立夫立即开会商量部署。明确"劝止学生游行"，至多游行也只以学生为限，而其他社会团体禁止参与。在宣传上，"凡足以妨碍中苏邦交，或有刺激性之宣言、口号及标语等，中央社概不发表"。这次国民党中央如临大敌，规定各部门首长于游行当日上午8时半齐集中央党部待命，由重庆卫戍总司令负责治安，如有捣乱分子"发生冲突时，应由宪警立即逮捕之"，甚至点明了"保护化龙桥及民生路新华日报社与曾家岩共党代表团办事处"。陈立夫则一再强调"以免发生意外"，对于张莘夫追悼会也令"稍延期举行"。④ 社会部部长谷正纲后来也亲自跟随游行队伍监督。⑤

2月21日，中央大学教授会和助教会按照国民党中央指示发表了有关东北问题号召学生克制的四个文件，不想反而更加激发了学生的爱国热情。完全有理由相信，国民党基层对中央指示并没有切实贯彻，甚至暗中鼓动反苏反共。这样，学生不可能放弃游行。如王世杰观察，"本党同志之反对政治协商会议者，亦颇思利用群众此种心理以打击中共并推翻党派之妥协"。⑥

而共产党方面情况则有不同。据当时中共地下党员、成都华西大学学生贾唯英回忆：

  那时候，我同寝室的一位同学，同我私人感情很好，政治上也倾向

---

① 《王世杰日记》第5卷，1946年2月24日，第275页。
② Utley, *Last Chance in China*, p. 240.
③ 张嘉璈日记，1946年2月20日。
④ 《重庆国民党党政小组临时谈话会议记录》（1946年2月20、21日），秦孝仪主编《中华民国重要史料初编——对日抗战时期》第7编第1卷，第639-641页。
⑤ 燕凌：《我参加的1946年"反苏"游行》，《炎黄春秋》2006年第9期，第18页。
⑥ 《王世杰日记》第5册，1946年2月19日，第271页。

我们，参加过一些民主活动。反苏游行前，她却热心地为游行队伍绘制反苏的东北地图。我问她：张莘夫事件你相信是真的吗？她反问：不是真的，为什么没有人出来说是假的？一句话倒是把我问住了。我又问：谁最先帮助我们抗战，不是苏联吗？要不是苏联出兵东北，日本会这样快就投降吗？她激愤地回答：不管那些，那是过去的事情；今天谁侵略我们，我们就要反对！我说：所谓侵略究竟是不是事实，你想过没有？她说：报上登了那么多事实，你没有看见吗？我说：看见了，可都是造谣。她说：你怎么能证明都是造谣？反对苏联侵占我国主权的同学这么多，他们都是没有脑子的？——谈不下去了，不欢而散。①

当时中央大学的学生自治会由中共掌控，系科代表会曾两次否决反苏游行，其代表被民族主义燃烧的青年学子直接罢免，由沙坪坝赴市区游行的提案遂告通过。在这种情形下，新民主主义青年社作为中共南方局直接领导的外围组织，原本做了不参加游行的决定，但在南方局青年组向王若飞报告时，亦被否决："这是多数同学的爱国行动，进步同学都不去，以后怎么在群众中活动呢？我看进步同学也要去，特别是平时活动多的人要去，以免陷于孤立境地，成为被攻击的目标"。中大新青社由于及时得到新指示而参加了游行，复旦新青社就很幸运没能赶上。周恩来也发表声明，说学生是纯洁的，"对爱国，求民族独立，我们坚决赞成和拥护，但不能引到排外，因为今天要国际合作"。即便中大新青社参加了游行，其负责人事后还是做了"主观脱离中间同学"的检讨，时任中共中央青委书记的冯文彬还教导说："中国学生有爱国主义的光荣传统，我们无论何时何地都必须高举爱国主义旗帜……"②

2月22日晨6时，重庆沙磁区以中央大学为首的26所大中学校学生约两万人在沙坪坝小龙坎集合，然后赴市区游行，这就是影响深远的"二二二"大游行。游行有着强烈的反苏性质。学生们自绘了巨幅漫画，画着一条大蛇，头是斯大林，身子盘在东北地图上，标题为"赤色帝国主义侵略

---

① 转引自燕凌《我参加的1946年"反苏"游行》，《炎黄春秋》2006年第9期，第20页。
② 燕凌：《我参加的1946年"反苏"游行》，《炎黄春秋》2006年第9期，第18、27页；《中共决不受挑衅，也决不退却》（1946年2月22日），《周恩来一九四六年谈判文选》，第116–117页。

东北"。还有"苏联＝德国＋日本""斯大林＝希特勒＋裕仁天皇"的标语，甚至在斯大林画像旁边打出"死在林"的招牌，① 或一刀刺斯大林画者。② 学生们沿途散发《告全国同胞书》《对苏联抗议书》等文告，呼喊的口号除了国民党中央规定的苏联切实实行条约外，还包括"苏军必须立即撤出东北""打倒新帝国主义""我们不能再蒙受九一八的耻辱"等。③

正午时分，当队伍经过民生路新华日报社时，还是发生了意外。领头的主席团已经过去约20分钟，后面的人数已相对稀少。有人高呼口号要"中共拿出良心"来，并试图在门口张贴标语被拒。这时候，突然发生混乱，数人冲上楼去，捣毁了报社营业部，砸烂门窗家具，殴打在场中共人员及维护秩序的警察，至少有4人受伤、6人被捕。而游行队伍经林森路民盟民主报营业部时，亦发生类似情节，唯无甚损失。④

当晚9时半，周恩来即对媒体表达抗议，并将是次打砸事件与不久前的较场口、沧白堂事件联系起来，将矛头直指陈立夫。然而陈当日还以密电明令"严防异党份子于游行时运用苦肉计，制造血案与纠纷……如有阴谋捣乱制造事端，人犯应即当场逮捕，以明责任"，同时"严防学生于运动后继续罢课荒废学业"。⑤ 陈立夫还是受到了他蒋三叔的痛斥。⑥ 随后，上海、南京、太原、北平亦发生了学生游行，但在重庆政府的克制下并未引发学潮。

尽管重庆表示克制，延安还是很快利用蒋中正的顾虑而在宣传上找出了应对之道。当问及苏联企图重新攫取列宁宣布放弃的沙俄特权时，中共官方回答是"应拨开现象发现本质。雅尔塔协定的本质是为中苏条约铺路。没有雅尔塔就没有条约。没有条约可能就没有胜利。不要空谈什么'沙俄特权'，那是毫无意义的"。他们随后极其巧妙地将批评的矛头引向蒋，顺便还捎上华盛顿："蒋介石在开罗的时候就知道罗斯福将在雅尔塔讨论东北问

---

① 蒋匀田：《中国近代史转折点》，第65页。
② 张嘉璈日记，1946年2月22日。
③ 参见《重庆市学生爱国运动游行大会口号》，秦孝仪主编《中华民国重要史料初编——对日抗战时期》第7编第1卷，第647页。
④ 《吴铁城、陈立夫致蒋中正电》（1946年2月22日），秦孝仪主编《中华民国重要史料初编——对日抗战时期》第7编第1卷，第643页。
⑤ 《中国国民党中央致各省市党团部指示电》（1946年2月22日），秦孝仪主编《中华民国重要史料初编——对日抗战时期》第7编第1卷，第644页。
⑥ 张嘉璈日记，1946年2月25日。

题，但他后来却表示吃惊，是不诚实的……而我们与条约无关。我们并没有参与协商……我们主张所有外国军队撤出中国"。①

其实对于美国，中共已不满足于这种附带式攻击，自年初就已经在基层部队中广泛开展反美动员。4月21日，四平之战期间，延安广播说美国飞机袭击东北"人民武装力量和当地居民"，并称击落的一架国民党飞机上有美国军官，随后由于马歇尔的抗议而又进行了更正。② 自6月份开始，莫斯科与延安之间唱和默契。6月1日，苏联报纸刊文首次直接攻击美国对华政策，说苏军已然撤离中国的时候，"美军仍旧滞留，并且正积极参与反动派所发动的内战"。③ 6月23日，美国国会讨论援华问题引起了毛泽东的强烈不满，他一改1945年来对美不痛不痒的方针，明确要求各地党组织"动员各种群众团体与民主党派举行示威大会……要求纠正美国政府的对华反动政策，要求撤回驻华美军，要求否决贝[尔]纳斯六月十四日法案"，规定根据当地条件采取游行、请愿等形式，为限制打击面，还特别强调"不要反对杜鲁门、马歇尔与美国调处中国内战"。④ 7月7日，中共发表长篇的抗日九周年宣言，公开将美国与日本对等起来。⑤ 尽管中共中央在前一天的内部指示中仍有"注意拉拢美国一切人员"、"对各地美军，仍应避免冲突"等字句，但已对基层缺乏约束力。⑥

紧接着，当地方部队被反美宣传广泛鼓舞以后，爆发安平流血事件也就不足为怪了。7月29日正午，中共冀东驻香河五十三团五连同路过的通县大队约400人伏击了美国车队。由于事先获得情报，他们临时在廊坊安平镇附近的一段平津公路上堆置无轮牛车两辆阻断交通，并以公路旁的玉米地、树丛和土墙为掩体设伏，猎物是3小时前由天津启程、即将途经这里去北平的国际救济总署车队（卡车7辆）满载的救济物品及护送之美海军陆战巡逻队的军火。当12时开路的吉普车到达路障附近，巡逻队长考文（Douglas

---

① Utley, *Last Chance in China*, pp. 164 – 165.
② Marshall, *Marshall's Mission to China*, vol. 1, p. 441.
③ Marshall, *Marshall's Mission to China*, vol. 1, p. 443.
④ 《中共中央致各局转各省委、区党委并南京、北平、重庆、长春电》（1946年6月24日），《中共中央文件选集》第16册，第216 – 217页。
⑤ 《中共中央文件选集》第16册，第232页。
⑥ 《中共中央致各局及周（恩来）、叶（剑英）、伍（修权）电》（1946年7月6日），《中共中央文件选集》第16册，第230页。

A. Cowin）中尉下车查看的时候，被飞至的手榴弹当场炸死，中共部队同时以步枪、机关枪扫除了美军前卫的武装。车队的后卫进行了还击，巡逻队携带的迫击炮有效地压制了中共军队暴露的火力点。交火断断续续坚持了4个小时左右，停火后中共军队在开枪打伤了一名上前的陆战队员后迅速撤出现场；美军随即抢救伤员，然后驶离出事地点。当陆战队援兵赶到的时候，现场仅遗中国士兵尸体两具，遂修理损坏汽车并携美国官兵尸体离去。此次交火，美军死3人伤12人（4重8轻），中共军队据报死6人伤18人。事件发生后，双方都向各自上级进行了汇报。但冀东部队称有国美军140余人来解放区扫荡抢粮，并率先射击，他们被迫自卫，缴获尚多，后敌增援300人且有飞机汽车助战始撤出安平，"在战斗中才发觉有美军"。由于各执一词，军调部指派第25小组调查事实真相，但由于矛盾重重，根本无法工作。在马歇尔的干预下，才于半个月后开始调查。其实，在调查正式开始之前，周恩来已经知道了中共基层部队谎报军情：他于8月10日了解到美军并未向安平进攻，安平也并非解放区，冀东部队承认了设伏经过，但仍咬定系美方先开枪，毛泽东也对此重视，指示"一定要肯定美军打第一枪的事实"；15日，冀东军区承认了是自己先开枪。① 12-15日，周恩来一直称"事件发生以后，7月29日，我方始终不能与我地方部队直接联系"，并试图分化国美两方，说美国人不同于国民党，"不可能一群美国人同时歪曲事实"，但却"可能感情用事"。② 他"否认事件受命于共产党总部，也不承认试图在美国引起舆论从而导致陆战队人员从该地撤出。但他非常明确地表示中国共产党坚决反对美国给国民党军队的援助"。③ 对于延安宣传与周恩来友善之间的差异，马歇尔也没有深究。④ 最终，事件的处理只能不了了之。

就在美国急切想把在华驻军调回的时候，发生了沈崇事件。圣诞前夜，北平城内刚下了入冬后的第一场雪，气温为零下8摄氏度。几天前，18岁

---

① Final report on the Anping incident, 8 October 1946, *FRUS*, *1946*, vol. 10, pp. 320–326. 参见杨奎松《1946年安平事件真相与中共对美交涉》，《史学月刊》2011年第4期，第60–74页。

② 《周恩来与马歇尔会谈纪要节录》（1946年8月12日），《周恩来一九四六年谈判文选》，第607、609页；Minutes of meeting between Marshall and Chou, 12 and 15 August 1946, *FRUS*, *1946*, vol. 10, pp. 15, 37.

③ Despatch, Stuart to Byrnes, 7 August 1946, *FRUS*, *1946*, vol. 9, p. 1467.

④ Marshall, *Marshall's Mission to China*, vol. 1, p. 455.

女孩沈崇刚刚克服南北交通中断的困难，从上海辗转赶到北京大学先修班报到。她并没有住在沙滩校舍，而是居于灯市口甘雨胡同的表姐家里。可能是由于学校罢课，所以她有时间去平安戏院看美国爱情片《民族至上》（*This Above All*）。晚8时半，沈崇在东单附近遭到两名酗酒美国兵的胁持，即美海军陆战队皮尔逊（William G. Pierson）下士及普利查德（Warren T. Pritchard）。在越过东长安街向南劫持过程中，被第一目击证人、十一战区修理班工人孟昭杰买烟时看见，沈"啼哭挣扎"。孟急忙跑回修理班叫得帮手四人，向东大地（即东单练兵场，今东单公园）找寻。其间，皮普二人已将女孩携至东大地南墙（即奥德利使馆墙）下，沈进行了反抗，被皮和普合力按住，随后皮实施了强奸。孟昭杰等五人赶到的时候，只带了手电，看见皮沈两人躺在地上，普站在近旁，但不敢声张，找来戏院两名武装执勤警察。普看见枪械上前抢夺未遂，两警察不敢出头即返戏院。孟等又折回王府井报案。当五人带同巡逻民警关德俊赶到时，南墙下已没有人。原来普已离开，皮将沈抱去多个地方，并在南墙根空房子东北方再次实施强奸。巡逻警发现他俩的时候，皮沈还躺在地上。皮起身向关攻击并试图逃走，但被五个工人拦住。适有中美警宪联合巡逻车经过，工人之一跑去拦截，关向他们报告了强奸事件，皮至此方被带走，已是夜11时半。

事件发生后，25日下午，亚光通讯社把消息发给各大报社，北平警察局长汤永咸当晚进行了干预，要中央社通知各报"缓登"这则消息，"以免该女生自杀心理更形加强"。而在傅作义创办的《平明日报》社当采访主任的前西南联大学生、中共秘密党员李炳泉及时告知返平的袁永熙。各大媒体并未报道此事，只有《新民报》等数家小报于次日将消息泄露了出来。

共产党较社会更早做出反应，适时引导了舆论。26日，延安派来加强城市工作的"北系"代表佘涤清与"南系"代表袁永熙单独会面，决定利用前西南联大的关系网络，"抓住沈崇事件，举起维护民族尊严的旗帜，激发广大群众的民族义愤，放手发动同学们掀起抗议运动"。[①] 两人分别参加过"一二·九"和"一二·一"运动，经验丰富。这次密会缓和了北平共

[①] 佘涤清：《中国革命史册上的光辉一页——回忆北平地下党领导的抗暴运动》，《文史资料选编·北平地下党斗争史料》第10卷，北京出版社，1981，第4-5页。

产党内部南北两派的矛盾，实际上确立了北体南用的领导系统，初步规划了动员步骤和注意事项。旋即当天下午，中共地下党在沙滩红楼操场和海淀清华饭厅贴出了启事和宣言，称："受奸污的不仅是沈小姐一人，而是全中国的妇女，全中国的同胞；如果美军一天不退出中国，中国人民的人权与自由便一天没有保障"。① 如果说一年前昆明学潮提出的反美口号还有些牵强，半年前安平事件要求美军撤走又有些被动的话，那么现在时机完全成熟。当晚由北大女同学会主席、秘密共产党员刘俊英出面发起并在北楼礼堂召集北大学生代表大会，按照惯例致书蒋中正、美国大使、马歇尔、杜鲁门和全国同胞，要求美军撤出中国。国民党三青团派人进行了干预，共产党方面并未提出立即游行的主张。

由突发案件演变成社会运动，诚如佘涤清后来接受采访时所说，"必须有充分的准备时间"。27日，他在北大女生聚会时进行了一次投票调查，结果并不乐观：300多人中，赞成罢课的仅百余人，赞成游行示威的更少，只有50多个。② 到了28日，坊间出现针对沈崇本人的风闻，说她是"延安派来的特务，故意勾引美军奸淫，以便造成惨案"。③ 三青团负责人、时任北大训导长陈雪屏说过"该女生不一定是北大学生"的话。④ 刘俊英凭借另一个地下党员、北平《益世报》采访主任刘时平打探来的情报，以慰问为名找到沈崇在平住处，随后贴出一张大字报，声称沈乃前清名臣沈葆桢和大翻译家林纾的后人，真正的"大家闺秀"，不是什么"八路女同志"，确系"北大女同学"。接着就有大字报攻击陈雪屏："如果受害者是你妈，你管不管！""可惜强奸的不是你妹妹。"⑤ "狗东西，你会叫好"。⑥ 长期压抑着的国共争斗充分暴露了出来，中共以悲情面目出现扩大影响的意

---

① 《抗议美军暴行，北平学生示威记》，《观察》第1卷第21期，1947年1月第15页。
② 史建霞：《站立时代潮头——深切缅怀佘涤清同志》，《北京党史》1999年第5期，第30页。
③ 佚名：《抗议美军暴行，北平学生示威记》，《观察》第1卷第21期，1947年1月第17页。
④ 关于沈崇是否算北大在籍学生，参见李秉奎《沈崇身份疑点补正》，《中共党史研究》2006年第5期，第122-123页。
⑤ 佘涤清：《中国革命史册上的光辉一页——回忆北平地下党领导的抗暴运动》，《文史资料选编·北平地下党斗争史料》第10卷，第7-8页。
⑥ 《斥"情报网"》，《文汇报》1947年1月5日，转引自中共北京市委党史研究室编《抗议美军驻华暴行运动资料汇编》，北京大学出版社，1989，第191页。

图逐步达到。① 佘涤清积极联络清华、燕京、中法、朝阳、北师、南开等平津主要高校,准备使运动升级;北大、清华、燕京三校同时宣布罢课一天。至于国民政府外交上的反应似乎已不重要。因为就在当日,北平市政府召开紧急会议,随后向美国驻平海军陆战队司令官提出严重抗议,要求"对两名肇事美兵迅予实施军事审判,依法从重惩处"。②

29日,佘涤清认为时机业已成熟,遂召集中共"北系"学生领袖开会,决定于次日发动全市大中学生游行示威。国民党北平市党部主任委员吴铸人获悉后也召集了一百多人于当日晚间赶至北大,试图阻挠中共游行的筹备会议,但因后者临时转换会场而并未遂愿。但国民党这一不成功的反制行动,很快就被共产党所利用。清华、燕京听信了北大开会时有两人被捕的传言,"激愤情绪进一步高涨",随即召开了声讨大会。中共地下党趁机发动签名活动,参加者约千人。两校遂于30日凌晨召开学生代表联席会议,做出了进城游行声援北大的决定。于是,各高校分别通宵准备游行时需用的大量横幅、标语和纸旗,清华还排练了几年前的救亡歌曲,要在游行时高唱。③ 这在无形中将反美和抗日就画了等号。

12月30日下午,北平各校学生队伍冒着严寒在北大沙滩会师之后,浩浩荡荡地游行经王府井、东单一带。整个队伍包括清华900余人、燕大500余人、朝阳300余人、中法100余人、师院500余人、铁道(学院)100余人和北大约1500人,再加上辅仁数百人和其他大中学生及社会人等,游行总人数可能超过5000人。游行者呼喊的是预先规定的6个口号,即"抗议美军暴行""严惩肇事美军""美军撤出中国""美国立即改变对华政策""维护主权独立""民主新中国万岁"。其间,有纠察员严格约束纪律,"不随便离队,不喊规定以外的口号",标语增加美军撤离内容数条,队伍走到

---

① 延安指示中明确说:"宣传中注意用悲愤的口吻,不要用高兴的口吻,以取得更广大的同情"。见《中共中央致各中央局、分局、区党委、南京、北平、重庆、香港、上海及鲁南、刘(伯承)、邓(小平)、林彪电》(1947年1月5日),《抗议美军驻华暴行运动资料汇编》,第6页。
② 《北平市政府致外交部代电》(1947年1月3日),"国史馆"外交部档020 - 050204 - 0001。
③ 佘涤清:《中国革命史册上的光辉一页——回忆北平地下党领导的抗暴运动》,《文史资料选编·北平地下党斗争史料》第10卷,第8-9、13页;张泽石:《1949我不在清华园——一位清华学子在共和国诞生前后的经历》,当代中国出版社,2003,第71-72页。

哪里，标语就贴到、写到哪里。学生在游行过程中特意在景山东大街停留，并向住在那里的中共北平军调处代表叶剑英欢呼致意，将政治倾向表露无遗。国民党方面担心事态恶化，唯进行了和平的干扰。当大队游行了两个多小时、学生在东单广场集会时，有国民党动员的打着"中国大学"旗帜的百余人来到现场，高喊"打倒共党"、"要求苏军撤出大连"的口号，因寡不敌众，被纠察队制止。中共遂改变了原先计划，大队并未再去北平行辕所在的新华门前示威，而是转回沙滩就此解散，仅派少数代表递交了请愿书。① 毕竟宣传目的已然达到，请愿本身并非重点。

整个运动是直接针对美国人的，而非仅限军人。由于美军事先下达了回避的命令，因此未发生肢体冲突事件。据美国驻平总领馆报告，队伍游行到军调处执行部时，"挥舞着拳头，美国人被称为狗、兽，诸如此类，骂了一些难以启齿的脏话，并用粉笔写在墙面路边——全是要美国人离开中国。奇怪的是，辱骂针对的是陆军和执行部，而游行队伍却未经过海军陆战队总部和军营所在的使馆区。"② 据《文汇报》刊发通讯，"学生们对着一切美国人和小孩大叫滚出去，连外国记者在内"。③ 当时有美国《纽约先驱论坛报》记者马汀要求采访，遭到学生的反对，"经他极力解释，说他要把中国人民的抗议行动据实向美国人民作报道"，才勉强获得同意。④ 从口号的设计、路线的选择来看，整个游行的关注点显然已是美军撤出中国的政治诉求，而非沈崇案本身。驻平总领事迈耶斯（Myrl S. Myers）叹道："无论皮尔逊和普利查德是获罪判刑还是无罪释放，学生们都将得以证明他们反美示威的合理性并继续煽动"。⑤ 这种普遍反美的直接后果是燕京大学的五六个美军子女很快被勒令停课。⑥

---

① 佘涤清：《中国革命史册上的光辉一页——回忆北平地下党领导的抗暴运动》，《文史资料选编·北平地下党斗争史料》第 10 卷，第 18 – 22 页。
② Telegram, Myers to Byrnes, 30 December 1946, *FRUS, 1947*, vol. 7（Washington：USGPO, 1972), p. 4.
③ 《十二月三十日游行侧记》，《文汇报》1947 年 1 月 11 日，转引自《抗议美军驻华暴行运动资料汇编》，第 182 页。
④ 佘涤清：《中国革命史册上的光辉一页——回忆北平地下党领导的抗暴运动》，《文史资料选编·北平地下党斗争史料》第 10 卷，第 26 页。
⑤ Telegram, Myers to Stuart, 15 January 1947, Box 4607, RG 59, National Archives at College Park.
⑥ 《沈女士访问记》，《燕京新闻》1947 年 1 月 6 日，转引自《抗议美军驻华暴行运动资料汇编》，第 132 – 133 页。

1946年的最后一天，延安直接指示将反美的烈焰由平津烧向其他城市。它明确要求"各大城市（平、津、京、沪、渝、昆、港、蓉、杭等）及海外华侨中发动游行示威，并坚持下去……一面依据情况联系到美军全部撤离中国，反对美国干涉内政，出卖军火，进行借款，助长内战，及废除中美商约，抵制美货等口号"。中共成功地借一桩种族间强奸案，"达到暴露国民党之媚外卖国及其国大制宪全系欺骗之目的"。① 在未来的一个月中，全国包括东北的沈、长、哈、齐等大中城市"学生不断罢课、游行示威，参加的人数达五十万"。② 在未来的一年半中，全国爆发学潮至少 109 次，计有 506 天（则 10 天中 9 天有罢课），每次都与中共的"一切号召和要求完全是密切呼应，若合符节"。③

中共发动的反美运动加速了美军的撤离，也为美国政府拒绝军事援助国民政府提供了借口。④ 马歇尔、范宣德、艾奇逊反复表示美国对"中国当局"的任何援助都会引起中国人民的反美情绪。⑤

反美与反苏的问题，在中国自由主义知识分子中引起争论。刚刚出席完国大的北大校长胡适 30 日在西苑下飞机一路上看着学生写的标语进城，旋即发表讲话："学生应当愤慨，可以开会游行，但是不可以罢课，因为今年的开课本来就晚，再一罢课学业太荒废了"；"这是一个法律问题，不是一个政治问题"。⑥ 燕大中英文学出身、担纲重庆《客观》周刊主笔的吴世昌撰文否认此系法律问题："今此事由于美军在非战时留驻中国，才能发生。美军留华，至多只能说是政府的政策，试问根据中国或美国那［哪］一条法律，美军可以驻华？……因此我们也反对一部分苏军之延不撤出旅顺大

---

① 《中共中央致董（必武并转沪工委）、吴（玉章）、张（曙时通知昆蓉）、（叶）剑英、刘晓（并转钱瑛）、方（方）、林（平）电》（1946 年 12 月 31 日），《中共中央文件选集》第 16 册，第 366 页。
② 佘涤清：《中国革命史册上的光辉一页——回忆北平地下党领导的抗暴运动》，《文史资料选编·北平地下党斗争史料》第 10 卷，第 27 页。
③ 中央社：《匪谍制造学潮铁证》（1948 年某月 17 日），转引自童小鹏《周恩来在解放战争时期领导第二战场斗争的历史贡献》，载《周恩来研究学术讨论会论文集》，第 276 页。
④ See Robert Shaffer, "A Rape in Beijing, December 1946: GIs, Nationalist Protests, and U. S. Foreign Policy," *Pacific Historical Review*, vol. 69, no. 1 (Feb., 2000): 49.
⑤ Minutes of SWNCC meeting, 26 June 1947, and memo by Vincent to Truman, 27 June 1947, and memo by Acheson to Marshall, June 1947, *FRUS, 1947*, vol. 7, pp. 851, 853, 855.
⑥ 佚名：《民族受辱案》，《观察》第 1 卷第 21 期，1947 年 1 月第 15 页。

连"。他豪迈地各打五十大板道:"我们认为这次学生运动,和去年[1946]反对苏军在东北延不撤退,同样正确"。①

当时北大的青年教师季羡林后来回忆说:"我可以讲两件我亲眼看到的小事。解放前夕,北平学生经常举行示威游行,比如'沈崇事件'、反饥饿反迫害等等,背后都有中共地下党在指挥发动,这一点是'司马昭之心,路人皆知'的"。② 毛泽东更明确指示:"不要畏惧学生运动中少数领导分子的暴露,这是今后斗争中不可避免的……同时又要准备二批三批的新的领袖来补缺"。为了争取社会下层支持,中共在阴历年假中"组织学生下乡宣传"。③ 一个月后,周恩来在延安政治局会议上报告说:"反美斗争,去年还不会料到有这样大的发展,因为许多人原来对美国有幻想。现在,学生运动和小贩运动都直接地是反美运动。群众中,从贫民、工农到民族资产阶级都不满美国的压迫。斗争还要继续发展下去"。④

1946 年是美国正式弃华的开始。由于杜鲁门总统对这位"现存最伟大的美国人"的信任和依赖,美国对华政策变成了马歇尔一言堂。杜鲁门只会时不时说一些奉承话,诸如爱卿可"火中取栗","完全依赖你对一切中国事务的判断"之类。⑤ 范宣德则在一旁吹捧说"马帅只要在华一天就能发挥积极的调处影响"。⑥ 而国务卿贝尔纳斯倒乐得放手不管他并不熟悉也不感兴趣的中国问题。可惜马歇尔怀着对蒋中正的不满,去执行总统的命令——建立压蒋和共的联合政府,难免失败。马歇尔在华的时候,不得不痛苦地在政策和现实的矛盾中挣扎,他所依靠的仅是对蒋介石单方面施压的能力,不但无法达成使命,反而使中国政治状况进一步恶化。最终马歇尔愤恨离华,并全面中止了美国对国民政府的援助,前后实际一年之久。1947 年

---

① 吴世昌:《论美军事件》,《观察》第 1 卷第 21 期,1947 年 1 月第 4 页。
② 季羡林:《站在胡适之先生墓前》,《百年潮》1999 年第 7 期,第 14 页。
③ 《中共中央致董(必武并转沪工委)、叶(剑英)、吴(玉章)、张(曙时)、刘晓(并转钱瑛)、方(方)、林(平)电》(1947 年 1 月 6 日),《抗议美军驻华暴行运动资料汇编》,第 7 页。
④ 金冲及主编《周恩来传(1898－1949)》,第 667 页。
⑤ Telegram, Truman to Marshall, 26 September 1946, and Carter to Marshall, 3 December 1946, FRUS, 1946, vol. 10, pp. 225, 583.
⑥ Memo, Vincent to Clayton, 26 September 1946, FRUS, 1946, vol. 10, p. 226.

伊始，马歇尔将就任国务卿，仍旧把美国外交的重点面向欧洲。为了掩饰对华政策的失败，马歇尔和杜鲁门咬定"联合政府"的旧梦而毫不松口，于是出现了在中国要拉拢共产党而在南欧排斥共产党的离奇现象。实际上这只是对国民政府乃至中国的始乱终弃罢了。

自马歇尔来华之后，华盛顿对国民政府的援助大大缩水，不如战时。在军事方面，从日本投降签字至马歇尔抵华后的2月底，美国号称总值约6亿美元的租借援助其实"绝大部分用于运输花费"，而且，"从那以后，款项减少，并以完成已有协议为限，后来其中多数都暂停了"。由于延安的反对，8月份中美虽然签署了订售战时军用剩余物资的合同，但是"飞机、所有未失效的作战物资和中国境外的固定设备均不在此列，因此，该协定不致使任何武器流为内战之用"。就经济方面，3月间马歇尔回美仅筹措了6笔用于购买原棉、修理船只和铁路器材的小额紧急政府贷款（共计6680万美元），不过是杯水车薪。虽然他还在进出口银行账下划出一笔用于援建国民政府和私人企业项目的5亿美元贷款，但实际上囿于中国的内战状态而"未予拨出"。① 用国务院远东司司长范宣德的话说，美国"既要管中国的问题又不要插手中国内战"。② 这样，唯一可能的做法就是袖手旁观，等待"尘埃落定"。

东北除外的原则实际上成为中国内战规模持续升级的根源。罗斯福战时对苏秘密外交，造成东北问题日趋复杂的恶果，在1946年充分显现出来。在苏联的支持下，东北的共产党接壤辽阔，易得接济，国民党仅持（北）平奉（天）线及一两小港，供应困难。③ 终其一年，重庆和华盛顿忌讳苏联而对东北多有隐忍，延安和莫斯科则放手经营东北。蒋中正在马歇尔的威胁下，没有乘胜追击林彪，成了他的终身憾事。④ 更有甚者，国民党虽在表面上取得了东北的主权，但只占领大城市和铁路线，而又难以利用当地的工农

---

① Statement by President Truman, 18 December 1946, Harry S. Truman Library & Museum, on line：http：//trumanlibrary.org/publicpapers/viewpapers.php？pid＝1835 ［accessed on 8 January 2015］. See also telegram, Marshall to Acheson, 14 December 1946, FRUS, 1946, vol. 10, p. 627.

② Memo of conversation between Vincent and H. A. Graves, 3 September 1946, FRUS, 1946, vol. 10, p. 116.

③ 见张嘉璈日记，1946年1月31日。

④ 蒋中正日记，1952年6月10日。

业资源，使得城市与日占时期能够经常取得粮食、燃料的地区隔绝开来，毋宁说"日益变成国民政府的一个主要的经济负担"。①

由于国共对于战场胜负的"结算"方式不同，蒋中正1946年尚自认为，中共已不构成威胁，实则国民党统治已发生根本动摇。他对马歇尔说：目前的局势已不同于与中共军队作战的初期，因为现在有了可以自由调遣军队的道路。因此，他有信心能在8到10个月的时间内消灭中共军队。②

从经验的角度来说，马歇尔在调处过程中肯定无法做到不偏不倚。延安有效地利用了国强共弱的表象，再加上周恩来的灵活，使得马歇尔对于共产党尽量容忍，而对于国民党则表现得无可忍受。苏、中共产党方面可以只做不说，而国民党和美国方面则是树大招风。马歇尔可能是怀着与史迪威类似的嫌怨心情返回美国的。但与史迪威不同的是，马歇尔已经清楚知道中共并不是一支美国可以依靠的力量，他在临行前与行政院副院长翁文灏的一次谈话中说，他希望中国的爱国自由主义者们能形成制约国民党的政治力量，"除非有一个令人尊敬的反对党存在，否则中国就不能让世界相信是建立了民主政府"。③ 11月，在国共两党与马歇尔相互抛弃的时候，后者开始转向小党代表。他鼓励张君劢、罗隆基等自由派人士联合中国的爱国者，形成真正的"第三势力"。马歇尔评价说："现在小党人士听任自己陷入四分五裂，无力影响政局，既不能防止政府动用武力，也不能防范共产党瘫痪经济。在这可悲的局势中，中国人民单独承受着这场悲剧的全部重负"。④

无论是共产党还是国民党，他们在对待尤其是苏美驻军在华刑事案件的问题上，都刻意回避了己方盟国的责任，而积极指责对方为本民族的叛徒，以博取政治资本。在民族主义居于垄断地位的20世纪中国，无论反苏或者反美，似乎都能找到合理的土壤，只不过宣传的手段和效果有着巨大的差异而已。

---

① *United States Relations with China*, p. 221.
② Marshall, *Marshall's Mission to China*, vol. 1, p. 407.
③ Marshall, *Marshall's Mission to China*, vol. 1, pp. 430–431.
④ Marshall, *Marshall's Mission to China*, vol. 1, p. 415; minutes of meeting between Marshall and Lo Lung-chi, 18 December 1946, *FRUS*, *1946*, vol. 10, p. 633.

8月15日，蒋中正从灵修读物《荒漠甘泉》当日的诗文中得到了慰藉，说的正是忍耐。新约使徒行传中保罗有云："我们进入神的国，必须经历许多艰难"，作者考门夫人（Lettie B. Cowman）由是引发出"照样，一个破碎的心，才会得到神的喜悦"。读到这里，他不禁感慨："我的心实在是破碎了，必能得到神的喜悦乎？"[①]

---

① 蒋中正日记，1946年8月15日。

四　危急存亡之秋：1947

中共非共谬论

1947年1月8日晨，马歇尔的专机飞离南京。身后中国的东北、山东、山西等省俱已陷于战火之中。

中午，南京获得消息：华盛顿方面已发表马歇尔措辞强烈的声明，并同时宣布了对其国务卿的任命。这表明白宫对马歇尔个人全部对华政策的坚定支持，并回避了促成国共联合这一使命失败的根本原因和行政责任。

声明要点是这样的：

首先，和平的最大障碍在于中国共产党与国民党之间的相互猜疑和完全不信任，这种猜疑和不信任几乎是无法阻挡的。

一方面，国民政府领袖强烈反对共产主义政治制度。另一方面，共产党直言他们就是马克思主义者，并且要为在中国建立共产主义政治制度而奋斗，即便要先经过美英的民主政治形式。

我认为，导致最近和谈破裂的最重要因素有以下这些：在国民政府（实质上即国民党）一方，存在着一个由反动分子组成的统治集团，他们几乎反对我为促进成立一个真正联合政府而做的一切努力。

彻底［dyed-in-the-wool］的共产党人则毫不犹豫地采取激烈措施以达其目的，例如，阻断交通来破坏中国的经济生产，从而颠覆、瓦解政府，而不顾有关民众直接承受的苦难。

……政府内的反动分子显然指望美国能提供雄厚的支持但又不干涉他们的行动。共产党人显然指望以一场经济崩溃导致政府垮台，他们不愿考虑民众的利益而做出妥协……①

国共双方对此的反应都是有选择性地宣传对己有利的部分。蒋中正本人的反响是积极的，并未公开表露出反感，可能因为马歇尔国务卿代表美国政府首次承认了他的对手是真正的共产党。② 而周恩来则公开批评马歇尔没有指明所谓"反动分子组成的统治集团"的首领就是蒋中正。③

1946年8月国务院的那份备忘录不小心一语成谶："一旦马歇尔将军使命失败，美国的地位就必须由一个中国事务的积极参与者转变为一个利益攸关的旁观者。"④ 失败的政策还在继续。1947年2月，马歇尔国务卿与陆海军部长协商了由远东司司长范宣德提交的"美国对华政策"备忘录，决定"避免任何形式的对华军事援助"，并重申经济援助的前提是中国状况的改善。⑤ 这对国民政府的打击是巨大的，数项经济贷款因平添了政治条件而终成画饼。蒋中正无奈地记下："美国强制我改组政府，否则彼不贷款协助，其舆论皆视我国为可欺……希望美国朋友了解我国八年抗战之艰巨……今日和平以后虽不需要我国，如能不置我于卑贱之列，而以人类相待则幸矣"。⑥ 在内战的困扰下，国民政府的改革更加乏力。然而面对重伤未愈的中国国民党，山姆大叔一摆手，表示：你先自己证明健康状况，我再给你输血。不久，美国政府继续做出放弃中国的举动，不仅于3月11日撤走存了将近32个月之久的延安观察组，遣散军调部，还陆续撤离海军陆战队。禁运令依然有效。

东北很快打响了后来被中共党史称为"三下江南四保临江"的争夺战。临江，临的是鸭绿江，位于长白山脚下，为中共在东南满洲尚存的根据地，1月平均气温在零下15摄氏度左右。杜聿明从1946年12月起用6个师的兵

---

① Marshall, *Marshall's Mission to China*, vol. 1, pp. 431 – 433.
② 《王世杰日记》第6册，1947年1月10日，第6页。
③ Marshall, *Marshall's Mission to China*, vol. 1, p. 434.
④ Telegram, Carter to Marshall, 14 August 1946, *FRUS, 1946*, vol. 10, pp. 27 – 28.
⑤ Memo, Vincent to Marshall, 7 February 1947, *FRUS, 1947*, vol. 7（Washington：USGPO, 1972），p. 793.
⑥ 蒋中正日记，1947年1月17日。

力围攻这里。林彪动用了几乎北满全部战斗力的12个师，于1月5日开过冰封的松花江突袭塔木，引南满国民党军分兵来救，达到目的之后即迅速撤回江北，并未接触。由于中共军队冬装单薄，仅冻伤就超过8000人，"造成残废者不在少数"。① 1月30日，国民党军又以4个师的兵力进攻临江，林彪也以4个师应对。2月5日，国民党军半美械的第五十二军一九五师于高力城子一带遭中共部队伏击；翌日，国民党军第二〇七师先遣团又于三源浦的大雾中被围歼。林彪的第四纵队插入南满抚顺、桓仁、本溪腹地，令杜聿明无暇东顾。一周后，国民党军重新组织5个师的兵力，发动第三次进攻。中共军队一方面再次挺进南满，围魏救赵，当吸引国民党军的3个师来救时，以优势兵力以逸待劳，在通沟和大北岔消灭了先头两个整团，迫使其两个师兵力回撤；另一方面林彪第六纵队在北满渡过松花江攻击长春，消灭国民党军1个整团后，北返与第二独立师会合围攻德惠，当国民党军再次来救时，又避其锋芒于3月2日撤回松花江以北。这一次杜聿明向北紧追，但却拉长了战线，被林彪寻到破绽于3月8日三过松花江掩击其后，大败而归。3月26日，杜又以20个团的兵力分三路发起攻势，但因中央战线的第八十九师进军过速，被林于4月1日围歼，另两路攻势随之瓦解。临江战役以中共全胜而告终。② 此时东北野战军建立了自己的炮兵部队，"已有各种炮一千门左右，各主力纵队已有野炮营或团，各师已有山炮营或连"。③ 中共借马歇尔停战带来的喘息机会，靠着苏联源源不断的援助，重创了国民党精锐之师。

关内亦是如此。陈毅、粟裕率领合流后的华东（原山东、华中）野战军主力放弃苏北，于1月2日晚10时，以7万多兵力（4倍半于国民党军）突袭山东临沂西南国民党军整编第二十六师驻扎的卞庄、向城等地。此时的华东野战军装备已达全盛：编制满员（其中新俘虏数不超过1/3），每师（后改纵队）配齐轻机枪486挺、掷弹筒486支、重机枪162挺、迫击炮（主要为60毫米口径，包括部分九二式步兵炮）约100门、山炮9门、平射炮（37毫米口径）约4门，另弹药平均每单位步枪50－100发、轻机枪500发、重机

---

① 涂通今：《东北解放战争中的卫生工作》，《辽沈决战》第1卷，第620页。
② 参见姚夫编《解放战争纪事》，第174页。
③ 苏进：《辽沈战役中炮兵纵队的战斗片段》，《辽沈决战》第1卷，第513页。

枪1000发、迫击炮50-100发、山炮40发、平射炮100发，手榴弹每兵4枚。① 国民党军整二十六师师长马励武轻敌，此时正在峄县城内过年，整二十六师遂陷入群龙无首的境地。3、4两日，骤降雨雪，道路泥泞，造成国民党军重型武器无法正常施展、空军又无法支援，"装甲兵团"第一快速纵队经过5个小时的激战大部覆亡。关内中共军队得以制服坦克，"以人的血肉压倒敌人"。② 11日，中共军队又凭借缴获的重武器攻陷峄城，俘马励武。1月19日至20日，中共军队再以炸药连续爆破攻占枣庄，凭借强大火力，打败了国民党军整编第五十一师并两个团，俘虏师长周毓英等1.3万余人。③ 国民党军损失甚大，"据报旅长、团长阵亡者三万人……美国一〇五重炮两营皆已损失，汽车之数亦大，半年以来剿匪损失，以此为最大"，"此无异送精械于匪部"。④ 具体数目为：坦克24辆、各种炮217门、汽车474辆。⑤ 峄枣战役又以中共胜利而告终，标志着中共战斗力在苏联的援助下已获得了本质改变。据被俘国民党军逃回人员报告，中共军队"死伤虽大，但补充的新兵及武器很多，士气旺盛"。⑥ 华野的弹药是如此充沛以至于可以接济刘邓。⑦

在山西，1月17-18日，晋冀鲁豫军区的陈赓与晋绥军区的王震合作进攻汾阳和孝义。国民党第二战区司令长官阎锡山亲自太原分三路来救，被陈、王集中优势兵力各个击破，于29日结束战斗，第六十一军六十九师副师长王熙明被俘。晋冀鲁豫军区四纵第十旅副旅长楚大明牺牲。⑧

1月中，蒋中正最后一次试图与中共谈和。他对亲共的张治中说："大家都希望你再到延安走一趟。"张慨叹道："晚了。"蒋仍坚持："故试之。"⑨ 随即托司徒雷登转达。就在围攻汾阳的1月17日，中共马上在广播中拒绝与蒋和

---

① 《做好兵员补充、弹药配备工作》（1946年12月），载中共山东省委党史资料委员会编《鲁南战役》，山东人民出版社，1989，第18页。
② 《一面打仗，一面建设》（1947年1月），《陈毅军事文选》，解放军出版社，1996，第369页。
③ 《粟裕年谱》，1947年1月20日，第221页。
④ 蒋中正日记，1947年1月5日。
⑤ 《粟裕战争回忆录》，第429页。
⑥ 王耀武：《莱芜战役国民党军被歼记》，载山东省政协文史资料委员会编《莱芜战役纪实》，中国文史出版社，1995，第118页。
⑦ 《粟裕年谱》，1947年3月16日，第234页。
⑧ 姚夫编《解放战争纪事》，第175-176页。
⑨ 余湛邦：《我所亲历的三次国共谈判》，第212页。

谈，要求取消 1946 年底国大通过的宪法，恢复 1946 年 1 月 13 日的军事位置。①

国民党军参谋总长陈诚（字辞修）对这种美国造成的战和不明的状态深恶痛绝。他在 2 月 19 日国防最高委员会做报告时道出了国民党军失利的深层原因："古人说：名不正，言不顺。师出有名。我们在前方和团长以上的长官都谈过，究竟是打是和？他们都表示怀疑，说后方总说我们好战，连死了的官兵也不知为什么要打。最近有一件公事，国防部已经呈复行政院，公事是说剿匪伤亡官兵不准褒扬……现在我们前方士气相当消沉"。② 陈诚不得不受命亲到陇海前线新安镇指挥作战，摆出与陈毅决战临沂之势。

蒋中正此时已是骑虎难下，正是他被骄纵的情绪所主导，不顾政府财政濒危的事实，仍旧依照占地多寡来衡量战事成败，错误地估计了国共力量对比的变化。自他而下，国民党军将领也必依据委员长的标准来邀功请赏，于是上下都被盲目的乐观情绪所笼罩，谁也没有担起真正的责任。1 月 8 日，陈诚在国民党中央报告说："去年七月以前，我军完全处于被动，七月以后，共产党打我们就给予反击，总算还能达成任务……一般说来军事上很顺利，收复的有一百五十多县"。③ 国民政府的统计资料亦如是，谓从 1946 年 1 月 13 日至 1947 年 3 月 17 日，国民党军已从中共手里夺回 198 座县城，中共尚占 212 座，对比国民党军的 590 座，从数据上看，无疑是国民党胜券在握。④ 以至于 2 月 15 日国民党军占领了中共遗弃的临沂时，国防部亦捷报频频，称"毙伤匪三万余""临沂之攻下"等，自欺欺人，蒋介石亦盲信盲从，记下"此次战略可说完全成功"等语。⑤ 而中共则业已转变为以国民党军机动兵力为目标，"作战计划变更七次之多"，利用对方守成心理，只要"佯动一下，更可使敌人犯更大的错误"；结果表面上"[中共]丢了这多地方，弄得美国人也莫名其妙"。⑥ 前军令部长徐永昌倒很清醒："[国民党

---

① 姚夫编《解放战争纪事》，第 175 页。
② 陈诚军事报告（1947 年 2 月 19 日），转引自蒋永敬、刘维开《蒋中正与国共和战》，第 116—117 页。
③ 陈诚军事报告（1947 年 1 月 8 日），转引自蒋永敬、刘维开《蒋中正与国共和战》，第 113 页。
④ 陈诚军事报告（1947 年 3 月 17 日），秦孝仪主编《中华民国重要史料初编——对日抗战时期》第 7 编第 2 卷，第 888—889 页。
⑤ 蒋中正日记，1947 年 2 月 15 日，"上星期反省录"。
⑥ 陈毅在华东野战军第一次政治工作会议上讲话及在孟良崮战役后华野军团级以上干部会议上总结报告，1947 年 3 月—5 月 29 日，《陈毅军事文选》，第 379、394 页。

军〕小的胜利亦必有之，〔中共军队〕被迫而自动放弃亦系事实，若毙伤几万，恐是胡说，但我经济紊乱，几将崩溃，无论军政到处贪污，其危险且非军事所能补救，况军队战斗力多趋衰弱途径耶"。①

战机稍纵即逝。蒋中正本打算乘胜追击，由临沂攻占蒙阴，济南王耀武部南下，形成南北合围。而蒙阴正是中共华东野战军的心脏地带，陈毅的军事机关、物资仓库都藏在蒙阴山里，如遇攻击必定死守，从而暴露主力位置，陷入被动。然而攻占蒙阴的任务偏偏就下达给了现任整第四十六师（原四十六军）师长、中共秘密党员韩练成。韩轻巧地说服上级撤销了成命。② 这次没打蒙阴，殊不知下次再打的时候已是三个月后，形势非今可比。

就在韩练成不打蒙阴北撤之时，2月20－23日，陈毅暗度陈仓北上莱芜，围城阙一，并在吐丝口隘路设伏。整四十六师突然失却指挥而乱了阵脚，与七十三军共5.6万余人陷入瓮中，绥区副司令李仙洲及第七十三军军长韩浚以下国民党高级将领17人被俘。③ 之后，韩练成潜回南京，还受委员长嘉奖。尽管如此，此番中共部队在国民党空军主力及自动武器攻击下伤亡亦不小，陈毅曾作诗为证，首句即为"莱芜淄博战血红"，可见是役之惨烈。④

蒋中正慨叹为"国军无上之耻辱"，他将之归咎于陈诚的疏忽："辞修以为匪已向黄河北岸溃窜，故对剿务一若已完者，故其自徐州回来请病休假，时现自足之骄态"。⑤ 但蒋本人又何尝不是与陈诚同样的心理，不然何以会准假，是故他对于自己的嫡系爱将并未有所处罚。赏罚不明和任人唯亲、唯忠是蒋的致命伤。他更认为莱芜之所以会战败全在乎忠诚问题，甚至不顾体面地训斥属下："我亲口说的话，亲手订的计划，告诉前方将领，不仅没有人遵照实行，而且嫌我麻烦觉得讨厌！以为委员长年纪老了，过了时代……你们这种心理态度，无论和我当面谈话或在电话里面的语气中往往表现出来，这就证明了你们矜骄自大对于统帅的信心动摇！"老头子

---

① 《徐永昌日记》第8册，1947年2月20日，第377页。
② 参见卓鸿礼《韩练成将军与莱芜战役》，载《莱芜战役纪实》，第249－250页。
③ 《粟裕年谱》，1947年2月20日，第231－232页。
④ 李仙洲：《莱芜战役始末》，并陈毅手记，载《莱芜战役纪实》，第139－140页及照片页。
⑤ 蒋中正日记，1947年2月22日，"上星期反省录"。

越说越激动:"老实告诉你们,对于前方后方的情形,我所知道的比你们任何人都要清楚,我所想到的比你们任何人都要周密,只要你们照我的指示,实实在在的作到,我就可以保证你们成功……"① 蒋随即撤掉了反对过他的薛岳,改派忠贞不贰但却战绩平平的顾祝同坐镇徐州。然而,了解他的专属医官、兼职秘书熊丸事后感慨道:"总裁平常认为忠诚者竟然叛变,而总裁认为善战者竟与共军合作,反倒是一些总裁不重用的人都殉了职"。②

2月28日,蒋中正最宠信的大将胡宗南飞来南京,蒋命他3月10日闪击延安(后因美军观察组尚未撤离而推迟三日),来反对美苏英法四外长开会干涉中国事务。③ 然而就在这一天,台湾爆发了旨在反抗中国国民党统治的大规模暴力事件。

其时,台湾光复后的短暂喜悦早已被国民政府的腐败统治一扫而空。台湾经过日本50年经营,在水电、文教等方面都具有超越大陆的明显优势。但是日本在台湾的经营不及东北,尤其战争的最后数月,岛上的工业、电力和港口设施都遭美中战机轰炸,农业也因台风侵袭和肥料缺乏而减产。好在工矿潜力巨大,日治时期原有发电量32万瓦,现已恢复至20万瓦。④ 与中国共产党初占东北时所表现出来的亲民政策相比,国民党以统治大陆的一套习惯搬去台湾,不但驻军纪律废弛,"士兵欺台百姓之不良情事发生",而且政府官员"行为不检、能力薄弱或贪污渎职,尤以经建及公营事业更不乏借权渔利之不良现象",为台人所痛恨不齿。⑤ 新台币以1∶1收兑旧的台银券,虽不与法币正式汇兑,也发生了贬值。米价较一年前上涨了400多倍而又供应短缺,造成岛内中产阶级的利益受到损害,致使台湾人与大陆人的矛盾日益尖锐。

2月27日晚6时许,台北专卖分局叶德耕等武装查缉员警6人在延平

---

① 蒋中正:《恢复信心,信仰最高统帅》(1947年2月26日),秦孝仪主编《先总统蒋公思想言论总集》第22卷,第30页。
② 熊丸、陈三井、李郁青:《熊丸先生访问记录》,第70页。
③ 熊向晖:《我的情报与外交生涯》,第38页。
④ 《资源委员会台湾各事业状况》(1948年5月),薛月顺编《资源委员会档案史料汇编——光复初期台湾经济建设》第2卷,台北,"国史馆",1995,第1、4页。
⑤ 《杨亮功、何汉文致于右任报告》(1947年4月16日),《民国档案》1988年第4期,第66－79页。

路三段口"天马茶房"没收40岁寡妇林江迈所贩卷烟50余条及所携现金；在众人围观之际，林头部被手枪柄或锥形器砸伤，当即群情激愤成围殴之势，查缉员傅学通开枪误中近者陈文溪致死。翌日上午，事态恶化，台北民众冲击了派出所和专卖分局等政府机构，殴毙职员2人，伤4人；下午2时许，市民复欲冲入行政长官公署，被枪扫射，当场死伤数人。陈仪起初并不重视，谓"这种事件如在大陆，民众司空见惯，不感痛痒"，并归结为闽南人性急。① 3月1日下午3时许，铁路管理委员会前又发生了军警扫射民众事件，死者24人以上。② 原已尖锐的矛盾更加激化，遂爆发大规模暴力冲突。台北等市秩序瘫痪。陈仪根据蒋介石"不得宽纵"的旨意，以台湾省警备总司令名义宣布戒严，外省人又进行了报复，流血事件随即遍布全台，并一直持续到3月中旬。③

中共发挥了重要作用。自两年前延安派来徐征、艾璐生等建立台湾省工作委员会后，王万得、谢雪红等开始被组织起来，至少有70多名共产党人在地下活动。廖承志曾于事后发表声明，表示中共对事件的领导地位。早在事件发生三个月前的1946年11月29日，中共台省工委会借反对国民政府标售日产而张贴标语、散发传单；发生两周前的1947年2月10日，受王万得等共产党影响的社团台湾政治建设协会，召集1200余人假台北国际戏院举行演说会，极力攻击国民政府；事件发生四天前的2月23日，该社团再次于台北敲锣打鼓，发放传单，反对政府标售日产。27日当晚至少有两名中共党员周青、吴克泰在现场"敲锣鼓动"。28日上午，中共台省工委会积极分子、台大学生吴裕德又"敲锣打鼓"沿街宣传。事发后，中共更迅速发展成一股力量，在台北以徐征、林樑材、林日高、王万得、潘钦信、苏新等为主力，台中以谢雪红、杨克煌为中心，鼓动民众反对政府，劫夺军火，实行"武斗"。3月4日，中共地下党李中志宣布"光是靠处理委员会的文斗还不够，学生必须另外组织起来，搞起武装起义……武器没有问题，军火部已经搞定了"。台湾各校学生在共产党组织下编成学生军，攻打景尾（景

---

① 黄朝琴：《我的回忆》，台北，龙文出版社，1989，第273页。
② 魏永竹、李宣锋主编《二二八事件文献补录》，南投，台湾省文献委员会，1994，第508页。
③ 见《杨亮功、何汉文致于右任报告》（1947年4月16日），《民国档案》1988年第4期，第66－79页。

美）军火库。① 中共通过王添灯更控制了文斗的领导机构"二二八事件处理委员会"。王于3月8日提出《处理大纲》32条要求，即是以台工委所拟《目前具体纲领》为依据制定的，其中第一条就是国民党军缴械。②

美国外交官的反应则进一步反映出国务院对国民党的厌恶。3月3日，台湾政治建设协会代表吕伯雄、林宗贤、林传克、骆水源、李万居到美国驻台北领事馆送信，以寻求国际支持。彼时陈仪派有代表在领事馆正好撞见。③ 副领事葛超智（George H. Kerr）借此向上司递交了一份一个半月前由141个"台湾青年同盟"成员签名代表807人给马歇尔的陈情书。该书主要表达了请求美国赞助台湾托管的愿望，称"改组台湾省政府的最迅速方法，端赖联合国接管台湾，切断与中国之政治经济连带关系若许年"。④ 葛超智早就对国民政府深恶痛绝，他对上述同盟的组织者黄纪男进行了"台独启蒙"，并最终产生了这份似乎代表台湾民意的陈情书。⑤ 3月5日，他的上司布雷克（Ralph J. Blake）向大使馆征引此书结论时加上了"以至福摩萨独立"字样，要求国务院紧急干预，将台湾置于美国主导的联合国管制下，否则岛上就很可能会爆发另一场内战。布雷克还主动强调说"美国[在台]声望很高"。⑥ 但与葛超智相比，布雷克较为克制，他旋即联系陈仪将避难的26人迁出领事馆。7日，陈仪也电告蒋介石"此次事件有美国人参与。反动分子时与美领事馆往来，美领使已发表种种无理由的反对政府言论"。⑦ 17日，葛超智被召回南京。这位副领事的大胆举动虽然失败了，但是他的报告和见解将继续在国务院发挥作用。⑧

---

① 刘胜骥：《共党分子在二二八事件前后的活动》，台湾省文献委员会编《二二八事件文献辑录》，台北，正中书局，1991，第224–230页；蓝博洲：《沉尸·流亡·二二八》，台北，时报文化，1991，第28页。参见黄彰健《二二八事件真相考证稿》，台北，中研院、联经出版公司，2007，第324页。
② 参见黄彰健《二二八事件真相考证稿》，第425页。
③ 《陈仪致吴鼎昌等电》（1947年3月24日），陈鸣钟、陈兴唐主编《台湾光复和光复后五年省情》（下），南京出版社，1989，第597页。
④ 《台湾人请愿书》（1947年1月15日），苏瑶崇主编《葛超智先生相关书信集》第1卷，台北，二二八纪念馆，2000，第308页。
⑤ 黄纪男、许雪姬、吴美慧：《黄纪男先生访问记录》（1992年9月30日），《口述历史》第4期，台北，中研院近代史研究所，1993，第83–84页。
⑥ Telegrams, Stuart to Marshall, 5 and 6 March 1947, *FRUS*, *1947*, vol. 7, pp. 430, 433.
⑦ 《二二八事件文献续录》，第53页。
⑧ See memo, by Kerr to Stuart, 10 April 1947, *FRUS*, *1947*, vol. 7, pp. 445–450.

蒋中正于3月5日派出军队镇压。9日，整编第二十一师刘雨卿部从上海抵达基隆，之后军队和警察对台湾人实行了报复性的虐杀。陈仪于10日知晓发生"好几起士兵凌辱及殴打台湾人事件"，曾下令制止，但收效不大。13日，蒋又亲自下令"严禁军政人员施行报复，否则以抗命论罪"。① 然而，本旨在防止政府秋后算账而组织"二二八事件处理委员会"之民间骨干皆以"叛乱首要"之罪被秘密处死或通缉。其中，廖进平等人的罪行竟然是"向美国驻台领事馆提出'将此次台湾二二八事件真象向国内及全世界报导，并请予主持公道'之辱国要求"。② 台大教授、留美博士林茂生仅因英文好而以莫须有的罪名被匆匆处决。③

美国其时仍旧不承认中国存在"共产党"问题。东部时间3月12日，杜鲁门在国会山面对参众两院的议员发表了后来被称为"杜鲁门主义"（Truman Doctrine）的欧洲中心主义演说。演说的主旨是要求国会批准对希腊和土耳其共4亿美金的经济援助及派遣军事人员，以抵御"最近极权制政权的压迫"。他在演说中没有点明苏联，也没有提及中国，却处处可以看到它们的影子。杜鲁门指出：

> 希腊政府的核心今天正被几千名由共产党领导的武装人员的恐怖行动所威胁，他们主要在北部边境一带推翻了政府的统治……希腊要成为一个自助、自尊的民主政体就必须获得援助。美国必须提供这种援助……
>
> 举凡政府都不是完美的。然而，民主政体有一个主要的优点，就在于它的缺点通过民主程序可以一览无余，能够指出并加以改正。希腊政府也是不完美的。但它代表了去年经由选举成立之希腊议会百分之八十五的成员……
>
> 一种生活方式是基于多数人的意志，其特征为自由的组织、代议制政府、自由选举、保证个人自由、言论信仰自由和反对政治压迫的自由。

---

① 《陈仪致柯远芬电》（1947年3月10日）、《蒋中正致陈仪电》（1947年3月13日），《二二八事件资料选辑》第1卷，台北，中研院近代史研究所，1992，第378、382页。
② 《办理人犯姓名调查表》，《二二八事件资料选辑》第2卷，第176页。
③ 黄彰健：《二二八事件真相考证稿》，第425页。

再一种生活方式是基于少数人强加给多数人的意志。它依赖恐怖和压迫、舆论管制及对个人自由的限制。

……极权制政权的种子由沮丧和欲望来浇灌。它们在贫穷和冲突的土壤里滋长。当一个民族获得更好生活的希望破灭的时候,它们则如日中天……①

苏联就是那个极权制政权,而中国显然是杜鲁门心里的那个不能自助、丧失自尊的反例。他心里知道适用于近代希腊的道理,同样也适用于近代中国。他也知道国民政府也于1946年刚刚通过了充满"民主"原则的新宪法,但现在这个腐败顽固的政府已被美国外交战略的实际制定者马歇尔将军抛到了脑后。

蒋中正闻讯甚至还曾对于杜鲁门有过期待。他在日记中写道:"美总统提出经济援助希、土法案,以图消弭共产灾祸。此举于我国与世界前途,殆将发生良好影响乎"。②

殊不知美国国会既然同意援助南欧,那么在世界其他地区必然要收敛。这是财政紧缩的年代,战争时期的挥霍对于五角大楼来说已是昨日旧梦。"国会说我们的预算要进一步削减",心存退意的陆军参谋总长艾森豪威尔将军也不无痛苦地在日记里写道:

> 我们[陆军]现在要求62亿,[无法辨认]原估为143亿元。上帝知道这项安全事务竟要花费如此巨数,而我是支持国会省钱打算的。但如果再逼我,我只能问他们该"怎样"做。我们差不多绞尽脑汁了。占领军(尽可能最小规模)、后备军、输油管、空军业已降至我所认为必要值的3/5,仅合理的研究、开发以及情报经费。再削减一点,占领就将失败,那么到时候,自己小心吧。③

---

① Special Message to the Congress, by Truman, 12 March 1947, Public Papers of the Presidents: Harry S Truman, 1945 – 1953, Harry S Truman Library, on line: http://www.trumanlibrary.org/publicpapers/index.php? pid = 2189&st = &st1 = [accessed on 8 January 2015].
② 高素兰编注《事略稿本》第69卷,第101页。
③ Eisenhower diaries entry, 6 February 1947, in ed. Robert H. Ferrell, *The Eisenhower Diaries*, p. 140.

而苏联的情况就大不同了。斯大林非常幸运地不必为自己的军费预算无法通过部长会议的审核而烦恼。他的远东贸易部门从 1946 年 5 月就开始向中共提供大量武器、弹药和其他物资。据日俘奥平氏回忆，他连续近 14 个月每周至少一次将由中苏边境绥芬河方向运来的大约 30 节车皮的军火卸至东满的牡丹江站，其中除了日式武器弹药和美式卡车以外，还有不少中型坦克和卡车是苏联自己生产的；相当数量的粮食再从牡丹江运往苏联。① 林彪在东北与莫斯科建立了直接的通讯联系。双方还签订了以物易物的贸易协定，内容包括苏联向北满提供武器弹药、医疗器械、交通运输、通信器材、布匹、棉花、棉絮、制服、油料、药品、外汇等，而北满则以谷物和黄豆让利 50% 在当壁等地易货。② 尽管 1946 年水患造成春粮歉收，中共军民开始节衣缩食，小灶改中灶、中灶改大灶，发扬延安精神，以保证粮食出口。③ 林彪从 1946 年 12 月至 1947 年 1 月，大约获得了苏联价值 15100 万卢布（以苏联 1947 币制改革后 5.5∶1 折算，约合 2700 万美元）的武器、设备和材料。④ 初夏时节，苏军又将东北各地缴获而存放在中苏边境满洲里的大批日军武器，给了中共方面。根据东北局军工部部长何长工的回忆，他和苏军代表卡瓦洛夫签立援助武器协定，"这批武器数量不小……有各种枪炮，还有坦克，我们用几列火车拉了几天才拉完，解决我们不小的问题"。⑤ 这就为中共在北满和东满站稳脚跟奠定了基础。时任高岗政治秘书的李锐事后感慨："苏联对我们的帮助还是很大的，否则我们怎么可能到东北一下子就站住了呢？"⑥ 尽管中共下级士兵与苏方铁路人员之间时有口角和暴力冲突，苏联驻哈领事也不止一次向林彪提出过交涉，但均被双方高层以"共同事业"为重而将其掩盖下去。⑦

---

① Memo of conversation between Shiroyu Okudaira and Allen C. Siebens, 24 June 1948, *FRUS*, *1948*, vol. 7, pp. 322 – 324.
② См.: Ледовский А. М. СССР и Сталин в судьбах Китая. С. 214 – 215.
③ 陈兴良、张耀彬：《吴亮平与东安（密山）根据地的创建》，载雍桂良等著《吴亮平传》，第 200 – 204 页。
④ Ледовский А. М. СССР, США и Китайская Революция. Глазами Очевидца. 1946 – 1949.（Москва: РАН. Ин – т Дальн. Востока.）С. 109.
⑤ 《何长工回忆录》，解放军出版社，1987，第 428 页。
⑥ 李锐、丁冬、李南央：《李锐口述往事》，第 203 页。
⑦ Ледовский А. М. СССР и Сталин в судьбах Китая. С. 215. See also Vladimirov, *China's Special Area*, p. 303.

四　危急存亡之秋：1947

就在杜鲁门在国会声援希腊的 3 月 13 日，也就在美军观察组撤出延安的第二日，国民党第一战区司令长官胡宗南以 15 万人的先头部队进攻延安，主力 34 个旅（23 万人）进攻陕甘宁边区。而这一消息早在 10 天前又让熊向晖知晓，并立即报至延安。事实上，毛泽东知道的甚至比胡的军、师、旅长们还要早，可以带领中共中央机关顺利撤离。① 胡宗南总部内高级通讯主管亦是中共地下情报人员。② 当时陕甘宁边区只有三五八、新四、警备一、教导各旅约两万人兵力，而且每枪不到 10 发子弹，只能抵抗 5 天，若无情报，结局可想而知。彭德怀于是挂帅，将主阵地设在南泥湾，命令士兵尽可能拖延胡一周之久，好让毛泽东有充分的时间做撤离准备。③ 准备什么呢？首先，毛泽东亲自将与莫斯科联络的文件全部烧毁，随后还特意安排苏军代表与中共领导分开撤离，以防被人发现"洋人参与中国的内战，传到世界各国去影响不好"。④ 3 月 18 日，毛泽东离开王家坪，进驻延川永坪以南事先安排好的刘家渠。为了突出他的"悠然"，毛泽东命彭德怀派人把上下窑洞特地又打扫了一遍，"家具也摆好了"，恭候胡宗南。⑤ 3 月 19 日，胡宗南终于由南泥湾进至延安，正好 7 天。

彭德怀利用胡急于求成的心理，以丘壑地利频频设伏。3 月 25 日，他派饵军诱敌深入延安至榆林公路的咽喉处青化砭，待胡部第一军二十七师三十一旅的一个团进入包围圈后，东西两面山林中埋伏的约 6 个旅（包括月初从晋西火速赶回的原南下三五九旅主力）一齐开火。⑥ 战斗持续约一个半小时。第三十一旅约 2900 人阵亡，正副旅长、参谋被俘。彭德怀一雪月初西华池伤亡 1200 人的前耻，补充了近 30 万发子弹及两三千士兵，大解燃眉之急。⑦ 4 月 14 日，彭德怀再于瓦窑堡西南的羊马河一带伏击了胡宗南部第一三五旅 4700 人，激战 6 个小时，俘该旅代旅长、参谋及政治部主任。⑧

---

① 熊向晖：《我的情报与外交生涯》，第 39－41 页。
② 魏大铭、黄惟峰：《魏大铭自述：前军统局传奇人物》，第 52 页。
③ 《彭德怀自述》，人民出版社，1981，第 244 页。
④ 师哲、李海文：《在历史巨人身边》，第 338、340－341 页。
⑤ 《彭德怀自述》，第 246 页。
⑥ 见《王恩茂日记——解放战争》，1947 年 3 月 6－25 日，中央文献出版社，1995，第 86－99 页。
⑦ 《彭德怀自述》，第 244、246－247 页。
⑧ 姚夫编《解放战争纪事》，第 193、196 页。

为了缓解战时部队粮食短缺的问题，彭德怀又于 5 月 2 日以饵军诱敌北上，随后用 4 个旅的兵力偷袭了胡宗南的补给基地蟠龙镇。战斗于深夜 11 时打响。由于自身武器落后，没有东北和华东野战军那么多的火炮，因此西北野战军只能依靠夜战、近战和爆破手段来攻坚。战斗一直持续到 5 月 4 日 24 时，共计两昼夜，全歼守军第一六七旅旅部、1 个团及陕北民军 1 个总队约 6000 人，俘正副旅长、参谋及政治部主任，缴获"军服四万余套，面粉一万多袋，山炮六门，骡马千匹，子弹炮弹一百万余发"。①

转战期间，毛泽东一直努力与莫斯科保持联系。但出于自身安全起见，中共限制了大功率电台的使用，许多原先由大台发送的电报亦改用小电台。② 国民党军统曾在陕西清涧设立了中型测向台，但很快就因中共情报人员、西安绥靖公署电讯班主任戴中溶的原因而告失效。③ 6 月，斯大林听到国民党的宣传，以为中共在陕北受到毁灭性打击，曾指示派专机接毛泽东等到苏联避难。④ 这是苏联首次同意毛去莫斯科。6 月 15 日，斯大林指示军事情报员阿洛夫转告毛泽东："我们认为最好取道哈尔滨［前来］。如果需要，我们将派去飞机。"⑤ 毛泽东也指示晋绥军区"即日动工修理岚县飞机场"。⑥

中共更加强了对军队的意识形态教育。针对部队中流行的"打了蒋介石，还有美国"的悲观思潮，有影响力的将领亲自训话："即使本部消耗了，对全局说还是胜利的"，而且"今天和蒋介石打便是和美国打，蒋是美走狗，打败蒋介石便是打败美国。根据各方条件，美国还没本事敢冒这个险来直接参战，即使万一来，还不是榴弹炮、飞机，换些美国人，实际他不如蒋介石，更不如日本……美国的原子弹只能吓唬神经衰弱的人"。⑦

相反就在这个时候，主持美国对华政策的马歇尔国务卿仍对蒋中正毫无

---

① 《汪东兴日记》，1947 年 5 月 4 日，中国社会科学出版社，1993，第 31 页。
② 《周恩来年谱（1898－1949）》，第 727－728 页；熊向晖：《我的情报与外交生涯》，第 49 页。
③ 魏大铭、黄惟峰：《魏大铭自述：前军统局传奇人物》，第 46－47 页。
④ 师哲、李海文：《在历史巨人身边》，第 345－346 页。
⑤ Шифртелеграмма Сталина Орлову, 15 июня 1947 г. В кн.: Ледовский А. М. и т. д. (сост.) Русско－Китайские Отношения в XX Веке, том 5, книга 1. С. 27.
⑥ 《毛泽东致贺龙、李井泉电》（1947 年 6 月 27 日），转引自师哲、李海文：《在历史巨人身边》，第 345 页。
⑦ 《关于山东战局及军队建设问题》（1947 年 5 月 29 日），《陈毅军事文选》，第 388－389 页。

谅解。他对国民政府驻美大使顾维钧仍旧表示："不明了何以各种军事改革尚未见诸实施。国军在前方作战仍多临时强征训练不足、食不饱之无知农民,而共军每四人中必有训练成熟之一人,曾受主义之教训、了解作战之目的、奋发其同伍"。在他看来,国民党的错误全在于未听其劝告:"现我前方战线太阔,后方交通与供应线太长,我用重兵克复延安,得不偿失,以致战事拖延、消耗资源,造成我今日之困难……嘱钧毋须电〔南〕京报告,末谓彼仍欲予我各种协助,只候适当时机……"① 实际上抛弃了中国的马歇尔将满腔热忱全部投向欧洲。6月5日,他在哈佛大学纪念小教堂非常低调地发表美国复兴西欧经济的宏大援助计划。这说明华盛顿已经打开了战后孤立主义的枷锁,它还会眷顾中国吗?

四天后,当参谋长联席会议要求政府同样遏制苏联在华扩张时,国务院表示反对。军方开始反省1946年由范宣德拟定的"限制对华任何军事援助"原则,认为这既与美国在欧亚大陆其他地区的政策相违背,又不符合稳定中国的意愿,而且势必导致战事胶着或者"国民政府的最终崩溃"。② 但范宣德毫不示弱,表示"远东司对此的答复一直是而且现在仍然是'不'"。他甚至拿出一个月前由这些参谋长们转来的另一份孤立主义色彩相当浓厚的研究报告(JCS1769/1)作为依据,该报告指出美国对外援助须遵循国家安全紧要原则,而"中国在此类受援国家名单中处于非常靠后的位置"。范宣德继而得出结论:"考虑到中国人自身行政低效……远东司认为一个被苏联主宰的中国并不构成迫切的危险,并不足以让我们站在国民政府一边介入中国内战"。③

然而对于高度依赖美械的国民党来说,军火禁运的打击是巨大的。1947年3月21日,驻华大使司徒雷登向国务院报告国民党军"弹药供应将达临界点。最可靠情报显示美国训练装备之部队以目前的消耗速度,将在约三个月内用尽库存"。④ 5月26日,马歇尔撤销了历时近一年的对华军火禁运

---

① 《顾维钧致蒋中正电》(1947年7月1日),中研院近代史研究所档案馆藏外交部档411.2 - 0069。
② Memo by the Joint Chiefs of Staff (JCS) to the State - War - Navy Coordinating Committee (SWNCC), 9 June 1947, *FRUS, 1947*, vol. 7, p. 846.
③ Memo by Vincent to Marshall, 20 June 1947, *FRUS, 1947*, vol. 7, p. 849.
④ Telegram, Stuart to Lovett, 21 March 1947, *FRUS, 1947*, vol. 7, p. 74.

令。① 然而实际上，禁运并未随之消除。6月21日，蒋中正令拨美金531.2万元急购炸药4100吨及0.50子弹640万发。② 6月25日，中国驻美大使顾维钧受蒋委托，向国务院转达了迫切需要飞机和子弹的愿望。③ 而美陆军在华顾问团团长卢卡斯（John P. Lucas）少将也在此时，向华盛顿告急"中国空军因缺乏零件和维护，正迅速瘫痪。储备的美国军火接近枯竭"。④ 马歇尔仍旧犹豫不决，甚至要求作战部把刚刚批准放行的1946年8月以来扣押之"中正式"步枪子弹及剩余物资项下的少量运输机也推迟数月交货，仅表示同意国民政府向美私人制造商购买武器。⑤ 而艾奇逊曾明白告诉过他"[国民政府]所需军火的制造商几乎完全在赶美国政府的合同"。⑥ 这对于急需军火的国民党来说，不是掣肘又是什么呢？连周恩来当时在靖边小河村召开的中共中央扩大会议上做内部报告时都承认："美国对蒋介石的援助并不慷慨，蒋政府向美国私人购买军火也有许多困难，美军事实上是在撤退"。⑦

就在华盛顿搁置中国问题的时候，7月1日，苏军情报员阿洛夫收到莫斯科的新指示："鉴于即将进行的军事行动以及毛泽东离开可能会给战事造成不利影响，我们认为暂时推迟毛泽东行程为宜"。⑧ 然而与华盛顿形成鲜明对比的是，莫斯科虽说取消了这次会面，却加大了对中共的援助力度。斯大林进一步允许大连的一大批苏占军工企业交中共经营，组建为"大连建新公司"军火生产线。在此后的三年中，大连共生产75毫米口径钢质后膛炮弹53.58万发、引信82.8万枚、无烟火药453吨、迫击炮1430门和苏式冲锋枪563支等等武器装备，全部供给华东、东北中共军队。⑨ 7月14日，

---

① US Department of State, *United States Relations with China*, p. 356.
② 《王世杰致顾维钧电》（1947年6月21日），中研院近代史研究所档案馆藏外交部档423.2 - 0029。
③ Memo of conversation by Vincent between Marshall and Koo, 27 June 1947, *FRUS*, *1947*, vol. 7, p. 852.
④ Letter, Lucas to Stuart, 28 June 1947, *FRUS*, *1947*, vol. 7, p. 862.
⑤ Letter, Marshall to Royall, 28 July 1947, *FRUS*, *1947*, vol. 7, p. 880.
⑥ Memo by Acheson to Marshall, June 1947, *FRUS*, *1947*, vol. 7, p. 856.
⑦ 《解放战争第一年的战绩》（1947年7月21日），《周恩来军事文选》第3卷，人民出版社，1997年，第232页。
⑧ Телеграмма Сталина Мао Цзэдуну, 1 июля 1947 г. В кн.: *Ледовский А. М. и т. д. (сост.) Русско - Китайские Отношения в XX Веке*, том 5, книга 1. С. 333.
⑨ 中国人民解放军编《军事工业：根据地兵器》，第698－699页；韩光：《旅大人民的支前工作》，载《辽沈决战》第1卷，第587页；伍修权：《回忆与怀念》，第218页。

克里姆林宫又命令紧急从苏联国内供货计划中又调拨出 400 辆吉斯（ЗИС-5）汽车、60 台电动机、2000 台整流器、3200 部电话机、50 公里电缆、10000 千米棉布以及电台、收发报机、药品、医疗设备等，于 11 月前转口给东北；21 日，又预定在 1949 年继续出口 3000 辆货车、1443 台电动机、1500 吨航空燃油、23800 吨汽油等。[①] 就连在南京的美国大使司徒雷登都注意到"[中共]他们似乎有相对良好的军火、金钱和其他必要物资的供应，自信有继续战斗两三年的能力，并估计到时能控制长江以北地区"。[②]

共国夏季攻守

经过半年的休整，东北中共武装发展到 46 万人，主力 25 万。而国民党方面则情景堪忧。由于杜聿明与新一军军长孙立人不合，孙非黄埔而被放为闲职，后发表为南京训练司令。[③] 5 月 13 日，林彪部重整旗鼓，同仇敌忾，渡过松花江，猛扑四平。5 月 19 至 20 日，熊式辉（字天翼）飞北平，辗转南京，请蒋中正增兵、发弹、派飞机。由于占领城市和交通线在在用兵，国民党军如今已无机动部队，蒋只有命令熊："应就东北现有兵力，大胆转移，抽调集结，但守永吉、长春据点，沈阳及其附近要点，其他放弃亦所不惜，只须集结兵力，击破匪军，以求安定，不可贪占城市，分散力量，处处薄弱"。国民党军已取守势。5 月 23 日，林彪部突入四平城内。国民党守军请求子弹，而沈阳弹药库存已明显不足，"存弹仅五个师之一基数"，正在运来的也只勉强够两个师使用，每天还要往四平城内空投 30 吨子弹。24 日，是中共军队攻势最猛的一天，有苏联顾问指挥五六十门炮进行火力支援。5 月 30 日，国民党军沈阳、长春援兵赶到，中共军队乃撤。国民党军则死亡 1.7 万余人。[④] 30 日下午，蒋介石亲往东北视察，叹道："沈阳内部

[①] Постановление Совета Министров СССР, 14 и 21 июля 1947 г. В кн.: Ледовский А. М. и т. д. (сост.) Русско-Китайские Отношения в XX Веке, том 5, книга 1. С. 341–344.
[②] Despatch Stuart to Marshall, 29 October 1947, *FRUS, 1947*, vol. 7, p. 344.
[③] 潘德辉、陈存恭、万丽娟：《潘德辉先生访问记录》（1988 年 8 月 17 日），载《孙立人案相关人物访问记录》，第 11 页。
[④] 金冲及：《转折年代：中国的 1947 年》，三联书店，2002，第 367 页。

复杂，工作腐败，[熊]天翼威信绝无，[杜]光亭卧病在床，军国大事推诿延宕，几误全局"。然而即便如此，蒋并未有所行动，仍旧只是"令天翼负全责"。①

同样是 5 月 13 日，华东陈毅已得高级情报员、时任国防部第三厅（作战厅）厅长郭汝瑰的密报，得知国民党详细的兵力部署。② 以华野 5 个主力纵队对中央突进到鲁中蒙阴坦埠地区的国民党军整编第七十四师实施合围，该师遂向南退守孟良崮。孟良崮为石山，虽易守难攻，但食水和补给困难。整七十四师虽为国民党军中全美械的王牌之一，但重炮火力无法展开。中共以 8 倍的兵力（约 24.8 万人）采取车轮战肉搏，"在强大的炮火掩护下，像潮水一般涌向敌人的阵地"；而国民党空投的粮食弹药却大都落在了对方的控制范围。激战持续约 24 小时，崮上崮下立成人间修罗场。以中共的胜利告终。整第七十四师师长张灵甫、副师长蔡仁杰、旅长卢信等 1.3 万余人阵亡，师正副参谋长等 19676 人被俘。③ 中共方面"付出代价较多"，但具体伤亡数目不详。④ 陈毅在战后总结说"必须要再来几次孟良崮式的战斗……要准备一个纵队伤亡五六千，伤亡一两千便沉不住气是不对的"，"打了二百万发子弹，可以少打些"。⑤ 由此可见中共代价之大。在山东，陈粟部以 7 万（1946 年 7 月至 1947 年 7 月）至 20 万（至 1947 年 12 月）人的伤亡牵制住了国民党军 33 个整编师的主力，使其无法北调，成为"全局关键"。⑥

在河北，为了"配合东北作战，不使敌向东北增援"，晋察冀聂荣臻所部于 6 月 12 日开始主动攻击沧州附近的青、沧县和保定以北的徐水、固城，

---

① 蒋中正日记，1947 年 5 月 30、31 日。
② 《郭汝瑰回忆录》，第 251–252 页。
③ 《粟裕战争回忆录》，第 492 页；陈士榘：《天翻地覆三年间：解放战争回忆录》，第 146–148 页；《两年来山东几次主要战役前方作战部队参战民工吃粮人数概况表》（1948 年 11 月），《山东革命历史档案资料选编》第 21 卷，第 304 页。
④ 《中央军委致陈毅、粟裕电》（1947 年 5 月 22 日）。粟裕在回忆录中称近万名军官负伤、两千多人阵亡。见《粟裕战争回忆录》，第 505、508 页。
⑤ 《关于山东战局及军队建设问题》（1947 年 5 月 29 日），《陈毅军事文选》，第 391、394 页。
⑥ 《中央军委致陈毅、粟裕电》（1947 年 5 月 22 日），转引自《粟裕战争回忆录》，第 509 页；《华东一年来自卫战争的初步总结》（1947 年 12 月 30 日至 1948 年 1 月 1 日），《陈毅军事文选》，第 411–412 页；陈毅：《人民力量决定一切》（1947 年 8 月 21 日），《山东革命历史档案资料选编》第 19 卷，第 319 页。

威胁（天）津浦（口）、北（平）（辽）宁、（北）平绥（远）、（北）平保（定）铁路，包围石门（石家庄），并打通与山东陈、粟及晋冀鲁豫刘、邓之间的交通。①

面对中共的大胆攻势，国民党各派于6月中下旬陈布雷主持的中央政治委员会会议上纷纷表示了对蒋中正外交政策的怀疑。邹鲁等强硬派指责政府"不恐日而恐苏，因恐苏亦恐共"。孙科等则主张撤出东北，以退为进，重新争取美援。孙说："剿共最少必有两个把握之一，即美国助吾人剿共，苏联不助共匪扰乱；今可明确的认识，美国不助我内战，而苏联确切的助共叛国……所以如无美国助我们的把握，我们剿共绝无把握"。② 这是有道理的，但是否一定要退出东北，则又是仁者见仁的问题。蒋为之所动，次日商讨于王世杰和张群，表示要从东北撤退，并以此告知美国方面，不料，却遭到王世杰的劝阻。王力主"死守东北，不可撤退。倘竟撤退，则非待世界三次大战，东北不能恢复。且东北沦于中共之手，关内亦决无和平"，甚至提出"我在东北部队一经撤退，亦未必能再作战，以加强关内军力"。须知东北部队几乎全是国民党军精锐，国民党政学系高层都持此种悲观看法，可见蒋中正的军力已然低落。王世杰并未提出进一步建议。张群也未有明确表示。最终蒋决定只就是否撤退一事向马歇尔征询意见而已。③

6月19日傍晚，蒋中正召见驻华大使司徒雷登，要求他立即就东北的紧迫形势向马歇尔求援。司徒雷登随即致电马歇尔：

> 共产党在俄国人的帮助下，已经越来越强大。四平街的激战尤为惨烈。蒋预料该城的陷落就意味着将失去长春和吉林。他说，由于您在军队运送满洲和其他一些问题上所给予的帮助，他深表感谢，并觉得现在的满洲形势应立即向您报告。他也寻求您对未来政策的建议。委员长曾犹豫告诉我形势危急，并希望能有所好转。他本人是在三天前才充分意识到问题的严重性。这两天就做出有关整个满洲的决定。失去上述城市，将会波及沈阳等等。与俄国人达成关于大连的谅解，已非可能。俄国人

---

① 郑维山：《从华北到西北：忆解放战争》，第34页；《杨得志回忆录》，第388页。
② 《徐永昌日记》第8册，1947年6月18日，第435页。
③ 《王世杰日记》第6册，1947年6月19日，第63页。

坚持派往那里的市政官员必须与已经建立的苏军指导下的共产党政权合作，并拒绝允许国军在那里登陆——所有这些都违背了中苏条约。

只有依靠武力才能让中国人可以获得他们在那里的权益。共产党的人数和装备持续增多。他们的军队减员恢复起来很快。中国［政府军］人的损失则不能填补，而且装备不断减少。共产党的战术酷似俄国对付德国的方式。满洲失陷将会威胁华北，并危及全国。蒋希望能尽快向您报告所有情况，请我一旦得到您的答复就通知他。①

蒋中正回避了孙科建议中带有最后通牒意味的暗示，并未告知马歇尔他打算放弃东北。因此，马歇尔的答复也并未有任何实质性意见，与其说是慰问，还不如说是继续责怪蒋当初没听其劝告。② 美国这位国务卿业已放弃国民党。他在 6 月底训令驻华使馆从速研究中共内部有无分裂的可能，着重分析四类关系，包括"（1）共军老部队与战时崛起的新部队之间，（2）中共党的干部与军队首长之间，（3）中共所谓民族主义派与'共产国际'派之间，及（4）中共与同情者之间"，旨在寻找"能在苏联影响和控制下可能发生的摊牌中倾向于坚持毫不妥协的民族主义立场，或者像委员长 1927 年那样'背叛革命'的中共领导人"。③ 就在马歇尔等待铁托的时候，他也开始与使馆讨论有关疏散美国人的可能。④

6 月 30 日，国民党召开中常会、中政会联席会议，作为对孙科警告美国建议的答复，蒋中正只是含混表示必须"自己有办法"，实际上还是没有办法。孙科也未坚持，反要考试院长戴传贤（字季陶）表明意见，戴则东扯西拉"总理［孙文］军人精神教育明是非云云"，整个会议最后对于"讨伐"中共的总动员令亦不敢明朗指出"有苏联在后"而改用"较轻字样"。⑤ 7 月 4 日，国民政府国务会议通过《厉行全国总动员戡平共匪叛乱方案》。虽说是"全国总动员"，整个方案却只是攻击中共"自绝于国人"

---

① Telegram, Stuart to Marshall, 19 June 1947, *FRUS*, *1947*, vol. 7, p. 191.
② Telegram, Marshall to Stuart, 3 July 1947, *FRUS*, *1947*, vol. 7, p. 213.
③ Telegram, Marshall to Stuart, 26 June 1947, *FRUS*, *1947*, vol. 7, pp. 202 – 203.
④ Telegram, Marshall to Stuart, 27 June 1947, *FRUS*, *1947*, vol. 7, pp. 206 – 207.
⑤ 《徐永昌日记》第 8 册，1947 年 6 月 30 日，第 443 – 444 页。

"不惜与国家民族为敌"等空话,① 并未有任何实质性的举措,暴露了国民党较共产党在组织能力上的差距。更为重要的是,蒋因为担心莫斯科的反应,而并未敢于将批判的矛头指向苏联。

与此相比,毛泽东于十天后撰《总动员与总崩溃》一文,则旗帜鲜明地批评美国。他列数美帝国主义的恶行:"蒋介石的每一次重要的反动,都是与美帝国主义的援助息息相关的。前年年底的内战……去年下半年的全面内战……今年上半年的驱逐中共代表和进占延安……最近的通缉中共领袖毛泽东主席和下令总动员"等这一切都与美帝有关,最终归结为一句话:"事实证明,美帝国主义的援助并不足以挽救蒋介石的崩溃"。② 此时,中共已经获得了苏联"老大哥"的实质性援助,并于上半年在东北和山东取得了长足的进步。2月,毛泽东与辗转来到延安的李敦白主动谈起了他对美国政策的看法:"[美国记者]罗新吉(Larry Rossinger)说美国的统治阶级对自己的实力很有信心,并认为他们可以控制世局……我不认为他们有这种信心。我认为他们缺乏自信"。③

相比之下,国民党的总动员并无力触动共产党,毛泽东已经有实力实现他长久以来的梦想——向南发展、进占大城市。5月20日,他命令东北局"以八个师南进,希望能于夏秋两季解决南满问题,争取于冬春两季向热河、冀东行动一时期,歼灭13军、92军等部……为将来夺取长春、北宁两路,长、沈、平、津四城必不可少之条件"。④ 同时,毛命令刘伯承、邓小平南渡黄河。6月底,晋冀鲁豫4个纵队12.4万余人在鲁西南的东阿、濮县之间河宽水急处,组织当地农民赶造了120条大木船于午夜时分强渡天险。⑤ 7月23日,毛泽东正式命令他们进入大别山区,构成了对首都南京的威胁,吸引陕北、山东的国民党军。他明确宣布"实行打出去的方针……彻底摧毁蒋介石的反动统治"。⑥

国民党在夏季战场上曾有一个短暂转机,但没有好好把握。在山东,欧

---

① 《全国总动员案通过》,天津《大公报》,1947年7月5日,第1版。
② 新华社社论《总动员与总崩溃》,《人民日报》,1947年7月16日,第1版。
③ Rittenberg and Bennett, *The Man Stayed Behind*, p. 110.
④ 竹内实编『毛沢东集补卷』8卷、141頁。
⑤ 潘焱:《一纵队在鲁西南的战役中》,载《刘邓大军风云录》第1卷,人民日报出版社,1983,第27页。
⑥ 《毛泽东年谱(1893 - 1949)》下卷,第742页。

震与黄百韬紧密靠拢，稳扎稳打，使陈毅、粟裕无可趁之机。粟胜而骄，"过分乐观而发生轻敌"，"以攻坚为主，而不以打援为主"，于是连攻南麻（沂源）、临朐不下，伤亡及非战斗减员共2.6万余人，他做了检讨。① 以致华东局不得不对胶东地区的老弱干部进行遣散，大约有近万人在苏联的协助下经海上交通线（烟台—大连）去了东北。②

在陕北，胡宗南进一步"清剿"，致使彭德怀、习仲勋"损失颇大，粮食缺乏，又加天旱，人口减少至九十万"，灾民以洋芋叶子充饥；彭报告说"九十万人养九万人，甚至不能维持三个月。农村粮食枯竭，人力浪费太大"。③ 这里一直是中共各路中最薄弱的环节。毛泽东遂将胡主力北引榆林，同时命令陕甘宁与晋绥两区合并精减人员，由延、榆之间的绥德供给两个月左右的军粮。④ 7月19日，太岳陈赓奉命赶到小河村，毛泽东令他迅速南渡黄河，先打潼洛，再出豫西，以"调动胡［宗南］军"。⑤ 29日，毛泽东以密电指出："现陕北情况甚为困难（已面告陈赓），如陈谢及刘邓不能在两个月内以自己有效行动调动胡军一部，协助陕北打开局面，致陕北不能支持，则两个月后胡军主力可能东调，你们困难亦将增加"。⑥ 胡宗南果然中计，没能一鼓拿下陕北，反而将主力4个半旅南撤，陕北之围自解。夏秋之间，由于晋绥陕甘宁统一，西北野战军的装备已获较大改善。⑦ 8月11-20日，彭德怀在两次攻榆林未果之后，改用张宗逊、王震所部6个旅伏击星夜来援的胡主力钟松部整三十六师得手。

8-9月间，毛泽东急电华东"刘、邓有不能在大别山立脚之势"，指示关内各军背水一战，"应迅速建立无后方作战的思想，人员、粮食、弹药、

---

① 《粟裕年谱》，第259-260页。
② 张恺帆、宋霖：《张恺帆回忆录》，安徽人民出版社，2004，第297页；吕迅：《祁雅芝女士访问记录》（2013年2月22日），个人收藏。
③ 王焰主编《彭德怀年谱》，人民出版社，1998，第347页。
④ 《王恩茂日记——解放战争》，1947年7月29日、8月5日，第160-161、163页。
⑤ 《中共中央军委致刘（伯承）邓（小平）、徐（向前）滕（代远）薄（一波）王（宏坤）、郑（位三）李（先念）、谢（富治）韩（钧）电》（1947年7月19日），《毛泽东军事文集》第4卷，第145页。
⑥ 《中共中央军委致刘（伯承）邓（小平）、陈（毅）粟（裕）谭（震林）、华东局、邯郸局、并告陈（赓）谢（富治）及彭（德怀）电》（1947年7月29、30日），《毛泽东军事文集》第4卷，第158、160页。
⑦ 参见《王恩茂日记——解放战争》，1947年9月9日，第186页。

被服，一切从敌军、敌区取给，准备在连续作战之后缩编部队，准备打得剩下三千人、四千人一个旅……俘虏兵即俘即补，重炮不要带去……"① 此时，国民党正规军整编 248 个旅已被共产党消灭了近 1/3。② 毛泽东在榆林朱官寨写了《解放战争第二年的战略方针》，明确要"举行全国性的反攻"，并发给斯大林。③ 中共几乎全军进入"外线作战"。9 月中旬，东北野战军发动全面攻势，蒋中正急调华北 3 个师出关，晋察冀连带晋冀鲁豫中共军队压力骤减。④ 到了 10 月，整个战场形势变化，毛泽东电示各部"一个月至两个月内，只打小仗不打大仗"，"建立了我之根据地，为不久将来集中兵力作战打下基础"。⑤

魏德迈的建议

魏德迈将军自 1946 年春返美之后，因中共反对而未能继赫尔利之后如愿出任驻华大使，作战部重新任命其为第二军军长，驻守马里兰州的米德堡。直到 1947 年夏，马歇尔鉴于中国状况持续恶化，才又想起了这个天津时代的老部下。

1947 年夏天，华盛顿的国会山气氛炽烈。以共和党参议员范登堡（Arthur H. Vandenberg）、布里吉斯（Styles Bridges）和众议员周以德（Walter H. Judd）、佛瑞思（John Vorys）为代表的著名"援华集团"向民主党政府的对华政策发出强大攻势。为了顶住这一压力，国务卿马歇尔不得不将把持远东事务长达三年的范宣德调去瑞士，由巴特沃斯（Walter Butterworth）接任，并考虑派遣身为陆军将领的魏德迈为总统特使赴华"调查情况并尽快返回报告"。他的理由非常充分："他总体上熟悉中国事务，尤与重要官员相熟稔，亦甚为委员长所尊重"。⑥ 随后，魏德迈于 7 月 9 日

---

① 《毛泽东致陈毅、粟裕电》（1947 年 8 月 30 日、9 月 3 日），转引自《粟裕年谱》，第 270 - 271 页。
② 《周恩来年谱（1898 - 1949）》，第 740 页。
③ 师哲、李海文：《在历史巨人身边》，第 346 - 347 页。
④ 参见《杨得志回忆录》，解放军出版社，1993，第 390 页。
⑤ 《中共中央军委致陈毅、粟裕电》（1947 年 10 月 3 日），《毛泽东军事文集》第 4 卷，第 281 页；《粟裕年谱》，第 278 - 279 页。
⑥ Memo, Marshall to Lovett, 2 July 1947, FRUS, 1947, vol. 7, p. 635.

获得总统签发的训令：

>你立即前往中国对其现实及可能的政治、经济、心理和军事情况做一评估。在你调查的过程中，保持与当地美国外交和军事人员的联系。当与负责的中国官员及领导人讨论时，你要表明此为一事实调查团，美国政府唯有在中国政府能够就中国复兴实施有效举措提供令人满意的证据时，才会考虑提供援助，而且任何援助必须接受美国政府代表的监督。
>
>在你作评估的时候，最好不要预先怀有某种支持义务的情愫或者赞助那些与美国健全之对华政策不符的中国政府计划。在报告使团调查结果时，你应尽量简洁声明你估计所拟援助之性质、程度及可能的后果，以及不援助的后果。当使华结束后，你再去韩国短暂访问，尤其就韩国经济援助计划及该国总体政治经济状况作一评估……①

7月22日，魏德迈使团飞抵南京。很快，蒋中正敏感的民族主义神经就为该使团缺乏礼数而触动。23日，蒋接见魏德迈，发现他竟"未带有杜鲁门信件"，暗地责备美国要么不守外交规则，要么不拿中国当国家看待。24日，蒋又说美国"直视中国非国，并视为劣等民族"，"不仅以中国与已亡之韩国并视"，而且远不如对待仇敌日本，甚至感慨道"美诚视余奴隶之不若矣，焉能使我有志国民不反美、仇美！"②

随后的三周内，魏德迈先后访问上海、北平、天津、汉口、沈阳、抚顺、青岛、济南、台北、广州，其中以东北和台北观感最差，军队的腐败及"以征服者自居"让魏德迈触目惊心。8月19日，魏德迈返回南京，与蒋中正长谈6个半小时。结果双方彼此失望。蒋再次强调"美国对华政策与行动之矛盾及其不守信约之事实"，表示"此实为美国之耻也"。③

而魏德迈于8月22日应蒋中正邀请发表演讲，他当着国民政府60余位高官及蒋本人的面，直言其军政官员的贪污、腐败和无能。总体来说，魏德

---

① Directive, Truman to Wedemeyer, 9 July 1947, *FRUS, 1947*, vol. 7, pp. 640–641.
② 蒋中正日记，1947年7月23、24日。
③ 蒋中正日记，1947年8月19日。

迈的讲话是中肯而坦诚的，并未发现有任何偏激或歧视的成分。整个讲话内容可以说是使团调查结果的浓缩，主要表达了对政府、军队与人民三者之间关系的意见。对于中共，魏德迈明确指出：

> 在战后的第一年中，将中国共产党的力量除尽或至少减至最低限度是可能的……我相信中国共产党的运动不能用武力击败。今日中国正遭受一种外来思想的侵略，而非强大军事力量的侵略。我以为唯一可以战胜这种思想的方法是以另一种更符合人民意志、获得人民支持的思想与之斗争。这就是说中央政府在政治上及经济上要肃清贪污无能，以求得平等公正，并保障中国人民，尤其是农民的个人自由。简而言之，中央政府不能以武力击败中国共产党，而只有通过立即改进政治及经济的状况以争取人民群众忠心的、热烈的、至诚的拥护。在我看来，这些改革的时效将决定中央政府在共产党猛攻之下是屹立还是倒台。

魏德迈最后表示："我知道我所讲的许多意见不合于中国的传统。但我细心地研究了孔子的哲学，我深信所有这些意见与孔子所讲述的品行的要义完全一致。我对大部分中国人民的贤明的判断和合礼的言行怀有信心。我诚恳地希望诸位能以我适才批评的同样精神来接受我的评论。"① 据说，就连蒋中正的义弟戴季陶，听完之后，竟至泣下。别人问他，魏德迈说了什么坏话让你难受成这样。戴回答说："问题就在于他说的完全不是坏话而是纯粹的事实。吾从政国民党26年，从未感到如此之羞辱"。②

可惜蒋却不以为然，反以为忤。他此后半个月都耿耿于怀，几乎天天都在日记中雪耻："实为外人公开侮蔑我政府之最难忍辱者"；"我政府决不能再向美国求借外债，即使吾人饿死，亦不可再向人乞怜"；"依赖则成为奴隶，成为附庸矣"。③ 蒋中正并不是那种可以虚心纳谏的人。他自我辩

---

① Summary of remarks made by Wedemeyer, 22 August 1947, *United States Relations with China*, pp. 758 – 759, 762.
② Telegram, Davis to Marshall, 3 September 1947, *FRUS, 1947*, vol. 7, p. 764.
③ 蒋中正日记，1947年8月22–9月6日（除9月1日没有论及）。

解说魏德迈是受了"共党及其外围分子宣传之影响";① 或者是马歇尔为报复史迪威事件而"以其国内责备马不援华,恐其侮华政策失败,乃特派亲华之魏来华视察后,令魏作反华之丑态,以掩其罪行"。② 蒋对美国的怨恨随之达到顶峰:"〔美国〕企图毁灭我本人,以达其统制中国之目的,其加我之诬陷,更甚于共匪与已往之日俄,是乃万料不及者……其恣睢灭裂犹如此也。"③ 但就国民党军腐败问题而言,熊式辉也曾于 1943 年私下里对蒋说:"军风纪之败坏,类皆由于官兵生活之受压迫,食不能饱"。蒋当时就有些不高兴:"师团长好者,士兵痛苦较少,并非食不能饱"。④ 但是说到熊式辉,在魏德迈使华的过程中,蒋任命陈诚取代熊为东北行辕主任。

如果说魏德迈上述的善意批评还算中肯有效的话,那么,他的成果很快被接下来严重的技术性错误一笔勾销。8 月 24 日飞南朝鲜之前,这位美国总统特使不理其媒体关系顾问的劝告,执意公开发表了一个措辞严厉的离华声明。声明直指"身居要职之无能及腐败官员(不特在国民政府机构中,在省及市机构中尤甚)"及"大部〔分〕官员行为不检,声名狼藉,贪污或无能,或贪污与无能两者兼而有之"。⑤ 尽管声明和演讲内容本身俱是事实,但却体现出美国人自始至终对自己切实干预中国事务的举动全无深思熟虑的觉悟。对于这种低级的外交失误,连魏德迈本人事后也承认:"不但未能促进我心中的事业,我却为共产党对国民党的恶毒攻击火上浇油。不但未能达成建设性的愿望,我却协助动摇了委员长的地位并且无意间诋毁其执政能力"。⑥

如果魏德迈的报告及时换来了美国中断一年之久的援华物资,那还另当别论,可惜并未如此,反而在舆论上助长了国内阻止援华的声浪。原先为数不少的美国记者评论已对国民政府"政治军事经济颇多不利表示失望",使

---

① 秦孝仪主编《总统蒋公大事长编初稿》第 6 卷(下),第 550 页。
② 蒋中正日记,1947 年 8 月 26 日。
③ 蒋中正日记,1947 年 9 月 4 日。
④ 熊式辉:《海桑集》,第 393 页。
⑤ 佚名:《现代史料:美特使魏德迈在华征集资料》,《东方杂志》第 43 卷第 15 期,1947 年 9 月,第 58 页。See statement by Wedemeyer, 24 August 1947, *United States Relations with China*, p. 764.
⑥ *Wedemeyer Reports*! p. 390.

得"多有疑我［国民党］因军事不利，故为危言耸听，欲牵美陷入漩涡，不无转引、反感"。①

9月19日，魏德迈在访南朝鲜后返回华盛顿，向杜鲁门提交了厚厚的报告书。这本较为公正的报告书在总论的第五段即对美国1945年以来的对华政策提出了含蓄的批评："美国在雅尔塔会议中同意俄国重入满洲，其后又对国民政府停止援助，间接便利了苏联在远东的计划"。②

魏德迈迅即建议将东北战事乃至整个中国局势由中国政府提议而置于联合国监管的制度以内，否则"满洲将被卷入苏联的范围之内，并且或将永久脱离中国"，而美国的"任何援助必归无效"。随后，报告对中国政治、经济、文化和军事各方面做了评估，明确指出恶性通货膨胀是中国政府面临的核心问题，内战而引起的军费开支对于收支严重失衡的国民政府来说无疑是雪上加霜，迫使其依靠滥印纸币来暂时弥补预算的亏空，但只能造成物价上涨的恶性循环，并推测政府的外汇资产只能维持到1949年初。在军事上，"国民党必须保卫许多重要区域，其中包括交通联络线。显而易见，大量国民党军队从事这种防守任务不能移动，而共军的战术则使其军队有几乎完全的行动自由"，这种状况造成了中共军队在东北、山东和河北等地的主导性地位。但与此同时，他也明确做出预警："美国对国民政府扩大军事援助可能引起苏联公开或暗地里对中共给予类似的援助——后一途径似更有可能。正如1935年的西班牙，可能产生又一个意识形态冲突的战场。该地区的此类发展，将如同欧洲和中东一样，可能引发第三次世界大战"。魏德迈不无同情地写道："对国民政府努力改革所得成效的批评应有所缓和，须考虑到八年抗战带给中国的艰难困苦以及反抗共产主义的负担和它为盟国事业所做出的牺牲"。因此，对中国政府尤其是弹药和汽车零部件的迫切要求要立即予以协助，同时扩大美军顾问团的任务范围，但避免以任何方式卷入与中共的实际战斗当中。总结来说，国民政府在经济、军事、政治上所面临的危机都非常严重，这主要是由于国民党的不作为和苏联的积极作为而造成的；鉴于中国重要的战略价值，

---

① 《顾维钧致王世杰函》（1947年7月12日），中研院近代史研究所档案馆藏外交部档 430.5 - 0018。

② Report by Wedemeyer to Truman, 19 September 1947, *United States Relations with China*, p. 766.

美国政府应提供及时有效的援助，但这种援助又必须是有限的，必须以国民政府的切实改革为依据。①

有关朝鲜半岛，魏德迈报告书指出它与中国一样，"政治、经济和心理上的问题互相交织，全都复杂而且日益难于解决"。由于苏联抵制履行1945年12月由三国外长达成的莫斯科协定，美苏联合委员会陷于僵局。斯大林的企图已经昭然若揭，即"确保在朝鲜［建立］一个共产党主导的政府"，并且，"苏联极有可能会撤退其占领军，并因此诱使我们也行撤退，因此，北朝鲜人民军构成对南韩的潜在军事威胁。一旦苏联确信北朝鲜傀儡政府及为其组建之武装，在没有苏联军队实际参与的情况下，足够强大并且经过充分灌输以至能够依赖来实施苏联目标的时候，上述情况，就很可能发生。"②

这个报告如果当时能引起美国高层的重视，历史可能就不会如后来发展的那样。遗憾的是，国务卿马歇尔在未读之前，即已建议杜鲁门将报告列为最高机密而禁止任何人泄露；③ 读过报告之后，则表示"此一［国际托管］建议，当时若予公布，是对中国主权的侵犯，意指国民政府无力统治其领土，极大地伤害了中国人的感情"。④ 马歇尔曾要求魏德迈删除有关建议，然而对于魏德迈来说，这简直就是他报告的核心部分，因而拒绝。国务卿遂一直将报告列为"最高机密"，直至1949年白皮书的发表才予公开。魏德迈本人的反应自然是不满与无奈，他表示"事实上所有的意见都曾事先与蒋介石委员长在极其友好的气氛中商谈过。因此今天［仍］确信发表我的报告不会给我的政府或者中国、韩国人造成难堪。如果我是错的，那么随后在1949年的白皮书中公布我的报告则为严重的外交失误"。⑤

需要指出的是，正如马歇尔所预计的，蒋中正不可能同意将东北乃至全中国交付国际托管的建议。他曾因与胡适午餐时听闻魏德迈有关中国交由美国托管的建议，而"不禁心寒胆惊"，谓"美国陆军之狂妄荒唐竟至于此耶"。⑥ 1947年1月6日下午，马歇尔在离华前夕，曾与蒋随意提及美国参

---

① See report by Wedemeyer to Truman, 19 September 1947, *United States Relations with China*, pp. 773 – 774.
② *Wedemeyer Reports*! pp. 463 – 479.
③ Memo, Humelsine to Connelly, 25 September 1947, appendix 3, in *Wedemeyer Reports*! p. 446.
④ *United States Relations with China*, p. 260.
⑤ *Wedemeyer Reports*! pp. 397 – 398.
⑥ 蒋中正日记，1947年8月30日。

议员最近提出"由一个美英苏三国做出努力来为中国的事务提供稳定性影响的方案"。据马歇尔的报告，当时委员长的反应非常激烈，随即发表了带有抗议性质的长篇大论：

> 雅尔塔会议就满洲问题——铁路、大连和旅顺口——做出决定而没有提到中国政府的消息传来令人大感震惊，这是中国人民根本无法谅解的。我［蒋］本人由于了解到当时的某些情况而接受了这项决定，但是仍然感到这一行动和美国政府的传统立场不相吻合，这样的决议在中国将长时期地激起深刻的不满。而且，1945年12月莫斯科外长会议就中国问题所采取的行动是对中华民族尊严和主权的侵犯。在宣布这一行动的后一日苏联大使曾拜会我并对我说，虽然苏联政府默认了所采取的行动，但认为此乃不智之举，而这样的行动是由美国政府建议的。请转告总统，在任何情况下，只要我还是中国政府的首脑，就不会接受涉及苏联政府或英国政府插手中国内政的行动。如果一定要采取这样的行动并强加于中国，我将辞去政府主席的职务，因为这对中国政府和人民都是不能容忍的，而且是一种侮辱。①

鉴于蒋对魏德迈一行的观感，他不太可能理性考虑魏氏建议的实质。蒋的民族主义情怀既不喜将中国与朝鲜相提并论，也反感魏德迈临行前所有的批评言论。他在日记中写道："魏德迈使团所加于我国者为骄横，为侮辱……对我民族之贱视，几乎以我为其殖民地犹不如也，不堪再忍矣"。②

然而马歇尔所谓尊重中国主权的借口也过于牵强，正如蒋中正在两人最后一次见面时所抱怨的那样，马歇尔、罗斯福、杜鲁门在决策的时候似乎很少会将中国的主权问题作为优先考虑的因素，否则也就不会有雅尔塔密约，苏联对中国东北的占领就不会那么理直气壮，甚至斯大林还会按照外交人民委员会的建议不出兵东北。那么，美国也不会就中国东北问题与苏联发生如此激烈的冲突。

即便魏德迈报告有侵犯中国主权之嫌，但其中诸如保证国民党军迫切需

---

① Marshall, *Marshall's Mission to China*, vol. 1, p. 429.
② 蒋中正日记，1947年8月23日，"上星期反省录"。

要的弹药供应以及提供经济援助等技术性建议，亦被同时搁置，而未及时付诸实施。不独是魏德迈，连司徒雷登也曾报告过中国弹药严重缺乏的问题。① 究其原因，到底还是马歇尔的内心深处有着对于国民党难以磨灭的抵触情绪。

据悉，10月初，调任广东省政府主席的宋子文来到香港拜会反蒋领袖李济深，据宋透露，"担任广东省省长并不是蒋介石的主意，而是美国政府的授意。美国政府对蒋很不满意，想让宋子文、孙科、张群等取代蒋介石，领导政府与共产党进行和谈"，希望李参与，并说服老部下陈诚、张发奎、余汉谋、薛岳等和桂系共同反蒋。②

中国土地改革

中国在传统上是农耕社会。土地是稀缺的社会资源，成为特权或有钱阶层最为青睐的投资对象。贫困是农村亦是中国基本的社会问题。近代"大革命"风生水起，中国国民党在孙文时期就以"耕者有其田"作为平均地权的宣传口号，赋予政府以征收土地税和收买私有土地的双轨权力，旨在自上而下地限制土地垄断和调配土地使用。这种口号的实现取决于国民政府对抗地方割据势力的结果。闽西龙岩县自1941年根据这一原则实施土改，将共产党分的田连同私有荒地一起收回，按照原土地使用者、本乡务农满3年者、本县务农满3年者这一次序，以户（4口）为单位分配（超过4口的农户按每人应得面积予以调整），同时以债券和现款补偿原地主，成效显著：至1947年龙岩全县共放领土地262458市亩，扶植自耕农32242户，"全县农民均系自耕农，地主一词已很不容易听到"。③ 但龙岩相对整个中国来说毕竟九牛之一毛。

而中国共产党之所以被美苏目之为"农业改革者"或"农民党"，就是因为它号召以暴力手段自下而上地变更中国农村原有的土地所有制度，但自江西苏维埃共和国失败之后，就一度中止了大规模土地革命运动，在其根据

---

① *Wedemeyer Reports*！p. 398.
② 李沛金：《我的父亲李济深》，团结出版社，2007，第160页。
③ 殷章甫：《中国之土地改革》，台北，中央文物供应社，1984，第41–42页。

地内依靠富农（如"吴满有方向"），较为温和地推行减租减息的改良政策，即国民党早已宣布但一直未实行的"二五减租"。① 周恩来说"共产党的土地政策与政府的土地法区别无几"。但当美国表示协助国共协商解决土地问题时，中共答以复杂费时而明确拒绝。②

所谓"二五减租"就是田赋减少1/4。国民党曾于北伐后的1928年在华东浙江省率先试行，但因地方政府支持大地主武力反对，该政策很快夭折。③ 后来抗战中在湖北推行过一段时间，但亦半途而废。1946年8月，国民党再次酝酿土改，以谷物而非纸币向大地主征购土地，宋子文曾有意透露给美国新任驻华大使司徒雷登，希望能够获得华盛顿的援助。④ 陈仪在台湾亦实行粮食统购统销，对违反者予以严惩。⑤ 1946年12月，国民政府正式推出"二五减租"办法，仍旧由于地主方面的阻力和行政院的不作为，土地改革政策始终暂缓实施。以苏北萧县为例，地主还乡后，与官员相勾结，对"中央各种收揽民心安定社会秩序之法令相率阳奉阴违"，"不特不奉行二五减租办法，除强迫佃农对半分租外并追算历年未对半分租之旧账"，"佃农无钱无势，虽不服亦不敢诉讼。若长此以往，实无异驱民为匪"。⑥ 1947年3月21日，国防最高委员会第223次常务会议又通过决议，仍恢复30年代《土地法》实行的"三七五限租"，即"各地耕地佃农应缴之地租，暂依照正产物总额千分之三百七十五计算"，并以行政院训令方式发布。台湾在两年后就是依据该令，实施了土改，成绩斐然，为台湾的繁荣奠定了基础。⑦ 4月17日，张群继宋子文任行政院长。蒋中正专设地政部来加大土改力度。按照1946年美国政府派遣的农业专家团建议，国民党打算继续《土地法》规定的丈量、登记、估价程序，并通过政府投放农业贷款，改进业

---

① 见杨天石《国民党在大陆"二五减租"的失败》，《炎黄春秋》2009年第5期，第39—42页。
② Marshall, *Marshall's Mission to China*, vol. 1, p. 180.
③ 见殷章甫《中国之土地改革》，第19—20页。
④ Dispatch, Stuart to Byrnes, 30 August 1946, *FRUS*, *1946*, vol. 10, p. 112. 参见《司徒雷登日记》，1946年11月14日，第15页。
⑤ Lai Tse-han, Ramon H. Myers and Wei Wou, *A Tragic Beginning: The Taiwan Uprising of February 28, 1947* (Stanford: Stanford University Press, 1991), pp. 86—87.
⑥ 《丘国珍致邓文仪报告》（1946年12月5日），彭明主编《中国现代史资料选辑》第6卷，第457页。
⑦ 赵文山：《台湾"三七五"地租运动的透视》，台北，自由出版社，1949，第2页。

佃关系。①

国民党虽有良好的土地改革政策，但缺乏贯彻政策的动力和意志。土地产权是国民政府保护的对象之一。然而，内战方炽，国民政府即便心有余力也不足。农业史学家万国鼎慨叹道："改革的阻碍往往直接来自政府本身，甚至在某省参议会中，反对二五减租的主力，竟全是国民党党员"。②

共产党也于1945年底在新占领区开展了一两个月的"清算复仇运动"，而后推行强制地主退还地租和抵押土地的政策。包括：

> 第一，大部分土地要上推两年减租，地主必须把前两年每年的地租退还1/4。第二，大地主必须把其地租收入的50%用来交土地税，尽管农民的最高税率只相当于他收成的7%，每个家庭还有一亩地（1/6英亩）完全免税。不愿退租或纳税的地主可以出售土地。第三，地主必须把多余的土地卖给新政权，可以用发行债券的方法偿付地价。③

1947年2月8日，中共中央在一份通告中表明，土地公债不算产权买卖，如果要让"地主无法保留多余土地，且可使农民避免某些理由不充分的清算，使自己得到的土地更有合法的保证"，就必须"与诉苦清算配合起来，不把它看作一种单纯的买卖关系"。实际上，在政权压力下，"许多地主宁愿献地，写献约，而不愿得公债卖地，写卖约。因地主感觉如写了卖约，以后再无借口收回土地"。④

由此，土改成了中共军事胜利的重要原因，是兵源和后勤的主要保证。共产党的经济学并不复杂，就是给农民"以看得见的物质利益"。⑤ 虽然农业技术和工具并未改变，但中共通过重新分配与土地有关的产权，将占多数的农村人口纳入自己的政治经济系统，而最初运营的成本则相对较低——主要为武器支出，已由苏联供给。据粟裕回忆："胶东莱阳县赤山区，一千名

---

① See memo by T. H. Shen, November 1946, *FRUS, 1946*, vol. 10, p. 1292.
② 万国鼎：《土地问题与官僚政治》，《土地改革》第1卷第1期，1948年4月，第6页。
③ 《中国的土地改革》（1948年2月25日），《陈翰笙文集》，商务印书馆，1999，第332页。
④ 《中共中央关于陕甘宁边区若干地方试办土地公债经验的通报》（1947年2月8日），中央档案馆编《解放战争时期土地改革文件选辑》，中共中央党校出版社，1981，第45页。
⑤ 陈兴良、张耀彬：《吴亮平与东安（密山）根据地的创建》，见雍桂良等《吴亮平传》，第195页。

民兵集体参军，编为一个营，加入了主力，成为当时闻名胶东的'赤山营'。淄川县当时只有四十余万人。土改复查后，一次扩大一个团，两千余人补进了主力。"山东一省仅 1946 年就有 29.5 万余农民加入中共武装，1947、1948 两年还将有这么多人应征入伍。山东农民还被运往东北作战，1946 年大约有 11.6 万人，"由海运去的有八万人，由山海关去的只有三万六千人，都由苏联以获得的日械，予以装备"。① 相比较，整个国统区 1947 年 1–8 月才征新兵 508307 人，每人尚须政府财政拨出 6 万元法币的征集安家费用。②

从 1947 年 2 月开始，中共逐渐对土地所有者由"改"转"革"，开始阶级斗争升级。因张莘夫事件而被调往北满的吴亮平此时主要负责东安（今黑龙江省密山）地区的土改。他的经验是"开穷人会，要认真摸好底，选准村里的经营性地主与大富农，发动贫苦农民与他们算清剥削账，培养苦大仇深的农民积极分子和他们撕破脸皮，开斗争会，公审枪毙。这样群众就会自觉地按着土地革命的发展规律"。③ 这种依靠农村贫民的"土革"，发动起来的"勇敢分子"自然什么类型都有，各地状况非常复杂，"一些狗腿子，甚至于地痞流氓成了积极分子，占了优势，而真正的贫雇农、下中农，没有得到什么好的东西……天下都一样，一开始的时候，是痞子运动，一般好一点的老百姓都不敢讲话"。④ 据李锐回忆，"土改由凯丰负责，左得很，侵犯中农利益，杀人、死人很多。我还记得在会上黄克诚批评凯丰：同江西时期一样左，只是因为支援前线，战争胜利关系，严重错误被掩盖了"。⑤

7 月 17 日开始，刘少奇在河北省平山县西柏坡村主持 107 人参加的中共全国土地会议，指大多数地方土改"均不彻底，当须进行激烈斗争，才能解决问题"，提出的口号是"中农不动"、"平分土地"。⑥ 由此，康生的

---

① 《粟裕战争回忆录》，第 635–636 页。
② 白崇禧：《中国国民党六届四中全会军事报告》（1947 年 9 月 9 日），秦孝仪主编《中华民国重要史料初编——对日抗战时期》第 7 编，第 2 卷，第 898 页。
③ 陈兴良、张耀彬：《吴亮平与东安（密山）根据地的创建》，见雍桂良等《吴亮平传》，第 197 页。
④ 李锐、丁冬、李南央：《李锐口述往事》，第 231–232 页。
⑤ 李锐、丁冬、李南央：《李锐口述往事》，第 244 页。
⑥ 《解放战争时期土地改革文件选辑》，第 72 页。

"村村点火、家家冒烟"、"分浮财"、"挖地财"、"搬石头"等"极左"行为，都作为会议的正面经验加以传达，"其后果就可想而知了"。① 中国农村"患贫"的问题不但无法解决，反而直接转变为"仇富"，更进一步向富裕农民下手。在共产党农村土改中，普遍实行"定成分"和"三查三整"。据时任作战参谋的张清化回忆：

> 我回到了〔山西〕临县三交镇。那时那里正在搞划阶级、定成分、斗地主、挖地财、挖元宝。最初我还没看出什么问题来，后来看到定成分要查三代。如果你是贫农，查到你三代中有是地主或富农的，就定你是地主或富农。我对此产生了疑问，心想他现在是贫农，什么都没有，给他定成地主或富农合适吗？后来又定工商业者的成分，大一点的铺子的店主，就定地主、富农，把铺子给分了，我觉得不对头……但又不敢多讲，怕讲多了，人家给我扣上右倾帽子。②

入秋以后，随着战事发展，庞大军队的开销也日益增大。毛泽东改变了刘少奇"中农不动"的方针，提出"彻底平分土地"的口号。③ 9月5日，刘以其敏锐的政治嗅觉，立即指示全国土改会议决定，以农村中全部土地、山林、水利"彻底平分"，不但"要将地主、富农两阶级多余的粮食、耕牛、农具、房屋及其他财富拿出来"，而且"从约占人口百分之五的上中农那里抽出或换平一部土地。得利者在老区亦仍占百分之五十到六十……故大家认为利多害少"。④ 紧接着，9月13日出台的《土地法大纲》，即明确奉行绝对平均主义原则。在平分土地过程中，"许多地方在定阶级成分时发生错误，把一些不是地主富农的人化为地主富农，把一些富裕中农定成富农，扩大了打击面。同时在逼地主地财和斗争一些欺压群众的干部时，又发生乱

---

① 师哲：《峰与谷》，第273页。
② 张清化：《雾都遇险巧周旋解放战争建奇功》，载《怀念周恩来》，人民出版社，1986，第420页。
③ 新华社社论《学习晋绥日报的自我批评》（1949年9月1日），《新华社社论集（1947－1950）》，新华社，1960，第55页。
④ 《中共中央工委报告与中央批示》（1947年9月5－6日），《解放战争时期土地改革文件选辑》，第80－81页；金冲及主编《刘少奇传》上卷，第578－579页。

打乱杀的错误"。① 至 1947 年底，毛泽东收回了原先"彻底平分土地"的提法，在《土地法大纲》上加了一行小注："在平分土地时应注意中农的意见，如果中农不同意则应向中农让步"，② 初步缓解了农村社会矛盾。

此时中共之所以不是农业改革者，就因为土改变成政治运动而非像国民党一样仅仅是经济问题。一般农村的土改是伴随着农民诉苦、清算、复仇运动与中共干部自身的三查（查工作、查阶级、查思想）运动完成的。农村地方行政一开始就是通过军队建立的，以战斗序列为单位分区驻扎，以军事指挥官兼任行政首长。10 月 3 日，毛泽东亲电华野陈毅、粟裕："现应确定一个月至两个月内，只打小仗不打大仗。各纵应划定地境，每纵几个县……建立政权，实行土改。每县拨出一个营的架子（干部）及一个连的兵力，建立各县武装基干……此种工作看似不甚重要，实则具有伟大战略意义"。③

没有中间道路

国民党"总动员"的唯一受害者是第三大党——中国民主同盟。民盟在 1944 年改组之初，曾自认为是一个独立于国共两党之外的"中间派的政治集团"，有"三党三派"之说，分别是青年党、国家社会党（后与康梁的民主宪政党合并称民主社会党）、农工民主党、职业教育社（后改称民主建国会）、乡村建设派和救国会。口才甚佳的民盟中央宣传部长罗隆基曾对中间立场加以解释："民主同盟不但在抗战时期应该是个中间派，就在今后建国时期中仍然应该是个中间派，民盟在建国方针上应该走国民党同共产党两党以外的道路，就是所谓的第三条路线。"这条路线是不同于"英美资本主义"或"苏联社会主义"的非冷战路线，旨在"拿苏联的经济民主来充实英美的政治民主"。④ 然而，事实证明这种路线是难以存活的。民盟秘书长

---

① 金冲及主编《刘少奇传》上卷，第 586 页。
② 《中共中央文件选集》第 16 册，第 548 页。
③ 《中共中央军委致陈毅、粟裕电》（1947 年 10 月 3 日），《毛泽东军事文集》第 4 卷，第 281 页；《粟裕年谱》，第 278－279 页。
④ 罗隆基：《从参加旧政协到参加南京和谈的一些回忆》，《文史资料选辑》第 20 辑，中华书局，1961，第 204 页。

梁漱溟因提出不同于国共的折中方案,而被人嫌怨,于 1946 年退出民盟(事详前章)。这其实就已经宣告了第三方面的瓦解。① 随后在参加国民党主导的国民大会问题上,民盟就出现了分裂。

当时,美国的意见促进了青年党和民社党参加国民大会。马歇尔对左舜生说的一句话,即"盼望蒋先生能在改组政府中使自由分子得着权力",促使青年党下定决心参加国大,与民盟分道扬镳。青年党三巨头之一李璜回忆道:"马歇尔临别之言,也有点打动我,想到美国人总不会因调和之事不成,而负气竟令中国这一大块大陆落入苏俄的支配掌中的……谁知后来马歇尔当了国务卿,主持美国大计,而竟负气不但不再予国民党以何种大力支援,而反在国民党打了败仗,落井下石的发表白皮书,将中华民国的大陆政权送终大吉。"② 而对于民主社会党,司徒雷登与马歇尔每次与其领袖张君劢谈话后,总是鼓励他通过民盟把国共以外所有第三方面人士团结起来,"一方面可向国民党施加压力,一方面可以孤立共产党";又说"假如第三方面全体参加国民大会,共产党完全孤立起来,那么我就更有理由向我的政府建议更大规模地援助将来你们的政府"。③ 青年党和民社党表示愿意参加国大,脱离民盟而靠近国民党。

1947 年 4 月 17 日,国民党正式改组政府,然而青年党只长了并无实权的农林、经济两部,未如预测入主五院。中国青年党本于 1923 年由少年中国学会的留法学生曾琦(字慕韩)和李璜创立于巴黎,是推崇"外抗强权、内除国贼"的民族主义政党,当时就与中共有竞争关系而不睦。随着国共战争爆发、国大召开,青年党本身也有分裂之势。前有李璜淡出党务,后有周济道等另组革新派,曾琦、左舜生则努力统一党内政见。1947 年 9 月 2 日,已是 55 岁的青年党主席曾琦在上海的该党第十一次全国代表大会上作政治报告云:

中国现介于苏美两大集团之间,可以亲美反苏,亦可以亲苏反美。

---

① 梁漱溟提案主要包括国共就地停战,共产党驻地为齐齐哈尔、北安和佳木斯。署名为莫德惠、梁漱溟、黄炎培、陈启天、张君劢、余家菊、缪嘉铭、罗隆基、李璜、章伯钧、左舜生。见叶笃义《虽九死其犹未悔》,第 35－36 页。
② 李璜:《学钝室回忆录》第 2 卷,第 635－636 页。
③ 叶笃义:《虽九死其犹未悔》,第 26－27 页。

但自中苏条约签订以来，苏联所表现之不友好态度，层出不穷，如搬运东北物资，及长期占据旅大等，均极明显之事实。美国对华政策固不如吾人理想之友善，然［较］诸苏联，则属进步多多矣。次就国内情势而言，青年党今日亦介于国共两党之间，可以亲共反国。但自政协会议以来，共党存心破坏，无所不用其极。青年党力谋团结，与国民党政策固无二致。因而参加国大，参加政府，在与国民党合作之下，而使国家臻于富强之境。①

民社党的态度则不若青年党坚决。1932年燕京大学的两位哲学教授张君劢和张东荪秘密创立国家社会党，提倡的是渐进改良的"国家社会主义"。党魁张君劢本坐过国民党的牢监，对其一党独裁自是痛恨，但他还是选择了国民党。1947年民社党常委会在参加国民政府问题上进行了激烈的辩论，最终按照张君劢的意见，只接受政府委员会中的三个席位和一个不管部长之职。张自我解释说这只是支持中国宪政的一种姿态，避免政府实职旨在防范国民党腐败的侵蚀。② 在写给《纽约时报》的信中，张君劢认为共产党依靠苏联，于东北九省"割据迄今，成为中国分裂之大患"，又"必诉诸武力而后快"，以致"马氏之调停已呈失败之象"，"与共产党共谋颠覆现政府耶？抑继续努力促成国民大会之召集，以建树民主政治耶？吾辈终采取后者"。③ 然本就与政治若即若离的张东荪则选择了共产党。④

余下的民盟人士多持亲共立场，而对国民党加以拒绝。其中，黄炎培创建的民主建国会完全接受中共领导，成为其统战民族工商业的得力助手。⑤ "德不济才"的罗隆基自不待言。农工民主党章伯钧一度就是共产党，而救国会沈钧儒的女婿、记者范长江也早已加入中共。即便在这时，表明亲共的民盟代表黄炎培、罗隆基、章伯钧、张东荪仍然希望得到美国的金钱援助，对

---

① 中国第二历史档案馆编《中国青年党》，档案出版社，1988，第310-311页。
② Carsun Chang, *The Third Force in China* (New York: Bookman Associates, 1952), p. 234.
③ 张君劢：《中国的少数党正支持着现在的政府》（1948年3月10日），中国第二历史档案馆编《中国民主社会党》，档案出版社，1988，第307-308页。
④ 见叶笃义《虽九死其犹未悔》，第41-42页；参见戴晴《在如来佛掌中：张东荪和他的时代》，香港中文大学出版社，2009。
⑤ 《八十年来：黄炎培自述》，文汇出版社，2000，第153页。

司徒雷登和魏德迈频频示好,终被置之不理,所谓落花有意、流水无情。①

自由派代表、《观察》杂志主笔储安平是这样评价自己和同侪的:

> 这批自由思想份子,数量很大,质亦不弱,但是很散漫,从无足以重视的组织。这批人拥有的力量,只是一种潜在的力量,而非表面的力量;只是一种道德权威的力量,而非政治权力的力量;只是一种限于思想影响和言论影响的力量,而非一种政治行动的力量。马歇尔在中国时,曾竭力鼓励这一批真正自由思想份子组织起来;无论马歇尔如何了解中国的政治情形,马歇尔到头还是一个美国人,一个美国头脑,所以他还是隔一层的。②

自由派很难形成一股政治力量,而现存政治人物只能在国共之间选择。至此,"中间"派实际上已经脱离了理想的"第三条路线",而分别加入国共两个阵营中去。

国民党以执政地位非常不智地把中共积极争取的民盟直接列为被"戡"的对象。政府采取了"孤立上层、打击下层"的压制政策,先后有温和派孙科、新闻局局长董显光发出予以取缔的呼声。黄炎培、罗隆基等民盟领导人四处奔走无效。事态发展的最高峰是民盟中央常委兼西北总支主任杜斌丞被陕西省戒严总司令部以"勾结共军、密谋暴动、贩卖烟毒"罪名处死。这时候,他们派骨干找美国大使调解与政府关系,司徒雷登对现在民盟甘做"尾巴"感到厌倦,"平时他同民盟不会讲英语的领导人谈话的时候,多半用中国话交谈。这次他完全说的是英语,旁边还坐着一个名字叫拉登的美国参赞做记录。司徒雷登当时以'不便干涉中国内政'为辞,给民盟碰了一个软钉子"。③

10月27日,民盟未经审判而以政府公告形式被定性为"非法团体",依据《妨害国家总动员惩罚暂行条例》甚至《后方共产党处置办法》而"严加取缔"。民盟最终于11月5日自行宣布解散。随后组织流亡香港,召

---

① 叶笃义:《虽九死其犹未悔》,第48-49、60页。
② 储安平:《中国的政局》,《观察》第2卷第2期,1947年3月第7页。
③ 叶笃义:《虽九死其犹未悔》,第51页。

开了仅少数人参加的一届三中全会,明确提出:"彻底推翻整个国民党反动集团的统治",并"与中国共产党实行密切的合作",公开"坚决驱逐美帝国主义的势力出中国",彻底倒向共产党一边。它自称"在真民主与假民主之间,就绝对没有中立的余地"。①

对于"第三方面"的中立立场,中共领导人也曾提出过反对。负主要交往之责的周恩来评价说:"一接触到实际斗争,尤其是内战重起,就使他[民盟]只能在靠近共产党或靠近国民党中选择道路,而不能有其他道路。"② 毛泽东则明确告诫党内"自由资产阶级也同我们争领导权,不要以为自由资产阶级就革命得不得了"。③ 10 月 26 日,毛泽东在给全党的指示中特地加了这么一段话:

……在蒋介石打倒以后,因为自由资产阶级特别是其右翼的政治倾向是反对我们的,所以我们必须在政治上打击他们,使他们从群众中孤立起来,即是使群众从自由资产阶级的影响下解放出来。但这并不是把他们当作地主阶级和大资产阶级一样立即打倒他们,那时,还将有他们的代表参加政府,以便使群众从经验中认识他们特别是其右翼的反动性,而一步一步地抛弃他们……④

据苏联部长会议副主席米高扬(Анастаа́с И. Микоя́н)称,11 月 30 日,毛泽东甚至请示过斯大林:在中国革命最后胜利的时期,循苏联和南斯拉夫之例,中国共产党以外的所有政党都应该退出政治舞台,这将加强中国革命的力量。但这因斯大林的否定而没有付诸实施。⑤

1947 年 10 月 10 日,毛泽东在陕西神泉堡提出"打倒蒋介石,解放全

---

① 《中国民主同盟一届三中全会政治报告》(1948 年 1 月 19 日),《中国民主同盟历史文献(1941—1949)》,文史资料出版社,1983,第 392、395、397 页。
② 《中共中央指示稿》(1948 年 1 月),中共中央文献研究室编《周恩来选集》上卷,人民出版社,1980,第 284 页。
③ 《在中国共产党第七次全国代表大会上的口头政治报告》(1945 年 4 月 24 日),《毛泽东文集》第 3 卷,第 306 页。
④ 《毛泽东文集》第 4 卷,第 312 页。
⑤ Ледовский А. М. СССР и Сталин в судьбах Китая. С. 56.

中国"的口号。他给斯大林写了一封长信,表明"形势已有很大的变化,已形成对我比较有利的局面……我军事力量不断扩大和加强",自信地宣称"解放战争已有了很大转折,已进入了一个新的阶段"。斯大林很高兴,于12月16日重新向毛泽东发出了访苏的邀请。次日,阿洛夫予以转告,毛泽东"非常满意",表示自己早就想去苏联了,一俟占领平绥(即今天北京至包头)路,就可以动身。① 12月底,毛泽东住在米脂杨家沟,他再次给斯大林发电,强调国共力量对比已发生实质性变化,中共已打退了国民党的总进攻,转入了反攻阶段,"这是一个历史性的转折点"。② 11月6日,晋察冀野战军攻取了华北的大城市石门,不久更名石家庄。

中共在军事上的胜利,得益于苏联的武器援助。现有资料表明,苏联不但将日本关东军以及在朝鲜的大量军火分批多次接济中共东北、山东、热察部队,还把苏制武器装备以易货方式源源不断运入东北。而东北国民党军主力大都是经美国改制而强烈依赖美国弹药补给的军队,受到了美国军火禁运的影响。1947年底的一份国民党军求援报告无奈地表示:"在日本投降前,我国陆军有三十九个师,空军有八又三分之一大队,系用美式装备者。经过两年之使用后,中国陆空军之装备弹药配件,急需补充,因吾人尚不能以国内现有之设备制造美式军火"。就连急需的汽车零件,即便已于1946年12月向美国国外剩余物资处理局订立合同购买,并预付美金180万元,但至1947年7月11日,该局却通知国民党方面取消合同。而关于空军的补给情况,报告原稿异常悲观地写道:"已濒绝境"。③ 如此一来,排除空军和机械化部队,国共武器就相差无几了。

其次是情报战的胜负。毛泽东对蒋中正的战略意图、军事部署、主力位置洞若观火,着着制敌先机,而后者则有如盲人瞎马,意外不断。例如1947年9月22日深夜许世友的胶东第九、十三两个纵队主力居然可以凭借月色,从李弥、黄淑第八、九两大整编师合围的夹缝中悄然挤出,破坏了国

---

① Ледовский и т. д. (сост.) Русско‐Китайские Отношения в XX Веке, том 5, книга 1. С. 378.
② 师哲、李海文:《在历史巨人身边》,第347－348、351页。
③ "濒绝境"字样后来改为"极形严重"。见中国急需美国供应军用品稿(1947年11月26日)、《八又三分之一计划说明及其补充合约物资接收情况报告表》,中研院近代史研究所档案馆藏外交部档423.1－0002。

民党对胶东的封锁。蒋中正终于察觉到中共"情报人员不仅布置在我们的周围,甚至打入我们的司令部里面,担任很重要的位置"。① 他直到1947年秋天才真正重视保密工作,加强了密码编制和电台控制。周恩来承认至此才给中共长期无孔不入的情报工作带来困难。②

再次,国民党军士气远较中共军队士气低落。中国共产党审时度势,面对国民党政府与军队的普遍腐败和长期战争对民生的破坏,更具号召力。如果说抗日是出于民族主义的理由,那么,八年之后要与中共为敌就多少丧失了战斗热情。尽管国民党坚称中共的背后站着更可怕的俄国熊,但战场上双方的士兵并无太大区别。时任新一军军需处文书的苏定远中士后来回忆说自己在1947年选择退伍的主要原因之一就是内战打死的都是中国人。而中共部队的宣传则更贴近生活,如"吃菜吃菜心,打倒新一军"。③ 国民党军内部不振,佐以共产党的政治宣传,普通士兵的斗志很容易瓦解。而中共军队则因思想动员和经济分利而士气高昂。华野兵源补充的6成以上其实来自国民党军俘虏,1947年就达20万(称"解放战士"),经过一整套行之有效的措施加以"溶化"。④

最后,国共领导人在军事指挥习惯上的重大差异也成了战场胜负的关键。毛泽东一般不干涉野司一级的战术部署。例如他在5月12日电中明确表态"〔陈毅、粟裕〕你们当机决策,立付执行,我们不遥制"。⑤ 而蒋中正则连战术部署也亲自上阵,令前线将军仅成为执行官而丧失了机动性。蒋自淞沪会战时期,就爱越级直接指挥前线部队,有时竟连负责的兵团司令都蒙在鼓里。⑥ 遇重大战役蒋无不亲自指挥,"事无大小,均须遥制,实误机宜"。⑦ 国民党军尤其是中央军向以服从蒋的命令为原则,不遵令,"胜利了没有

---

① 蒋中正:《一年来剿匪军事之经过与高级将领应注意之事项》(1947年10月6日),秦孝仪主编《先总统蒋公思想言论总集》第22卷,第268页。
② 《周恩来年谱(1898-1949)》,第746页。
③ 吕迅、常成:《苏定远先生访问记录》(2014年10月23日),个人收藏。
④ 《华东一年来自卫战争的初步总结》(1947年12月30日至1948年1月1日),《陈毅军事文选》,第434-435页。
⑤ 《中共中央军委致陈毅、粟裕电》(1947年5月12日),转引自《粟裕年谱》,第241页。
⑥ 见《张发奎将军抗日战争回忆录》,第10、23页。
⑦ 蒋中正:《一年来剿匪军事之经过与高级将领应注意之事项》(1947年10月6日),秦孝仪主编《先总统蒋公思想言论总集》第22卷,第268页;郭汝瑰日记,手稿,1947年9月29日,转引自朱宗震、陶文钊《中华民国史》第12卷,中华书局,2011,第98页。

功，如果失败了责任担不起"。① 即便曾被蒋赞赏有加的国民党第二绥区司令王耀武"一再要求机动作战"，但因未获蒋采纳而损失3万余众。②

与军事战术相比，中共的农村政策更加引人注目。内战中，中共地区广大农民作为土改的既得利益者，除了缴纳实物地租外，也需要服繁重的劳役。各边区政府沿用了抗战期间制定的《军事支差条令》，其中规定"凡年在16岁以上、50岁以下的男子，及一对牙以上之驴、骡、牛、骆驼"都有"服战勤"的"神圣义务"。但由于战役规模变大，前后方距离也变远，战勤支差的任务变得更为繁重，其适用范围甚至不断扩大。例如在山东，由于是大兵团主战场，民工需求量惊人，"过去到过一兵三夫，现在平时是一兵一夫，但打起大仗来就更多了"。孟良崮战役中，已实行常备民工制度（即一次服役3个月），共征用火线随军民工7.66万人、二线常备15.4万人、短期临时69万人，士兵与民工比率达到1∶3.71。部队民工比率最高的时候，是在宿北战役中，竟达到平均一个士兵配五六个民工（1∶5.46），原因就是"部队多要；地方随要随调随跑"。③ 在山西、河北省，由于1945年秋刘伯承、邓小平指挥"拆毁平汉铁路安阳至邢台段以及邯郸至磁山、峰峰至马头、丰乐镇至六合沟等"铁路，在太行山区开采的煤炭和涉县西达兵工厂自行生产的炮弹运至河北前线，主要依靠人畜力，"一趟运弹药30吨，如用驴驮，需400头，最快也得走3天"，而且民工往往风餐露宿，异常艰辛，他们的伙食刚开始还是由边区补给，后来就直接改为"自带"。农民就是以这种方式完成"支前差务"的。有的时候，"因路途遥远，繁重的差役直接影响着农业生产"，以致周恩来发电警告各部："许多地方动员人民服务后勤的数目及其与正规军的比例，大得惊人，甚至有前方一人作战后方六人为之服务之说。人力如此消耗，何能支援长期战争？而且势必影响人民生产，转而影响部队粮食"。④ 于是1948年后又要求上述铁路沿线居民抢修铁路，在5个月内仅一个县就组织民工约

---

① 李仙洲：《莱芜战役始末》，《莱芜战役纪实》，第135页。
② 王耀武《莱芜战斗详报》，《莱芜战役纪实》，第287页。
③ 薛暮桥：《山东的财政经济工作》，《山东革命历史档案资料选编》第19卷，第59页；《华东区解放战争二年来各次战役参战部队与动用民工数目比较表》（1946年7月－1948年9月），《山东革命历史档案资料选编》第21卷，第355页。
④ 《中共中央致林高、陈饶、粟谭、刘邓、滕薄王、聂萧罗刘黄、贺李、彭习、林王贾、陈谢王韩并告朱刘、叶杨电》（1947年4月17日），《周恩来军事文选》第3卷，第195页。

15万人次,这种状况持续到内战结束。对于当差农民的田地,共产党会组织未差农民代耕代种。[1]

早在抗日战争结束前,毛泽东就确立了目标,即通过组织变工队之类的农业合作社,"几年之内,就可能使大多数农民都组织在农业生产的和手工业生产的互助团体里面。这种生产团体,一经成为习惯,不但生产量大增,各种创造都出来了,政治也会进步,文化也会提高,卫生也会讲究,流氓也会改造,风俗也会改变;不要很久,生产工具也会有所改良。到了那时,我们的农村社会,就会一步一步地建立在新的基础的上面了"。[2] 一种跃进思想已在毛泽东的头脑里萌发出来。

---

[1] 《晋冀鲁豫边区交通史》,第 67、70–72、96–97、105 页。
[2] 《毛泽东在陕甘宁边区劳动英雄和模范工作者大会上讲话》(1945 年 1 月 10 日),张迪杰主编《毛泽东全集》第 19 卷,第 253–254 页。

五　呼啦啦大厦倾：1948

美迟到的援助

1948年1月1日，蒋中正在元旦文告中侃侃而谈："消灭匪军有形力量，终可在一年内完成。至于各地散匪，须待有形的匪军消灭以后，再加上一年或二年的时间，方能［彻］底肃清。"① 在1947年就信誓旦旦以为一年内即可"肃清"中共的蒋委员长，不知念到这里手心是否出汗。就在蒋试图镇定人心的时候，林彪遵毛泽东指示将"东北民主联军"改称"东北人民解放军"，这就标志着中共手里一张标满红色箭头的中国地图正在徐徐展开。

东北人民解放军经过1947年的发展，已是包括9个纵队和10个独立师的庞大力量。1月2日，以第二、三、六、七纵队在辽西公主屯地区对国民党军新五军实施大兵团合围。战斗持续了5天，中共告捷，成建制地消灭了第四十三、一九三两师及新五军军部，俘虏军长陈林达、两师正副师长及师参谋等高级将领。② 1月7日，蒋中正授意张治中约见苏联武官罗申，要他向斯大林转达国民政府"美苏并重"，希望改善中苏关系。③ 1月10日，蒋再次亲临沈阳，紧急召见新任华北"剿匪"总司令傅作义，要求他增援东

---

① 秦孝仪主编《先总统蒋公思想言论总集》第32卷，第195页。
② 姚夫编《解放战争纪事》，第249－250页。
③ 余湛邦：《我所亲历的三次国共谈判》，第215页。

北。大出蒋中正意外的是，傅反而要求增援华北。"何耶？"① 实则华北亦危，国民党军已是项背受敌。为挽败局，蒋急命久已失势、刚刚由欧美访问归国的卫立煌出任新设的东北"剿匪"总司令一职。而卫却早与中共有所联系。②

美国从1946年夏开始基本中止了对国民党的军火援助，国务卿马歇尔陷入了一种两难境地。一方面，他不愿意看到苏联支持的共产党在中国内战中取胜；另一方面，他更不愿意让美国承担对蒋中正国民政府的军事义务。1月12日，他在给驻华大使司徒雷登密电中指示美国应避免使人误解"对于中国的经济、财政和行政状况愿为负责。美国不能承担这种责任，并且不能使中国和其他国家误解美国已经或将要负起这种责任"。③ 这种困境之所以无法解决，是因为在他的心目中蒋氏政权早已是无可救药的无赖，从二战后期起就不思进取，一味牺牲美国的利益，只会将美国拖入战争的泥沼。中国对于华盛顿来说是个庞大的存在，它不同于希腊和土耳其。中国问题是第二次世界大战的残留，任何与中国有关的冲突以往是、将来也必将是热战范畴。他对"冷战"的发展无法预料。作为二战后退休的前陆军参谋总长，马歇尔心中明确的只有一点，那就是美国要避免卷入战争。

为了重新获得美国援助，1月28日，国民政府新任行政院长张群做题为《中国自助计划》的财政经济改革十点声明。声明完全是以美国政界为对象，表示"中国政府自知其必须有完备切实的自助计划，而使一般行政改革与军事改革继之实施或相辅而行"，并开出了包括"尽可能"节减政府一切开支、"逐渐"提高公务员和军官士兵的待遇、"尽力"稳定币值、"尽力"排除出口障碍等口头支票。④ 这个计划最终也没能付诸实施。

2月18日，杜鲁门开始为年底的总统大选铺路，发表援华咨文，提请国会在1949年7月之前给予国民政府总价值5.7亿美元的经济援助。总统称：

中国经济的不断恶化，正是美国所深为关注的。自马歇尔将军离华

---

① 蒋中正日记，1948年1月10日。
② 见赵荣声《回忆卫立煌》，文史资料出版社，1985，第318、320-321页。
③ Telegram, Marshall to Stuart, 12 January 1948, *United States Relations with China*, p. 990.
④ 参见《中央日报》1948年1月29日，第1版。

返国以后，援华问题就一直在不断的研究中。我们曾希望中国的势态尚可使美援在重建和复兴中发挥效用。但情况的发展没有像我们所期望的那样，我们只能在现有的情形下尽力为之。

就当前的经济恶化，我们能够提供援助，从而使中国政府有机会采取必要的措施，以实现更为稳定的经济状况。但是，显而易见，而且业已证明：只有中国政府自身实行必要而必需的措施，健全制度，才能实现和平和真正经济复兴。

……

该方案应以总额五亿一千万美元的贷款或赠金，作为中国进口必需货物之用……这些必需品包括粮食、棉花、石油、肥料、烟草、医药、煤炭以及现有生产设备的零件等。这个方案所定的物品数量，都在我们能够供应的范围内。美国既供给这些主要输入品的资金，中国政府便能将它的有限美元资金满足其他最迫切的需要。

该方案还为1949年6月30日前创办的少数获选建设项目提供6000万美元。亟待恢复的项目包括主要交通设备、燃料、电站和出口工业等。此项工作，可于非军事行动区域实施，并有助于改善必需品的供给与分配。

与援助欧洲复兴的情形相同，该援助方案的实施应先经过中美两方订立协议，规定施行援助的条件和程序。协议并应列有保证条款，即中国政府将采取切实的经济、财政及其他措施，以期实现经济稳定和复苏的最终目标。如果中国政府不按协议来运用援款，或中国政府的政策违背援助旨在达成自助经济的目标，则美国当然保有终止援助的权力。[1]

马歇尔随即在隔日发表的声明中补充说：

要考虑美国援华应采取的办法时，我以为很需要切记：目前的提案与欧洲复兴计划不同，我们不能明确断定此种援助的必需范围。据我国货币专家的意见，如为中国准备货币稳定基金，实在需要巨款，而在当

---

[1] Message from Truman to the Congress, 18 February 1948, *United States Relations with China*, pp. 982–983.

前战事和民事破坏的情况下，这些巨额的资金，多半会被挥霍掉。鉴于这种情况，该方案不应包含对中国未来经济的实际保证。美国不应作茧自缚，从而使自己对中国政府的行为及其政治、经济和军事事务负直接责任……该方案将集中于那些我们相信对于中国民间经济有着最大裨益的商品，并且每一美元的开支都要保证发挥最大的效益。

这就是说美国政府的援助方案并不包括军事部分。马歇尔明确告诉国会的是，即便拨款5.7亿，也不能根本解决中国问题，只能"缓和目前急速的经济恶化，以便中国政府得有喘息时机"。同时，史迪威在二战后期的条件原则再次浮出水面："施行援助的条件，应详载于与中国政府的协定中"；马歇尔貌似公正地说"此项协定所根据的种种考虑与援欧条件所根据的相同"，继而强调"但需适合中国的各种不同情况"。①

作为当事人的蒋中正很不高兴地斥其为"不诚举动"，心中明了："国务院对援华武器，近因其议会压迫，增加数量虽多，但其最急者与最轻易之步机枪子弹则未增一枚，而且其前所拨援之步机弹至今未到，即到每兵亦不能分十枚之数……"实为"缓不济急"，"名援而实阻"。② 东北"剿总"卫立煌来电："以东北粮弹缺乏，情势严重，请派大批空运机赴沈"，"查东北现有军队人数（包含各军事机关人员）约五十万人（锦州及迤南地区部队不在内），日需食粮，约四百吨（需C-46机月一百三十余架次），大部均赖内地运补"；除了粮食，"每次会战约需各种弹药近四千吨（约C-46机一千二百余架次）。"③ 此时，巨流河（辽河）、大凌河、绕阳河俱已解冻，重兵器无法通过。卫更坚定了自己守沈罢援的政策，坐视沈阳周边新立屯、盘山、辽阳、法库、鞍山等城被中共一个个吃掉。

而美国参议院外交事务委员会基本也不看好中国。主席范登堡带头表示："我们不能对中国国民政府的垮台承担责任"。沃尔特·乔治（Walter F. George）表示这5.7亿美元到了蒋中正手里完全是一种浪费。亨利·洛奇（Henry C. Lodge, Jr.）则直接道明："我对待中国并不像对待希腊那般热

---

① Statement, by Marshall, 20 February 1948, *United States Relations with China*, pp. 984 - 985.
② 蒋中正日记，1948年2月28日。
③ 叶惠芬编《事略稿本》第73卷，台北，"国史馆"，2013，第128 - 129页。

心……中国实在太大了，在希腊可以实现的目标在中国则难以实现"。布尔克·希肯卢珀（Bourke B. Hickenlooper）建议说："给他们一些钱，但不要标明用途，这是我们唯一能做到的事，否则就会与战争牵扯在一起"。① 最后，4月3日，国会通过《1948年援华法案》，拨款至多3.38亿美元用于经济援助，另1.25亿美元特别赠予作额外援助，由总统自行决定，有效期均为一年。②

驻华大使司徒雷登获悉后，反而为未与国民政府讨价还价而感到惋惜。他随即强烈建议鉴于中国经济、军事、政治局势毫无改善的迹象，"对于双边协定的谈判或签订不必操之过急……在6月1日以前，暂不开始谈判。同时，我们将继续施压以促成改革，并且根据以往经验，将就程序问题加强与负责官员讨论"。③

6月11－12日，美国政府要求国会参院拨款委员会召开秘密会议，极力削减已通过的援华款项。无论是国务院还是国防部的报告，皆对国民政府不利，其中魏德迈以政府代表身份做了不利于国民党的口头发言。据顾维钧密电，"所言要旨谓：近月来中共军事得手，势力膨胀，并云我国大局难挽回，此时予我经济援救等于浪费，徒尽人事不克收实效。若予我军援，在我国现状下不仅耗费巨款，无裨我国军事，反必牵涉美国有损国际威信。究竟应否援华，任凭议会决定云云。并一再要求，以所言关系机密，勿付记录"。④ 6月19日，国会参众两院又通过了《1949年外援拨付法》将援华3.38亿美元部分减至2.75亿美元。6月28日，总统杜鲁门正式签署立法。⑤

然而，即便如此，重要的援助资金并没有得到及时有效的利用，稍纵即逝的时机立即被美中两国繁冗的官僚系统所吞噬。中美双方迟至7月3日才在南京签订了经济援助协定。由于中国内战形势的迅猛发展，利用美援购买的棉花、汽油和食品只能满足少数几个大城市的需求，原拟的许多经援项目后来都未及实施，通货膨胀也未能抑制。其中1.25亿美元的特别赠款，用于购置军

---

① John H. Feaver, *The Truman Administration and China, 1945 – 1950: The Policy of Restricted Intervention* (PhD dissertation, The University of Oklahoma, 1980), pp. 83 – 85.
② See US Congress, *China Aid Act of 1948*, 3 April 1948, *United States Relations with China*, p. 992.
③ Telegram, Stuart to Marshall, 10 May 1948, *United States Relations with China*, p. 994.
④ 《顾维钧致蒋中正电》（1948年6月14日），中国第二历史档案馆编《中华民国史档案资料汇编》第5辑第3编外交，江苏古籍出版社，1999，第625页。
⑤ Telegram, Marshall to Bridges, 1 July 1948, *FRUS, 1948*, vol. 8, pp. 106 – 107.

火,但是约 0.45 亿直到 1949 年 4 月也未及交付,后来一部分转去台湾。①

美国政府早在 1947 年就已经做好了"失掉中国"的准备。伦敦更与中共联系建立了通商关系。② 马歇尔后来于 1951 年 5 月 10 日在麦克阿瑟的意见听证会上说:"作为国务卿,我心中的问题是,[美国]政府能在多大程度上承担直接卷入诸如中国本土作战沉重负担的责任……加上我本人短暂在华经历所了解的情况,我们不能让政府承担这样的责任。因此,我不赞成承担,参谋长们……也不同意"。③

总裁当然总统

3 月 29 日上午 11 时,原定于 1947 年底召开的行宪后第一届国民大会终于开幕,其主要任务就是在"宪政"框架内选举中华民国的民选总统和副总统。按照 1947 年 3 月公布的《总统副总统选举法》规定,总统、副总统候选人由国民大会 100 名以上代表于会议决定的期限内联署提出。④

国民党桂系、北平行辕主任李宗仁率先于 1 月 8 日宣布竞选副总统,随后程潜、于右任和孙科陆续宣布参加这一竞选。李出来竞选,自是争名,原也考虑到"蒋介石必然失败。竞选如成功,遇有机会即可同中国共产党和谈收拾残局";另外"他判断北平一定守不住,不愿束手当俘虏,即使竞选副总统不成功也好借口离开北平"。⑤ 1 月 11 日,往来已久的北京大学校长胡适致函李宗仁,表示敬佩赞成。14 日,李复函反邀请胡来竞选总统,表示"以学问声望论,先生不但应当仁不让,而且是义不容辞的"。⑥

翌日,报纸对上述情况予以披露,蒋中正因此知情并引起了他的一个想法:本人不加入竞选,而推选国内无党派名流为大总统,"只要有人愿负责

---

① Letter, Charles Sawyer to Truman, undated, *FRUS*, 1949, vol. 9, p. 505.
② 《中共中央致中央工作委员会并转东北局电》(1948 年 3 月 31 日),参见金冲及主编《周恩来传》,第 715 页。
③ US Congress, *Military Situation in the Far East*(Washington D. C. : USGPO, 1951), pp. 465 – 466.
④ 秦孝仪主编《中华民国重要史料初编——对日抗战时期》第 7 编第 2 卷,第 784 页。
⑤ 黄绍竑:《李宗仁代理总统的前前后后》,《文史资料选辑》第 60 辑,中国文史出版社,1960 年,第 22 – 23 页。
⑥ 《李宗仁致胡适函》(1948 年 1 月 14 日),中国社会科学院近代史研究所档案馆藏胡适档案 1163 – 001。

接替重任，余必全力协助其成功"。① 虽如是说，但话外之音仍为舍我其谁的意味。2月8日，蒋对亲信张群道出了心中的真实观点："须知吾人始终立于革命地位，中华民国之基础不在政治与军事之有否实力，而全在于余一人之生死存亡如何。只要余能生存一日，则必能保障国家之生存。至于宪法与行宪问题，亦只有应因时宜，以革命手段断然处置。"② 他对自己是否竞选总统一事，未置可否，因"宪法中有行政院对立法院负责之语，因此总统如过分干涉行政院，则与宪法精神不合；但时局如此危险，蒋先生如无充分权力，将不能应付一切"。③ 由此可见，蒋中正考虑最多的仍旧是个人权力，而非宪法所规定的总统一职。

考虑到美国援助问题，蒋最终选择推举胡适竞选。2月29日，他在本月反省录中写道："今日形势，对外关系只有推胡适之自代，则美援可无迟滞之借口"。④ 3月30日，他命王世杰去征询胡适的意思。胡适经过考虑，同意接受。⑤ 4月初，蒋又让陈布雷向戴季陶、吴稚晖宣传这是他本人的意见，又约见李宗仁、程潜，以自己不参选及军人不参政为由，希望予以劝退，但两人皆不肯放弃。⑥

中国国民党在民主面前显得是那么的稚嫩。4月4日，国民党召开六届临时中央全会讨论竞选提名问题。蒋中正定下议题，即是否提名。经过一番讨论之后，蒋总裁才表达了个人意见。虽说是个人意见，却是以总裁的书面训词下达的。蒋说："我警告各位同志，我的主张如果不能贯［彻］，我们的党，我们的国家，至多二年，就要造成民国二［1913］年［袁氏当国］情形。革命的教训，我们要谨记。民国二年革命的失败，就是总理的主张不能贯［彻］……"接着，蒋宣读了一份准备好的书面训词，主要内容包括：他个人为一党员，在党未决定前不能有所表示；擅自竞选副总统，违反党纪；总统一职，最好由本党提出一党外人士为总统候选人。⑦

大部分与会者对蒋中正不参加竞选的决定都觉突然，随即展开热烈讨

---

① 蒋中正日记，1948年1月15日。
② 蒋中正日记，1948年2月8日。
③ 《王世杰日记》第6册，1948年2月10日，第173-174页。
④ 叶惠芬编《事略稿本》第73卷，第143页。
⑤ 曹伯言整理《胡适日记全集》第8卷，台北，联经出版公司，2004，第354页。
⑥ 蒋中正日记，1948年4月1-3日。
⑦ 秦孝仪主编《先总统蒋公思想言论总集》第37卷，《别录》，第372-373页。

论，议题很快转变为总裁是否应参加总统竞选。支持的人是揣摩了总裁的心理，不支持的人亦是揣摩了总裁心理。后来邹鲁竟鼓动大家以起立方式进行表决，除两人外都赞成总裁竞选总统。蒋宣布没有定论，明日再议。5—6日，临时中全会又进行了两天无谓的讨论。其间，张群竟提议为让蒋氏参选应扩大宪法中总统之职权范围。最后的决议更加可笑，就是国民党推举蒋中正为总统候选人，但本届总统、副总统选举，国民党都不提候选人。司法院院长居正评之为"假天下为公之名，让总统于他人，并强由本党提名"，遂于5日径自宣布竞选总统。①

于是，蒋中正与居正由国大代表联署提名为总统候选人，李宗仁、孙科、于右任、程潜、莫德惠、徐傅霖被联署提名为副总统候选人。除莫德惠为无党派和徐傅霖为民社党以外，所有的候选人都是国民党员。4月20日，南京国民大会堂实行代表投票，总统与副总统选举分开计票，以超过半数以上的绝对多数者当选。选票上印有"蒋中正"和"居正"两个名字，规定在其中一人名字上画圈视为有效。蒋中正以2430对居正269票的绝对优势当选为行宪后的首任中华民国总统。另有35张废票，大多数未做任何标记，也有人两者都画圈，也有人自行添上"孙文"的名字。②

副总统选举则竞争激烈，候选人都没有获得当选所需的多数，其中以李宗仁和孙科两人领先。李宗仁在选举时，宣称可以通过李济深与中共洽谈和平，赢得了不少选票。蒋对李宗仁素来不满，倾向于孙科。4月17日，他斥"李之行态更为卑劣"。③ 南京市面上也出现了对李进行人身攻击的传单。桂系经过紧张辩论后，于4月25日两点决定退出竞选，更通知己方的国大代表罢选。④ 25日本为决选日，因代表不及法定人数，蒋中正被迫宣布暂停选举，召见白崇禧，并表态不偏袒任何一方，仍劝李宗仁出来竞选。4月29日，副总统选举第四次投票，最终李宗仁以1438对孙科1295票的微弱优势胜出。5月20日，蒋中正和李宗仁在南京总统府宣誓就职。

李宗仁当选副总统，却加深了蒋中正与白崇禧之间原有的矛盾。为防止

---

① 《徐永昌日记》第9册，1948年4月5日，第41页。
② 王昆江等编《老新闻：民国旧事（1947—1949）》，天津人民出版社，1998，第139页。
③ 叶惠芬编注《事略稿本》第74卷，台北，"国史馆"，2013，第204页。
④ 黄绍竑：《李宗仁代理总统的前前后后》，《文史资料选辑》第60辑，第33页。

桂系李、白在中央再度联手，5月31日，蒋撤去白崇禧国防部长职务，另委以老部下何应钦，改白为华中"剿匪"总司令。白崇禧一怒之下，辞不就任。蒋不得不放下身段，请桂系旧人黄绍竑前往游说。谁知黄对白道："武汉是进可以攻、退可以守的地方。机会到的时候，就可以同共产党妥协言和。蒋到了无法应付的时候，必定下野，德公〔李宗仁〕就可出来收拾局面。我们岂不是大有可为吗？"①白崇禧闻言，立即答应就任。

苏隐蔽的支持

2月上旬，斯大林在克里姆林宫对保加利亚和南斯拉夫代表团谈及巴尔干政策分歧时说：

> 我也怀疑过中国〔共产党〕人可以成功，我曾建议他们与蒋介石达成某种暂时性协议。表面上，他们赞同我们，但实际上他们继续鼓动中国人。后来他们就公开地提出这个问题：我们要继续我们的战斗吗？我们获得了人民的支持。我们说：好吧，你们需要什么？形势发展对他们非常有利。中国〔共产党〕人证明了〔他们自己〕是对的，而我们错了。②

作为一个无冕"沙皇"，斯大林承认自己过错是极其罕见的。由此看来，他因为毛泽东迅速崛起的实力而承认了中国共产党的革命。几年前他还亦真亦假地嘲弄中共为"红皮白萝卜"，他还让中共为了苏联的"大胜利"而做出"小牺牲"。

毛泽东心里很清楚。从4月下旬开始，毛在河北阜平县城南庄的晋察冀军区司令部，就开始积极构想去莫斯科拜见斯大林。他给克里姆林宫发请示电：

---

① 黄绍竑：《李宗仁代理总统的前前后后》，《文史资料选辑》第60辑，第41页。
② *The Diary of Georgi Dimitrov*, 10 February 1948, trans. Irina Faion, p. 443. See also Milovan Djilas, *Conversations with Stalin*, trans. Michael B. Petrovich (New York: Harcourt, Brace & World, 1962), p. 182.

> 我决定提早动身赴苏。拟于月初从河北石家庄以北100公里的阜平县出发,在军队掩护下过平张铁路……可能于6月初或中旬到达哈尔滨。然后从哈尔滨到贵国……我想就政治、军事、经济和其他重要问题,广泛听取联共中央同志们的建议和指导;另外,如果您同意的话,我们计划在苏联实地考察有关军事、经济、政府及政党的问题……如果可能,我还想往东欧及东南欧诸国一行,考察那里人民阵线工作和其他工作。

毛泽东明确表示他愿意携任弼时、陈云、两个秘书、几个译电员及无线电报务员同行,"如果您同意此计划,那我们就照此实行;若您不同意,那就唯有一个办法——我只身前来"。①

斯大林回电说:"你4月26日函收悉,同意你来苏联的计划。偕行者与人数视必要自定。两个俄国医生应与你同行。我们同意把一部电台留在哈尔滨。其他事待面议。"② 然而,5月10日斯大林赶在毛泽东动身前又劝他推迟来苏,但也表示"如果你决定不推迟动身日期,请你通知我们,在你的旅途中我们是否能协助一下。我们把飞机派给你,这样做,你认为是否合适。如果同意,请告诉我们,何时把飞机派到何处"。③ 毛泽东心领神会,便找了个台阶,说自己身体不舒服,"需要略加休息",同意延期。④ 5月27日,他去了石家庄西北的西柏坡。

7月4日,毛泽东再也坐不住了,以更为坚决的语气给斯大林去电:

> 我拟近期动身前往贵国。有三条路可走:陆海空。无论如何,我们都要经过哈尔滨,因我要与东北的几位负责同志商谈。望于本月25日前后派飞机至蔚县……如果您决定由海路接我们,望月底派船到指定港口……如果我们不能乘飞机,也不能坐船,那我们无论如何本月15日

---

① Ледовский А. М. и т. д.（сост.）Русско－Китайские Отношения в XX Веке, том 5, книга 2. C. 521 - 522.
② Ледовский А. М. и т. д.（сост.）Русско－Китайские Отношения в XX Веке, том 5, книга 1. C. 417.
③ Ледовский А. М. и т. д.（сост.）Русско－Китайские Отношения в XX Веке, том 5, книга 1. C. 419.
④ Ледовский А. М. и т. д.（сост.）Русско－Китайские Отношения в XX Веке, том 5, книга 1. C. 421.

前后都要动身北上……同行的有20人……①

毛泽东满以为这次一定可以成行，他做好了一切准备：整理了大量资料与地图，缝制了厚呢大衣，甚至还买了皮鞋，连行李箱都收拾好了。他焦急地等待着斯大林的答复。在稍后与苏联代表的一次谈话中，毛泽东说出了自己心中的一些盘算。根据阿洛夫的报告：

> 毛泽东说，如果说在1947年他并不急于去莫斯科，那么现在，到1948年，形势变了，他想尽快去莫斯科。有很多事情要在那里商量，一些问题要请教，另一些则是涉及尽可能争取援助的事。
> 毛泽东计划在莫斯科讨论的问题要点如下：
> 1. 关于与小的民主党派、民主团体（和民主人士）的关系，关于召开政治协商会议的问题；
> 2. 关于联合东方的革命力量，关于与东方（还有其他）各国共产党关系的问题；
> 3. 关于反美和反蒋斗争的战略计划；
> 4. 关于复兴中国工业，包括（尤其）军事、采矿、交通（公路和铁路）运输问题，向莫斯科说明我们（中国共产党）的需要；
> 5. 关于价值3000万美元的白银贷款问题；
> 6. 关于与英、法建立外交关系的政策（路线）；
> 7. 其他一系列的问题。
> 毛泽东总结谈话内容时强调"应该达成协议"以便使我们的政策方针与苏联保持完全一致。②

而斯大林犹豫了10天，在毛泽东计划动身的前一天回电，第三次拒绝了他的访苏计划："由于粮食收购工作已经开始，苏联领导人从8月起将分赴各地，至11月方回。所以为了能与所有领导同志会面，联共（布）中央

---

① Ледовский А. М. и т. д. (сост.) Русско‐Китайские Отношения в XX Веке, том 5, книга 1. С. 445.
② Ледовский А. М. и т. д. (сост.) Русско‐Китайские Отношения в XX Веке, том 5, книга 1. С. 451–452.

委员会请毛泽东同志把来莫斯科的行程安排在 11 月底。"① 当阿洛夫把复电经由翻译告知的时候,毛泽东"看似平静、礼貌和注意地听着","堆出微笑,说出'好、好、好'"。他对阿洛夫抱怨说:"难道苏联把粮食收购看得如此重要乃至连党中央的领导人都要去参加吗?"②

从斯大林三次欲迎还拒的事实来看,苏联担心的是中共在内战胜利前夕出现在莫斯科所蕴含的政治意义。斯大林曾特地指示阿洛夫:"请转告毛泽东,联共(布)中央认为,关于他前来莫斯科的事情不可走漏半点风声。"③ 既要援助中共,但又不能让世界知道。5 月斯大林就曾对即将派往中国东北修复铁路的交通部长科瓦廖夫(И. В. Ковалёв)说:"如果社会主义在中国胜利……那就可以认为社会主义在全世界的胜利有了保障,我们就不会被任何偶然事件所威胁。因此,为了援助中共,我们不能吝惜人力、财力"。④

莫斯科避免与中共的联系乃至与民盟人士有任何瓜葛,与华盛顿形成鲜明的对比:对于一些个人救护方面的请求,苏联驻南京大使馆参赞费德林直接予以拒绝,而美国驻上海领事馆领事齐艾斯(Augustus S. Chase)则定期公开接济。⑤ 斯大林的策略是如此隐蔽,以至于马歇尔在一年后回忆说:"当谈及〔中共〕有无苏联援助的时候,我从来没有搞到这方面的证据……他们〔苏联〕正准备向联合国控诉,在那里他们可以表现得洁白无瑕,而我们手上则满是泥污"。⑥

国共财政危机

1948 年 1 - 7 月国民政府财政收入为 221 万亿元,而支出竟高达 655 万

---

① Ледовский А. М. и т. д. (сост.) Русско - Китайские Отношения в XX Веке, том 5, книга 1. C. 447.
② Ледовский А. М. СССР и Сталин в судьбах Китая. C. 54 - 57.
③ Ледовский А. М. и т. д. (сост.) Русско - Китайские Отношения в XX Веке, том 5, книга 1. C. 327.
④ Ковалёв И. В. «Диалог Сталина с Мао Цзэдуном» Проблемы Дальнего Востока, 1992, №1. C. 79.
⑤ 叶笃义:《虽九死其犹未悔》,第 62 页。
⑥ Quoted in Tsou, *America's Failure in China*, p. 369.

亿元,赤字为支出的66.3%,就是因为庞大的军费造成的。[1] 印钞机全速开动,法币与美元黑市汇率已跌落1000万比1,自抗战以来长期高通胀的恶果径自显现。美援的降低不可避免地刺激了国民经济信心,投机和谣言甚嚣尘上。[2]

1947年2月,国民政府禁止黄金自由买卖,并严格管理外汇。国民党在美数百名受训人员的费用,原由租借法案内拨款支付,但因资不抵债,须另外加拨每月5000美金(一年半共9万美金)。[3]

蒋中正和罗斯福相比更非金融专家,二战及战后短期内他还可以通过抛售由美国运来的黄金和物资回笼纸币,但这一放血疗法早就失效,如今美援青黄不接,蒋迫切地寄希望于最后的币制改革来抛弃法币,这个他于战前亲手创制的国币。然而,金融专家张嘉璈(字公权)并不看好币改,因为国库空虚,海内外仅存金2767173.587盎司、银41370000盎司、外汇74189924.46美元,就发行20亿新币的准备金而言,还远远不够。[4] 张劝道:"将币易币不可行,若用金本位,须借一二亿美金,用银须用五亿元价值之银,但预算适合为先决问题"。[5] 蒋则仍是一味怨天尤人:

> 胜利时余改革币制之主张不行,而[宋]子文专待美国借款方可改币之妄想所误……大部外汇乃为子文消耗过半,已形枯竭,不易改革。及至本年二月底经济紧急措施方案发表时,法币总数尚在五亿万以下,乃为最后改制之时期,而[张]公权又不赞成,延至今日措施方案一经破裂,则物价如野马奔腾,不可抵止,实已造成无法收拾之局势矣。[6]

---

[1] Chang Kia-ngau, *The Inflationary Spiral: the Experience in China, 1939–1950* (Cambridge: The MIT Press, 1958), p. 154.

[2] 《中央银行总裁俞鸿钧报告》(1948年7月2日),彭明主编《中国现代史资料选辑》第6卷,第480页。

[3] 《资源委员会驻美代表办事处一九四七年度工作报告》(1948年2月),《中华民国史档案资料汇编》第5辑第3编外交,第607页。

[4] 季长佑:《金圆券币史》,江苏古籍出版社,2001,第38页。

[5] 张嘉璈日记,1947年6月20日。

[6] 蒋中正日记,1947年5月31日。

于是，1948年5月蒋中正当选总统伊始，就以技术官僚俞鸿钧取代张嘉璈出任央行总裁，又令无党派人士、商务印书馆的王云五就任财长，草拟币改方案，执拗地要张嘉璈"切勿再望美国借款，方整币制，贻误国事"。①蒋向来任人唯忠，刚愎自用，他的失败只不过是时间问题。王云五虽听使唤，但他毕竟非专业人士，缺乏金融经验，而又来自党外，竟天真地以为只要有蒋总裁首肯就可以令行禁止。殊不知庞大的党国机器如同这货币体系一样，已经病入膏肓，岂是一剂猛药就能起死回生的。

其实战事的胜负，才是币改成败的关键。连王云五都知道"此须剿匪军事有把握，方能实施。否则军费无限制开支，而失地日多，匪患日炽，人心动摇，即断不能办币制改革。而军方首长，皆谓军事绝对有把握，并可于几个月内，即可将北方匪患肃清，于是方敢放手做去"。②张嘉璈再次劝谏说："根本问题在财政赤字太巨。发行新币，若非预算支出减少，发行额降低，则新币贬值，将无法抑制"；"物价绝对无法管制，因之二十亿元发行额无法保持。恐不出三四个月，即将冲破限关。"③蒋此时已是孤注一掷，以为军事由自己主持必定转败为胜，金融上亦图以军人似的铁腕来扳回局面。

然而他所倚仗的军队，恰恰是造成金融混乱的重要原因。据时任上海市长吴国桢回忆：

> 在上海港繁忙的码头边，几乎每天都能看到特警固守着的一箱箱由中央银行精心密封的箱子。外人不知道，箱内装满了新钞票，整洁而光亮，是刚从印刷机中加工出来的，要运到东北和华北去，发给那里的许多部队。但在同一码头，人们又可以看到同样的箱子正从北方港口刚来沪的船上一箱箱地往下卸。如果你是知情人，就会明白它们是同一类箱子，是不久前运到北方去的。将军们甚至没有开箱就将其原封不动地运回，交给其在上海的可靠代理人，以便在市场上进行投机牟利。而可怜的士兵则完全得不到钱，或者是被拖欠着，于是就不得不去掠夺驻地附

---

① 蒋中正日记，1947年7月5日。
② 王云五：《岫庐八十自述》，台北，台湾商务印书馆，1967，第495-510页。
③ 姚崧龄编《张公权先生年谱初稿》下册，台北，传记文学出版社，1982，第1015-1017页。

近的民众。①

行政院长翁文灏从国民政府缺陷方面，归纳经济危机的原因有三：首先是法币发行量攀升，已无信用可言；其次是管制机构庞杂、效率低下，"有的属于工商部，有的属于市政府，有的属于粮食部，事权不统一"；最后是令行不禁，"往往明明禁令所在，但是他们违背禁令，居然公开抵制"。②

8月19日，蒋中正以总统令宣布实行币制改革，以20亿金圆券取代法币，限国人即日起三个月内以法币300万比1（东北券30万比1）兑换之；民间黄金、白银及外汇禁止自由买卖，限于9月30日前按限定价格全部收兑，逾期"一律没收并予惩处"；甚至国人存于国外的外汇，凡超过3000美金（或等值货币）必须于年底前登记，然后移至央行，"未经核准不得动用"，违反者重刑，告发者重赏；与此同时，所有物价应停止在8月19日水平，废止按生活指数发放薪金办法，禁止罢工和怠工。③ 这实际就是转嫁战争负担和搜刮民脂民膏，根本毫无公民权利可言。就连陈立夫也慨叹是便利了共产党。④ 准备金不足部分以所谓"日伪产业"和"国有资产"折算美金3亿元充数，"但保证准备绝大部分是虚的，究竟有多少，无从知道"。⑤ 据行政院长张群透露："外汇的账是在蒋先生手里，莫有人是能去过问的"。⑥

这时候蒋经国以金融中心上海为舞台，再次粉墨登场。他抗战期间曾主政赣南，培养了一批青年基干；三年前又被派到对苏前沿，积累了外交经验；1947年9月已跃居国民党中常委，可见蒋中正殷切培养之意。由于蒋经国受的是苏联教育，这次领衔上海经济管制委员会，俨然一副唯我独革的口气，声称要拿大资本家和大商人这些"坏头"祭旗。⑦ 正所谓"只打老

---

① 吴国桢：《夜来临》，第268页。
② 《行政院院长翁文灏报告》（1948年7月2日），彭明主编《中国现代史资料选辑》第6卷，第479页。
③ 《总统府公报》第80号，1948年8月20日，"国史馆"编《中华民国总统府公报》第3卷，台北，成文出版社，1981。
④ 陈立夫：《成败之鉴》，第339页。
⑤ 参见季长佑《金圆券币史》，第100－104页。
⑥ 李璜：《学钝室回忆录》第2卷，第640页。
⑦ 蒋经国：《沪滨日记》，1948年8月22日，载易孟醇编《蒋经国自述》，湖南人民出版社，1988，第167页。

虎，不拍苍蝇"。蒋经国手持尚方宝剑，在拍了些许"苍蝇"之后，于9月初下令拘捕了荣宗敬的大少爷荣鸿元和杜月笙的二公子杜维屏等，最后处以高额罚金放人；又先后约谈大资本家李铭、刘鸿生、周作民等，口称"老伯"但却逼迫他们交出金银外汇，实与抢劫无异；然而，当他指向孔祥熙的公子孔令侃时，居然就不灵了，由其父从北平"剿共"前线值东北危殆之时亲自飞沪说情，不了了之。① 蒋中正徇私情而废公信，日后更有毛邦初（蒋原配夫人毛福梅亲侄）、宋子良（蒋现任夫人宋美龄亲弟）乃至孔祥熙在美中饱私囊挥霍情事，不一而足。② 难怪被共产党指摘为几大家族，言之成理。

至9月30日，央行共从民间搜缴黄金160万两、白银801万两、银元1683万元、美元4468万元、港币7960万元，其中上海回收的黄金和美元数量将近总数的70%。10月1日，财政部竟又下令收兑期限再延长两个月。当月又缴黄金5万两、白银103万两、银元672万元、美元329万元、港币187万元。③

然而，9月26日，共产党攻占济南，大有南下徐州之势。而国民党竟然朝令夕改，言而无信。用徐永昌的话说，"如此无信，急切攫取人民现金之心情毕露，败坏国事至此，无赖可笑尚属余事"。④ 此次币改的核心就是冻结物价，重拾民众的信心，然而竟为敛财，而本末倒置，民心动摇，导致了抢购风潮。上海、北平等国统区大城市的粮食物资立时售罄。由于限价政策严重抑制了商品的生产和销售，城市生活供应在十天之内就陷入危机。蒋经国不得不承认："经济管制的工作，发展到今天，确实已到了相当严重的关头。一般中产阶级，因为买不到东西而怨恨。工人因为小菜涨价，而表示不满。现在到了四面楚歌的时候，倘使不能坚定，即很快就会崩溃。"他虽一味"坚定"地强制限价，但"召集产米县各县长商讨以米供沪的问题，亦无具体结果"。⑤

1948年夏汛，全国大面积受灾，国统区湘、鄂、赣、闽、皖、苏、豫、

---

① 蒋中正日记，1948年10月8-9日。
② 参见周宏涛、汪士淳《蒋公与我》，第313－335页。
③ 《中华民国史档案资料汇编》第5辑第3编财政经济（2），第363－367页。
④ 《徐永昌日记》第9册，1948年10月1日，第128页。
⑤ 蒋经国：《沪滨日记》，1948年10月16、20日，载易孟醇编《蒋经国自述》，第191、193页。

云、桂、粤"农田淹没无收,农民流为饿殍"。① 农民利益受到严重影响,不但在粮荒的状况下要供养庞大的军队,更要为一年来沪、京、平等大城市已经实施的粮食配给制服务。② 10月29日,蒋中正"召党政高级干部商讨经济问题、市况与社会,几无物资,又绝粮食,若不放弃限价,恐生民变,故决定改变政策也"。③ 31日,国民党颁布《改善经济管制补充办法》,终于放松粮食依照市价交易,纱、布、糖、煤、盐由主管机关核本定价,其他物品授权地方政府管理。如此一来,市场价格强力反弹,平均上涨20多倍,米价一度暴涨近百倍。而金圆券已发行18亿元,估计还有180万亿元的法币未及收回(约合金圆券6000万元)。④ 限价取消后,增加发行量的压力剧增。11月11日,国民党复又公布《修正金圆券发行办法》,表示金圆券的发行数额另以命令定之,甚至规定了新货币自我贬值,宣告了币制改革的彻底失败。蒋经国慨叹道:"两个月的工作,一笔勾销"。⑤

他在上海演了一出闹剧,却与守土有责的吴国桢结下梁子。吴市长看不惯蒋经国随便捕人的恶习,也曾亲赴南京替李铭说项。⑥ 此乃两人日后在台冲突之肇始。蒋经国起先还有些不安,在日记中写道:"×市长到南京去辞职,不晓得是不是因为他对于我的作法不满意的原因"。但当蒋经国赶回南京,见父亲并无训斥之意,便再也不把吴放在眼里:"他[吴国桢]在过去是唱革命高调的,但是现在他软下来了,并且主张不宜多捕奸商,否则怕工厂要关门了。"蒋中正渐渐培养出儿子独断专制的个性,蒋经国也渐渐把自己的话当圣旨。他因各地不愿运米来沪而在日记里抱怨道:"在前半个月我的话是不会打折扣的,而现则不如前了……"⑦

美国对国民党的币改从一开始就不抱好感。8月23日,南京大使馆即评估道:"已公布的充当货币准备金的金银外汇实际上并没有2亿美元那么

---

① 《全国经济委员会关于各省水灾调查报告》(1948年),彭明主编《中国现代史资料选辑》第6卷,第474页。
② 《卅七年中国粮食输入量估计》,中研院近代史研究所档案馆藏外交部档430.5 - 0017。
③ 蒋中正日记,1948年10月30日。
④ 季长佑:《金圆券币史》,第65、73页。
⑤ 蒋经国:《沪滨日记》,1948年11月1日,载易孟醇编《蒋经国自述》,第198页。
⑥ 吴国桢、裴斐、韦慕庭:《从上海市长到"台湾省主席",1946 - 1953:吴国桢口述回忆》,吴修垣译,上海人民出版社,1999年,第65页。
⑦ 蒋经国:《沪滨日记》,1948年9月5 - 8日、10月27日,载易孟醇编《蒋经国自述》,第173 - 174、195页。

多。已有证据表明公众开始怀疑此部分［币改］方案。正如早先报告所言，金圆发行限量为 20 亿，大致相当于当前货币的 10 倍"；"除非流通速率急遽下降，否则中国经济几乎不可能在未来数月消化如此这般的增长而不加速通胀"。① 一个月后，财长王云五赴美参加国际货币基金组织会议，还希望为币改造势，但和者寥寥。据翁文灏密告蒋中正："美国援华干事司徒立人对其间接表示，［蒋］经国在沪作风全为俄共共产之思想，而其行动真是打倒大小资本家之力行者。中国人对之无可如何，不敢与之校量，但其美国人必强力反对，并将正式警告云。"②

而共产党也面临着与国民党同样的问题。战争无一例外地具有破坏性。年初的时候，西柏坡召开金融贸易会议，刘少奇提出精简机构，统一晋察冀与晋冀鲁豫两区，节省财政，合并财经，得到了毛泽东的首肯。③ 但由于中共控制区域主要在农村，只含少数"有经济意义"的城市，粮食供应相对稳定，经济格局较为简单。财政收入 40% 为粮食税，而且"收支亏空很大"。战争使得脱产人口占到控制总人数的 2.5%（关内）－4.6%（关外），而 1948 年中共地区同样受灾，当局表示"如果在［税收］减免上过分放手，将加重我们的困难"，因此解决方法为"紧缩后方，充实前方"，物资供应亦是"先军需后市场"。例如，中共山东省委规定秋收凡达到往年亩产量 6 成的农户，即须缴纳全额公粮；如果实在歉收需要减免的，必须由区、专署、行署、省各级严格控制批准权。④

当物价高涨的时候，中共还成功地把自己的金融危机转嫁给了国民党统治区。华北共产党的金融干部将储备的大量法币投放到国统区，并购回物资囤积。东北则发行数额巨大的流通券，"每天大量入关，到了天津兑换成法币，五月份天津兑换法币有六万亿，六月份为十二万亿以上。这些南流的游资以现钞计算，平均每日超过一万亿的数字……一部分流入上海投机市场，囤积货物"。⑤ 除了流通券，流通的还有"代金"，被大量运往热河，"同国

---

① Telegram, Stuart to Marshall, 23 August 1948, *FRUS*, *1948*, vol. 8, pp. 291 – 392.
② 蒋中正日记，1948 年 10 月 31 日。
③ 金冲及主编《刘少奇传》上卷，第 602 – 604 页。
④ 黎玉：《山东省政府关于秋收工作的指示》（1948 年 10 月 4 日），《山东革命历史档案资料选编》第 21 卷，第 165 – 166 页。
⑤ 《李锐往事杂忆》，第 78 页；《中央银行总裁俞鸿钧报告》（1948 年 7 月 2 日），彭明主编《中国现代史资料选辑》第 6 卷，第 480 – 481 页。

民党那边交易,交换物资的时候当作外汇使用……主要就是布匹、日用品的交换"。①

当国统区发行金圆券的时候,中共进行了抵制,拒兑一切新旧币,严禁银元出口,实行黄金统销,尽量降低了对自己独立金融体系的影响。② 与此同时,各军区也不得不控制各自的货币发行量。以山东为例,1948年财政收入3400亿元北海币,支出高达5600亿元,亏空2200亿元,"主要支付〔华东〕西兵团、苏北兵团及战费之用","虽集中全部印钞机日夜生产,尚无法应付",即便"将票面以一千元改至两千元,全部生产能力尚无法满足每日要求"。③ 关外上半年东北局每月发行纸币已经高达2850亿元。④ 12月1日,中共成立中国人民银行开始发行人民币,规定各区货币与人民币之间的比率分别为北海币、冀南币100∶1,晋察冀币200∶1(两个月前规定晋察冀币兑北海币还是10∶1),西北币1000∶1。陈云表示:"战争向全国范围开展,军费开支浩大,货币发行方针首先必须服从战争需要,其次才是稳定物价,因此要按物价每月上升百分之三十计算"。3个月后,中国人民银行也已开始大量印刷面值为500元和1000元的纸币;6个月后,物价月涨幅超过30%;12个月后,人民币最大面额已涨到10000元。⑤

沈阳华德事件

就在国民党忙于选举和币改的时候,共产党继续军事攻势。经过两年的发展,中共武装至9月已有280万人的规模,称其消灭了几乎为自身规模的国民党正规军、非正规军及特种部队270万余人,并提出在未来三年内再消灭430万人,扩军至500万,"全部地完全地打倒国民党,并使我们能够统治全中国"。因此,各野战军分配任务,计划在1948年7月至1949年6月,东北及华北第二、三兵团消灭36个旅,华北野战军消灭40个旅,华北第一

---

① 李锐、丁冬、李南央:《李锐口述往事》,第250页。
② 《华东财办工商部指示》(1948年9月10日),《山东革命历史档案资料选编》第21卷,第25页。
③ 《中共华东局致毛泽东并华北财委会电》(1948年11月12日),《山东革命历史档案资料选编》第21卷,第300—301页。
④ 《李锐往事杂忆》,第78页。
⑤ 薛暮桥:《在周恩来同志领导下的回忆》,载《怀念周恩来》,第33—34页。

兵团消灭 14 个旅，刘伯承、邓小平部消灭 14 个旅，彭德怀部消灭 12 个旅。①

东北的国民党军被逼迫在南满少数几个大城市周围，共产党几乎控制了大半区域，并有意将其建设成自己的军事工业基地。1948 年春，中共将控制区内北满、辽东、辽南、大连原有的军工生产统一起来，开始有组织地兴建自己的军事工业。以东北局军工部为领导，下辖 9 个办事处，分工如下表 5 - 1。

表 5 - 1 中国共产党东北军区军事工业部办事处一览

序号	地点	负责人	产品
1	珲春	韩振纪	八一、八二迫击炮弹
2	兴山	王逢源	手榴弹、子弹
3	鸡西	乐少华	六〇迫击炮弹、手榴弹
4	安东	吴云清	八二迫击炮弹、山炮弹、六〇炮弹、手榴弹
5	齐齐哈尔、北安	田汝孚	六〇、八一迫击炮弹
6	牡丹江	沈毅	后膛炮修理
7	吉林	韩振纪	九二及山炮弹复装
8	哈尔滨	王盛荣	六〇迫击炮弹、掷弹筒
9	大连（建新）	朱毅	七五毫米炮弹、发射药、硫酸、硝酸

资料来源：《何长工回忆录》，第 421 - 422 页。

至 7 月，中共在东北已有大小军工厂 55 个、工人 11000 余人，产量仅珲春一地每月 4 万多发炮弹，连哈尔滨的六〇迫击炮弹每月也有 2000 余枚。② 军火的其余部分主要依靠苏联援助。1948 年仅山东中共辖区就进口枪械弹药价值北海币约 285697800 元、汽车及零件 1822013060 元、轮胎 1886107474 元等。③ 8 月，中共在东北成立了炮兵纵队，辖有炮兵团 8 个（包括高炮一团）、坦克团及工兵团各 1 个。④ 同时成立后勤司令部，火线民工超过 7.6 万人，常备 160 余万人，征集军粮 3500 余万公斤，运载火车

---

① 《中共中央军委致刘陈邓李并告彭张赵粟陈唐电》（1948 年 9 月 22 日），《中共中央文件选集》第 17 册，第 333 - 334 页。
② 《何长工回忆录》，第 420 - 421，425 页。
③ 《山东解放区 1948 年进出口主要物资统计表》，《山东革命历史档案资料选编》第 21 卷，第 541 - 542 页。
④ 苏进：《辽沈战役中炮兵纵队的战斗片段》，载《辽沈决战》第 1 卷，第 513 页。

19500 多节,汽车至少 12208 辆,另储备汽油至少 1128 吨、枪弹 1000 万发、炮弹 20 万发、手榴弹 15 万枚、炸药 2.5 万公斤等,并逐渐由北满的哈尔滨将军火物资运至南满阜新。① 据协助高岗负责军工的伍修权回忆,"那时东北弹药、粮食、汽油相当充足,前方要多少就可提供多少"。②

蒋中正此时不得不考虑放弃长春,并将沈阳国民党军主力撤往辽西锦州。东北"剿总"卫立煌与蒋貌合神离,一面以打算救出长春守军为由,多方抵制蒋案的执行;一面又以蒋必从关内增援为借口,在沈阳按兵不动。③

9 月 12 日,林彪在毛泽东的不断催促下,针对南满入口的北宁铁路榆(关)锦(州)段发起总攻。④ 其实十分冒险。因为哈尔滨到阜新的补给线路过长,必须速战速决,时间是夺取战场主动的关键。华野粟裕同时围击徐州、济南,也牵制了国民党军机动。⑤ 然而东北卫立煌却消极救援,坐视锦州外围义县失守,机场交通即告断绝。

需要特别指出的是,中共攻克义县的重要经验——用人力近迫挖壕沟在未来的战场工事中逐渐推广。这种壕沟一般深宽至少 1.5 米,称"交通沟",每师都必须以 2/3 以上的兵力"不怕伤亡、不怕疲劳"日夜抢挖,"以卧倒姿势挖卧沟,然后逐渐挖成站沟"。⑥ 挖掘这种坑道工事须付出人力甚至生命的代价,但却能在开战时降低重炮和炸弹的破坏力。因此,蒋中正统所倚重的海空军并未让国民党展现出应有的军事优势,反而暴露出各军种之间配合不足的弱点。海军最大舰只"重庆"号轻巡洋舰是已服役 11 年的英国旧舰,作为二战损失刚刚赔偿给国民政府,舰载三座双联装 152 毫米口径火炮,从近海对塔山中共军队工事的攻击并无不俗表现。而空军从北平起

---

① 李聚奎:《我军后勤工作的一次历史性转变——忆辽沈战役的后勤保障工作》,载《辽沈决战(续集)》,第 300 – 301 页;陈沂:《把后勤工作提到战略高度——东北解放战争中的后勤工作》,载《辽沈决战》第 1 卷,第 556 页。
② 伍修权:《回忆与怀念》,第 221 页。
③ 廖耀湘:《辽西战役纪实》,载全国政协文史资料研究委员会编《辽沈战役亲历记(原国民党将领的回忆)》,文史资料出版社,1985,第 153 – 156 页。
④ 参见锦州市革命委员会编《批判林彪破坏辽沈战役的罪行》,辽宁人民出版社,1974,第 9 – 10 页。
⑤ 参见《毛泽东致粟裕、并告许(世友)谭(震林)王(建安)》电(1948 年 9 月 13 日),《毛泽东军事文集》第 5 卷,第 9 页。
⑥ 苏静:《关于锦州战役的回顾》,载《辽沈决战(续集)》,第 215 – 216 页。

飞，不但参战机次少得可怜，而且还误炸了自己阵地，伤亡连长以下官兵20余人。①

为了夺取锦州，林彪在毛泽东的指示下，组织了二、三、七、八、九纵并六纵十七师及炮纵超过20万人的主力部队围攻。锦州告急。锦州是沈阳、长春的补给基地；如若丧失，则长沈俱为孤城。而锦州守军是云南4个师。蒋中正急召卫立煌飞宁，两人意见相左。蒋遂派参谋总长顾祝同随卫返沈督军。

9月26日，廖耀湘曾建议沈阳国民党军精锐趁辽南空虚占领出海的营口，"连一副行军锅灶都不会丢掉"。孰料这个保持机动的方案在顾祝同那里就先受了挫。顾参谋总长毫无建树，只会唯总统命是从，坚持蒋令沈阳主力出辽西援锦州。廖坦陈：远出锦州，背水侧敌，如无接应，容易覆亡。顾于是上报南京。蒋此时迷信海空优势，兀自以为国民党"在撤退东北主力之前，一定要给东北共产党军队一个大打击，一定要来一次决战，否则华北就有问题"。翌日蒋复电固执原命，顾卫大吵一架。28日，顾对黄埔出身的廖私下谈话，表示只要先执行命令，他可再向总统进言，暗示尚存转机。②廖耀湘唯有遵命，然犹豫间已落被动。③

与此同时，9月28日在西柏坡，毛泽东于锦州战役关键时刻第四次向莫斯科申请访苏："务必就一系列问题当面向联共（布）和大老板[главному хозяину]亲自汇报。请指示。我打算按照上封电报所说的时间赴莫斯科。现暂将上述内容大概汇报一下，请您向联共（布）和大老板同志转达。衷心盼望他们给我们的指示"。④莫斯科回电，坚持访问时间应为11月底。毛泽东强硬地要求，必须11月中旬出发，苏联必须派飞机来接。这一次斯大林不好再回绝，但是到了11月中，却见不到飞机。⑤ 毛泽东为

---

① 侯镜如：《第十七兵团援锦失败经过》，载《辽沈战役亲历记（原国民党将领的回忆）》，第250页。
② 廖耀湘：《辽西战役纪实》，载《辽沈战役亲历记（原国民党将领的回忆）》，第158–164页。
③ 参见杨焜《辽西战役补述》，载《辽沈战役亲历记（原国民党将领的回忆）》，第190页。
④ Ледовский А. М. и т. д.（сост.）Русско-Китайские Отношения в XX Веке, том 5, книга 1. С. 463.
⑤ Ледовский А. М. и т. д.（сост.）Русско-Китайские Отношения в XX Веке, том 5, книга 1. С. 468–469, 472.

挽回面子，自请将访苏时间推迟至 1949 年 1 月底。但是不久，斯大林就回电说：

> 我们欢迎毛泽东同志来访。但是，目前中国革命发展迅猛，进展顺利，解放战争正处在紧要关头，战争还很激烈，形势发展变化很快。在这个时候，你离开指挥岗位，恐对全局有不利影响，是否还是留在国内指挥战争为宜。如果你有重大问题需要商谈，我们准备派遣一位相当有经验的、老练的、信得过的中央政治局委员前往哈尔滨或者你处听取你的意见，如何？总之，我们认为在当前这个关键时刻，你离开中央领导岗位是不适宜的，望再三考虑。如何？望电告。①

毛泽东只能同意，并希望斯大林的代表于 1949 年 1 月底 2 月初来西柏坡。②

因此，毛泽东在内战胜利之前没有去成莫斯科。然而，苏联的援助仍旧没有含糊。科瓦廖夫将军率领的专家小组不但修复了东北铁路交通线，便利了东北野战军的运输，还帮助中共重建了鞍山钢铁公司，甚至计划在 1949 年恢复长江以北 3000 多公里的铁路线，加速了共产党南下的步伐。

9 月 30 日，蒋中正不得不亲临北平督战，命华北傅作义部增援锦州，此时已是东北存亡的关键时刻。晋系将领傅作义为保存己部实力，阳奉阴违，贻误战机，仅派副司令宋肯堂和天津市长杜建时查看援锦道路，主力部队最远仅至河北迁安，距离山海关尚有百余公里。③孰料林彪却是以傅部行止为南下锦州的主要依据。④连华北蒋中正直接指挥的侯镜如也表消极，他的九十二军仅得一师机动，携同阙汉骞五十四军、林伟俦六十二军，由葫芦岛北上至锦州西南 15 公里的塔山村，却出乎意料地遭受中共程子华部四、

---

① 引自师哲、李海文《在历史巨人身边》，第 366－367 页。
② Ледовский А. М. СССР и Сталин в судьбах Китая. С. 60.
③ 王克俊：《北平和平解放回忆录》，载全国政协文史资料研究委员会编《傅作义将军》，文史资料出版社，1985，第 287 页。
④ 苏静：《关于锦州战役的回顾》，载《辽沈决战（续集）》，第 212 页。参见《林（彪）、罗（荣桓）、刘（亚楼）致毛泽东电》（1948 年 9 月 22 日），转引自《毛泽东军事文集》第 5 卷，第 36 页注释 2；另见《批判林彪破坏辽沈战役的罪行》，锦州市革命委员会编印，1974，第 12 页。

十一纵队、独立四、六师和炮旅至少 12 万人长达六昼夜的顽强阻击,"尸横遍野,血水染红了塔山堡前的河水"。① 据四纵政委莫文骅透露,属下三十四团一连约 175 人一次作战后仅活下来 7 人。② 仅四纵就收容伤员 5685 名,其中重伤者占 1/3,死者不计。③

而西出沈阳的廖耀湘依照蒋中正严令,倒是进占了林彪的补给重镇彰武,但并未能就此斩断其运输线。因为中共军队可经科尔沁库伦一条 150 公里长的路线依靠骆驼、骡马的畜力将北满物资运抵南满。④ 廖兵团却在彰武裹足不前,有意坐等锦州陷落,完全违背蒋的战略意图。⑤

就在锦州守将、东北"剿总"副司令范汉杰对援军望眼欲穿之际,他遇到的更大问题是缺乏弹药。除了六〇迫击炮、手榴弹、三八式步机枪子弹库存奇缺以外,10 月 10 日后各种重炮的炮弹也开始匮乏,以致 10 月 14 日"午间因炮弹供给不上,这些重炮全部停止了射击"。这时候,中共的密集炮火射向范部师长以上各级指挥所,其防御系统瘫痪,一些粗陋的钢筋水泥工事也未发挥应有作用。⑥ 锦州于翌日夜在大炮和坦克猛攻 31 小时后易手,范汉杰以下 8 万余人遭生俘,伤亡国民党军 1.9 万余人、中共军队 2.4 万余人。⑦

10 月 16 日,蒋怀着沉重的心情飞到沈阳。为求长春守军能够突围,他手书郑洞国,告其锦州已失,又"美国对我所售油量减少,今后空运粮弹无望……"⑧ 长春紧接着易手。

鉴于锦州、长春易手而(北)平石(门)线上中共军队空虚,蒋遂密令傅作义以救援太原之名,奇袭西柏坡。原计划国民党军 5 个师配 400 辆卡

---

① 侯镜如:《第十七兵团援锦失败经过》,载《辽沈战役亲历记(原国民党将领的回忆)》,第 245 – 246 页;程子华:《第二兵团在辽沈战役中》,载《辽沈决战(续集)》,第 201 页。
② 莫文骅:《英雄塔山》,载《辽沈决战》第 1 卷,第 372 页。
③ 彭云生:《东北野战军第四纵队塔山阻击战的卫生保障》,载高恩显主编《第四野战军卫生工作史》,第 704 页。
④ 李聚奎:《我军后勤工作的一次历史性转变》,载《辽沈决战(续集)》,第 303 页。
⑤ 杨焜:《辽西战役补述》,载《辽沈战役亲历记(原国民党将领的回忆)》,第 191 页。
⑥ 范汉杰:《锦州战役经过》、黄炳寰:《锦州战役前后国民党军的后勤》,载《辽沈战役亲历记》,第 76、147 页。
⑦ 1948 年 10 月 14 日 10 时,中共东北野战军集中了超过 591 门山炮、野炮、榴弹炮、加农炮及 15 台坦克攻击锦州城。见苏进《辽沈战役中炮兵纵队的战斗片段》,载《辽沈决战》第 1 卷,第 517 页;苏静《关于锦州战役的回顾》,载《辽沈决战(续集)》,第 218、220 – 221 页。
⑧ 蒋中正日记,1948 年 10 月 16 日。

车携百吨炸药，于月末由保定出发，一举捣毁中共中央权力核心。孰料 10 月 23 日，傅作义刚刚下达作战任务，当晚及次日晨便经北平密集的中共地下情报网，报予华北局城市工作部。原来，在沈崇事件中小试牛刀的李炳泉、刘时平等秘密党员早就依照聂荣臻指示，与傅作义部的高级将领拉上关系；其中整编骑兵十二旅旅长鄂友三因与刘时平同乡同学，在后者旨在刺探情报的邀宴中，不慎就透露了此一军事机密。如同一年前胡宗南闪击延安时一样，毛泽东立即预先布置，急调两个纵队主力阻击国民党军自保定南下，严令民兵破路，主要包括保定至高阳、安国、望都、定县、温仁段公路，"各路先行破坏，次为两侧；各县城之南北道路，先完成望都以东以北，再完成定、望［都］、唐、曲［阳］、安［国］等县"，"不得延误"，并安放地雷。为了造势，10 月 25－31 日，毛泽东还亲为新华社写了三则电讯，大唱空城计，表明已有充分准备，顺便骂道"白崇禧、傅作义这两匹似乎还有一点生命力的狗子就被美国帝国主义者所选中，成了国民党的宝贝了"。其实，他已命令郑维山纵队"尽可能加快速度"强行军四昼夜达 300 多公里，于 31 日凌晨赶到距离石家庄仅 50 公里的沙河前线。傅作义是时下令放弃，无功而返。①

东北形势反倒急转直下。廖耀湘援锦主力新六、新一、新三军、第四十九、七十一军并骑旅被林彪的三、五、六、十纵队包抄，"那尸体就［像］下锅的饺子……冒出翻滚的血水。本来是清水河，顿时染成了红水河"。廖以下 87000 余人遭生俘。② 林同样付出惨痛的代价，锦长战后东北共军仅收容伤员就达 61600 余名。③

10 月的最后两周，在东北除了锦西葫芦岛一线以外，随处可见国民党士气低落、军心涣散。锦州失守，暴露了国民党军的兵力分散、毫无对策。继锦州、长春之后，国民政府终于发布了东北疏散计划。卫立煌乘专机飞北平，后被蒋软禁。沈阳国民党军丧失斗志，当数量尚处劣势的中共军队出现在郊区之时，沈阳已不可守。张学思给原东北军旧部、时任守备兵团司令周

---

① 郑维山：《从华北到西北：忆解放战争》，第 194－206、214－216 页。参见聂荣臻《战斗在第二条战线上——怀念刘仁同志》，《人民日报》1979 年 1 月 24 日，第 2 版；刘时平《我就是记者》，第 488－490 页；傅作信《我的哥哥傅作义》，团结出版社，1999，第 72 页。
② 肖剑飞：《围歼廖耀湘兵团》，载《辽沈决战》第 1 卷，第 468、473 页。
③ 涂通今：《东北解放战争中的卫生工作》，载《辽沈决战》第 1 卷，第 620 页。

福成写了劝降书。这个被国民党同僚遗弃的东北将领，名义上还控制着该市，然而很快就与共产党签订了投降协定。据国民党军教导总队区队长王霖回忆："军队群龙无首，乱得无法统一指挥，所以沈阳的军队不是'打'垮的，是'乱'垮的"。①

就在杜鲁门险胜杜威（Thomas E. Dewey）、民主党继续执掌白宫的11月2日，中共占领了沈阳。中共中央向"东北全体同胞"发出电文，表示"粉碎了中美反动派奴役东北人民并利用东北以挑拨国际战争的迷梦"，号召"驱逐美国帝国主义在中国的侵略势力"。②

东北局吸取占领长春时杂乱无章的教训，事先开会进行分工布置，因此秩序较为井然：首先，占领了沈阳战略要地；其次，将国民党军缴械；再次，阻止劫掠。1日夜及2日，国民党空军轰炸沈阳军火库、车站及铁西区，给共产党的占领制造了困难。但是报告显示轰炸的军事意义几乎为零。国民党通过轰炸所取得的哪怕一丁点好处完全被民众对头顶轰炸机的仇恨化为乌有，共产党立时变成了群众的英雄。在轰炸的数分钟内任何仇共或者亲国的想法都似乎被荡涤殆尽。③ 11月4日，高射炮运抵沈阳，国民党军空袭遂减弱。④

中共地下党马上公开活动。东北局城工部沈阳市工委下属7个系统及中央军委情报系统共有1200余人，其中党员178人。⑤ 他们迅速指明所有国民党财产所在地并带领中共稽查队奔赴隐匿地点，系统而全面地查获了所有原国民党的财产。一些保长即获重新任命，并担负起辖区内查获财产和维持治安的责任。共产党迅速恢复秩序并组织城市用水、通邮。11月4日抚顺开始送电。本溪煤矿完整接收。⑥ 除此之外，卫立煌控制下极其珍贵的军火反而留给中共"弹药甚多"，接下来的两周内就将运出约240节车厢的军火，

---

① 王霖、陈存恭、蔡惠如：《王霖先生访问记录》（1989年7月19日），载《孙立人案相关人物访问记录》，第40页。

② 《中共中央委员会祝贺东北解放电文》（1948年11月2日），载《辽沈决战》第1卷，第77—78页。

③ Telegram, Ward to Marshall, 8 November 1948, *FRUS, 1948*, vol. 7, pp. 548–549.

④ 《陈云、伍修权、陶铸致东北局并中共中央电稿（未发）》（1948年11月5日），转引自李锐《接管沈阳记事》，载《辽沈决战（续集）》，第478页。

⑤ 《李锐往事杂忆》，第91—92页。

⑥ 《陈云、伍修权、陶铸致东北局并中共中央电》（1948年11月4日），转引自李锐《接管沈阳记事》，载《辽沈决战（续集）》，第477页。

还仅是小一半库存；而供职沈阳兵工厂厂长的陈修和是陈毅的堂兄，之前也抵制了蒋拆迁的命令。①

对于国民党发行的金圆券和仍在使用的东北流通券，共产党当然并不承认，但为了获得民心没有立即宣布作废：沈阳采取压低25%部分兑换的方式，然后停用；吉林市则在占领11天后停止流通。其中，工人、公务员、中小学教员和贫民由于阶级出身的"先进性"而优先获发维持费和救济费。②

在对待外国人方面，东北局表现得尤其慎重。早在2月7日，中共中央就发出内部指示，对领事馆实行一般保护的原则，如"对其馆址及人员，应加以保护。对其财物、文件，不得没收和损坏。也不得随便进去施行检查"。但也明确规定："领事馆在我国内战争期间，不得我军总部许可，不许设立无线电台。如有违犯，以破坏行为论罪"。③

11月8日，年轻的沈阳市长朱其文应美国驻沈领事馆的要求拜访领事华德（Angus I. Ward）。按照原先中央指示精神，朱市长向美国领事表达了善意，暗示中共将允许他们继续存在下去。他们甚至还讨论了领事馆邮差服务的路线安排及美国与东北的商业贸易。据华德报告：

> 在讨论美国侨民的时候，他［朱其文］就没有美国商人表示了关切，我说由于第二次世界大战和随后的内战使得沈阳有关原料供应的正常通讯中断，并补充道我乐于看到美国人因商业或职业原因回到满洲。他急不可耐地向我保证美国人将会受到欢迎，而且他希望美国商人与满洲的贸易将"在平等的基础上"继续。他又说满洲需要外界的商品，外界也需要这里的土产。

华德还带领中共市长参观了领事馆，整个访问持续了一个半小时。④ 然而，朱其文"失掉立场、失掉原则""对对方过分迁就"的言行也被翻译周

---

① 《沈阳军管会关于沈阳情况及库存的困难和问题》（1948年11月13日前后），转引自李锐《接管沈阳记事》，载《辽沈决战（续集）》，第479－480页。
② 《李锐往事杂忆》，第83页。
③ 《中共中央致各工委、中央局、分局、前委电》（1948年2月7日），《中共中央文件选集》第17册，第37页。
④ Telegram, Ward to Marshall, 9 November 1948, FRUS, 1948, vol. 7, p. 830.

砚立即报告了东北局,由陈云上报西柏坡。朱随后被免职。①

就在美国尚持乐观态度的时候,11月15日上午10时,沈阳军管会送来一份公函及布告,称"依据东北人民解放军总部命令,除经其允许条件外,解放区内一律禁止中外人士使用无线电台。无线电台及一切收发设备须于36小时内交予该会保管"。② 华德按要求做了回复,并表示"敝人推想本地当局方面仍希望敝总领事馆之继续存在与工作,而敝总领事馆之存在须依赖此项电台之继续使用。故希望贵会即予批准此项电台并使用为盼"。③ 他在翌日给马歇尔的电报中,还抱有幻想:"如果今晚10时我电台尚未被没收的话,即超过了我们收到第四号布告所规定之36小时时限,那么就可以认为继续使用一事尚有希望"。④

美国最担心的事还是发生了。苏联驻北满代表直接找到东北局,按照莫斯科指示,要求中共"没收在沈阳的英美法领事馆之电台,这是关系苏联很大的事情……并云,如果把电台没收,再加以老百姓对这些家伙态度不好时,则这些家伙只有滚蛋之一途"。⑤ 东北局在没有获得中共中央指示的情况下,径直命令沈阳于18日下午4时没收美国领事馆的电台并割断电灯电话线、停止供水,致使领事馆的美国官员在之后的11个月里实际上处于被软禁状态,最后甚至被投入监狱。

毛泽东在得知消息之后,对于东北局未经他的同意而擅自行动十分不满,批评说"实在太危险"。⑥ 周恩来也委婉地批评道:"不承认国民党对美、英、法这些国家的外交关系,使我外交立于主动,并不等于我们永远不与这些国家发生外交关系,也不等于对待这些国家毫无区别"。⑦

然而对苏联,中共则强调两党之间牢不可破的友谊。周恩来在两个月后对来访的斯大林特使米高扬特地谈及此事,并表态道:

> 去年我军占领沈阳,于是中美关系出现了新问题。外国(美英法)

---

① 《李锐往事杂忆》,第99页。
② Telegram, Ward to Marshall, 15 November 1948, *FRUS*, *1948*, vol. 7, p. 834.
③ 《华德致沈阳军管会函》(1948年11月15日),中译件,中央档案馆藏。
④ Telegram, Ward to Marshall, 16 November 1948, *FRUS*, *1948*, vol. 7, p. 836.
⑤ 《高岗致中共中央电》(1948年11月16日),中央档案馆藏。
⑥ 《中共中央致高岗电》(1948年11月21日),中央档案馆藏。
⑦ 《周恩来年谱(1898–1949)》,第796页。

驻沈阳领事馆向我们暗示,他们不打算撤离,想同我们建立事实上的关系(即不正式承认新中国政权,而领事馆继续发挥职能)。我们明白这些领事馆留下来是为了侦查我国和苏联的情况。我们再也不想在沈阳看见他们,因此我们对他们采取了隔离措施,给他们创造了无法忍受的环境,以迫使他们离开沈阳。将来我们要按平等原则提出领事关系问题。总之,我们将把美国人牢牢地控制起来,因为我们在和他们而未与其他国家打仗。美国人在颠覆我们的制度,因此,我们要在我国国内把他们孤立起来。①

美国政府曾考虑从海上封锁到突击越狱的各种手段实施营救,但担心会与中共乃至苏联爆发全面战争而放弃。华德事件的收场富于戏剧性。中共很快就查出了美国沈阳领事馆涉嫌间谍案,并经沈阳市人民法院审判,处决了一批人犯,华德在内的外籍人员在逮捕关押了一段时间之后被宣布"驱逐出境"。②

美国从1948年3月开始,积极为蒋中正国民政府的倒台而奔走准备。司徒大使不但预测中国将重新进入地方割据的状态,并提请国务院注意像宋子文这样执掌广东、海南的封疆大吏。③ 到了年中,中情局也表示美国应采取果断措施援助中国的地方实力派,④ 并开始与内蒙德王建立秘密联系。⑤ 他们在纽约找到了公开进行反蒋活动的冯玉祥,告知"只要你不跟共产党合作,我们可以不要蒋介石,你回中国去,我们给你军火和钱"。然而,冯的左右全是赖亚力、吴茂荪等一批共产党员。⑥ 不仅如此,南京的美国大使馆也借召开国大的机会秘密接触地方大员。司徒意外地邀请宁夏省主席马鸿逵茶叙,席间询问他对蒋李二人的好恶及反共决心,并表态"你若要什么

---

① Ледовский А. М. СССР и Сталин в судьбах Китая. С. 332.
② 新华社社论《正义的审判》(1949年12月1日),《新华月报》1950年第3期,第624页。
③ Despatch, Stuart to Marshall, 4 March 1948, RG 59, NA.
④ Report, 4 June and 22 July 1948, in Central Intelligence Agency, *CIA Research Reports*: *China*, *1946 – 1976* (Bethesda: University Publications of America, 1982), microfilm, reel 1.
⑤ See Sechin Jagchid, *The Last Mongol Prince*: *The Life and Times of Demchugdongrob*, *1902 – 1966* (Bellingham: Western Washington University, 1999), pp. 373 – 440; Liu Xiaoyuan, *Reins of Liberation*: *An Entangled History of Mongolian Independence*, *Chinese Territoriality*, *and Great Power Hegemony*, *1911 – 1950* (Stanford: Stanford University Press, 2006), pp. 283 – 329.
⑥ 吴茂荪:《冯玉祥先生在美国》,载民革中央宣传部编《鼓浪集:吴茂荪同志纪念文集》,团结出版社,1989,第36页。

武器，我们可以直接拨助"。① 此类援助同样也会向青海马步芳、甘肃马继元、新疆的马呈祥提供。②

蒋中正大约在10月下旬知悉美国各派力图绕开自己而以各省为对象径行援助，立即致电顾维钧要求斡旋。11月9日，顾向杜鲁门求援："请您迅速增加军事援助，并发表美国政策之坚定声明，以支持我政府为之战斗的事业……以鼓舞军民士气、巩固本政府之地位。"蒋也明确表达了心中的愤恨，指出目前局面之造成，华盛顿难辞其咎："中国军事局势普遍恶化归因于若干因素。但最根本的就在于苏联政府未遵守中苏友好同盟条约，阁下无疑当能忆及，中国之所以签订该约系由于美国政府善意的劝告。"然而五天后由司徒大使转来杜鲁门复电，请求被婉拒了。③ 顾维钧乃绕过白宫，发表公开声明，以呼吁舆论。

此时美东舆论虽于国务院对华政策也颇多指摘，但可想而知，并无任何实质合理的建议。《纽约时报》军事编辑鲍尔德温（Hanson Baldwin）批评美国"没有清晰的中国政策"，只能以支持个别中国将领的方式来孤注一掷。而竞争对手、共和党背景的《纽约先驱论坛报》，其专栏作者艾尔索普兄弟（Stewart and Joseph Alsop）则讥讽国务院对华毫无举措，总统命令海军陆战队待在青岛是对中国问题的"直接干涉"。④

11月，沈阳失守后，华北"剿总"司令傅作义请在平救济的天主教神父雷震远（Raymond J. de Jaegher）飞去青岛求美国太平洋舰队司令白吉尔（Oscar Badger）上将紧急援助军火。⑤ 白吉尔表示可不经过南京，直接给予武器，"保住华北，自成一个局面"。⑥ 但他并不愿提供美国军舰协助国民党军南撤。⑦ 傅作义放弃保定之后，防御体系已然瓦解；美国外交官也随之放弃

---

① 马鸿逵：《马少云回忆录》，台北，龙文出版社，1994，第200页。
② Telegram, Stuart to Marshall, 16 October 1948, RG 59, NA.
③ Correspondences between Chiang and Truman, 9 and 12 November 1948, *United States Relations with China*, pp. 888 – 890；周宏涛、汪士淳：《蒋公与我》，第55、61 – 62页。
④ Telegram, Lovett to Caffery, 11 November 1948, *FRUS*, *1948*, vol. 7, pp. 561 – 562.
⑤ Raymond J. De Jaegher and Irene Kuhn, *The Enemy Within: An Eyewitness Account of the Communist Conquest of China* (Bandra, Bombay: St Paul Publications, 1952), p. 326.
⑥ 史建霞：《访傅作义将军的女儿傅东》，《北京党史》2004年第1期，第31页；沈求我：《回忆邓宝珊先生》，载《邓宝珊将军》，第188页。
⑦ 侯镜如等著《平津战役国民党军被歼纪要》，载全国政协文史资料研究委员会编《平津战役亲历记（原国民党将领的回忆）》，中国文史出版社，1989，第5页。

了傅。11月16日，北平总领事柯乐博（O. Edmund Clubb）警告国务院：傅作义"极可能选择远避西部，以保全其部队；对他而言，留在这里只能意味着最终被大卸八块"。① 傅对美国观感也极差，他后来总结道："美国人帮我们一分必宣扬成十分，苏联帮中共总在暗处努力，如现在中共好的炮射手都是俄国人，彼等不但穿中国衣服，并且也不进城市，不似美国人每须为军开辟跳舞场"。② 于是，傅作义于11月17日向毛泽东密电求和，表示愿意弃蒋。③

李济深之子也回忆："1948年秋天，美国政府感到蒋介石当局的失败是不可避免了，于是就发出试探……支持父亲取代蒋介石，与共产党进行和谈，保住华南。他们派蔡增基对父亲讲述了美国的计划"。④ 李济深回信告知司徒雷登，表示由于国民党军事经济状况的急剧恶化，他不要仅成立一个西南政府，而要成立一个新的全国联合政府，他自信满满地要充任主席，副主席给中共领袖毛泽东，让冯玉祥来充当武装部队总司令，以朱德副之，并要求美国的支持。⑤ 其实李济深与中共早有联系。⑥ 四年前在云南昆明中共就对李济深的串联活动秘密赞助，⑦ 现在又指定在香港的发言人乔冠华向美国表示共产党只与李为首（宋庆龄为荣誉主席）的国民党革命委员会合作。⑧ 李济深说："民革不在策反方面做出成绩，将何以交待新政权？"⑨ 他适时向傅作义派去说客，要求反蒋独立。⑩

这时候困守北平的胡适校长甚至都表示愿意在美国支持下，接替因金圆券发行失败而引咎辞职的翁文灏，而出任行政院长。条件是："（1）美国总统或国务院公开发表声明，给国民政府以道义支持；（2）美国经济军事援助升级；（3）放手让他自己组阁"。⑪ 这当然无法达成。胡无奈地在日记中写

---

① Despatch, Clubb to Butterworth, 16 November 1948, *FRUS*, *1948*, vol. 7, p. 577.
② 《徐永昌日记》第9卷，1949年9月18日，第426页。
③ 傅作信：《我的哥哥傅作义》，第81页；史建霞：《访傅作义将军的女儿傅东》，《北京党史》2004年第1期，第31页。
④ 李沛金：《我的父亲李济深》，第161页。
⑤ Telegram, Stuart to Marshall, 16 October 1948, *FRUS*, *1948*, vol. 7, pp. 495–496.
⑥ 陈翰笙：《四大时代的我》，第76页。
⑦ Memo by Grew, 31 July 1944, *FRUS*, *1944*, vol. 6, pp. 490–491.
⑧ Telegram, Cabot to Marshall, 17 December 1948, *FRUS*, *1948*, vol. 7, p. 660.
⑨ 朱学范：《我与民革四十年》，第160页。
⑩ 参见周北峰《北平和平解放》，载《傅作义将军》，第308页。
⑪ Telegram, Stuart to Marshall, 17 November 1948, *FRUS*, *1948*, vol. 7, pp. 583–584.

道:"可惜我没有力量接受这个使命"。①结果蒋中正只好让驯服了的孙科就任行政院长。②而另一位国戚、广东省主席宋子文则更积极主动向美国外交官表达自己领导东南六省(粤、桂、赣、湘、滇、黔)反共抵抗的意愿,甚至强烈暗示蒋和黄埔系的统治必须终结。③

就美国外交官方面而言,如今大使馆内的反蒋领袖是曾与史迪威几乎同时代来华的柯慎思(Lewis Clark)。这位离华已13年、原本期待主持美国驻英事务的老牌"中国通"极不情愿地接替了巴特沃斯履新后留下的公使参赞一职。在给国务院的报告中,柯慎思对美国之于中共的分量颇为自负:"共产党的主要困难在于实现经济稳定,若无外来援助,他们能够长治久安则是难以想见的。以目前情况看,我们才是上述援助的唯一现实来源。"值得一提的是,在德国分裂、柏林危机愈演愈烈的1948年,这位美国高级外交官却无关痛痒地指出:"在世界的这个地方,我们或许事实上已经输掉了冷战"。当然,这并不妨碍他继续观望,以便等待中国建立"一个共产党主导的全国性政府"。美国国家利益的边界到底在哪里呢?在他眼中,蒋的国民党政府与北伐时被其推翻的"旧军阀政权"并无区别,而且"一旦他[蒋介石]逃离南京就再也不会成为中国的一股真正有效的政治力量"。柯慎思甚至建议就此"立即中止吾人援华案下的物资输出——或其任何剩余部分——并且声明鉴于形势发展,正对该案全盘审视"。④

尽管柯慎思这项大胆意见未被国务院采纳,但其观点却在美国对华政策决策者那里颇为受用。深得马歇尔信赖而主持日常事务的代理国务卿洛维特(Robert A. Lovett)认为国民党政府的各种外交努力不过是垂死挣扎,"企图在道义上绑架美国来支持中国现政府"。他无所适从,索性对华继续虚与委蛇:"我们自己资源有限,必须考虑我们对世界其他关键区域的义务。在给予援助的任何地区,须谨记是项援助尽管可能对友好政府的经济健全和国内稳定有些微助益,但并无最终担保"。⑤这位代理国务卿并非战略家,长期

---

① 《胡适日记全集》第8卷,1948年11月22日,第370页。
② 参见陶晋生编《陶希圣日记(1947–1956)》第1卷,1948年11月26日,台北,联经出版公司,2014,第188页。
③ Telegrams, Ludden to Marshall, 8 November 1948, and Stuart to Marshall, 13 November 1948, *FRUS, 1948*, vol. 7, pp. 551, 565–566.
④ Telegram, Clark to Butterworth, 8 November 1948, *FRUS, 1948*, vol. 7, pp. 554–556.
⑤ Telegrams, Lovett to Caffery, 11 and 18 November 1948, *FRUS, 1948*, vol. 7, pp. 561–562, 588.

是马歇尔既定政策的果断执行者，一旦政策确立，他会以"巡航的速度"贯彻之。日后朝鲜战争爆发，洛维特又继马歇尔而出任国防部长，积极推广战争动员并扩张军费预算。① 而此时他对中国国民党绝无半点同情，甚至根据大使馆的报告，笃信即便蒋下台，"长江以南并无强大的正规部队，如若首都沦陷，则军事抵抗将可能是零星而大体无效"。② 换言之，国务院眼下的立场就是美国目前的冷战利益需要在整体上抛弃国民党。

具有讽刺意味的是，对蒋中正国民党深刻的不信任竟然使司徒大使本人对祖国的忠诚成为问题而受到国务院的质疑。他的副手柯慎思坦承："我的工作即是确保司徒雷登为其中国友人带来和平的热情，不致有损我们自己国家利益"。他甚至粗鲁地表示："我们不得不小心避免告诉大使任何不应被中国政府知道的事情。他和他的私人秘书傅泾波，一个中国人，全都有些轻率"。他要不断提醒司徒雷登是"美国的大使"。对柯来说，大使渴望援助中国人的"不现实想法根本就不可能实现"。③

然而与此同时，司徒雷登那边也开始寻求与中共联系。他派参加过延安美军观察组的拉登向前民盟人士询问"中共不打而提出讲和的条件"，又派上海领事齐艾斯跑到虹桥疗养院直接找身患肺结核的罗隆基，为保密起见，用笔写出他的要求："同中共上海地下党见一次面"。他们担心中国完全倒向苏联。柯乐博表示"美国主要希望在于培育某种铁托主义"。而中共对美国的态度也因沈阳华德事件而坠至冰点。国共之间也毫无缓和的可能。早在5月4日，上海学生在游行过程中将蒋中正和杜鲁门的画像当众焚毁，可以说将反蒋反美运动推向了高潮，并且明显带有仇美性质，矛头直指"美国侵略者"。然而出人意料的是，当时甚至一度传出周恩来已访美国的风闻。④ 其时真正访美的是蒋夫人宋美龄。她得到了要蒋下台的答复。

---

① Roger R. Trask, *The Secretaries of Defense: A Brief History, 1947 – 1985* (Washington D. C.: Secretary of Defence Historical Office, 1985), p. 18.

② Telegram, Lovett to Caffery, 18 November 1948, *FRUS*, *1948*, vol. 7, pp. 588 – 589.

③ Lewis Clark and Sue Jelley Palsbo, *Diplomacy as a Career: Hard Work, Hardship, and Happy Times*, 2012, Oral History Interviews by Association for Diplomatic Studies and Training, on line: http://adst.org/wp - content/uploads/2013/12/Clark - Lewis - memoir.pdf [accessed on 8 January 2015].

④ 叶笃义:《虽九死其犹未悔》，第 62、63 页; Despatch, Clubb to Butterworth, 16 November 1948, *FRUS*, *1948*, vol. 7, p. 578.

六　中国向何处去：1949

蒋中正三下野

　　1949年1月1日清晨，秦淮河上响起了几声爆竹，百姓们祷告着新年的好运，然而战火离这个刚刚光复的六朝古都已然不远。①

　　1948年12月21日，在香港的民革中央主席李济深给桂系的李宗仁、白崇禧、黄绍竑发来密电，号召共同反蒋，联共求和，"赞成开新政治协商会议，组织联合政府"。② 24日，拥兵30万的白崇禧在汉口致电蒋介石，谓"与共党谋和"，逼其下野，建议三点，其中首要一点为："先将谋和诚意转知美国，请美国出而调处，或征得美国同意，约同苏联共同斡旋和平"。③白电由张群、总统府秘书长吴忠信递蒋，蒋即要李宗仁来见，表示可以引退。李怕有诈，复让张群等劝蒋下野。据蒋经国透露，蒋中正对引退的看法是这样的：鉴于"美国对华政策，暂取静观态度，停止援助"而"俄帝积极援共，补充其军费，建立其空军"，关乎个人进退则有：

　　（一）进之原因：
　　甲、勉强支持危局，维系统一局势。

---

① 参见蒋经国《风雨中的宁静》，第123页。
② 转引自杨奎松《国民党的"联共"与"反共"》，第686页。
③ 秦孝仪主编《总统蒋公大事长编初稿》第7卷第1册，第204页。

乙、等待国际形势之转变。

丙、静观共匪内部之变化。

（二）退之原因：

甲、党政军积重难返，非退无法彻底整顿与改造。

乙、打破半死不活之环境。

丙、另起炉灶，重定革命基础。①

由此观之，蒋中正心中也倾向于"另起炉灶"，摆脱烂摊子，企图以退为进、以逸待劳，"军队亦须有个安排……须顾全法统"。②

此时，蒋与国民党桂系的矛盾重新激化。针对李宗仁旋即提出的下野要求，蒋大致表示同意，但要规定李宗仁依法"代行"总统职权，这就为他自己今后"复视事"留下伏笔。对此，白崇禧坚决反对，主蒋"必须辞职"，并于30日再发通电以"言和"逼蒋，河南省主席张轸亦紧随其后要求"总统毅然下野"。殊不知，张轸正在经由开封中共地下党员方敬之（化名张子庸）与华野邓子恢建立联系。③蒋觉得有失颜面，于1月8日派张群飞汉口警告白崇禧："余如果'引退'，对于和平，究竟有无确实把握；余欲'引退'，必由自我主动"；之后派蒋经国飞上海命中央、中国两银行将库存价值约5.06亿美元的金银外汇运台，以做下野准备。④据央行副总裁刘攻芸密谈，黄金运抵台北260万两、厦门90万两，放在美国38万两，上海余60万两及珠宝1100条、银元数千万后运至香港。后来有报告说运到台湾共3755540两。⑤同时，运去基隆的还有返京后未及开箱的244358件故宫及中央博物院文物。⑥

1月8日当天，蒋中正不得不正式就国共局势恶化提请美、苏、英、法四国出面调解。8日晚，美、英、法三国驻华大使讨论这一提议，苏大使以

---

① 蒋经国：《风雨中的宁静》，第124－125页。

② 《徐永昌日记》第9册，1948年12月29日，第191页。

③ 张轸：《我在金口起义的经过》，蔡惠琳、孙维吼编《光荣的抉择——原国民党军起义将领回忆录》第2卷，国防大学出版社，1987，第7－8页。

④ 蒋经国：《风雨中的宁静》，第128页。

⑤ 周宏涛、汪士淳：《蒋公与我》，第94、298页。

⑥ 参见台北故宫博物院大事记，1949年，http://www.npm.gov.tw/zh－TW/Article.aspx？sNo＝03002803，最后访问日期2015年1月8日。

健康欠佳为借口没有与会。尽管所有的四国大使都不知道本国政府做何反应,但都持消极态度而不愿意出面。美、英、法的大使一致认为国民政府只不过是为了争取时间,同时也是顾及面子,不然它自己就可与中共谈判,而且更何况没有苏联的参与,任何调处都不会成功。他们一致认为苏联极不可能(most unlikely)参与,"即便苏联同意,其参与又会否是善意的,并且不对中共施加负面影响,值得怀疑"。①

两天后,国务卿马歇尔和代理国务卿洛维特双双辞职,由艾奇逊和韦伯(James E. Webb)分别接任。国务院的意见同样是一边倒。苏联问题专家凯南对调处所能达到的效果表示怀疑。② 远东司司长巴特沃斯直接以避免责任为由建议回绝。③ 美国驻莫斯科大使馆也发回报告,在形势明显对共产党有利的情况下,估计苏联不会同意调处。④ 与此同时,英国外交大臣贝文(Ernest Bevin)由于担心中共的报复性行为,当然同意其驻华大使的意见,也倾向于回绝。⑤ 1月12日,当斯大林和毛泽东正在为如何回复而争论的时候,美国国务院已经指示司徒雷登告知中国外长,美国不参与调处。没有证据显示,美国事先获知了共产党讨论的内情。⑥

此时在国民党内部,白崇禧与随张群同机来汉的黄绍竑商议,决定主动与中共联手,共同反蒋。白亲自命中共秘密党员刘仲容向西柏坡报告,刘立即赴上海找联络人、中央特科的吴克坚,吴即电告周恩来,周即告毛泽东。毛泽东指示刘仲容明确警告桂系"应准备实行和蒋系决裂"。⑦ 1月12日,黄绍竑也飞广州,并于次日秘密过境香港,打算请李济深来汉主持。⑧ 他不知道李济深已经被中共秘密接至大连参加新政协的筹备活动,最终还是通过民革的黄琪翔与中共特科的另一干将潘汉年见面,谓桂系愿与中共合作兵变倒蒋,"须以武力解决,必须有军事行动之准备,尤应与中共方面取得谅解

---

① Telegram, Stuart to Marshall, 9 January 1949, *FRUS*, *1949*, vol. 8 (Washington: USGPO, 1978), p. 25.
② Memo by Kennan, 10 January 1949, *FRUS*, *1949*, vol. 8, pp. 26 – 27.
③ Memo, Butterworth to Lovett, 10 January 1949, *FRUS*, *1949*, vol. 8, p. 28.
④ Telegram, Kohler to Marshall, 12 January 1949, *FRUS*, *1949*, vol. 8, p. 38.
⑤ Letter, British Embassy to Department, 11 January 1949, *FRUS*, *1949*, vol. 8, p. 35.
⑥ Telegram, Lovett to Stuart, 12 January 1949, *FRUS*, *1949*, vol. 8, pp. 41 – 42.
⑦ 《毛泽东年谱(1893 – 1949)》下卷,第448页。
⑧ 唐侬麟主编《黄绍竑回忆录》,广西人民出版社,1991,第690页。

与合作",并特地强调"决无美国背景"。① 20 日,潘汉年接毛泽东指示,答复黄绍竑说:"李［宗仁］白［崇禧］对内战亦负有责任……如李宗仁尚欲取蒋而代,白崇禧尚欲获得美援反对我军,则将不能取得人民谅解,可以断定无好结果"。但毛泽东并未将白崇禧的和谈之门堵死,而是表示白崇禧可派代表去郑州与刘伯承、邓小平联系。② 然而桂系联共逼蒋已成为国民党内公开的秘密;如果连前国防部长都通共,那么下层人员就更加有恃无恐。③

对于另一国民党军将领傅作义,中共则加大了渗透力度。据聂荣臻在数十年后透露,1949 年初中共"北平地下党已发展到约有党员三千,党的外围秘密组织'民青'(民主青年同盟)、'民联'(民主青年联盟)约有盟员五千"。以华北城工部部长刘仁为首的平津地下组织自 1948 年春开始依照中共中央指示向傅作义身边渗透,傅的女儿冬菊"几乎每天都向我前线司令部作报告",从而密切掌控其一举一动。④ 1949 年 1 月 14 日,中共开始进攻天津,封锁了北平对外交通。

蒋中正与这位晋系大将终于到了分道扬镳的地步。一个月前,蒋派傅的同乡旧知徐永昌前往劝解,要其北平"只可留一后卫,其余集津沽"。徐飞至南苑机场的时候,中共军队已过通州。两人未见一面,仅通了电话。傅作义告诉老朋友:中共"已准备分段截击平津线,几日前即无法转移矣,且新保安等地被围之军亦不好弃绝"。⑤徐走后两天,胡适、梅贻琦、德王等一批名人也被蒋派飞机从南苑接走。⑥ 1 月 17 日晚,蒋做最后努力,希望派飞机至天坛临时机场运走第十三军少校以上军官和必要武器。傅一面答应,一面与亲信王克俊商议,密报城外中共军队:"有飞机来时以祈年殿来确定目标,炮击天坛临时机场,阻止着陆"。⑦南苑大炮随即于 18 日向天坛射击,

---

① 《潘汉年致周、李并中央电》(1949 年 1 月 18 日),中央档案馆藏。
② 《毛泽东年谱(1893－1949)》下卷,第 441 页。
③ 参见涂建堂《国民党军第三〇九师金口起义经过》,载蔡惠霖、孙维吼编《光荣的抉择——原国民党军起义将领回忆录》第 2 卷,第 24 页。
④ 聂荣臻:《战斗在第二条战线上——怀念刘仁同志》,《人民日报》1979 年 1 月 24 日,第 2 版。
⑤ 《徐永昌日记》第 9 卷,1948 年 12 月 13 日,第 177－178 页。
⑥ 《胡适日记全集》第 8 卷,1948 年 12 月 15 日,第 372 页。
⑦ 王克俊:《北平和平解放回忆录》,载《傅作义将军》,第 287 页。

并由地下党报告落点以调整弹道，致使蒋机根本无法降落。后中共只允许李文、石觉等少数国民党高级将领乘 4 架飞机离开，"部队不能运走"。① 傅作义随后开启复兴、西直二门。

1 月中旬，对蒋中正来说，是极其难过的 10 天。11 日，淮海战役结束，徐州"剿总"杜聿明率 3 万人突围，下落不明，国民党军完败，伤亡超过 50 万人，中共军队伤亡 13 万人。② 12 日，美国先于苏联表态，拒绝斡旋。13 日，白崇禧截断中央银行运往广州的银元。14 日，毛泽东公开提出解决时局的"八项条件"，其中头一项就是"惩治战犯"，末一项为"接收南京政府及其所属政府的一切权力"，实质上拒绝了与国民政府谈判的任何可能。15 日，中共军队占领天津。16 日，约谈民社、青年两党，其间，邵力子提出对共产党"无条件投降"。17 日，蒋在中央政治会议上遭人批评，立委 50 余人要求立即求和，各部公务员要求行政院加发遣散费而包围机关、殴打主管官员。19 日，蒋终于获悉杜聿明突围部队被消灭，杜亦被俘，长江以北已无可为，外交部通知各国使节迁往广州。司徒雷登一面等待国务院的训令，一面表示"大家都不赞同迁往广州"，并接待了内蒙德王和席振铎一行，德王明确要求美国援助"独立"并建都宁夏，司徒用汉语答复说"你的志愿很好，必然有志竟成"，暗自感慨"这个多事的年头，也可能就是划时代的日子"。③ 也就在这一天，蒋中正总统终于下定决心，向副总统李宗仁表示引退。④

然而蒋交给李的不过是一个蝉蜕，是一个连美国人都不愿发表声明支持的蝉蜕。⑤ 就在李宗仁 1 月 21 日就任"代总统"的时候，蒋中正飞往杭州笕桥空军学校，安排一切，新任台湾省主席陈诚从台北飞去迎接。次日，蒋带着一班幕僚飞回溪口老家。几天后，他给滞美的宋美龄回电："兄以为既已下野，至少应做二三年之休养从事革命基本工作之打算，故切不可在美再有求援或任何运动之言行……切勿发表任何反对美政府之演说，否则徒自招

---

① 周北峰：《北平和平解放》，载《傅作义将军》，第 317－318 页。
② 姚夫等编《解放战争纪事》，第 341 页。
③ 《司徒雷登日记》，1949 年 1 月 19 日，第 26－27 页；《德穆楚克栋鲁普自述》，内蒙古政协文史资料委员会编印，1984，第 153 页。
④ 蒋经国：《风雨中的宁静》，第 130－134 页。
⑤ 《司徒雷登日记》，1949 年 1 月 22 日，第 28 页。

损毁耳。"他更加自负地表示"在此二十年之内，无论中国与世界，如要真正和平，兄实为不可或缺之一人，故何必急急求人？"① 就在此时，中共地下情报员胡邦宪说服时任浙江省主席陈仪起义。陈原以为淞沪警备司令汤恩伯是自己的老部下，在胡的策动下，派外甥丁名楠通报举事，不想被汤于三日后密告溪口。蒋中正在溪口亲自下令，于2月21日软禁陈仪，后来在台湾将其枪毙。②

米高扬秘使华

元月10日，斯大林就国民政府的调处请求给毛泽东发了一份让后来中苏两国历史学家争论不休的电报。③ 问题就出在该电的性质为代表苏联官方回复国民政府的草稿，其所使用的外交辞令使得完全相反的两个解释似乎都可以成立。原文是这样的："在答应同意调处之前，我政府希望了解，另一方——中共，是否愿意接受苏联的调处。因此苏联希望，另一方——中共，能够理解中国政府的和谈行为并且同意苏联调处。"就字面上理解，似乎是要中共同意苏联参加谈判。然而翌日，斯大林就忙不迭地又给毛泽东发了第二封解释电，清楚表明他的意思"旨在破坏"，并将破坏和谈的罪责推给国民党，防止美国干预，因此他才在前电中要中共答复国民政府的谈判条件为："中国共产党赞成同国民党直接谈判，不需要任何外国调处"。④ 苏联大使罗申在未接到斯大林训令的情况下，也曾私下对法国驻华大使表示"苏联对此类任何建议都不感兴趣"。⑤

毛泽东在未收到解释电的情况下，做出了强烈反应。他于1月12日第一次以强硬口吻顶撞他的"大老板"斯大林："我们似乎不需要再采取什么迂回的政治手段。在当前形势下，再采取这种迂回手段利少弊多。"这是两人关系史上第一个直接的小冲突。14日，斯大林按捺住胸中怒火，老谋深

---

① 《蒋中正致宋美龄电》（1949年2月1日），转引自周宏涛、汪士淳《蒋公与我》，第90页。
② 周宏涛、汪士淳：《蒋公与我》，第94—96页。
③ 俄罗斯学者如齐赫文斯基认为斯大林无意参加调处，而中国学者如沈志华则认为斯大林参与调处的想法早已有之。参见沈志华《求之不易的会面》，《华东师范大学学报》2009年第1期，第9页。
④ Ледовский А. М. СССР и Сталин в судьбах Китая. С. 56–57.
⑤ Telegram, Stuart to Marshall, 13 January 1949, FRUS, 1949, vol. 8, p. 43.

算地给毛泽东授课：

> 第一个回答，直言不讳，不加任何掩饰地拒绝南京方面的和谈建议，从而宣布继续内战的必要性。可是这意味着什么？这将意味着，首先，你把底牌亮出来了，把和平大旗这个重要武器拱手让给国民党。其次，你们帮助国内外的敌人，将中共说成主张内战的一方，称颂国民党是和平的卫道者。再次，你给美国一个机会，制造欧美的社会舆论，说什么与共产党谈和平是不可能的，共产党不要和平，所以要在中国实现和平，唯一的途径就是像 1918—1921 年这四年对俄国那样，组织列强进行武装干涉。

而毛泽东在收到 11 日电后也于 14 日回电，对斯大林的立场表示接受："在基本方针（破坏与国民党的和谈，将革命战争进行到底）上我们与您完全一致。"他还向斯大林报告，已经发表了国民党无法接受的和谈"八项条件"。[①]

1 月 31 日，斯大林为避免中共访苏贻人口实而派代表米高扬和科瓦廖夫秘密抵达西柏坡。毛泽东只在自家屋前迎接，这与 1945 年对赫尔利的态度已经有天壤之别。米高扬当时是苏联部长会议的副主席，与斯大林的亲信、"俄国的希姆莱"贝利亚（Л. П. Берия）关系紧密。科瓦廖夫曾任苏联交通部长，从 1948 年下半年起作为斯大林的私人代表被派驻中共中央，以专家（специалист）的身份作掩护，负责对中共的各种援助。[②] 2 月的最初几天，毛泽东与米高扬进行了会谈。翻译师哲在他的回忆录中，像其他涉及中苏交往的叙述一样，有意抬高了毛泽东的地位：毛不仅"不高兴地"反驳了米高扬的言论，使得这位苏联的钦差大臣迅速将自己贬低为"只是带耳朵来的"录音机，而且根本没有理睬米高扬为了迎合他同时也是为了突出自己老革命的身份，而说出的执行列宁土地纲领的轶事，仍旧自说自话地介绍中国的发展状况，仅相当含蓄地表达了中共取得政权后仍然希望获得苏联援助的愿望。会谈笼罩着"某些窘迫或不和谐的气氛"，毛泽东甚至私下

[①] Ледовский А. М. СССР и Сталин в судьбах Китая. С. 58.
[②] 《Мемуары Никиты Сергеевича Хрущева》Вопросы истории, 1992, №11–12. С. 79.

警告说"朋友是有真朋友和假朋友之分的：真朋友对我们是同情、支持和帮助的，是真心诚意地友好；假朋友是表面上的友好，他们口是心非或者还出些坏主意，使人上当受骗，然后他们幸灾乐祸。我们会警惕这点的"。①毛泽东对苏联怀有不满是一定的，但考虑到中共即将取得在全国范围内胜利的时机，他希望从苏联那里获得建国方面援助的迫切心情也是肯定的，这从毛泽东上一年开始筹备而一直未能成行的访苏计划中可见一斑，而这却又是师哲所刻意回避的。师哲叙述的问题在于毛泽东与米高扬的地位不可能如此不对称，而且如果整个会谈都是以毛泽东为主的空泛说教，相信无论是斯大林和米高扬，抑或是包括毛泽东本人在内的现实主义者们都不会满意。他们一定要讨论一些实在的东西。

我们把米高扬当时从西柏坡发回的报告拿来做一下对照。米、毛其实就内政、外交的许多重要问题交换了意见。首先，米高扬询问毛泽东打算何时控制南京、上海等工业大城市，毛泽东回答说目前还不急于此事，理由一是缺乏干部，二是尚未控制城市周围的原料产地，"还需要一两年的时间"。然后，米高扬又劝毛泽东应尽快建立革命的联合政府，毛泽东的意见又是相反，即不应急于建立政府，没有政府更为有利，因为"如果有了政府，那就要搞联合，这意味着，共产党就要为自己的所作所为对其他党派负责，这就复杂了……打下南京（预计在4月份）也不立即成立政府，要到6月或7月再说"。师哲的回忆录中也承认毛泽东对联合政府表达了顾虑："这样的一种联合性质的政权，能合得来，能步调一致么？"接着，他们谈到了苏联最关心的旅顺。毛泽东表示"完全允许把苏联在旅顺的军事基地保留下来"。米高扬按照斯大林的授意做出了姿态，不但表明苏中旅顺条约是不平等条约，还表示苏联可以应中共的要求从旅顺撤军，当然前提条件是美国须同时从日本撤军。至于中长铁路协定，苏联则表示是平等的，斯大林非常关心，不止一次指示科瓦廖夫要弄清中共对此的真实态度。②毛泽东等听到苏联领导人对中苏条约的这种评价都很吃惊，但几乎异口同声地说"不能马上从辽东撤出苏联军队和撤销旅顺基地，这样做只能对美国有利"。随后他

---

① 师哲、李海文：《在历史巨人身边》，第385页；参见《汪东兴日记》，第153页。
② Ковалёв И. В. "Диалог Сталина с Мао Цзэдуном" Проблемы Дальнего Востока, 1992, № 1–3. С. 86.

们还谈到了新疆和蒙古问题。毛泽东试探性暗示苏联对伊犁独立势力的支持，米高扬当然予以否认，毛泽东即建议中苏之间修筑一条经新疆的铁路，任弼时插话说铁路可途经蒙古。毛泽东又提议将内外蒙古加以统一然后归入中国的版图，米高扬表示反对，斯大林也旋即发电报来警告毛泽东，意思大致为外蒙古本来是要求内外蒙古一齐独立的，完全是靠苏联压了下去。双方还讨论了外交承认的问题，毛泽东也倾向于"另起炉灶"的策略。米高扬在与周恩来会谈时，特地提到了有传闻说，美英想抢在苏联之前承认新政府，似乎在提醒中共所应保持的立场。这在师哲的回忆录中也有记叙。但与师哲记叙完全相反的是，根据苏联档案在与米高扬的会谈中，毛泽东极力抬高斯大林而贬低自己：

> 他［毛泽东］作为党的领袖，对于马克思列宁主义没有任何创新，不能与马克思、恩格斯、列宁、斯大林相提并论。他为斯大林的健康举杯，强调说列宁、斯大林的学说是现在中国革命胜利的基础。斯大林不仅是苏联各族人民的导师，而且也是中国人民和世界各国人民的导师。他自己是斯大林的学生，他自己的著作并没有什么伟大之处，不过是把马列主义学说在中国加以实践而已，他本人没有做出什么贡献……在分析中国革命性质问题时，他根据的就是斯大林同志 1927 年前的论述及其最近关于中国革命性质的著作。斯大林同志关于中国革命是世界革命一部分的指示，及其对南斯拉夫［外交部长斯坦诺耶·］西米奇民族主义的批评，对他来说，是非常重要的。他是斯大林同志的学生并且奉行亲苏的方针。

毛泽东着重指出："如果没有苏联的援助，我们很难取得目前的胜利……事实的确不能否认，贵国对东北的军援占到了援助总额的 1/4，起到了非常重要的作用"。在 1 月 8 日，毛泽东刚刚给斯大林发了一封请求援助的电报。电报首先感谢斯大林于 1948 年 6 月派科瓦廖夫率领的顾问小组来东北帮助中共修复原先被其破坏的铁路系统，继而提出了需要机车、汽车、工具、油等物资的"紧急援助"，拟订了两份清单，并希望以贷款的方式尽快发送，最后"致以崇高的敬意，祝健康长寿！" 2 月 1 日，周恩来直接向米高扬提出要求，请苏联援助反坦克炮和坦克、炸药原料、钢材、汽油、近 5000 辆汽车和其他武器生产设备。2 月 2 日，任弼时表示希望苏联援建东北军事工业基地，中国可以铀矿作为交换。2 月 3 日，刘少奇复表示希望提供中国工业建设所需的经验、书籍、顾问以及资金。2 月 6、7 日，毛泽东在米高扬临行前提出总值为 3 亿美元的三年期贷款要求，并声明一定会"本息如数归还"，甚至还表示之前"得到的武器都是无偿的"，其中"苏联生产的武器中凝结着苏联工人的劳动"，中共愿在贷款中予以偿付。他还"特别请求提供生产中国硬币所需的银以及石油产品和三千辆汽车"。

刘少奇还与米高扬讨论了中国的设计构想。他说，中共将以没收官僚资本的借口去没收买办资产阶级的企业，至于民族资产阶级私营企业的问题，则等到一二年后，制定国有化计划时再解决。米高扬肯定了对民族资产阶级持谨慎态度的政策。刘少奇表示："中国向何处去——这是我们政策的基本问题。对中国来说，最复杂的课题是小商品生产者的问题——他们是要走合作化道路，即走社会主义道路，还是走资本主义道路。"他随即强调"我们牢记列宁的教导：小资产阶级经济是产生资本主义的源泉……我们预计，向我国资本主义成分发起全面进攻，要等上十至十五年的时间，然后我们再着手将工商企业收归国有，以此加速中国向社会主义发展的进程"。为了敲定苏联对中共的援助，毛泽东告知米高扬将进一步向莫斯科派出高级代表团。①

别了司徒雷登

中共已与美军在秦皇岛、天津、青岛等地发生摩擦，但美军暧昧的态度让毛泽东感到高兴。3 月，毛泽东在北平香山双清别墅会见苏联代表科瓦廖夫和齐赫文斯基时，明确表示了自己对美国反应的关注："到现在为止，还未出现美军想同我们交锋的意图，也未看出他们想阻挡我们前进的征候。我们是比较有把握地进行着斗争，推行着我们的政策。胜利终归是属于我们的！"② 对此斯大林是怀疑的。他在 5 月 26 日给毛泽东的电报中强调美国在

---

① См.: *Ледовский СССР и Сталин в судьбах Китая*. C. 58 – 77.
② 师哲：《峰与谷》，第 111 页。

华北登陆的可能性仍很大,建议中共抽调两支主力部队防守天津和青岛。① 毛表示同意。

3月24日,宋美龄从美国捎回消息:"美国对华政策有转变之趋向"。② 杜鲁门为协调日益紧张的军种关系,最终决定"削减海军执行的某些任务,以期拨给空军更多的钱",③ 并以较为温和的新任国防部长约翰逊(Louis Johnson)接替了精神濒于崩溃的弗雷斯特尔(James Forrestal)海军上将。

当苏联大使罗申跟随国民政府迁去广州以后,美国大使司徒雷登依旧带着使馆人员留在南京。司徒雷登此时的心情与1944年谢伟思等职业外交官一样。他试图与中共接触,甚至建立外交关系。这种想法得到了接替马歇尔就任国务卿的艾奇逊的支持。作为一个实用主义的"大西洋人",用他副手的话说,艾奇逊本来就尽可能"忽略这个世界上的褐色、黑色和黄色人种"。④ 他不能也不会去扭转马歇尔的政策偏差。

早在1948年12月1日,司徒雷登就让他的助手傅泾波托人从香港给周恩来发了封试探性电报。内容包括:"国民政府到如此田地是因为迷信武力,失却民心,希望诸先生以收揽民心为先决条件。美国之所望中国者为主权上能独立,政治、经济与文化上能自由,今日举国俱都渴望和平来临"。他并要求"严守秘密"。⑤

而11月21日,乔冠华自香港发回的另一份电报更引起了毛泽东的警惕。乔报告说近与美国《芝加哥日报》记者雷文和交谈三次,雷文和说民盟罗隆基告诉他,美国国务院旨在新联合政府中树立有效的反对派,以抵抗中共力量。这个雷文和又提了个人对中美关系的一些看法,这在毛泽东看来,就完全代表美国政府的意见。他勃然大怒,批示道:"此种阴谋必须立

---

① Шифртелеграмма Сталина Ковалеву для передачи Мао Цзэдуну, 26 мая 1949 г. В кн.: Ледовский А. М. и т. д. (сост.) Русско-Китайские Отношения в XX Веке, том 5, книга 2. С. 137.
② 蒋经国:《风雨中的宁静》,第168页。
③ Eisenhower's diary entry, 9 February 1949, in ed. Robert H. Ferrell, *The Eisenhower Diaries*, p. 157.
④ Thomas J. Schoenbaum, *Waging Peace and War: Dean Rusk in the Truman, Kennedy, and Johnson Years* (New York: Simon and Schuster, 1988), p. 193.
⑤ 《傅泾波致周(恩来)、董(必武)、邓(颖超)函》(余蔳瑞代,1949年2月17日),中央档案馆藏。

即开始注意，不要使美帝阴谋在新政协及联合政府中得逞"，对于雷文和想去华北旁听政协的念头，也批"决不许可"。① 这就基本上给司徒雷登的试探蒙上了阴影。

然而 1949 年 2 月初米高扬来访的时候，就向毛泽东转告了斯大林的指示："对于外国财产我们主张这样做，将日本、法国乃至英国的财产收归国有，对美国财产则须取谨慎政策，以使美国人感到自己的利益会受到新政权的照顾。"② 毛泽东即便不以为然，但一定会对美国取谨慎态度。4 月下旬，中共占领南京，周恩来特地指派前燕京大学学生黄华立即赴南京负责与司徒雷登接洽事宜。③

5 月初，傅泾波拜访已是中共南京军管会外事处处长的黄华。傅和黄曾是燕大的同班同学。傅打电话到黄的办公室，并留下姓名。次日，黄回电说，他去看傅有所"不便"，问傅是否愿来看他。7 日，傅去看望黄华。黄客气地接待他，并问起他们的"老校长"。尽管黄华在谈话时多次提到司徒雷登，但很谨慎地不称呼其官衔，他说他不承认司徒为大使，也不承认留在南京的别国大使，因其为派驻国民党政府的使节。黄华强调说，一俟时机成熟，应该由美国首先采取行动，与中共政府建立关系。④ 这在司徒雷登看来，似乎是一种暗示。黄随即向中共中央汇报。美国甚至托人将国务院印发有关南斯拉夫与苏联决裂的译电带给周恩来或其他中共高层领导。⑤

毛泽东于 10 日指示说："黄华可以与司徒雷登见面，以侦察美国政府的意向为目的。见面时多听司徒雷登讲话，少说自己意见，在说自己意见时应根据李涛声明"。李涛系中共中央军委总参作战部部长；4 月 30 日中共就英舰紫石英号事件曾以他的名义发表声明，其核心内容就是反对帝国主义干涉。毛泽东反复强调中共的建交条件为"美国停止援助国民党，割断和国民党残余力量的联系，并永远不要干涉中国内政"，可见这才是他的目的所在，其他一切都好说，"对于傅泾波所提司徒雷登愿意继续当大使和我们办

---

① 《乔木致毛泽东电》（1948 年 12 月 4 日）及毛泽东批示，中央档案馆藏。
② Ледовский А. М. СССР и Сталин в судьбах Китая. С. 76.
③ 黄华：《南京解放初期我同司徒雷登的几次接触》，载外交部编《新中国外交风云》第一辑，世界知识出版社，1990，第 28 页。
④ Telegram, Stuart to Acheson, 11 May 1949, FRUS, 1949, vol. 8, p. 741.
⑤ 叶笃义：《虽九死其犹未悔》，第 64–65 页。

交涉并修改商约一点，不要表示拒绝的态度"。①

5月13日晚，黄华奉毛泽东指示来到司徒雷登的大使官邸，逗留了近两个小时。司徒雷登谈了他对冷战的基本看法：

> 我认真地讲到各国人民，特别是我本人的和平愿望，也谈到尽管这是民众的普遍愿望，但危险局势依然在发展；谈到对下场战争难以描述的恐惧；谈到我深信目前的紧张关系在很大程度上——尽管不都是——是出于误解、恐惧、猜疑，而这些通过坦诚相见是可以消除的；谈到美国人和其他非共产党人士对中共主张的马列主义的恐惧，所谓世界革命、必须推翻资本主义政府，等于宣布颠覆性干涉或武装侵略是既定政策。

司徒雷登也表达了继续接触的意愿，并暗示"大部分国家会效仿美国"。他在报告中写道："黄问起我的计划。我告诉他我接到的指示，并补充说：我乐意多留一段时间，以表明美国人民对全中国人民的幸福的关注；我希望保持以往的友好关系；在我有生之年，我希望能多少有助于恢复这些关系，这也是美国政府和人民的愿望"。②

在17日黄华的报告中，出于可以理解的顾虑，称"访司徒于傅泾波家"，实则傅泾波住在大使官邸。然后，

> 傅称：司徒预计七月中回国，与对华政策有关，希转告周。
> 司徒表示行期可活动，国务院要求彼于各地侨民安定后回国……
> 黄华告以……至要求建立外交关系，首需断绝与国民党反动派政策关系及撤退武装部队如海军、空军、陆战队等。
> 司徒表示……他表面则是护侨的，随时可以与事实上的当局来往……谈话中司徒表示惯用的友善态度，但终不愿进一步说明美国对蒋态度……外交上要求非正式来往与承认外国领事……强调英法等国对华

---

① 《中共中央致南京市委电》（1949年5月10日），《毛泽东外交文选》，中央文献出版社、世界知识出版社，1994，第87-88页。

② Telegram, Stuart to Acheson, 14 May 1949, *FRUS, 1949*, vol. 8, pp. 745-746.

政策受美领导。联合政府内应吸收美帝走狗。①

从这充满敌意的措辞中可以看出司徒雷登的愿望可能仅是一头热。

毛泽东很快就向斯大林做了报告："司徒雷登撒谎说美国人好像已停止支持国民党政权了。我们了解的情况却相反，这种支持一直在积极进行。"5月26日，斯大林回电表扬说："联共（布）感谢毛泽东同志的信息"。②

27日，毛泽东再次强调了他一直担心的干涉问题："上次黄华与司徒个人谈话时司徒曾表示希望中国联合政府能广泛地吸收民主人士参加，此是干涉中国内政，黄华应当场给以驳回。"③ 据黄华回忆，他在6月6日与司徒雷登会面时，即按指示"驳斥"其有关尽量吸收民主开明人士参加新政府的言论，谓"纯系内政、不许外人干涉"。④

就在这个时候，燕大教授、前民盟人士张东荪也从北平致函老校长，表示亲善。司徒雷登立即指示美国驻平总领事柯乐博与张取得联系，希望获得有关中共的第一手资料。⑤ 在6月的最初一周，张东荪通过其子张宗炳与柯乐博紧密联系。⑥

6月8日，傅泾波第一次向黄华提出司徒雷登去北平的构想，随后并未跟进，但黄华立即向北平报告了此事。⑦ 10日，司徒雷登亲自委托北上参加政协会议的陈铭枢向中共方面转述美国愿意与中共和平共处等内容。⑧ 陈铭枢于24日写信回复司徒雷登：毛泽东答话"政治上必须严肃，经济上可以做生意"。除了陈，司徒雷登其实还请罗隆基传话："如果新中国采取中间态度，不完全亲苏，美国可以一次借给新政府五十亿美元，接近印度十

---

① 《中共南京市委致中央并华东局电》（1949年5月17日），中央档案馆藏。
② Шифртелеграмма Сталина Ковалеву для передачи Мао Цзэдуну, 26 мая 1949 г. В кн.: Ледовский А. М. и т. д. （сост.） Русско–Китайские Отношения в XX Веке, том 5, книга 2. С. 138.
③ 《中共中央致南京市委电》（1949年5月27日），中央档案馆藏。
④ 黄华：《南京解放初期我同司徒雷登的几次接触》，载《新中国外交风云》第1辑，第29页。
⑤ Telegram, Stuart to Acheson, 28 May 1949, FRUS, 1949, vol. 8, p. 350.
⑥ See telegrams, Clubb to Acheson, 1, 2 and 6 June 1949, FRUS, 1949, vol. 8, pp. 357, 364, 375.
⑦ Telegram, Stuart to Acheson, 30 June 1949, FRUS, 1949, vol. 8, p. 766.
⑧ 《司徒雷登与陈铭枢关系的情况》，中国外交部档案馆藏档111-00001-22。

五年所得的贷款"。但罗并没有传到。① 后来到了 1971 年中美关系解冻尼克松总统访华之前，周恩来曾将之列为中美关系"失掉的机会"，责怪罗隆基话没有带到，并提到了美国可能的贷款数目，甚至说出了"平衡苏联"的话。② 但就当时情势来说，可能并非如此。

而中共确实摆出了与司徒雷登合作的态势。6 月 11 - 17 日间，司徒雷登访问已为共产党占领之上海，会晤美国侨民。中共居然放行，并指派两班便衣贴身跟随，更以"前美国大使"名义给予他事实上的外交豁免权。③

而且据黄华所知，周恩来为保证回旋余地，特请燕京大学校长陆志韦去函邀请司徒访问北平。④ 周在 21 日致南京的电文中也有提及。因此，广为争议的陆志韦 16 日英文信所称"周先生昨日晨相见"的"周先生"就是周恩来本人。陆是司徒雷登一手栽培的接班人，对司徒雷登和燕大感情很深，信写得很含蓄很私人，仅在开头表示"毛泽东已宣布你有意来访燕京，我推测当局会予你允准"，下面内容基本上是委婉地奉劝老校长不要将燕大卷入任何政治纷争，甚至暗示司徒雷登不应带任何中国人同行。⑤ 这封信是通过邮寄方式由北平寄到南京美国大使馆的，使馆工作人员收到后拆阅，内容透露给了记者。当 27 日傅泾波携此函询问黄华意图时，黄即电中央，将泄密一事也做了汇报。⑥

6 月 18 日，傅泾波又来外事处访黄华，告知"司徒最近曾得国务院来电称：国务院赞成司徒的我方现在之联络……希望司徒访美后，两个月后，暂以私人身份（解除大使职务）回北平，以私人身份从旁赞助，将来承认新政权时，重新任命为驻华大使……司徒并盼离华前一周与黄再会面一次"。南京市委在汇报时，几乎笃定中美建交势在必行，甚至请中央发给傅

---

① 黄华：《亲历与见闻》，第 84 - 85 页；叶笃义：《虽九死其犹未悔》，第 66 - 67 页。
② Ji Chaozhu, *The Man on Mao's Right: From Harvard Yard to Tiananmen Square, My Life inside China's Foreign Ministry* (New York: Random House, 2008), pp. 257 - 258.
③ John Leighton Stuart, *Fifty Years in China: The Memoirs of John Leighton Stuart, Missionary and Ambassador* (New York: Random House, 1954), pp. 250 - 251.
④ 黄华：《南京解放初期我同司徒雷登的几次接触》，载《新中国外交风云》第 1 辑，第 30 页。
⑤ Letter, C. W. Lu to Stuart, 16 June, 1949, 载林孟熹《司徒雷登与中国政局》，新华出版社，2001，第 272 页。
⑥ 《司徒雷登来北平的要求及处理指示》，外交部档案馆藏档 111 - 00001 - 19。

泾波访美护照式样。① 黄华当时担心时间上是否还允许北平一行。21 日，周恩来电告黄华："司徒返美既在三四周后，可能仍将提出来平一行。陆志韦亦曾去信暗示司徒，如请求来平，可能得到中共许可。他如不再提，我们暂时不必表示，以观其变"。毛泽东更补充道："待他返美前约十天左右，可表示如他欲去平，可获允许并可望与当局晤谈"。②

按照毛泽东的指示，28 日，黄华主动重提中共中央的邀请：如果司徒雷登希望去燕京大学，毛泽东和周恩来都欢迎他来北平。司徒雷登显然很高兴，但因关系重大，他没有马上答应，接下来说的话可能更让黄华多少有些失望："我乐意回燕京，今年一直还以为能够成行，我已经把回华盛顿耽搁了，比预想的还要久，而通过尚未修好的铁路线坐车去北平对'脆弱的老人家'又是重体力活"。黄华表示存在防空炮火误射的风险，反对司徒雷登乘坐美国的飞机，并称火车目前三日内可抵平，而且可提供一切便利。③ 司徒雷登仍旧期待国务院对此的答复。

就在司徒雷登这边没有答案的时候，刘少奇在斯大林那里得到了答案。6 月 26 日，按照毛泽东与米高扬的约定，刘少奇率高岗、王稼祥等中共代表秘密抵达莫斯科。6 月 27 日深夜（莫斯科时间），斯大林接见了他们，并同意给中共 3 亿美元的贷款以及全面的援助。斯大林表示，总值 3 亿美元的低息贷款以设备、机器、材料和其他商品形式以每年 6000 万分 5 年提供给中共，15 年内清偿，年利率为 1%，毛泽东虽以个人名义要求增加，但鉴于"中国还在战争、经济持续恶化"，苏联觉得这个利率是合适的。苏联还将长期向中国派驻专家，帮助中共建立海军和空军，提供战斗机，协助占领新疆，派遣舰队进驻青岛，等等。总之，斯大林明确宣布："我们准备在国家机构、工业和你们想要学习的所有方面，全面帮助你们。"④

因此在美国国务院决策之前，6 月 30 日，毛泽东抢先抛出了表明中共

---

① 《中共南京市委致中央并华东局》（1949 年 6 月 18 日），中央档案馆藏。
② 《中央关于司徒雷登欲来北平事给南京市委的电报和批语》（1949 年 6 月 21 日），中共中央文献研究室、中央档案馆编《建国以来周恩来文稿》第 1 册，中央文献出版社，2008，第 19 页。
③ Telegram, Stuart to Acheson, 30 June 1949, FRUS, 1949, vol. 8, 766；参见黄华《南京解放初期我同司徒雷登的几次接触》，载《新中国外交风云》第 1 辑，第 30－31 页。
④ Ледовский А. М. СССР и Сталин в судьбах Китая. С. 85－88.

冷战立场的题为《论人民民主专政》一文,"一边倒"向苏联。① 毛更电告黄华,否认周恩来于 6 月 15 日及之前几天见过陆志韦,"更从未与陆谈司徒问题",直接将陆、傅乃至司徒雷登归入"阴谋挑拨者"行列,郑重告诫黄:访平"为司徒所提出,决非我方邀请,此点必须说明,不能丝毫含糊,给以宣传借口",因为"我们对美帝亦决无改变其政策的幻想"。② 稍后,刘少奇在给斯大林的报告中重申"中共服从联共(布)的决定……在某些问题上,如果中共与联共(布)出现分歧,中共在说明自己意见后,准备服从并坚决执行联共(布)的决定"。③(强调为斯大林标注)

7 月 2 日,司徒雷登毫无悬念地收到了国务院的训令:"在任何情况下都不得访问北平"。随着司徒雷登的离华,中共与美国开始了长达 22 年的敌对关系,并很快在朝鲜战争中兵戎相见。周恩来更通过香港向驻美共代表陈翰笙汇去了一笔 3000 美元的紧急活动经费。④ 陈正在纽约组织"建社",游说留学科技人员返华参与中共的国家建设中去。⑤

另外,被美国抛弃的蒋中正开始谋划亚洲地区反共联盟。司徒雷登在中共占领南京四个月后黯然离开了自己出生的国度,其间没有去过国民政府所在的广州,更不用说台北。蒋中正只好对代办克拉克抱怨道:"因美国不肯积极负起领导远东之责任,我等不得不自动起而联盟耳"。⑥ 7 月 10 日蒋访菲律宾,8 月 6 日访韩国,都发表了联合宣言。适逢美国对华"白皮书"公布,此时蒋唯有慨叹"一面受俄国之侵略,一面美国对我又如此轻率"。⑦ 9 月底,美国会终于通过《共同防御援助法》,援华 7500 万美元,赞助远东反共联盟,可谓为时已晚。

韩国总统李承晚与蒋中正处境相似。美国虽在朝鲜半岛南部,支持留美

---

① 毛泽东:《论人民民主专政,纪念中国共产党二十八周年》,《人民日报》1949 年 7 月 1 日,第 1 版。
② 《中央关于司徒雷登欲来北平事给南京市委的电报和批语》(1949 年 6 月 30 日),《建国以来周恩来文稿》第 1 册,第 20 页。
③ Ледовский А. М. СССР и Сталин в судьбах Китая. С. 102.
④ 《对黄作梅关于拨款给陈翰笙电报的批语》(1949 年 7 月 11 日),《建国以来周恩来文稿》第 1 册,第 117 页。
⑤ 参见薛宝鼎《翰老跨世纪的一生》,载张椿年、陆国俊主编《陈翰笙百年华诞集》,中国社会科学出版社,1998,第 256 页。
⑥ 蒋经国:《风雨中的宁静》,第 222 页。
⑦ 蒋中正日记,1949 年 8 月 6 日。

老牌政客李承晚重组大韩民国政府,并刚刚暗杀了曾流亡中国的独立运动领袖金九,然而韩国与朝鲜相互提出领土要求,三八线附近的冲突从此未绝。朝鲜的军队在苏联和中共的支援下,明显有着较强的战斗力,金日成一直跃跃欲试。然而五角大楼却一直认为半岛并无军事价值。1949 年 9 月,参谋长联席会议报告国防部长福雷斯特尔:"从军事安全角度,美国在南韩保留现有的部队和基地,并没有多少战略价值"。继艾森豪威尔之后出任陆军参谋总长的布莱德雷(Omar N. Bradley)认为,半岛地势多山,冬季寒冷,不适宜军队展开活动,"如果苏联占领南韩并威胁日本,我们相信可以用空军摧毁其军事基地"。① 美军海外驻军已超过 27 万人,战斗力也因兵力过于分散而减弱,开始从韩国和青岛陆续撤走。

就在毛泽东紧密向苏联靠拢的 3 月,金日成秘密访问莫斯科,请求斯大林帮助建立海军,暗示将对南方动武。② 5 月,金日成又派亲信金一秘密访问北平。金一向中共要军队中的朝鲜族师,毛泽东慷慨答应,只不过三个朝鲜族师中有一个正在作战需要时间调回。随后,毛泽东向金日成的计划泼了冷水,"劝朝鲜同志不要向南韩发动进攻,而是等待更为有利的形势。因为在进攻的同时,麦克阿瑟就能迅速将日本军队和武器运到朝鲜。但我们却不能迅速而有力地给予支援,因为我们全部主力都在长江以南"。毛泽东最关心的还是成立以中国为首的东亚共产党情报局,并借机试探平壤的意见。③ 7 月中共将沈阳和长春的两个朝鲜族师(共 21141 人)连带装备送回朝鲜,分驻在新义州和罗南。④ 8 月 12 日和 9 月 3 日,金日成两次正式向苏联提出武力统一请求,并宣称"他们能够在两周,至多两个月内,占领南韩"。⑤ 9 月 24 日,斯大林明确否决。⑥

---

① Bradley and Blair, *A General's Life*, p. 476.
② Встреча Ким Ир – Сена со Сталиным, 5 марта 1949 г. Архив Президента Российской Федерации (АПРФ). Ф. 45. Оп. 1. Д. 346. Л. 20.
③ Телеграмма Ковалёва Филипову (Сталин), 18 мая 1949 г. АПРФ. Ф. 45. Оп. 1. Д. 331. Л. 59 – 61.
④ Телеграмма Лтыкова Вышинскому, 13 июля 1949 г.; записка Штыкова Сталину, 15 сентября 1949 г. АПРФ.
⑤ Телеграмма Тункина Вышинскому, 3 сентября 1949 г. АВПРФ. Ф. 059а. Оп. 5а. П. 11. Д. 4. Л. 136.
⑥ Телеграмма Секретаря ЦК Штыкову, 24 сентября 1949 г. АПРФ. Ф. 3. Оп. 65. Д. 771. Л. 30.

其实，苏联和美国一样，仍根据外交传统，视欧洲为重心，远东毕竟是远东。4月，美国联合欧洲、针对苏联的北大西洋公约组织正式成立。就在艾奇逊放弃中韩的同时，斯大林也以类似传销的模式，一度放弃朝鲜和越南，考虑由中共代为负责。① 7月，他对来访的刘少奇代表团郑重而又不无讨好地说："革命的中心由西而东，现在已经转至中国和东亚……我认为落在你们身上的责任业已更为重大。你们必须履行你们对东亚国家革命的义务"。斯大林甚至明确表示希望中共能组织起一个东亚共产党情报局，这样苏联可以自然参与其间。② 10月21日，毛泽东就朝鲜问题，给斯大林发电报说："朝鲜人民军目前［尚］不应发动进攻"。"大老板"照单全收。③

从大陆到台湾

国民党已是败象环生，捉襟见肘。广州国民政府的行政院像走马灯一样，阎锡山自山西逃出，又继孙科、何应钦之后出任院长。蒋中正当时仍旧希望以重庆和台湾为核心，以西东两区控制住边缘各省。④ 11月3日，新任美国驻台北总领事麦克唐纳（John J. MacDonald）交给蒋中正一份国务院备忘录，是国家安全委员会37/8号文件的节选。该官方文书语气粗暴强硬，旨在表达美国不会协防台湾，但又没有将希望的大门完全封上："美国对台湾的立场将大体视乎目前中国行政当局能否有效治理，并使人民享有更高水平的政治、经济福祉而定。"已下台的蒋中正在得知这份文件是给他本人的时候，居然"格外亲善"（exceedingly cordial and friendly），心态已非昔比。据吴国桢透露，在随后召开的幕僚会议上，蒋表示"他非常高兴"，"美国如今又愿意与他打交道了，他还没有被他的老盟友完全遗弃"。经过反复思量，蒋甚至授意吴去征询美方是否希望换掉陈诚，并恳请美国派给军事顾问团。艾奇逊听闻之后，痛斥麦克唐纳，训令他立即去

---

① Ковалёв «Диалог Сталина с Мао Цзэдуном» Проблемы Дальнего Востока, 1992, №1. С. 88.
② Ковалёв «Диалог Сталина с Мао Цзэдуном» Проблемы Дальнего Востока, 1992, №2. С. 78–80.
③ Телеграмма Мао Цзэдуна Филипову (Сталин), 5 ноября 1949 г. АПРФ. Ф. 45. Оп. 1. Д. 332. Л. 47.
④ 周宏涛、汪士淳：《蒋公与我》，第118页。

澄清误会，告诫说美国不可能再为中国的"阋墙之争"（fratricidal war）派去任何的军事顾问，因为这将破坏美国的"声誉、资源以及针对大陆而且非常有可能实现的政治目标"。①

早在1948年底，美国国务院其实就已经故意无视台湾业已归还中国的国际法地位，指示驻台总领事有可能宣布台湾地位将留待对日和约决定。②1949年2月国家安全委员会开始讨论对台湾实行"独立"的政策，通过鼓励"福摩萨自治运动"广泛联络台湾人，以建立"独立"的反共政府。③国务院并决定派遣高级官员赴台说服台湾省主席陈诚，按照美国的意图予以合作，华盛顿能够提供让台湾自给自足的经济技术支持。④随后已经在台的领事马礼文（Livingston Merchant）充当了此高级官员，但他立即发现陈诚根本不适合成为美国接洽的目标，因此要求国务院促使李宗仁以孙立人取而代之。⑤国务院基本赞同，认为孙将让美国掌控已在台的中国军队，蒋中正因此仅能获得政治难民的地位。⑥没有实权的李宗仁当然建议美国人通过吴忠信去游说蒋。3月中旬，已有察觉的陈诚亲自赶往溪口表示忠诚，向蒋中正报告美国对台阴谋。蒋并没有就范。5月，魏德迈又发来一封私信，建议以吴国桢代替陈诚。

6月15日，宋美龄从华盛顿发回急电，说美国正在制订计划，将台湾置于联合国或东京盟军总指挥部的托管之下。⑦ 7月10-13日，蒋中正飞往菲律宾会见基里诺（Elpidio Quirino）总统，企图撇开美国建立亚洲人自己的集体防御体系。他直接向菲购买了美国不愿援助国民党的剩余军火。⑧ 8月6日，蒋更在韩国镇海会见了李承晚总统。

---

① Telegrams, between Acheson and Macdonald, 28 Oct., 3, 6, 9, 18 Nov., 1949, *FRUS*, *1949*, vol. 9, pp. 402, 406 – 407, 411 – 412, 415 – 416, 428 – 430. 参见《黄少谷致叶公超电》（1949年11月8日），中研院近代史研究所档案馆藏外交部档411.2 – 0043。

② Telegram, Lovett to Krentz, 23 November 1948, *FRUS*, *1948*, Vol. 7, p. 604.

③ See David M. Finkelstein, *Washington's Taiwan Dilemma*, *1949 – 1950*: *From Abandonment to Salvation*（Fairfax: George Mason University Press, 1993）, pp. 109 – 132.

④ Notes by the Secretaries to Stilwell, 3 March 1949, UD 7, Geographical File 1948 – 50, RG 218, NA.

⑤ Telegram, Taipei to State, 6 March 1949, 894A. 00/3 – 649, RG 59, NA.

⑥ Memo by Policy Planning Staff, 23 June 1949, *FRUS*, *1949*, vol. 9, p. 359.

⑦ 蒋中正日记，1949年6月15日。

⑧ 蒋中正日记，1949年7月13日。

与此同时，桂系密谋以湖南、广西为基地独立。白崇禧于1948年底就拟以第七军借剿洪湖匪为名入湘，以第四十六军驻安庆，以拒国民党中央。7月初，时任总统府秘书长邱昌渭、内政部长李汉魂赴长沙与桂省主席黄旭初及白崇禧进一步商讨排斥蒋势力而控制湖南，并另组新党为"中国国民党重建委员会"。① 白崇禧在湘西战场击败了中共第五十一军一四六师，更图空运鲁道源部入滇主政。8月2日，湖南省主席兼长沙绥靖主任程潜倡言"局部和平"，蒋改任陈明仁主湘，不想三日后双双投共。

8月24日，蒋中正回到了一别三年的重庆，这个抗战时期的指挥中心，已物是人非。川省主席王陵基、将领王缵绪与刘文辉之间暗自争斗。张群亦无法控制局势。9月2日，重庆市中心陕西街突发大火，而政府竟未及时施救，致使火势蔓延达12小时，造成四五万灾民，"呼号之声，惨不忍闻"。次日复又大雨，无家可归者，"其痛苦可以想见"。②

此时美国国务院对蒋的立场可以概括为敬而远之。一份由中国处发给驻华大使馆的电稿明确指示政策纲要：一方面，"凡已授权的军事和经济援助，都应尽可能输往具有不同政治背景并且与南京保持距离的国民党军队及统治区"；另一方面，"不鼓励分裂主义或政变，值此关键时期，使馆人员应密切关注国民党阵营内部非蒋派系的政治领袖，以便分析可能之发展"。③

为防止抗战时期的后方基地云南不稳，蒋按照李宗黄的建议，打算再次发动军变，扣留卢汉。④ 然而8、9月间，卢汉已通过滇省中共党员杨青田、宋一痕得到了"以大军入黔为时机"兵变的秘示。就在同时，蒋中正飞到重庆亲自安排西南防务，电召卢汉会谈。卢不敢去。蒋最后派儿子经国赴滇，暗示可以儿子为人质。8月29日，张群亦电话担保卢汉安全。卢思虑数日，于9月4日晚决定赴渝，并约定左右：去后每天电报，单日落卢字，

---

① 周宏涛、汪士淳：《蒋公与我》，第85、121页。
② 蒋经国：《风雨中的宁静》，第234页。
③ Telegram, State to Embassy, August 1949 (Reembtel 1472 and 1473, 10 August), "Top Secret, 1949, 361.13 Chiang Kai-shek," pp. 4-5, Records of the Office of Chinese Affairs, 1945-1955 Collection, NA.
④ 参见沈醉《我的特务生涯》，北京十月文艺出版社，1997，第288-291页。

双日落汉字,落卢汉就是假电,若无电报,即行起事。① 9月6日,卢汉飞到重庆,面见蒋中正,谈两小时,"流泪者再",要求增编6个军,增发现洋2000万元,但遭婉拒。阎锡山亦来,以李宗仁之命,欲扣留卢汉,但蒋放卢回滇。② 22日,蒋更亲赴昆明,表示劝慰。11月17日,李宗仁赴滇,亲自劝说卢汉跟随他走"第三条路线",即不要国民党也不随共产党,对卢不无触动。

11月19日,负责美援的国防部次长郑介民飞赴华盛顿。白吉尔海军上将要他告诉蒋,如果愿意以吴国桢和孙立人取代陈诚负责台湾的行政和防务,美国就会派遣经济顾问团赴台,并援助6个陆军师的装备。③

12月7日,张群至昆明与卢汉商量政府迁滇,却遭后者搪塞,即电告蒋经国"卢汉不稳"。蒋中正这才不得不决定政府迁台。翌日,张群飞昆明做最后努力,即被扣押。卢汉借用张的名义约李弥、余程万、沈醉等中央军政大员来家商谈,并最后宴请美国领事陆德瑾(LaRue Lutkins)询问意见答复。卢汉曾就云南独立寻求美国支持,而国务院惮于美国的声誉在此问题上未给予肯定答复。④ 陆德瑾的汽车刚刚开走,卢公馆的大门即行关闭。几位将军立时做了阶下囚。昆明市区晚10时戒严,川滇之间讯息中断。10日,刘文辉收到卢汉突然发来的最后一封电报,谓"解放大军"已入滇,卢于昨日"率领全滇文武官员及全省人民在滇举行光荣起义,坚决拥护中国共产党和全国人民伟大领袖毛主席及中央人民政府",并请刘主席自乾兄(刘文辉的号)即刻扣留蒋中正。⑤ 下午1时许,蒋氏仓皇离开成都逃亡台湾。而卢汉在昆明机场空打几枪,把张群也放走了。李弥和余程万均表示回去争取部队,亦先后获释。

12月8日,"国民政府"正式迁入台北,国民党的大陆时代结束了。

---

① 安恩溥:《卢汉在云南起义中》,《云南文史资料选辑》第22辑,云南人民出版社,1984,第15、27页。
② 蒋经国:《风雨中的宁静》,第236页。
③ 《顾维钧回忆录》第7分册,中华书局,1988,第530–531页;吴国桢:《从上海市长到台湾省主席,1946–1953》,第95–99页。
④ 见林孝庭《二次大战后美国在中国边疆地区的秘密活动(1947–1951)》,《中央研究院近代史研究所集刊》第53期,2006年9月,第103页。
⑤ 周宏涛、汪士淳:《蒋公与我》,第161页。

毛泽东始访苏

早在6月，毛泽东告诉斯大林："台湾孤悬海上，有七万多残敌。目前还谈不上占领它。该问题将于来年解决"。① 但他已命令进攻福建的第三（前华东）野战军副司令员粟裕"开始注意研究夺取台湾的问题。台湾是否有可能在较快的时间内夺取"；"冬季占领台湾"。② 随着蒋中正以舟山为基地封锁了上海和山东，毛泽东才逐渐意识到建设空军是攻占台湾的前提。③ 7月10日，他指示周恩来"考虑选三四百人去苏联学习空军，同时购买飞机一百架左右，连同现有的空军组成一个攻击部队，掩护渡海，准备明年夏季夺取台湾"。④ 25日，毛泽东又让刘少奇就近相商于斯大林：

> 欧洲和世界其他地区反帝运动可能大步前进，美国和英国也可能爆发经济危机，在这种情况下，如果我们利用苏联援助攻占台湾（即除了请求苏联帮助我们训练飞行员和售飞机予我以外，也许还不得不请求苏联向我们派出空军和海军的专家，和飞行员参与军事行动），是否会损害美苏关系？请你向斯大林同志报告这一切，以便他斟酌我们的计划，是否可以将之付诸实施？⑤

斯大林当场予以拒绝。他很清楚苏军援助中共进攻台湾将意味着与美国海空力量发生直接冲突。⑥ 但他同意帮中共在东北建立空军和海军学校各一

---

① Телеграмма Мао Цзэдуна Сталину, 14 июня 1949 г. В кн.: *Ледовский А. М.* и т. д. (сост.) Русско – Китайские Отношения в XX Веке, том 5, книга 2. С. 144.
② 《中共中央军委致华东局并粟裕、张震、周骏鸣电》（1949年6月13日、21日），见《粟裕年谱》，第471、472页。
③ Телеграмма Мао Цзэдуна Сталину, 25 июля 1949 г. В кн.: *Ледовский А. М.* и т. д. (сост.) Русско – Китайские Отношения в XX Веке, том 5, книга 2. С. 170 – 171.
④ 《毛泽东致周恩来函》（1949年7月10日），见《毛泽东年谱（1893 – 1949）》下卷，第529页。
⑤ Телеграмма Мао Цзэдуна Сталину, 25 июля 1949 г. В кн.: *Ледовский А. М.* и т. д. (сост.) Русско – Китайские Отношения в XX Веке, том 5, книга 2. С. 170 – 171.
⑥ *Ковалёв*《Диалог Сталина с Мао Цзэдуном》Проблемы Дальнего Востока, 1991, №6. С. 88.

所，并售给 100 – 200 架战斗机、40 – 80 架轰炸机。① 8 月 2 日，毛泽东再电粟裕："攻台必须推迟到我们空海两军（特别是空军）条件具备之时，故具体时间问题目前不能确定"。②

中共在 12 月 2 日占领重庆，国民党在西南地区已难以组织有效的反抗。接下来，北京的军事目标主要包括西藏、海南岛和台湾岛。周恩来向苏联大使罗申报告说："目前人民解放军部队正在对此加紧备战，只有在登陆部队以及海军、空军部队全都做好充分准备以后才能解放台湾。时间看来将安排在 1950 年 9、10 月份"。③

12 月 16 日毛泽东乘火车抵达莫斯科。简单寒暄之后，毛泽东开门见山，询问了他最关心的问题，即世界大战的可能性。他表示"中国需要三至五年的和平喘息时间，用以恢复经济至战前水平，并稳定国内形势"。作为共产党阵营的头号人物，斯大林很肯定地告诉毛泽东"美国虽然叫嚣战争，但它最怕战争"。这样，会有谁再发动战争呢？"事实上，谁也不会同中国打仗"，斯大林有意无意地调侃道："难道金日成会打中国吗？""如果我们和睦相处，和平不仅可以保障 5 – 10 年或 20 – 25 年，甚至可能更久"。④

中共当时几乎没有现代海军，以木船和帆船为主要运载工具，同时"必须注意潮水和风向"，这大大降低了部队的机动性和战斗力。作战只能以陆军大幅伤亡为代价，"一次运载至少一个军（四五万人）的全部兵力，携带三天以上粮食，于敌前登陆，建立稳固滩头阵地，随即独力攻进……潮水需十二小时后第一次载运船只方能返回运第二次……"⑤

毛泽东再次请求："国民党在台湾建立了海空军基地。我们既无海军，亦无空军，人民解放军难以占领台湾。鉴于此，我们的一些将领主张请求苏联援助，苏联可以派出志愿军飞行员或者秘密部队，以便尽快攻占台湾。"斯大

---

① 《毛泽东年谱（1893 – 1949）》下卷，第 541 页。Телеграмма Мао Цзэдуна Сталину, 25 июля 1949 г. В кн.: *Ледовский А. М.* и т. д. (сост.) Русско – Китайские Отношения в XX Веке, том 5, книга 2. С. 170 – 171.

② 《粟裕年谱》，第 475 页。

③ *Ледовский А. М.* и т. д. (сост.) Русско – Китайские Отношения в XX Веке, том 5, книга 2. С. 226.

④ Федоренко Н. Т. встреча Мао Цзэдуя со Сталиным, 16 декабря 1949 г. АПРФ. Ф. 45. ОП. 1. Д. 329. Л. 9 – 17.

⑤ 《毛泽东致林彪电》（1949 年 12 月 18 日），《毛泽东军事文集》第 6 卷，第 62 页。

林不好再次拒绝，转寰道："援助的方式需要周密考虑"，"主要问题是不给美国以干涉的借口"，苏联可以提供顾问和教官，"其他问题我们要仔细考虑"。①

12月24日，斯大林复又与毛泽东本人专门谈了亚洲共产党的问题，其实是有意让中共担负援助这些党的责任，包括越南、印度、日本等。② 几乎与此同时，为了"抵御共产党统治在东亚的扩张"，布莱德雷向约翰逊提出第一份要求军援台湾的备忘录：参谋长联席会议希望国防部长同意"责令远东总司令在第七舰队司令的协助下迅速调查台湾抵御攻击所需军事援助的性质和程度"，随后拟向其提供"一个适中、目标明确而密切监督的军事援助计划"。③

根据苏联驻北京代表科瓦廖夫在12月24日递交斯大林的报告，长达13年的战争给原本疲弱的中国经济带来沉重打击。1949年由于旱涝灾害，粮食减产高达四成，城市居民普遍饥饿。另外，中共在控制区域内为了抵偿预算赤字，"没有采取措施调整货币流通，仍然大量发行纸币"。截至11月1日，市面流通的货币多达10种，包括东北银行的94720亿元纸币和中国人民银行投放的14010亿元（其中分别有11290亿元东北券和6640亿元人民币是在10月份发行的），此外还包括其他"解放区"银行发行的货币、内蒙古和关东地区银行的元、新疆元、中国银元、国民政府的金圆券和香港元等。同时物价攀升，华北小米价格在11月之前的7个月内，北京涨幅为1430%，天津涨幅为1300%；京津两地大米价格同比涨幅分别为1280%和1050%。而在11月，食品价格较10月底又上升1－3倍，工业品价格上升1－2倍。其他地区亦然。即便如此，中共依照斯大林意见依然不打算裁军，军费开支占1950年中央财政预算的38.6%（实际为44%），而政府机关将增员至150万人，行政开支将占21.4%，这将造成高达18.9%的预算赤字，合562.38万吨小米，其中215万吨拟靠发行公债补偿，其余款项继续依赖印制纸币（1元人民币合1.4万金圆券）。④

---

① Ледовский А. М. и т. д. (сост.) Русско - Китайские Отношения в XX Веке, том 5, книга 2. С. 229－233.
② 参见裴坚章主编《中华人民共和国外交史 (1949－1956)》，世界知识出版社，1994，第18页。
③ Memo, Bradley to Johnson, 23 December 1949, FRUS, 1949, vol. 9, p. 461.
④ Записка Ковалева Сталину, 24 декабря 1949 г. См. 12 советов И. В. Сталина руководству компартии Китая. Предисловие А. М. Ледовского. Новая и новейшая история, 2004, No1. С. 132－133, 135.

3月5日，吴忠信曾对已下野的蒋中正言："我国之失败，俄共之胜利，即为美国之根本失败，而今日美国犹未觉悟也"。等到北约成立的消息传至溪口，蒋中正感慨道："北大西洋同盟公约公布，东西集团壁垒分明。中国共匪且明白宣布，追随俄国，反对西方美国集团；而美国对华政策，仍坚持过去作风，坐视共匪长大扩张，对其盟邦共同患难之政府，不愿予以援手，实不智之极"。①

6月，蒋开始考虑退守台湾。他将国库"同胞血汗之结晶"悉数搬去台湾。后来，他得以用从民间掠夺的黄金来弥补在台北的"中央政府"财政赤字，允许有限地出售黄金，从而稳定了台币。对于美国提出联合国托管的建议，蒋表示："英、美恐我不能固守台湾，为共军夺取而入于俄国势力范围，使其南太平洋海岛防线发生缺口，亟谋由我交还美国管理，而英国在幕后积极怂恿，以间接加强其香港声势。对此一问题最足顾虑，故对美应有坚决表示，余必死守台湾，确保领土，尽我国民天职，决不能交归盟国；如彼愿助我力量共同防卫，则不拒绝"。②

6月20日，蒋致函驻东京军代团团长朱世明，命他力劝麦克阿瑟："甲、美国政府决不考虑承认中共政权，并应本其领导国际之地位与力量，防阻他国承认。乙、美国政府应采取积极态度，协助中国反共力量，并应协助我政府确保台湾，使成为一种新的政治希望"。③ 然而，国务院的外交官们并不这样想。11月15日，国务卿艾奇逊正式在柏林发表有关中国之声明，将一切责任全部推给国民党政府，称"美国在华政策并未失败，而系中国自己政策失败［It was failure of Sino policy in China］"。④

10月27日，卢汉在昆明曾一度告诫美国领事陆德瑾，有证据显示省内中共与缅甸、越南的共产党组织时有联系，一旦云南"沦陷"，则中共必定输送武器给越共、缅共，向东南亚输出革命。⑤

---

① 蒋经国：《风雨中的宁静》，第161、171页。
② 蒋经国：《风雨中的宁静》，第151、209页。
③ 蒋经国：《风雨中的宁静》，第211页。
④ 《叶公超致蒋中正、阎锡山代电》（1949年11月17日），中研院近代史研究所档案馆藏外交部档411.2-0043。
⑤ Telegram, Lutkins to Acheson, 28 October 1949, RG 59, NA.

七　革命进行到底：1950

中苏盟约变迁

1950年1月1日，老北京四九城昨夜刚刚飘了点雪花，百姓们企盼着一年的好运。新华社耐人寻味地转发了美国共产党总书记但尼斯一个月前致毛泽东的贺信，这封五百来字的长文一方面攻击"美国帝国主义者"，另一方面又高呼"美中人民的友谊万岁！"[①]

此时在5800公里外的莫斯科，积雪有三尺厚，毛泽东正在斯大林姐妹河别墅内安排着进军海南和台湾两大岛屿的部署。最近4天，困扰多年的失眠居然不翼而飞，毛泽东现在不用服安眠药，每天还能睡8个小时。因此，这几天他心情都很好，很健谈，"起床后坚持散步，食欲有所增加"，和孙维世一起踩雪，还提到过年要吃饺子。[②] 至于原因，很可能是因为毛泽东适当地摆脱了国内政治军事的压力，斯大林又以上宾之礼待他，而且两人独特的作息时间却又能彼此一致。

毛泽东这几天的清闲也与中苏间的条约问题有关。早在1949年初米高

[①] 参见《美共总书记函毛主席，祝贺新中国伟大胜利》，《人民日报》1950年1月3日，第1版。尤琴·但尼斯（Eugene Dennis）是化名，真名为Francis X. Waldron，亲莫斯科派，继白劳德之后任美共领导人，1948年被捕，判处五年徒刑，后上诉联邦最高法院而被驳回；此时正在服刑。

[②] 中俄外交部合编《中国与苏联关系文献汇编（1949年10月－1951年12月）》，世界知识出版社，2009，第81页；《汪东兴日记》，1949年12月29－31日，第169－170页。

扬访问西柏坡时，毛泽东就曾迫不及待地要将一颗定心丸塞给他：1945年国民党签订的中苏条约是爱国条约，中共打算保留，继续有效。米高扬煞有介事地问，说苏中条约爱国，依据是什么？毛泽东回答道："苏联来旅顺口是为了保卫自己，保卫中国免受日本法西斯侵略，由于中国不强大，没有苏联援助，本身没有能力自卫。苏联不是作为帝国主义力量，而是作为捍卫共同利益的社会主义力量而到中长铁路和旅顺口的"。米高扬特地追问："那共产党人为什么反对美国在青岛的基地而保护苏联在旅顺口的基地？""美帝国主义在中国是为了压迫"，毛泽东继续他的两分法，"苏联在旅顺口是为了防卫它，防止日本法西斯侵略。当中国强大了，有能力抵御日本侵略时，苏联自己也就不需要旅顺口基地了"。①

半年前，刘少奇秘访莫斯科，特地呈上一份中共党对于重要政治问题立场的请示报告。这份报告虽由刘少奇在莫斯科组织起草，但获得了毛泽东的首肯，当然代表了中共中央的意见，并且经斯大林认真阅读和亲自批注。今天我们所看到俄文档案中有关中苏条约的一段，所示如下：

> 我们将审查国民党政府与外国签订的每一份条约和协定。原则为：我们愿意承认并进一步落实所有有利于中国人民和世界人民民主的协议，例如，联合国宪章，开罗宣言，中苏友好同盟条约。所有不利于中国人民和世界人民民主的协议，我们则准备废除，例如，中美通商航海条约。其他若干，我们准备修改后再加以承认。*Да*［对］。②（斜体字"*Да*"及着重号，都系斯大林所加）

然而，随着中共在内战中取胜，毛泽东的态度发生了转变。到了一个多月前的11月8日，毛泽东致电莫斯科再次表示访苏愿望，同时说明将提出条约问题。③ 但他从未在给斯大林的电报中明确说出是想签一个新的条约。为了降低正式程度，毛泽东只是与科瓦廖夫谈过，打算访问三个月，第一个

---

① Записка Микояна в Президиум ЦК КПСС, январе – февтрале 1949 г. В кн.: *Ледовский А. М.* СССР и Сталин в судьбах Китая. С. 61.
② *Ледовский* СССР и Сталин в судьбах Китая. С. 100.
③ *Кулик Б.* «Китайская Народная Республика в период становления (1949 – 1952)» Проблемы Дальнего Востока, 1994, №6. С. 76.

月在苏联,与斯大林会谈,"要签署一个新的中苏条约",第二个月去东欧,第三个月去苏联南方疗养。当然,科瓦廖夫也如此报告了斯大林。① 这自然很容易被克里姆林宫有意无意忽略掉。

半月前(12月16日),毛泽东和斯大林第一次会晤。谈完了苏美战争的可能性之后,毛泽东马上提出了中苏条约的问题。斯大林抢先表态说:"必须要弄清楚:是宣布保留现行的1945年苏中友好同盟条约,还是宣布以后再做修改,或者现在就做一定的修改"。由此可见,莫斯科当时完全没有另立新约的打算。斯大林接着说明了他的主要理由:"众所周知,苏中之所以缔结该条约,是因为雅尔塔协定,它规定了条约的主要内容(千岛群岛、南库页岛、旅顺口的问题等)",他尽可能用委婉的语气,严谨地归纳道:

> 也就是,现行条约的缔结,可以说,获得了美国和英国的同意。考虑到这一情况,我们内部已经决定目前不修改这个条约的任何内容,因为哪怕一丁点的修改都可以给美英要求变更条约中千岛群岛和南库页岛等条款提供法律依据。这就是为什么我们要寻求一种在实质上变动现行条约,但又在形式上保留其条款,即在形式上保留苏联在旅顺港驻军的权利,然而应中国政府的请求,事实上将现在那里的苏联武装部队撤回。这一举动可以在中国请求后实现。②

由于此前米高扬透露过苏共中央承认旅顺协定不平等(事详前章)并同意加以修改,斯大林所考虑的修约也主要集中于此。当然,为了表示友好,斯大林甚至慷慨地表示:"对中长铁路也可以这样做,也就是,应中国的请求,实际上变动协定中的某几点,但形式上保留其条款。如果,从另一方面,中国同志不满意这一战略,他们可以提出他们自己的建议"。

毛泽东一听到苏联要撤兵,赶忙表态说:"中长铁路和旅顺口的现状是充分符合中国利益的,因为中国军队还不足以有效抗击帝国主义的侵略。另外,中长铁路是一所培养中国铁路和工业干部的学校"。形势遂变成了斯大

---

① *Ковалёв* «Диалог Сталина с Мао Цзэдуном» Проблемы Дальнего Востока, 1992, № 1 – 3. С. 88 – 89.

② Федоренко Н. Т. встреча Мао Цзэдуя со Сталиным, 16 декабря 1949 г. АПРФ. Ф. 45. ОП. 1. Д. 329. Л. 9 – 17. 以下有关毛泽东与斯大林第一次会谈内容,出处相同。

林对毛泽东的又一堂政治课：

> 撤军并不意味着苏联拒绝援助中国，如果中国需要这一援助的话。事实就是我们，作为共产党人，并不总是愿意把我们的军队驻在他国土地上，尤其是一个友好国家的土地。这样一来，任何人都可以说既然苏联军队能驻在中国领土上，那么为什么英国人，举例来说，不能把他们的军队驻在香港呢，而美国人又不能驻在东京呢？如果我们双方达成协议说苏联将撤军旅顺口，那么就可以在国际关系舞台上赢得不少［声誉］。另外，苏军撤走对中共处理与民族资产阶级的关系也会大有裨益。所有人都会看到蒋介石做不到的，共产党却做到了。中共必须要考虑民族资产阶级。

斯大林显然还没有尽兴："条约给了苏联在旅顺口驻军的权利。但苏联并不是一定要行使这一权利，而是可以应中国请求而撤回其军队。然而，如果这样不合适，旅顺口的军队可以留驻那里两年、五年或者十年，视乎如何对华最为有利……我们甚至可以驻在那儿二十年"。这才是斯大林的真实想法，并未因国共异位而有所变化。[①]

毛泽东虽然不想苏联人立即撤兵，但斯大林的意思距离他的企盼还有差距。他一波三折地说出了自己的打算。毛泽东首先承认"中国在讨论条约问题的时候，我们并未考虑美英对雅尔塔协定的立场"。接下来的两句话，似乎暗示着他保留了不同意见："我们必须以促进共同事业的最大利益为标准来行事。这个问题值得进一步考虑"。"然而，"他很快又退了回去，"已经明确的是眼下还不应修改条约，也不应急于从旅顺港撤军"。但毛泽东还是不甘心："要不叫周恩来来趟莫斯科以决定条约问题？"斯大林一锤定音："不，这个问题你必须自己决定。其他问题可能会需要周"。（强调为引者所加）

随后在22日，毛泽东将自己的决定请科瓦廖夫转告斯大林，希望23日

[①] 有学者认为斯大林把驻中华民国末任大使罗申复派北京，旨在向毛泽东暗示原中苏友好同盟条约的连续性。See Sergei N. Goncharov, John W. Lewis and Xue Litai, *Uncertain Partners*: *Stalin, Mao, and the Korean War* (Stanford University Press, 1993), p. 79.

或 24 日再谈。他试探性地提出两个方案可供选择：

> 第一个方案准备讨论以下问题：（1）一个苏中条约、（2）一个贷款协定、（3）一个贸易协定、（4）一个有关建立航空交通的协定及（5）其他问题，包括缅甸承认中国的问题。
>
> 该方案建议将周恩来召至莫斯科来草签这些协定。毛泽东同时提及他可以借周恩来赶到莫斯科的这段时间游览一下斯大林格勒和列宁格勒。
>
> 第二个方案基本讨论内容与前相同，但**不办正式签约手续**。故无需周恩来赴莫。下次正式签约的时候，周恩来可以再来。① （强调为引者所加）

24 日两人会面，斯大林委婉地选择了第二个方案，他的答复是："政府主席既已来此，内阁总理又来，则在对外观感上可能有不利影响，研究结果还是认为恩来以不来为宜"。毛泽东没有理由也并未进行反驳，就此结果通知了北京。②

如果按照翻译师哲和毛泽东本人在中苏交恶之后的说法，毛因为没能与斯大林弄出一个"既好吃又好看"的东西，甚至对科瓦廖夫等人发了脾气，坚持了对斯大林的"斗"争。③ 但这未必是事实。毛泽东对斯大林怀有不满，是肯定的，但似乎没有大到敢于要挟的地步，毕竟中共在攻台和建设各方面都依靠于苏联的援助。当时已调莫斯科的赫鲁晓夫事后回忆说："毛很谨慎，他并未流露出自己的真实想法，相反，故意对斯大林表示尊重，甚至谦卑和顺从"。④ 实际情况可能是，用师哲的话说，毛泽东"情绪很好，很健谈"，或许也曾向科瓦廖夫流露过某种不满情绪。但更为重要的是，毛泽东这几天为自己能摆脱失眠的侵扰而欣喜，用他本人的话说，"想再静休一

---

① Ковалёв «Диалог Сталина с Мао Цзэдуном» Проблемы Дальнего Востока, 1992, №1–3. С. 89–90. See also Kovalev's unpublished memoirs, cited appendix doc. 19, in Goncharov et. al., *Uncertain Partners: Stalin, Mao, and the Korean War*, pp. 238–239.
② 《毛泽东年谱（1949–1976）》第 1 卷，第 84–85 页。
③ 《毛泽东与波兰党代表团的谈话记录》（1957 年 11 月 20 日），中央档案馆藏；师哲、李海文：《在历史巨人身边》，第 436–438 页。沈志华等中国学者也认为毛泽东在莫斯科积极抗议。参见沈志华《毛泽东、斯大林与朝鲜战争》，广东人民出版社，2003，第 136–137 页。
④ «Мемуары Никиты Сергеевича Хрущева» Вопросы Истории, 1992, №11–12. С. 74.

个多星期，彻底恢复正常的睡眠"。① 至于修约问题，反正中共内部原本就没有这一压力，既然"好吃"的贷款军援都谈妥了，犯不着为了"好看"与斯大林结怨，万一弄成不好看，反而不美。

就在一天前（12 月 31 日），周恩来刚刚按照斯大林的意见通知苏联驻北京大使馆代办："中方决定，周恩来暂不赴莫斯科，因为政府主席毛泽东本人正在苏联，如政务院总理周恩来紧随毛泽东也前往莫斯科，从国际角度考虑不合适"。② 如此一来，中共中央上下都已经放弃了修约企图。毛泽东打算提前一个月回国，希望临行前和斯大林谈谈"工作问题"，跟苏联其他七位主要领导人见见面，再去列宁墓献个花，看一下地铁、农庄和歌剧，就此了事。③

然而就在元旦这一天，斯大林的态度突然发生了松动。他让科瓦廖夫带去了一个未发的新闻稿。整件事的契机要从英国通讯社有关毛泽东遭斯大林软禁的报道说起。④ 当时的毛泽东还在翻看德龄郡主写光绪帝被囚的《瀛台泣血记》，听到外媒议论他本人不知去处的消息后，不禁大笑。⑤

斯大林对英国的报道却格外重视。这位老布尔什维克一向猜忌英国人，在他生命的最后三年中，狐疑更甚从前。他已从各种渠道获悉了英国急于承认北京政权，而且原属英联邦的印度和缅甸已经迈出了第一步。在英美阴谋论的指引下，斯大林突然想到他不能让毛泽东变为第二个铁托。毫无疑问，现在斯大林重视中国。他明白必须将这个还不十分可靠的毗邻大国牢牢地控制在自己的阵营内。中共革命的胜利并非是完全贯彻斯大林意志的结果。因此，他害怕中共中央任何可能的亲英美倾向。上一章提到的科瓦廖夫于 1949 年 12 月 24 日的秘密报告中，点名批评了中共中央委员彭真、林枫、李富春、李立三和薄一波"过去亲美反苏"，现在却获得了以刘少奇为代表的高层支持，乃至周恩来在对待与美国、南斯拉夫的关系问题方面都缺乏坚定的斗争立场；而中国的知识分子，尤其是"那些在外国学校特别是在美

---

① Записка, Рошина Сталину, 1 января 1950 г. АВПРФ. Ф. 0100. ОП. 43. П. 302. Д. 10. Л. 2. 苏联外交官、学者列多夫斯基关于毛泽东更为重视自己健康的论断，具有说服力。См.：Ледовский А. М. СССР и Сталин в судьбах Китая. С. 118.
② 《史白夫与周恩来谈话报告》（1949 年 12 月 31 日），《中国与苏联关系文献汇编》，第 79 页。
③ Записка Рошина Сталину, 1 января 1950 г. АВПРФ. Ф. 0100. ОП. 43, П. 302, Д. 10. Л. 2.
④ 师哲、李海文：《在历史巨人身边》，第 438－439 页。
⑤ 《汪东兴日记》，1949 年 12 月 25、30 日，1950 年 1 月 1 日，第 165、169、171 页。

国留学的专家，还是崇拜美国，崇拜它的技术，对我们苏联专家的技术则表怀疑"。① 以措辞判断，"告洋状"的人明显就是东北局的高岗。在斯大林看来，如果连刘、周这两个自己熟悉的"共产国际派"都反苏的话，那么这个自称是其学生的"人造黄油"毛泽东，岂不更加危险。这份报告在联共政治局内部进行了传阅。② 随后斯大林不惜出卖高岗，有意将全文当面交给毛泽东，③ 一则为示好，二也为敲打。

像当初接待罗斯福时一样，斯大林毫无例外地在毛泽东下榻的别墅里安装了窃听器。④ 从毛泽东的种种反应来看，他其时应该并未觉察。⑤ 据汪东兴回忆，毛泽东这几天确实和他谈过斯大林的种种不是，比如去年要中共"以长江为界与国民党进行谈判"，"提出中国东北地区仍由苏联与中国共管；苏联租用旅顺、大连港，还有中长铁路"，这其实"还是对中国共产党的能力有怀疑"，"我们民族的前途就将被断送"，甚至表示愿意跟美国做生意之类的话。⑥ 将这些话联系起来，难免会再度引起克里姆林宫的猜疑。斯大林召来了莫洛托夫："去他 [毛泽东] 那儿，看看，是个什么样的人（что за тип）"。莫洛托夫忙不迭地跑去，毛泽东表示想在克里姆林宫方便的时候再度求见。莫回来报告说："应该接见。他是个聪明人，农民领袖，中国的普加乔夫。当然，远算不上马克思主义者，他向我承认，没有读过马克思的《资本论》"。⑦ 斯大林肯定了这一

---

① Записка Ковалева Сталину, 24 декабря 1949 г. См. 12 советов И. В. Сталина руководству компартии Китая. Предисловие А. М. Ледовского. Новая и новейшая история, 2004, №1. С. 132; Ковалёв «Диалог Сталина с Мао Цзэдуном» Проблемы Дальнего Востока, 1992, №1–3. С. 82–83.

② «Мемуары Никиты Сергевича Хрущева» Вопросы Истории, 1992, № 11–12. С. 79.

③ 《汪东兴日记》，1949年12月28日，第168页。

④ 有关窃听毛泽东一事，最早由赫鲁晓夫揭露，并由米高扬之子提供旁证。Sehen anmerkung 5, Heinzig, Die Sowjetunion und das kommunistische China 1945–1950, s. 499.

⑤ 德国学者海因茨希和中国学者杨奎松都认为，斯大林转变修约态度是因为窃听到的内容反映出毛泽东的不满，区别在于前者认定毛是故意要挟，后者并未就此表态。参见杨奎松《革命·毛泽东与莫斯科的恩恩怨怨》，广西师范大学出版社，2012，第299页注3。本书作者认为毛泽东当时不大可能觉察遭到窃听，理由即下文所载毛与汪东兴的谈话，毛当着科瓦廖夫作态也可以为反证。据陈伯达回忆，王稼祥因戴有助听器，已经感知到别墅内有窃听装置，但两人私自议定保密，后于1953年斯大林去世后才报告了毛泽东。参见陈晓农编《陈伯达：最后口述回忆》，第104–105页。

⑥ 《汪东兴日记》，1949年12月22、27日，第163、167页。

⑦ Чуев Сто сорок бесед с Мопотовым. С. 114. 普加乔夫（Е. И. Пугачёв），俄国18世纪农民起义领袖，被叶卡捷琳娜二世杀头。

判断。① 在他看来，毛泽东具有民族主义倾向，这与苏联所代表的共产主义事业是相悖离的；因此，只有让出东北，并且与这个"普加乔夫"签订一个新的国际条约，才能把中国和自己捆绑在一起，不致有任何差池。

科瓦廖夫带去的草稿是带有试探性质的。斯大林为了辟谣，代毛泽东起草了一个答塔斯社记者问，来征求其意见。草稿以问答形式，包括三点内容，即中国目前的形势、毛泽东在苏逗留的时间以及考虑的问题。其中最后一点，斯大林表示，毛泽东考虑的应"首先是现有的中苏友好同盟条约问题，苏联对中华人民共和国贷款问题，贵我两国贸易和贸易协定问题，以及其他问题"。②（强调为引者所加）斯大林签了字。这在文字上看并没有什么特别的地方，但斯大林本人重提条约问题本身即预示他的态度可能有松动。毛泽东看出了这一点，立即表态说："谈话的形式和内容非常好，我无任何意见和补充。"在接下来的晚餐上，他又当着科瓦廖夫的面说了一大堆歌功颂德的话，例如"斯大林对德国共产党提出的12条要求，以及他对联共（布）党史简明教程写的后记，对中共中央的活动是纲领性的、基本的指导性指示"；"没有联共（布）就没有中国共产党，也没有中国革命的胜利。列宁—斯大林的学说万岁"。③ 乌拉（Ура）！④

果然，1月2日晚8时，斯大林授意莫洛托夫和米高扬再次见毛泽东，询问对中苏条约的意见。毛泽东详述了三种办法：

（甲）签订新的中苏友好同盟条约。这样做有极大利益。中苏关系在新的条约上固定下来，中国工人、农民、知识分子及民族资产阶级都将感觉兴奋，可以孤立民族资产阶级右翼；在国际上我们可以有更大的政治资本去对付帝国主义国家，去审查过去中国和各帝国主义国家所订的条约。

（乙）由两国通讯社发一简单公报，仅说到两国当局对于旧中苏友好同盟条约及其他问题交换了意见，取得了在重要问题上的一致意见，而不涉及详细内容，实际上把这个问题拖几年再说。这样做，中国外长

---

① См.:《Мемуары Никиты Сергеевича Хрущева》Вопросы Истории, 1992, №11–12. С. 79.
② Правда, 2 января 1950 г. С. 1. 参见《毛主席答塔斯社记者问》，《人民日报》1950年1月3日，第1版。
③ 参见《毛泽东年谱（1949–1976）》第1卷，第68页。
④ "乌拉"即俄语感叹词，这里相当于中国人或日本人喊的"万岁"。

周恩来当然不要来。

（丙）签订一个声明，内容说到两国关系的要点，但不是条约。这样做，周恩来也可以不来。

由于事先斯大林交了底，莫洛托夫当即表态："（甲）项办法好，周可以来"。毛泽东有点不相信自己的耳朵，追问一句："是否以新条约代替旧条约？""是的"。为了保险起见，毛泽东马上敲定日程："我的电报一月三日到北京，恩来准备五天，一月九日从北京动身，坐火车十一天，一月十九日到莫斯科，一月二十日至月底约十天时间谈判及签订各项条约，二月初我和周一道回国"，并将此决定立即发往北京。① 他对新中苏盟约的预期也并不高，仅是"在旅大问题上可能有部分的变更，但具体内容尚待谈判。为防御日本及其同盟者的可能的侵略这一目标及承认外蒙独立则仍为新约的基本精神"。② 那么为什么斯大林会主动做出让步呢？

如果说克里姆林宫这时候已经完全决定要与北京谈判新约，那倒也未必。因为几天后，斯大林的新宠、取代莫洛托夫就任外交部长的维辛斯基（Андре́й Я. Выши́нский）应约去向毛泽东通报苏联政府的有关决定，他竟然不知道有签约这档子事。要知道几乎与此同时，他手下的外交部已经开始动笔名为"苏中友好合作互助条约"的草稿了。③ 当毛自顾自地说他"越来越深信"两国之间必须缔结新的条约时，面前的这位苏联法学家耐着性子听他发完感慨，然后回敬道："在我看来，新条约似乎是个复杂的问题，因为签订新约或审查现有条约并进行任何修改，都会被美国或英国作为审查和修改条约其他部分的借口，就可能损害苏联和中国的利益。这是不适宜的，也是不允许的"。④ 此时莫洛托夫基本上靠边站了，而维辛斯基则主宰着外交部和情报局两大核心部门。斯大林告诉了莫洛托夫而忽略了维辛斯基，唯一的解释只能是斯大林尚未下定决心。

---

① 《毛泽东致中共中央电》（1950年1月2日），《中国与苏联关系文献汇编》，第90页。
② 《毛泽东致中共中央电》（1950年1月3日），中共中央文献研究室编《建国以来毛泽东文稿》第1册，中央文献出版社，1987，第213页。
③ «Договор о Дружбе Сотрудничестве и Взаимной Помощи Между СССР и КНР» 5 января 1950 г. АВПРФ. Ф. 07. ОП. 23а. П. 18. Д. 235. Л. 13–14.
④ Записка Выши́нского Сталину, 6 января 1950 г. АВПРФ. Ф. 07. ОП. 23. П. 31. Д. 13. Л. 5.

是什么让斯大林彻底坚定下来的呢？就在维辛斯基会见毛泽东的前一天，华盛顿（美国东部时间1月5日上午10时40分）刚刚召开完记者招待会，发表了新的对华政策声明，而且是直接以北京为目标的。杜鲁门大声念道："美国对福摩萨，乃至其他任何中国领土，并无贪念。美国目前无欲在福摩萨取得特殊权利或优先地位，也不愿建立军事基地，更无利用军队干涉现状的任何打算。美国政府不会继续一条将导致卷入中国内争的道路"。杜鲁门总统公开承认台湾系中国领土。接下来的话，是对蒋中正说的："同样，美国政府不会向福摩萨的中国军队提供军事援助或者建议。"① 数小时后，英国滞留北京的总领事向王炳南递交了外相贝文致周恩来的照会，表示承认共产党政权。

为了进一步拉拢中共，斯大林命令维辛斯基告诉毛泽东，立即发表声明驱逐国民党驻联合国的代表蒋廷黻，苏联人不惜从这个在其看来并没有多大用处的雅尔塔产物中撤走。毛泽东自然求之不得，先是指示周恩来于两日内发出致联合国及安理会的声明，后来又马上亲自代周拟了电文。② 周恩来于次日发出。声明的直接结果就是苏联驻联合国代表马立克拒绝参加安理会会议。斯大林没有料到此举竟然代为开启了日后美国参与朝鲜战争的大门。③ 他旨在断绝北京与美国合作的可能性。

北京陆续收到美国示好的信号，这对斯大林构成了威胁。据归国的留美学生报告，与国务院关系密切的北加州世界事务协会（The World Affairs Council of Northern California）已提议承认新政权，而国务院已向各使领馆印

---

① Truman news conference, 5 January 1950, on line：http：//www.presidency.ucsb.edu/ws/index.php？pid=13687［accessed on 8 January 2015］.

② 《毛泽东致周恩来并中共中央电》《毛泽东致刘少奇、周恩来电》（1950年1月7日），《建国以来毛泽东文稿》第1册，第219-221页。

③ 1950年8月27日，斯大林致电苏联驻捷克大使转捷共主席哥特瓦尔德（Klement Gottwald），解释苏联撤回驻联合国安理会代表的原因，其第四条为"放开美国政府的手脚并给它机会去利用安理会多数犯下更多愚蠢［的过失］，以致公众舆论能够看清美国政府的真实面目"。См.：Ледовский 《Сталин, Мао Цзэдун и корейская война 1950-1953 годов》 Новая и новейшая история, 2005, №5. С. 79-113. 对于这一文件，韩国学者金东吉认为可信，即斯大林早已阴谋将美国乃至中国诱入朝鲜战争泥沼；而美国学者斯图伊克（William W. Stueck）认为不可信，即此为斯大林在金日成暂时取胜的情况下借以证明自己高瞻远瞩而添加的理由。See Donggil Kim and William Stueck, "Did Stalin Lure the United States into the Korean War? New Evidence on the origins of the Korean War," June 2008, North Korea International Documentation Project E-Dossier, 1, www.wilsoncenter.org/nkidp［accessed on 8 January 2015］. 本书作者赞同后者观点。

发了《为什么要承认共产中国》的小册子,并为中国留学生代付学费、月供生活费,鼓励毕业生返回中国大陆,甚至补助全部旅费,相反明确宣布去台湾则不予。① 随后,美联社巴黎分社社长向毛泽东本人试探,国务院还指示驻沪领馆经由史良的留美丈夫陆殿栋带话,希望派艾奇逊密友、国务院顾问杰塞普(Philip C. Jessup)前来香港乃至北京协商。这些消息有的是毛泽东故意透露给莫斯科的,有的已经被苏联空前强悍的情报间谍网直接报告了克里姆林宫。②

随后发生的事更坚定了斯大林的决心。1月12日,美国国务卿艾奇逊在华盛顿的全国新闻俱乐部发表了一个令后世历史学家争论不休的演说。这篇演说稿显然经过了精心设计,目标听众当然包括远在莫斯科的毛泽东和斯大林。国务卿首先攻击了美国在二战期间的两个盟友,一个是"民心丧尽"的蒋中正政府,另一个是"俄国帝国主义",它们在过去或者未来都与毛泽东有着深刻的矛盾。艾奇逊建议记者们试着去理解毛泽东胜利的"某种现实主义根源",这似乎是为美国政府改变对华政策造势;他提醒毛泽东,苏联对中国的北部怀有野心(外蒙古已然割占,其次将是东北、内蒙古和新疆),向中苏之间的要害部位打下一个楔子。"这一天,东西方间那种要么是剥削要么是家长制的旧关系一去不复返了……因此我们可以看见,亚洲崭新的一天,这一天初露曙光,可能会迎来一个灿烂的正午,也可能会黯淡下去而阴雨蒙蒙",艾奇逊满怀期待地说:"然而这取决于亚洲各个国家和亚洲人民自己,外部的朋友抑或敌人不能替他们做出决定"。作为冷战的工程师之一,他小心翼翼地勾勒出美国在远东的势力范围:"这条防御线经由阿留申至日本再至琉球……从琉球至菲律宾群岛"。这就谨慎地避开了不宜纳入的台湾和韩国。但是,艾奇逊话锋一转,如果这条线以外的其他地方受到攻击的话,"起先必须依赖当地人民奋起反击,随后依靠的便是联合国宪章下整个文明世界的承诺"。③ 这是美国政府拟定的亚洲政策纲领,实质上也是它第一次否定了五年前在雅尔塔由罗斯福与斯大林达成的密约。

---

① 《归国留学生反映美国扣留情况》(1949年12月),外交部档案馆藏档 206 - 00101 - 06。
② Записка Вышинского Сталину, 18 января 1950 г. АВПРФ. Ф. 07. ОП. 23а. П. 18. Д. 234. Л. 1 - 5.
③ US Department of State, *Bulletin*, vol. 12, no. 551 (January 23, 1950): 113 - 118.

毛泽东当时可能并没有获知这一消息，因为他正打算去列宁格勒（圣彼得堡）参观，一面十万火急地命令国内于三五天内制定出突破上海空中封锁和攻占台湾的作战计划，以便来苏恳谈。① 当然，为了防止斯大林在他离开的几天变卦，毛泽东 13 日第二次会见维辛斯基的时候，主动谈及中共对美政策问题。毛泽东表示，他将采取两项敌对措施来阻止美国承认，包括："第一，强行征用北京外国军营（外国人通过不平等条约取得在京驻兵的权利），以满足自己的需要。第二，没收上海所谓经济援合机构的粮食和财产"，并说明了理由："众所周知，美国人就是通过这一机构援助蒋介石的。实行这两项措施才能让中国征用美国驻京等地领馆，包括军营，将美国领事代表赶出领馆，没收上海经援合机构储存的大量粮食"，从而"激发中国人民的政治热情，将进一步孤立亲美的中国资产阶级右翼"。②

斯大林经过三天的思考，等毛泽东 17 日一回莫斯科，立即派莫洛托夫和维辛斯基找他协商共同反美一事。莫洛托夫首先定下调子，明确艾奇逊的讲话"是对苏联明目张胆的污蔑和欺骗舆论"，并将塔斯社翻译后的二手全文交给毛泽东，再次提到东北问题，引用被中共驱逐之美国领事华德的话来证明自己，指出"苏联根据条约规定，行使共管中长铁路的权利"。接着，莫洛托夫要求中国人民政府发表声明，予以反驳。毛泽东表示同意，但提议说："这样的声明由新华社发表岂不更好？"莫洛托夫肯定地回答："既然事情涉及美国外长就如此重要问题的讲话，那么，声明就不应由通讯社发表，而应由中华人民共和国外交部来发表"。毛泽东随即表示明天将亲自起草外交部声明，经苏方审定后，指明由外交部副部长（部长周恩来正在访苏途中）公开发表。随后，毛泽东有意无意地询问起他真正关心的问题：艾奇逊的讲话是否为美国预备占领台湾的烟幕弹？莫洛托夫并未实接，继续指导声明的具体措辞。毛泽东满口答应，又貌似顺带提及美国最近表现出与北京会谈的强烈愿望，紧跟着再次表态："对于美国人的这种试探，我们将不予理睬"，并举北京没收美军营房一例，再次向斯大林承诺中共"将努力延缓美国承认中国的时间"。③

---

① Докладная записка Ковалева на имя Сталина, 12 января 1950 г. В кн.：*Ледовский А. М.* и т. д.（сост.）Русско - Китайские Отношения в XX Веке, том 5, книга 2. С. 261.
② Записка Вышинского Сталину, 13 января 1950 г. АПРФ. Ф. 3. ОП. 65. Д. 364. Л. 97.
③ Записка Вышинского Сталину, 18 января 1950 г. АВПРФ. Ф. 07. ОП. 23а. П. 18. Д. 234. Л. 1 – 5.

毛泽东从列宁格勒回来后"兴致很好",心情渐入佳境。这其实是他生平第一次真正在异国观光,目睹了青年时代曾神往过的十月革命发源地和那终年不化的冰雪,回想此次苏联之行的心愿已经基本达成,失眠又不治而愈,还有什么比这些更值得高兴的呢?他开始与随行人员玩起了历史知识问答,念《水浒传》的章节给侍卫听。① 艾奇逊的演说对他的好心情并没有一丁点的破坏,甚至可以说,毛泽东反而要感谢这位西洋老爷,他清楚地知道美国人对斯大林的影响力,他现在唯一要做的就是进一步取得这位东方彼得大帝的信任。不是说要亲自起草声明吗?好,18日起床后,毛泽东主要就两件事。一个是看新华社胡乔木拟好的批评日共领导人野坂参三"和平夺权"的社论,这当然出于响应苏联共产党情报局的号召,是斯大林所乐见的;毛泽东说"写得很好",立即吩咐译成俄文,送给斯大林。另一个就是替胡乔木拟就一篇批驳美国国务卿艾奇逊挑拨中苏关系的声明,于清晨5点命令用密码发给刘少奇,大笔一挥,以"中央人民政府新闻总署署长胡乔木"名义发表。② 不是先前答应了莫洛托夫,由外交部副部长发表吗?为什么呢?是他不愿屈就于周恩来管辖下的外交部,还是觉得外交部的官样文章不能尽兴,抑或是还不想将手中的这张美国牌用老呢?我们不得而知。③ 反正"中央人民政府新闻总署"亦是官方机构,莫洛托夫也不是斯大林本人。为了让斯大林放心,毛泽东还在19日特地利用苏联方面提供的高频电话与已到苏联乌拉尔的周恩来通话长达一个多小时,"把自己的活动、愿望以及将要签订的条约内容都讲了",也是再次给斯大林提个醒。④

既然美国已经率先否定了雅尔塔协议,中美又尚未走到一起,斯大林现在有充分而必要的理由立即与毛泽东订立一个新的盟约,这样既可以保持对中国的战略控制,又能在世界舆论面前站住脚。

1月20日,周恩来一行17人抵达莫斯科。22日,中苏两党领导人开始正式会谈。斯大林主动提出:"我们认为,这些协定必须修改,尽管之前曾

---

① 《汪东兴日记》,1950年1月15-18日,第179-191页。
② 参见毛泽东《关于支持情报局刊物对野坂参三的批评给胡乔木的电报》(1950年1月14日)、《关于发表驳斥艾奇逊造谣的谈话的电报》(1950年1月19日),《建国以来毛泽东文稿》第1册,第237、245页。
③ 杨奎松等中国学者倾向于认为毛泽东是我行我素、率性而为。参见杨奎松《革命·毛泽东与莫斯科的恩恩怨怨》,第302-303页。
④ 师哲、李海文:《在历史巨人身边》,第444页。

经考虑予以保留。包括条约在内的现有协议需要修改，因为条约的基础是对日作战，既然战争已经结束，日本已被打败，形势发生了变化，因此，现在这个条约也就过时了"。这是斯大林第一次明白表示要签订新约。他让步的决心是彻底的。因为除了新条约，莫斯科甚至打算把中长路、旅顺口和大连港限期都交还给北京。毛泽东反问："但是改变该协定关系到雅尔塔协议呀？"斯大林大方地回答："对的，是要关系到，那就让它见鬼去吧！既然我们已经选择了修约立场，那就索性一改到底。的确，这会给我们带来一些不便，[但]我们将不得不与美国人作斗争"。整个会谈加上翻译持续了两个小时，就这样奠定了中苏新盟的基础。①

貌似一切都很顺利的时候，突然发生了一个小插曲。署名胡乔木的谈话稿和维辛斯基的声明于 21 日先后见报。斯大林考虑了两天后，派人把毛泽东和周恩来都召来克里姆林宫，另外只吩咐当事人莫洛托夫随侍，并布置了批毛任务。莫洛托夫因重获信任而加倍表现。他按照指示，一上来就以机关枪一样的语速质问毛泽东为什么没有按照上次谈定的形式发表官方声明。毛泽东回答说："发表了，是用胡乔木的名义发表的"。斯大林问："胡乔木是什么人？""是新闻署长，也是以这个身份发表声明的。"斯大林摇摇头："按照国际上的习惯，任何新闻记者都可以对任何问题发表自己的观点、谈话或评论，但他们的一切言论并不代表官方的立场和观点。所以，以个人身份发表声明，怎么说都可以，但那是一文不值的"。随后，莫洛托夫对毛泽东进行了大段的批评教育，告诫他"信守诺言是我们之间合作的重要一条"。斯大林也趁势加入："这么一来，我们的步调就乱了，各行其是，减弱了我们的力量"。换言之，小弟必须保持唯大哥是从。斯大林似乎也觉得太过强硬，略微缓和了一下："我认为，我们都应该信守诺言，紧密配合，步调一致，这样才会更有力量。来日方长，今后我们相互配合、相互合作的机会和场合是很多的，把这次作为前车之鉴……"据翻译师哲回忆，毛泽东保持沉默，"始终一言不发"；如果说先前的脾气是假装的话，这一次他是真的

---

① Встреча Мао Цзэдуна со Сталиным, 22 января 1950 г. АПРФ. Ф. 45, ОП. 1, Д. 329, Л. 40 – 49.《周恩来致刘少奇并中共中央电》（1950 年 2 月 8 日），《中国与苏联关系文献汇编》，第 124 页；《毛泽东年谱（1949 – 1976）》第 1 卷，第 84 – 85 页。

被"激怒了"。①

很难说斯大林会意识到这一点，但他很快就能亲身领教到毛泽东"红皮白萝卜"的脾气了。为了缓和关系，斯大林邀请毛周与自己同车，并且让出主座，屈尊和翻译坐加座，前往别墅共进晚餐。毛泽东当着斯大林的面，和师哲以汉语对话，硬生生地收回这位他几天前还三呼"乌拉"的世界革命导师前往自己住处作客的邀请，"气氛沉重得又［像］灌上了铅，大家就这样沉默地坐了30分钟"。这种沉闷一直延续到餐后的舞会。斯大林亲自打开了留声机，欢快的音乐响起，周恩来和师哲被拉进了舞池，然而曾经独步延安舞坛的毛泽东任凭别人怎么劝，终究不为所动，冷冷地在一旁观看，仍旧一言不发。② 在他看来，周恩来那如履薄冰的言笑歌舞，一定格外刺眼。斯大林肯定知道，自己把这位中共领导人得罪了，尽管他一向看不起毛泽东，但也开始思考后备方案。他是不是已经在为出卖高岗而后悔呢？或者他还未签字就已经后悔了。

台湾还是韩国

根据新的《中苏友好同盟互助条约》，尤其是同时签订的各项协定，苏联失去了在雅尔塔所攫取的对中国东北的特权，但保留了对蒙古的控制。新盟约增加了攻守一致的条款，即"一旦缔约国任何一方受到日本或与日本同盟的国家之侵袭因而处于战争状态时，缔约国另一方即尽其全力给予军事及其他援助"。③ 这似乎是对1949年《北大西洋公约》的回应。而新的中长

---

① 师哲、李海文：《在历史巨人身边》，第455－457页。关于这次批判会的日期，师哲回忆是"1月下旬的一天"，本书作者判断应为1950年1月21日（周六）中方声明发表以后最近的某个工作日。21日为列宁忌日，当晚斯、毛、周都参加了在莫斯科国家大剧院举行的纪念活动，看了列宁的宣传片，之后还出席了晚宴，气氛轻松愉快，没有证据表明当天有机会在克里姆林宫晤谈。
② 参见师哲《峰与谷》，第118－119页；师哲、李海文《在历史巨人身边》，第457－458页。毛泽东三呼"乌拉"，引自中国外交部档案馆藏档117－00052－01，题为《一九四九年十月革命节毛主席在莫斯科市庆祝会上的祝酒辞》，标注时间为1949年11月，现有资料无法证明毛泽东于11月已抵达莫斯科，所以很可能是12月22日斯大林70寿辰宴会祝酒辞之误。
③ 《中华人民共和国苏维埃社会主义共和国联盟友好同盟互助条约》（1950年2月14日），《中国与苏联关系文献汇编》，第137页。

铁路、旅大协定则规定了苏联至迟三年内全部归还中国；至于旅顺港，苏联仍保有战时使用权。① 双方同时签有秘密的"补充协定"和"议定书"，还规定了苏联在东北与新疆享有除中国以外排他的工商社团参与组织以及战时有偿使用中长铁路由满洲里至绥芬河往返运兵和经海路由大连至旅顺免税免检运送物资的权利。②

新约的逻辑结果就是苏联或中共有被对方拉入世界大战的风险。就斯大林来说，当时远东地区可能与美国发生军事冲突的问题有两个：台湾岛和朝鲜半岛。对于台湾，北京早已志在必得。1月12日，就在艾奇逊声明美国太平洋防御线的数小时之前，毛泽东急迫请科瓦廖夫向斯大林报告："将在三五天内制定出打破上海周边封锁和占领台湾岛的行动计划"。③ 然而由于中共海空军实力太弱，台湾能否在近年夺取全看莫斯科的作为和华盛顿的不作为。攻打台湾，不外乎存在两种可能：（1）美国并不干预，中共完胜，中国统一而坐大；（2）美国武装干涉，苏联势必也要参战。第二种可能是斯大林所不愿见到的。在斯大林看来，中国"是一个有着偌大军队并时刻准备着的国家"，可以说已经构成威胁，他不允许中国人与美国或者任何其他国家合作。④ 他甚至怀疑中共与美国之间曾达成某种秘密协议以致国民党败走台湾。即便毛泽东是真心反美，斯大林通过这次会面已经清楚地看出此人绝非俯首帖耳之辈，现在助他攻台，对自己是有害而无利，现在就必须采取某种途径可以冠冕堂皇地限制中共。这个途径就是朝鲜。

斯大林虽曾明确否决过朝鲜武力统一的请求，但凡事都有转机。1月2日，毛泽东再次将中共部队中另1.4万余朝鲜族人（各级军官约3992人）配齐装备送给朝鲜，并报斯大林。⑤ 在中、苏、朝三方函电中，中共迫不及

---

① 《中华人民共和国苏维埃社会主义共和国联盟关于中国长春铁路、旅顺口及大连的协定》（1950年2月14日），《中国与苏联关系文献汇编》，第142页。
② 《关于中苏友好同盟互助条约的补充协定、议定书》（1950年2月14日），《中国与苏联关系文献汇编》，第139、144页。
③ Докладная записка Ковалева на имя Сталина, 12 января 1950 г. В кн. *Ледовский А. М. и т. д.* (сост.) Русско - Китайские Отношения в XX Веке, том 5, книга 2. С. 261.
④ *Ледовский* "Сталин, Мао Цзэдун и корейская война 1950 – 1953 годов" Новая и новейшая история, 2005, No 5. С. 79.
⑤ Телеграмма Лю Шаоци Мао Цзэдуну, 2 января 1950 г. АПРФ. Ф. 45. ОП. 1. Д. 334. Л. 8 – 9. 参见《刘少奇致林彪电》（1950年1月2日），中共中央文献研究室编《建国以来刘少奇文稿》第1册，中央文献出版社，1998，第6页。

待地表示攻占台湾后"战争即将结束",反而深深地刺激了平壤。① 事实表明,毛泽东每给金日成送一次兵,都会激发后者实行武力统一的欲望。1月17日,金日成向苏联外交代表表示:"李承晚一直没有发动进攻,这就意味着祖国南部人民的解放和国家的统一正被拖延下来"。以其革命者天生的政治嗅觉,他敏锐地悟道莫斯科无法表达的深意。金甚至明确将北京抬出来,不无用意地说:"如果现在不让他面见斯大林,那么,他等毛泽东从莫斯科返回后,就设法去见毛泽东……毛泽东曾答应他在中国战争结束后给予援助……还有其它问题要与毛泽东商量,例如,是否建立东亚情报局的问题"。好家伙!这一次他更大胆表示:"如果发动一次总攻,[朝鲜]人民军几天之内就能进入汉城[首尔]"。当然,他也像毛泽东一样,说了许多爱戴斯大林的话。正如苏联驻朝大使什特科夫(Терентий Ф. Штыков)报告的那样,"这些话不是信口说的,而是预先想好的"。②

就在中苏双方对条约、协定草案达成基本一致的同时,1月30日,斯大林给平壤发了一封改变历史的电报:"我理解金日成同志的不满,但他应该理解,他拟对南韩采取如此重大的措施,需要经过充分准备。此举必须组织得不冒太大风险。如果他想与我商谈此事,那么我随时准备接见并谈话。请把此事转告金日成,并告在这件事上我准备帮助他"。③ 莫斯科甚至特地

---

① Телеграмма Штыкова Вышинскому, 11 января 1950 г. АВПРФ. Ф. 059а. ОП. 5а. П. 11. Д. 3. Л. 87.

② Телеграмма Штыкова Вышинскому, 19 января 1950 г. АВПРФ. Ф. 059а. ОП. 5а. П. 11. Д. 3. Л. 91.

③ Телеграмма Сталина Штыкову, 30 января 1950 г. АВПРФ. Ф. 059а. ОП. 5а. П. 11. Д. 3. Л. 92. 关于朝鲜战争爆发起因于新中苏条约签订的论断,最早由美国资深记者索尔兹伯里(Harrison Salisbury)于1969年提出,他是在没有档案依据的情况下,凭借旅苏经验进行大胆推测:斯大林主导朝鲜战争是为了包围中国,甚至以高岗(或类似者)来取代毛泽东。他不知道高岗在前已被斯大林出卖。See H. E. Salisbury, *War Between Russia and China* (New York: W. W. Norton & Company, Inc., 1969), pp. 92 - 98. 沈志华也提出过类似的看法,但认为斯大林旨在以南朝鲜的不冻港来代替中国的旅顺口。参见沈志华《朝鲜战争爆发的历史真相》,《二十一世纪》总57期,2000年2月,第58页。然而,本书作者认为斯大林的主要动机并非是出海口,因为苏联西伯利亚铁路的终点符拉迪沃斯托克(满名海参崴,被沙俄占领后改名,意为征服东方)本身就是天然良港,朝鲜的元山、清津、罗津更是终年不冻,没有必要为了南朝鲜一两个不冻港而冒卷入第三次世界大战的危险,更何况中苏刚刚建立了攻守同盟。本书作者进一步做出了有别于索、沈两位的解释。

嘱咐应对北京保密。① 这才是真正的转变。自此，斯大林完全满足金日成扩军和战争两大要求，强化了对朝鲜的直接控制，在所有细节的讨论上有意撇开毛泽东。

4月11日，北京在毛泽东的主导下批准了新的盟约。② 与此同时，金日成再次密见斯大林，斯大林则批准了金的武力统一计划。③ 当金再提远东情报局问题时，斯大林一改之前的说法，仅表示"对此问题还要考虑"。④ 金瞬间洞悉。就在这次会谈之前，朝鲜首任驻华大使李周渊在3月底按照金日成原先的训令见到毛泽东。毛泽东那里还在谈着与金见面的时间和方式，朝鲜大使机警地撒谎说"金日成现在正在治病"，根本没有往下接，将金的行程掩盖了起来。随后平壤立即报告了莫斯科。⑤

2—5月，莫斯科将输朝武器摆在了优先的位置，迟滞了北京进攻台湾的计划。一方面，斯大林对金日成是有求必应。2月9日，他迅速答应了朝鲜一天前刚刚提出的预支1951年贷款以增加3个步兵师的请求。⑥ 3月18日，斯大林亲自致电金日成，"完全满足"他复购置321门迫击炮、144门反坦克炮、72门高射炮、68门自行火炮、36门榴弹炮和36门加农炮等武器的愿望。⑦ 而另一方面，北京却迟迟收不到斯大林曾许诺过的重型武器和海空军顾问。2月11日和15日，毛泽东向斯大林两次提交军事订单，包括586架飞机、36艘鱼雷艇、4艘扫雷艇、16艘战列舰、309门各种海军炮和

---

① Торкунов А. В. Загадочная Война: Корейский Конфликт 1950 – 1953 Годов (Москва: Российская политическая энциклопедия, 2000.) C. 56.
② 参见《毛泽东在中央人民政府委员会第六次会议上的讲话》（1950年4月11日），《建国以来毛泽东文稿》第1册，第290–291页。
③ Yu Songchol, "I Made the 'Plan for the First Strike' that Invade the South on June 25th," in ed. Kim Chulbaum, The Truth about the Korean War: Testimony 40 Years Later, p. 152. 有朝鲜人写道，在此次会见中，斯大林要金日成多咨询毛泽东。本书作者未看到其他文件证明上述说法，因此可能不是事实。See Shin Songkil and Samsoon, "Who Started the Korean War?" in ed. Kim Chulbaum, The Truth about the Korean War: Testimony 40 Years Later, pp. 105–106.
④ 《斯大林与金日成、朴宪永会谈记录》（无日期），沈志华编《朝鲜战争：俄国档案馆的解密文件》第1卷，台北，中研院近代史研究所，2003，第334页。
⑤ Телеграмма Игнатьева Вышинскому, 10 апреля 1950 г. АВПРФ. Ф.059а. ОП. 5а. П. 11. Д. 4. Л. 98–99.
⑥ Телеграмма Сталина Штыкову, 9 февраля 1950 г. АПРФ. Ф. 45, ОП. 1, Д. 346, Л. 76.
⑦ Телеграмма Сталина Ким Ир – Сену, 18 марта 1950 г. АПРФ. Ф. 45. ОП. 1. Д. 346. Л. 142.

217 名顾问等。至 3 月 22 日，周恩来不得不催促斯大林的副手布尔加宁（Николай А. Булганин）"只有大部分器材都在本［年］度到达中国，才能使台湾战役的准备来得及"，还希望能在 5 月 1 日前交付其中 60 架歼击机和 24 架轰炸机。4 月 13 日，他再三电询莫斯科，说明中共进攻台湾的计划已经推迟，大约 6 月打舟山、8 月夺金门、明年再攻台湾，复强调军事订货必须"在我们所要求的时间内取得之"，84 架飞机至迟五月中交付。5 月 6 日，在这些飞机仍毫无踪影的情况下，周恩来只好要求驻苏大使王稼祥直接催问。5 月 13 日，他四电布尔加宁：前述 84 架飞机以及海军舰炮弹药和军事顾问如果"在本年五月底以前"再不送到，将"不可能开始战役行动"。① 紧迫的压力使得周也患上了失眠症，每天必须依靠安眠药才能在清晨之后入睡五六小时。②

5 月 3 日，斯大林一面敷衍毛泽东说有关空军、海军器材的订单都已收到了，我们会尽快落实；一面含糊地通报朝鲜同志来了，有这么一回事，至于谈了什么，以后再告诉你。③ 但是，即便莫斯科每日与北京要联络 8 次，斯大林也没有再向中国人主动谈起朝鲜问题。直到 10 天后，就在周恩来苦苦催问苏联武器的 5 月 13 日，金日成亲自来访北京。这次金的态度完全不同了，"他不再向毛泽东请求援助，因为在莫斯科他的一切请求都已经得到了满足"。④ 他首先搬出了斯大林的指示："现在的形势与过去不同了，北朝鲜可以开始行动"。毛泽东大感意外，立即中止会谈，周恩来深夜（23 时 30 分）赶到苏联驻华使馆，请莫斯科解释。⑤ 斯大林于次日不得不确认："在与朝鲜同志交谈中，菲利波夫［斯大林］和他的朋友们表示，鉴于变化了的国际形势，同意朝鲜人将要实现统一的提议"，但是，他假意道"该问

---

① 《周恩来致布尔加宁电》（1950 年 3 月 22 日）、《周恩来致布尔加宁电》（1950 年 4 月 13 日）、《周恩来致王稼祥电》（1950 年 5 月 6 日）、《周恩来致布尔加宁电》（1950 年 5 月 13 日），《建国以来周恩来文稿》第 2 册，第 207 - 208、300 - 303、304 - 306、375 - 376 页。
② 《陈浩"上书"周恩来》、《陈浩致章汉夫、王炳南函》（1950 年 5 月 29 日），中国外交部档案馆藏档 102 - 00096 - 01。
③ Телеграмма Филипова（Сталин）Мао Цзэдуну, 3 мая 1950 г. АПРФ. Ф. 45. ОП. 1. Д. 331. Л. 54.
④ Телеграмма Штыкова Вышинскому, 12 мая 1950 г. АВПРФ. Ф. 0102. ОП. 6. П. 22. Д. 49. Л. 67.
⑤ Телеграмма Рощина Филипову（Сталин）, 13 мая 1950 г. АВПРФ. Ф. 059a. ОП. 5a. П. 11. Д. 3. Л. 100.

题的最终决定必须由中国和朝鲜同志共同做出。如果中国同志不同意，就必须重新讨论后再做决定"。① 虽然对于莫斯科和平壤背地里的谋划，毛泽东有所不满，但他还没有意识到台湾和韩国已经在斯大林的日程表上异位。他并不清楚克里姆林宫为何突然支持朝鲜，但既然斯大林点头了，他毛泽东也只能表示同意。毛泽东还不忘教育金日成，要速战速决，不要贪念大城市，要集中兵力歼灭敌人有生力量；同时也表态："如果美国人干涉，中国将派兵去帮助朝鲜，而且现在就可以向中朝边境派去军队"。金日成底气十足地表示，朝鲜不需要中共援助，可以自己解决。②

为什么斯大林不助毛泽东攻打台湾而允许金日成实行武力统一呢？难道这样就不会爆发世界大战吗？斯大林当时的估计是，美国不大可能再次出兵韩国。首先，各种迹象表明华盛顿已放弃韩国：不但在年初的时候，把韩国划在国防圈之外，而且于1950年5月全部撤走美军。这对斯大林不无引诱。加之台湾破获了一个苏联间谍点，之后不断供应斯大林假情报以阻止中共攻台。③ 其次，韩国的战略意义确实不及台湾。美国对于防守台湾尚犹豫不决，何况韩国？最后，也是最为重要的，朝鲜军力在苏联的切实援助下突飞猛进，已经远远地将韩国抛在了后面。金日成向斯大林保证，自己很快就能击败李承晚。斯大林竟也相信，朝鲜能够在美国进行有效反应之前就攻占韩国。④ 一旦战事爆发，斯大林就有充足的理由要求中共推迟攻台部署，令其受挫；等到朝鲜半岛统一后，格局就又发生了变化，那时既可牵制中共，又可威慑美国，即便北京还要攻台，美国或许干涉，那么威胁也会较眼前更小些。

莫斯科并没有像斯大林日后所表示的那样，阴谋要将中共和美国都陷入朝鲜战争泥沼，以坐收渔利。因为美国的干涉，是斯大林最不愿看到的。可以肯定，如果他有此预料，就根本不会同意金日成动武。同样，他甚至也不愿让中共染指朝鲜半岛，这就是在2-7月间莫斯科与平壤的密谋几乎都背

---

① Телеграмма Вышинский Мао Цзэдуну, 14 мая 1950 г. АПРФ. Ф. 45. ОП. 1. Д. 331. Л. 55.
② Телеграмма Рощина Филипову (Сталин), 16 мая 1950 г. АПРФ. Ф. 45. ОП. 1. Д. 331. Л. 60.
③ 魏大铭、黄惟峰：《魏大铭自述：前军统局传奇人物》，第19页。
④ 《Мемуары Никиты Сергевича Хрущева》Вопросы Истории, 1992, №11-12. С. 70.

着北京的原因,直到美国参战导致战争规模发生转变为止。斯大林最初合理的动机应该是阻止中共通过台湾战役而将苏联拖入与美国的第三次世界大战。周恩来曾有意试探苏联大使罗申:英国驻京代办吹风说,苏联旨在阻止中国收复台湾、完成统一并成为一个强国。[1] 斯大林当时未加辩驳。而两年后,他亲口告诉周恩来:"中国的同志们必须知道,如果美国不输掉这场战争,那么台湾,中国就永远也得不到 (если Америка не проиграет эту войну, то Тайваня китайцы никогда не получат)"。[2]

美国对台政策确实迷雾重重。这里面蕴含着国务院和国防部之间深刻的权力之争。五角大楼(还有国会山)倾向于改变国务院主导下放弃台湾的政策,加大对台军事投入。而职业外交官们则一直视蒋中正个人为援华的障碍,主张蒋下台甚至不惜放弃台湾,以离间中苏关系,只可惜这一冲突迟到了六年。1月5日,总统杜鲁门听取国务卿艾奇逊的意见,发表了美国对华"不干涉"的政策声明,对国民党落井下石。当日,艾奇逊回绝了国会"援华集团"代表共和党参议员诺兰(William F. Knowland)的援台要求,仅表示美国将"继续供应岛上实施农业复兴计划所需的化肥"。[3] 滞美一年有余的宋美龄甚至派宋霭龄的女婿陈继恩赴台劝蒋去瑞士"休养"。[4] 3月7日,艾奇逊又阻止了国防部长约翰逊向台湾运送25辆M-4坦克和25架F-80歼击机,理由是"这些装备可能经投降或者俘虏后落入中国共产党的手中,并因此被用来……进攻香港"。[5] 5月下旬,国务院为共产党占领台湾已经做好了各种准备:疏散美国公民、向菲律宾询问蒋中正避难问题以及安排共和党顾问杜勒斯(John F. Dulles)说服蒋接受国际托管。[6]

莫斯科和平壤双方进一步密谋发动攻势的时间。5月29日,金日成报告说苏联的武器和弹药已经运达并将于6月1日全部下发到士兵手里,估计

---

[1] Evgueni Bajanov, "Assessing the Politics of the Korean War, 1949–51", Cold War International History Project, *Bulletin*: *The Cold War in Asia*, Washington D. C. : Woodrow Wilson International Center for Scholars (6–7, Winter 1995/1996): 89.

[2] Встреча Чжоу Эньлая со Сталиным, 20 августа 1952 г. В кн. : Ледовский А. М. СССР и Сталин в судьбах Китая. С. 161.

[3] Memo of conversation with Knowland by Acheson, 5 January 1950, *FRUS*, *1950*, vol. 6, p. 261.

[4] 周宏涛、汪士淳:《蒋公与我》,第168页。

[5] Memo, Acheson to Johnson, 7 March 1950, *FRUS*, *1950*, vol. 6, p. 316.

[6] Memo, Howe to Armstrong, 31 May 1950, *FRUS*, *1950*, vol. 6, pp. 348–349.

6月底可以具备战斗能力，7月开始就将进入两个月的雨季，因此计划在6月8—10日集结，询问苏方应在何时发起攻击。什特科夫没有立即回答这一问题，在与苏联军官磋商之后，向莫斯科建议同意6月底的期限。① 斯大林次日即复：批准。② 尽管苏联驻朝大使兼军事总顾问什特科夫将军不断发回韩国将要进攻朝鲜的情报，但同时也承认这些情报的来源是朝鲜方面而并没有得到证实。实际上，什特科夫个人虽积极支持金日成的军事行动，但有时连他都表示怀疑消息的真实性。③ 他还不止一次被斯大林批评，甚至警告"你是苏联的代表，而非朝鲜的"。④

4月27日，国民党丢掉了海南岛；5月16日，撤离舟山。美国驻台北总领事馆像1949年离开大陆前一样开始疏散美国公民。美国军方可能很关注台湾，尽管他们清楚地知道中共占领台湾之后对美国西太平洋防务可能造成的威胁，然而并没有立即援助台湾的意向。参谋长联席会议于1949年12月23日、1950年5月4日做出的决议乃至6月14日麦克阿瑟的强烈建议——著名的"不沉的航空母舰"——也都只是停留在要向该岛派遣调查组（fact–finding group）的程度。⑤

尽管计划攻台的日期在逼近，中共的准备工作却远未完成。6月23日，粟裕再次就攻台总指挥一事向毛泽东请辞："职实感能力有限，不堪负此重责……"由于不知道苏朝密约，他委婉地建议毛泽东推迟进攻日期，"我们对攻台作战如无绝对把握，不仅不应轻易发起攻击，而且宁愿再拖延一些时间"。据他估计，攻台50万人至少需要125万吨运量的船只，即使是第一波攻击也要38万吨；伞兵部队需有2.5万人；无坐力火炮500门，可安置在船上，以弥补海军。⑥ 这些全都没有准备好。正当他为此事焦虑的时候，朝鲜战争爆发了。

---

① Телеграмма Штыкова Вышинскому, 30 мая 1950 г. АВПРФ. Ф. 059а. ОП. 5а. П. 11. Д. 3. Л. 100.
② Телеграмма Сталина Штыкову, 1 июня 1950 г. АВПРФ. Ф. 059а. ОП. 5а. П. 11. Д. 3. Л. 100.
③ Телеграмма Штыкова Вышинскому, 20 июня 1950 г. АВПРФ. Ф. 059а. ОП. 5а. П. 11. Д. 3. Л. 100.
④ Телеграмма Громыкоа Штыкову, 26 октября 1949 г. и 8 июля 1950 г. АПРФ.
⑤ Bradley and Blair, *A General's Life*, p. 530.
⑥ 《粟裕年谱》，第498页。

6月24日，按照苏联总参谋部的指令，朝鲜军队以夏季演习为名，秘密完成集结。苏联顾问参与了每个朝鲜师作战计划的制定和地形地貌的侦查，并向师长们发出"д"和"ч"的命令。随即各部队于24时进入出发位置，一切准备就绪。①

6月25日是周日。汉江两岸已是绿油油的稻田，远山绵延。时间凌晨4时，整个朝鲜半岛还笼罩在黑暗之中。朝鲜军队13万人突然从三八线各处发起猛攻。② 在涟川和春川主次攻击方向上，保持了与韩国2∶1的军力比。③

表7-1　1950年6月朝韩双方军队人员、重型装备数量对比

类别	平壤	首尔	类别	平壤	首尔
正规军	198380	105752	歼击机	124-211	24
曲射炮	552	91	轰炸机	4	0
高射炮	36	0	教练机	36	10
自行炮	176	0	护卫舰	30	28
迫击炮	1727	960	猎潜艇	3	0
反坦炮	550	140	鱼雷艇	5	1
坦克车	242	0	扫雷艇	0	2
装甲车	54	27（含2辆修理中）	运输艇	1	0

数据来源：韓國弘報協會編『韓國動亂』，서울，光明印刷公社，1973，第208-210页；Записка Штыкова Сталину, 15 сентября 1949 г. АПРФ. Ф. 3. ОП. 65. Д. 776. Л. 19-20；телеграмма Меньшикова Штыкову, 4 июня 1950 г. АПРФ. Ф. 6. ОП. 9. Д. 14. Л. 61.

战争爆发后5个小时，消息传到华盛顿。美国东部时间24日晚8时。原本这是一个静谧的周末。总统杜鲁门正在家乡密苏里州独立城享受着晚餐，国务卿艾奇逊在马里兰州哈伍德农庄正要开始睡前阅读，而国防部长约翰逊和参谋长会议主席布莱德雷尚在日本东京。美国驻韩大使发回了紧急电报，远东事务助理国务卿腊斯克、联合国事务助理国务卿希克森（John

---

① Телеграмма Штыкова Захарову, 26 июня 1950 г. АВПРФ. Ф. 059а. ОП. 5а. П. 11. Д. 3. Л. 100.
② See Roy E. Appleman, *United States Army in the Korean War*: *South to Naktong, North to the Yalu* (*June-November 1950*) (Washington D. C.: US Army Center of Military History, 1986), p. 21.
③ Chu Yongbok, "I Translated Attack Orders Composed in Russian," in ed. Kim Chulbaum, *The Truth about the Korean War*: *Testimony 40 Years Later*, pp. 120-121.

D. Hickerson）以及无任所大使杰塞普立即赶到位于林肯纪念堂旁的国务院。希克森继而通知了陆军部长佩斯（Frank Pace）和美国驻联合国代表奥斯汀（Warren Austin）。艾奇逊接着给杜鲁门打电话，并劝他不要在事态不明的情况下连夜飞回来。总统被说服了，问他最倚重的国务卿有什么可以帮忙的地方，艾奇逊请总统命令佩斯与国务院密切合作。①

华盛顿25日上午，国务院草拟的安理会议案得到了总统的首肯。下午2时，联合国安理会在纽约紧急召集，以9票对零票通过了要求朝鲜立即停火、回撤的决议。②苏联代表马立克仍旧缺席。下午7时半，杜鲁门、艾奇逊、韦伯、腊斯克、希克森、杰塞普、约翰逊、马修斯（Francis P. Matthews 海军部长）、佩斯、芬勒特（Thomas K. Finletter 空军部长）、布莱德雷、范登堡（Hoyt S. Vandenberg 空军参谋长）、谢尔曼（Forrest P. Sherman 海军参谋长）、柯林斯（Joseph Lawton Collins 陆军参谋长）共14位从四面八方出现在白宫附近布莱尔宾馆。尽管军方在数量上占优势，但约翰逊却出奇地保持低调，基本由艾奇逊主导了会议。

说是主导，其实国务卿本人"尚无计划"（had no plan），他只不过义愤填膺地表示"显而易见，这是对我们［美国］作为南韩保护者这一国际承认地位的公然、毫不掩饰的挑衅……因此，我们不能仅在安理会动动嘴皮子、表表姿态而不做任何抵抗，就拱手将刚好在我们防御圈枪炮之下的这块重要区域让与一个苏联的傀儡"。③然而比起台湾，军方并不觉得南朝鲜有什么重要。约翰逊让布莱德雷在会前宣读了麦克阿瑟后来著名的"航空母舰"备忘录。布莱德雷后来回忆道："战略上讲，军方认为福摩萨远比韩国重要。我们认为朝鲜很可能是要转移我们对下一步进攻福摩萨的注意力。在过去数周内，中共在台湾对面集结了约20万的军队……"他们进而猜测"斯大林为了让其卫星国在远东实施全面进攻，业已暂时搁置了他在欧洲和中东的计划。韩国可能仅是进攻的第一步。下一步可能是福摩萨。接下来可

---

① Dean Acheson, *Present at the Creation: My Years in the State Department* (New York: W. W. Norton & Company Inc., 1969), pp. 524 – 525.
② 当时安理会成员共10国，赞成者为中国（台湾国民党政府）、古巴、厄瓜多尔、埃及、法国、印度、挪威、英国和美国，南斯拉夫弃权。
③ Acheson, *Present at the Creation*, p. 528.

能就是印度支那。菲律宾也可能是目标之一"。① 韩国并不是美国的战略目标。约翰逊和布莱德雷都反对派地面部队登陆韩国。柯林斯仅建议让麦克阿瑟向那里派出调查组。相反，为了不让共产党夺取台湾，约翰逊要求给国民党以军事援助，但也谨慎地要求总统明确麦克阿瑟将军的权限，避免扩大远东战事。杜鲁门表示同意，并要幕僚们进一步"仔细研究一下苏联可能采取行动的下一个地区"，同时根据艾奇逊的建议下令第七舰队由菲律宾和冲绳开赴长崎佐世保待命，以备保护台湾。

6月26日华盛顿晚9时，布莱尔宾馆会议继续。空军参谋长范登堡报告说"一架俄国飞机被我军击落"。② 这后来被决策者作为军事干预的重要依据。其实准确地说，那一天在仁川上空，美第五飞行大队在执行美国侨民疏散任务时一共击落了7架涂着朝鲜标志并由朝鲜人驾驶的苏制雅克战斗机。③ 但此时的美国鹰并不理会俄国熊的细腻之处。就连鸽派并且出任哥伦比亚大学校长的艾森豪威尔也在稍晚的时候向布莱德雷提出忠告：应在各个方向上采取行动，"我们必须研究准备任何方面可能发生的一切事情，即便最终会要动用原子弹（这事天理不容）"。④ 美苏大战的意象渐渐浮出水面。晚10时，五角大楼与东京进行了电传打字会议，这主要是为了防止共产党间谍的窃收。双方用电传打印机，通过屏幕投影交换了情报，麦克阿瑟表示首尔危在旦夕，华盛顿随即授权他使用海空力量打击位于韩国的朝鲜军队。第七舰队接到了明确指令，即中立化台湾海峡。美国对菲律宾和法属印度支那的援助加强了。这是朝鲜战争爆发的第二天，美国政府明确了朝鲜的背后有苏联支持，而中共的意图尚未可知，光凭韩国自己已然不够，台湾却也岌岌可危……由此匆促地卷入朝鲜战争之中。

6月27日，杜鲁门发表了模棱两可的政策声明："我已经命令第七舰队保护福摩萨免受任何攻击。同理，我现在呼吁在福摩萨的中国政府停止一切针对大陆的海空行动。第七舰队将确保此点。福摩萨的未来地位必须等太平

---

① Bradley and Blair, *A General's Life*, pp. 534 – 535.
② Acheson, *Present at the Creation*, pp. 530 – 531.
③ Appleman, *South to Naktong, North to the Yalu*, p. 39. 朝鲜军的报告则恰恰相反，即他们击落了两架B-29轰炸机，却没有遭受损失。
④ Eisenhower's diary entry, 30 June 1950, in ed. Robert H. Ferrell, *The Eisenhower Diaries*, pp. 175 – 176.

洋太平之后，经由对日和约或联合国考虑来决定"。① 国际舆论疑问重重，这是要将台湾置于国际托管之下吗？然而，唯一可以确定的是国民党的命运自此改变。这项声明立竿见影的效果是，周恩来随后通知中共海军司令萧劲光"推迟解放台湾"的决定。② "国民政府驻美大使"顾维钧建议台北切勿过分表达，"只就美国政府承担阻止大陆对台湾武力进攻一事表示赞赏"。③

当日，联合国安理会通过了"制止朝鲜武装侵略"的第二个决议。这也成为美国总统用来解释何以未经国会授权即动用军队的现实法律依据。当然，美军在决议通过以前，已经开始了打击行动。当国会两院代表问及美国是否将防卫韩国时，总统答道："是的，以联合国成员的名义，响应安理会决议"。④ 出于价值判断，共和党领袖杜威很快发表声明，表示支持民主党政府在远东的政策。这样，限制美国参战的枷锁正被逐个敲掉，杜鲁门个人的权力渐渐达到了顶峰。碰巧28日，前驻苏大使哈里曼结束了他在法国的马歇尔计划返回华盛顿，受到了老友艾奇逊的热烈欢迎，更加剧了美国政策的强硬一面。杜鲁门在当天的国家安全委员会上说："我们既然走就要一条路走下去"。⑤

随着战事的发展，6月29日，参谋长联席会议不得不做出决定，向韩国派遣有限的地面部队，执行通信和疏散任务，"确保[半岛南端的]釜山—镇海地区港口和空军基地"，接着授权麦克阿瑟对三八线以北的军事目标实施空中打击，但"特别注意不要接近满洲和苏联边境"。⑥ 然而与此同时，麦克阿瑟亲临汉江，他发回了大胆的建议，即立即派遣一个团至两个师的美军至"关键区域"，只有这样才能帮助韩国守住防线并收复失地。

6月30日华盛顿凌晨3时许，负责执行的陆军参谋长柯林斯与麦克阿瑟再度电传打字通话，由于受到这位身临前线的远东强硬派的催促，擅自否决了联席会的前议，通过陆军部长佩斯向总统进言。晨4时57分，刚刚起床、刮完脸的杜鲁门接到了佩斯的电话，立即批准了"向作战区域派一个

---

① Truman, statement, 27 June 1950, *FRUS*, *1950*, vol. 6, p. 367.
② 中共中央文献研究室编《周恩来年谱（1949－1976）》上卷，中央文献出版社，1997，第52页。
③ 《顾维钧回忆录》第8分册，第8页。
④ Acheson, *Present at the Creation*, p. 533.
⑤ Acheson, *Present at the Creation*, p. 535.
⑥ Appleman, *South to Naktong, North to the Yalu*, p. 46.

团的战斗部队"，至于后续两个师的要求，总统随后在午前予以放行。这其实已经改变了历史。① 美国正式参战了。

就在这个时候，台北"总统府"进行了紧张的辩论。以叶公超、王世杰为首的文官主张响应联合国决议派兵入韩，而武将则主张将有限的人力和资源用于台湾自身的防务，最终蒋中正拍板，提出愿意派3.3万人的地面部队赴韩国参战。实则国民党军队的状况尚属困难，士兵的月饷虽有所增加，但伙食极差，午饭通常"六人一桌，中间只有一碗白菜，很少油，没有肉"。②

尽管美国总统对此很感兴趣，但在国务卿的劝说之下只得婉拒。拒绝的原因是可想而知的。其中很重要的一点，艾奇逊说："蒋最精锐的部队也不大可能在对付北朝鲜的装甲上有多大助益"。③ 其实，他不相信台湾的国民党军队有击退这一进攻的斗志，不希望与蒋中正及其腐败的政府建立哪怕一丁点的密切联系，担心会被蒋用来"反攻"大陆。国务卿说服了总统，把蒋军留在台湾更安全。

无论如何，美军的参战，让斯大林着实大吃一惊。他自己害怕了，反而询问金日成是否被空袭吓破了胆，奋力指示"必须坚决继续进攻，越快解放南韩，外国干涉的机会也就越少"。④ 在金日成的一再请求下，他竟然同意向朝鲜前线司令部派遣苏联顾问，尽管是以记者名义，并要什特科夫大使负责"保证不让我们的顾问落到敌人手里"。⑤ 要知道这是非常冒险的决定，1949年夏天斯大林就拒绝过毛泽东进攻台湾时的类似请求。此时莫斯科把关怀又投向了北京。

毛泽东知道朝鲜战争爆发后也是大吃一惊，未料到动作竟会如此之快。7月2日，他通过周恩来向罗申大使表达了这一不满，抱怨朝鲜对美国军事干预的可能性估计不足，忽视了他毛泽东的警告。但是，既然金日成已经放了火，况且又是斯大林的旨意，他只得服从。周恩来告诉罗申，中共有12万人3个正规军已在沈阳集结，如果美军越过三八线，他们就装成朝鲜人进

---

① Bradley and Blair, *A General's Life*, p. 539.
② 《顾维钧回忆录》第8分册，第31页。
③ Acheson, *Present at the Creation*, p. 537.
④ Телеграмма Сталина Штыкову, 1 июля 1950 г. АВПРФ. Ф. 059а. Оп. 5а. П. 11. Д. 3. Л. 107.
⑤ Телеграмма Фын – Си (Сталин) Штыкову, 8 июля 1950 г. АВПРФ. Ф. 059а. Оп. 5а. П. 11. Д. 3. Л. 107.

入战场，但苏联可否提供空中掩护呢？毛泽东甚至还提醒斯大林，美国人可能在仁川登陆。[1] 这 10 余万人的军队原是年初的时候中共为解决粮食短缺问题，在东北和热河进行军屯而从四野抽调的。[2] 现在却发挥了意想不到的用途。

出于对美国的畏惧，斯大林顾不了对中共的猜忌，立即建议把这 3 个军开赴中朝边境，"以便在敌人越过三八线时，以志愿军进入北朝鲜作战"，并表示"将尽力为这些部队提供空中掩护"。[3] 翌日，毛泽东正式开始南军北调。首先是电令正准备攻台的爱将粟裕"来京接受重要任务"（后来因为粟裕复发高血压等病而未果）。[4] 7月 8 日至 10 日，毛泽东又将中南军区高炮第一团和华东军区高炮第四、十七、十八团调到鸭绿江边，保卫铁路、公路桥及水丰发电站（朝鲜侧）。[5] 第十七、十八团均齐整地配备有 85、37 毫米高炮共 72 门。[6] 13 日，中共中央决定成立以华南原四野所属第三十八、三十九、四十军及驻黑龙江的四十二军与炮兵第一、二、八师约 25.5 万人为主力的东北边防军，限 8 月 5 日前到达中朝边境集结，[7] 后由高岗代为管理。同一天，斯大林终于答复，可以提供由 124 架喷气式战斗机组成的一个空军师至东北边境，并花两三个月的时间，培训中国飞行员，之后全部交付，连同驻在上海的那个空军师也一样。[8] 毛泽东回电表示第一个空军师驻东北，与中国空军防守重工业基地，中国人可在明年春天完成两个喷气式战

---

[1] Evgueni Bajanov, "Assessing the Politics of the Korean War, 1949 – 51", in Cold War International History Project, *Bulletin*: *The Cold War in Asia*, Washington D. C.: Woodrow Wilson International Center for Scholars（6 – 7, Winter 1995/1996）: 88 – 89.

[2] 《毛泽东致中共中央转林彪并东北局电》（1950 年 1 月 9 日），《建国以来毛泽东文稿》第 1 册，第 222 页。

[3] Телеграмма Филипова（Сталин）Чжоу Энь – лаю, 5 июля 1950 г. АВПРФ. Ф. 059a. ОП. 5a. П. 11. Д. 3. Л. 115.

[4] 《毛泽东致粟裕并告陈（毅）饶（漱石）电》（1950 年 7 月 6 日），中共中央文献研究室、中国人民解放军军事科学院编《建国以来毛泽东军事文稿》上卷，军事科学出版社、中央文献出版社，2010，第 157 页；《粟裕年谱》，第 499 – 500 页。

[5] 徐乃斌：《抗美援朝期间的东北防司》，载空军政治部编《防空军：回忆史料·大事记》，解放军出版社，1993，第 158 页。

[6] 陈辉亭、陈雷：《抗美援朝防空作战实录》，解放军文艺出版社，2010，第 2 页。

[7] 周恩来：《人民革命军事委员会关于保卫东北边防的决定》（1950 年 7 月 13 日），参见《建国以来毛泽东军事文稿》上卷，第 159 页注 3。

[8] Телеграмма Филипова（Сталин）Чжоу Энь – лаю и Мао Цзе – Дуну, 25 июля 1950 г. АПРФ. Ф. 45. ОП. 1. Д. 334. Л. 90.

机空军师的接收工作。① 莫斯科于 25 日表示了同意。② 30 日，毛泽东同意高炮部队攻击射程内但没有越境的美军飞机。③

由于华盛顿的犹豫不决，驻日美军一入韩国就陷于被动挨打的局面。这些士兵多是新兵，毫无作战经验，甚至爆出了拒绝作战的传闻。④ 斯大林有点得意忘形，盛赞金日成："俄国在内战期间，尤其是对德战争期间也未取得过连胜。朝鲜最大的胜利在于它已成为世界上最受欢迎的国家，成为亚洲反帝解放运动的一面旗帜"。⑤ 这种赞誉就是要高过中共毛泽东。金日成于是再也不把毛泽东放在眼里，有关军事情报也没有认真向北京通报。⑥

局势的恶化使得美国军方援助台湾的声势占据上风。7 月 31 日至 8 月 1 日，麦克阿瑟将军未经华盛顿授权就亲自访问了台北。这位日本的"太上皇"像蒋中正一样，视亚太为第三次世界大战决战的战场；他在台北期间部署了协防事宜，鼓励国民党"丝毫也不放弃"，并越过国务院答应帮助提供台湾所需的军火。⑦ 8 月 5 日，美第十三航空队进驻台湾。⑧

麦的台湾之行很快就引起了外界的争论，舆论纷纷猜测华盛顿的动机究竟如何。连黄炎培都上书毛泽东，表达了对此事的关切。由于台湾最近一举逮捕了中共潜伏的地下情报人员，毛泽东丧失了重要的情报来源，也错过了攻占台湾的机会，只好谨慎表示："似乎是替台湾起些壮胆作用，别的似乎还谈不到。但我们的准备是必要的"。⑨

北京开始调整部署，不得不把备战的热情从台湾转向朝鲜半岛。8 月 5 日，毛泽东命令高岗，务使边防军"各部于月内完成一切准备工作，待命

---

① 《毛泽东致菲利波夫（斯大林）电》（1950 年 7 月 20 日），《建国以来毛泽东军事文稿》上卷，第 168 – 169 页。
② Телеграмма Вышинского Мао Цзе – Дуну, 25 июля 1950 г. АВПРФ. Ф. 059а. ОП. 5а. П. 11. Д. 3. Л. 113.
③ 《中共中央军委致高岗等电》（1950 年 7 月 30 日），转引自陈辉亭、陈雷《抗美援朝防空作战实录》，第 12 页。
④ 《顾维钧回忆录》第 8 分册，第 52 页。
⑤ Телеграмма Сталина Штыкову, 28 августа 1950 г. АПРФ. Ф. 45. ОП. 1. Д. 347. Л. 5.
⑥ 《葛罗米柯致罗申电》（1950 年 9 月 20 日），沈志华主编《朝鲜战争：俄国档案馆的解密文件》第 2 卷，第 542 页。
⑦ 周宏涛、汪士淳：《蒋公与我》，第 225 – 229 页；Karl L. Rankin, *China Assignment*（Seattle：University of Washington Press, 1964），p. 57.
⑧ 秦孝仪主编《总统蒋公大事长编初稿》第 8 卷，第 10 页。
⑨ 《毛泽东致黄炎培函》（1950 年 8 月 5 日），《建国以来毛泽东军事文稿》上卷，第 457 页。

出动作战"。① 两周后又将期限顺延了至 9 月底。② 8 月 11 日，毛泽东电告华东"台湾决定一九五一年不打，待一九五二年看情况再作决定"。③

此时麦克阿瑟和华盛顿之间的分歧也愈演愈烈。首先，在朝鲜战场，麦克阿瑟正如中共预想的那样，大胆地提出在首尔以西的仁川港实施两栖登陆，以切断朝鲜军的补给，缓解釜山方面的压力，并构成钳形攻势，聚歼金日成的军队。然而，仁川水道狭长，礁石密布，潮汐期短，有海堤和月尾岛拱卫，从哪方面看都不是登陆的理想地点。麦克阿瑟对他的上司们毫不信任，并未将自己的计划和盘托出。同样，华盛顿也不信任他。杜鲁门向东京派去了有影响力的哈里曼，由空军副参谋长诺斯塔德（Lauris Norstad）和李奇微陪同。8 月 8 日，麦克阿瑟用了两个半小时的时间，详细解释了他那富于冒险精神的仁川登陆计划，轻易征服了总统的三位代表。8 月 10 - 28 日，尽管参谋长们对风险巨大的仁川登陆尚有保留，但不得不在总统的压力下做出让步，批准了麦帅的两栖作战计划。为实施该计划，美国从波多黎各、巴拿马、夏威夷和冲绳急调部队参战，并正式开始在国内颁布战争动员令，半个多月即征兵约 25.6 万人。④

接着，就台湾政策问题，麦克阿瑟同样对华盛顿实施了一次奇袭，打得白宫措手不及。麦帅虽然嘴上对总统代表哈里曼满口应承："作为一名军人，服从总统下达的一切命令"。然而，出于军事和政治上的目的，他进一步强调独立的一面。8 月 25 日，麦克阿瑟突然向老兵年度大会发了一封长信，详细论述台湾重要的战略地位，批评杜鲁门政策的保守："那些鼓吹太平洋绥靖主义和失败主义的人说，如果我们去保卫福摩萨，我们就会失去亚洲大陆，没有比这乏味的说法更加荒谬的了"。⑤ 杜鲁门震怒了，但他还打算忍下去。所不同的是，他加强了对军方的控制，撤掉了在命令麦克阿瑟收回言论一事上推诿的国防部长约翰逊，而再度请回了他最为信赖的马歇尔将军，并擢升布莱德雷为五星上将。

---

① 《毛泽东致高岗电》（1950 年 8 月 5 日），《建国以来毛泽东文稿》第 1 册，第 454 页。
② 《毛泽东致高岗电》（1950 年 8 月 18 日），《建国以来毛泽东文稿》第 1 册，第 469 页。
③ 《毛泽东致陈毅并告饶（漱石）电》（1950 年 8 月 11 日），《建国以来毛泽东军事文稿》上卷，第 181 页。
④ Bradley and Blair, *A General's Life*, p. 546.
⑤ James F. Schnabel and Robert J. Watson, *The History of the Joint Chiefs of Staff: the Joint Chiefs of Staff and National Policy*, vol. 3, part 1 (Wilmington, Del.: Michael Glazier, 1978), p. 517.

对待总统如此，那么麦克阿瑟对待北京方面更不在话下，美机开始频频现身朝中边境。8月20日，安东铁桥附近高炮一团首次向美军侦察机开火，但未能将其击落。8月27日上午10时5分，美F-51战斗轰炸机三架对鸭绿江上游临江附近朝鲜侧大栗子车站俯冲扫射两次，共计4分钟，伤司机、居民各1人，毁机车1辆；下午2时40分，F-51飞机两架复俯冲投弹、扫射鸭绿江下游安东市朝鲜侧浪头机场，共计2分钟，死居民3人，伤工人19人，毁卡车两辆。11月9日，美军开始轰炸朝鲜一侧的鸭绿江大桥。①

9月15日，代号为"铬矿"（Chromite）的仁川登陆正式实施。美军迅速扳回局面，朝鲜军队大势已去。金日成虽然"焦躁不安"，但他在苏联的强势下竟不敢直接向中共求援。金确信，请中国人帮忙会让苏联人觉得"侮辱"。②他不得不向斯大林求救："当敌人越过三八线的时刻，我们非常需要苏联方面直接的军事援助。如果由于某种原因不能做到，那么请在中国或其他人民民主国家建立国际志愿军，给我们的斗争以军事援助"。③

根据麦克阿瑟司令部的情报，中共当时驻东北的部队已有48.9万人，驻华北17.6万人，其中11.5万人为正规军；从8月下旬开始正规军人数不断增加，至8月31日，增为24.6万人，截至9月21日，正规军已达到45万人。美军简单地忽略了这一变化。④ 9月27日，华盛顿正式收到北京通过印度经英国转来的警告信号。

当美军向北推进的时候，除了国务院的苏联问题专家凯南、波伦发出微弱的反对声以外，⑤整个美利坚为越过三八线的呼声所笼罩。华盛顿的官僚被胜利冲昏了头脑，再次做出错误判断。9月29日，国防部长马歇尔亦鼓励他的老对头麦克阿瑟："我们希望你北越三八线而在战略战术上均不觉拘束"。⑥ 如果说出兵朝鲜半岛的决策是基于这一战为苏联全面扩张先导这一

---

① 徐迺斌：《抗美援朝期间的东北防司》，载《防空军：回忆史料·大事记》，第163页。
② 《什特科夫致葛罗米柯电》（1950年9月22日），转引自沈志华《斯大林、毛泽东与朝鲜战争再议》，《史学集刊》2007年第5期，第59页。
③ Телеграмма Штыкова Сталину, 29 сентября 1950 г. АВПРФ. Ф. 059а. ОП. 5а. П. 11. Д. 3. Л. 100.
④ Bradley and Blair, *A General's Life*, p. 562.
⑤ See Charles E. Bohlen, *Witness to History, 1929–1969* (New York: W. W. Norton & Company, Inc., 1973), p. 292.
⑥ Quoted in Rees, *Korea*, p. 103.

命题，那么令人惊奇的是，越过三八线则出于完全相反的另一命题，那就是战争仅是限于半岛以内的局部战争。艾奇逊信誓旦旦地说："除非苏联发动一场全球战争，否则中国的干涉是不可能的"。①

美国社会在二战后同样存在战争后遗症的问题。由退伍军人管理局局长出任参谋长联席会议主席的布莱德雷上将回忆说："随着军人退役工作的开展，退伍军人选民数量比二战前扩大4倍，达到近2000万男女；43%的成年男性是退伍军人。"② 随着战后复员热潮的退却，经过5年的平淡之后，"圣战"的激情又复被一个远东的朝鲜点燃。

形势急遽恶化，让斯大林顾不得先前对中共的诸多顾虑，不得不请北京马上参战。9月30日，他同意金日成向中共求援请求，但坚持强调"不要说是莫斯科的主意"。③ 10月1日，斯大林在亲自给毛泽东电报的一开头，就试图营造一种距离平壤非常遥远的假象，而将中共推向前台。"我正在离莫斯科很远的地方休假，与朝鲜的事件多少有些隔绝……"他撇干净了自己的责任后，转向毛泽东，"我考虑，根据眼下的形势，你们如果认为能用部队给朝鲜人以帮助，那么至少应派五六个师迅速推进至三八线，以便朝鲜同志能在你们部队的掩护下，在三八线以北组织后备力量。中国师可以志愿者身份出现"。④

毛泽东立即同意。10月2日凌晨，他即电令高岗："[东北]边防军提前结束准备工作，随时待命出动"。⑤ 而当天下午，中南海颐年堂里展开了激烈的讨论。在中共中央内部，毛泽东再次成为少数派，其他所有领导人都主张"不到万不得已的时候，最好不打这一仗"。连他最看重的林彪也表示反对，"林粟均病"。⑥ 周恩来可能表面支持，但话里话外却站在多数派一边。⑦ 不得以，毛泽东答复苏联说："经过慎重考虑"，中共不出兵，朝鲜同

---

① Acheson, *Present at the Creation*, p. 536.
② Bradley and Blair, *A General's Life*, p. 447.
③ Телеграмма Чан‑фуа（Булганин）Матвееву, 30 сентября 1950, АПРФ. Ф. 3. ОП. 65. Д. 827. Л. 100.
④ 《菲利波夫（斯大林）致罗申转毛泽东、周恩来电》（1950年10月1日），转引自《抗美援朝战争史》第1卷，军事科学出版社，第147－148页。
⑤ 《毛泽东致高岗、邓华电》（1950年10月2日），《建国以来毛泽东文稿》第1册，第538页。
⑥ 《毛泽东致高岗电》（1950年9月3日），《建国以来毛泽东军事文稿》上卷，第199页。
⑦ 毛泽东后来说支持参战的就一个半人，那半个人就是指周恩来。

志上山打游击,但同时也强调"对此问题尚未作出最后决定",将派代表(即周恩来)前去商讨。① 当天,韩国第一军沿着东海岸越过三八线,向元山港推进。3日,周恩来再度约见印度驻华大使,表示如果联合国军而非韩国军队越过三八线,中国将派部队越境参战,保卫北朝鲜。鉴于中共参战的最佳时机早已随着仁川登陆而丧失,华盛顿坚信这不过是虚张声势的外交伎俩罢了。4日雨过天晴,毛泽东特地派飞机把大将彭德怀从西北秘密接回,未经通气,就急迫地召开了政治局扩大会议。毛泽东说"美军已开始越过三八线了",但仍旧无人应和,还是没能说服与会大多数。5日上午,毛泽东又派邓小平接彭德怀来中南海,表明了自己决心已定,并命彭挂帅。在当日下午举行的政治局扩大会上,彭积极支持毛的主张,一举扭转了局面。事后证明,"老总"是在并不了解各方军事实力的情况下,以"政治正确"来决定自己立场的;他的参战逻辑是美国占据朝鲜和台湾,迟早要开打,迟打不如早打,并放言:"打烂了,等于解放战争晚胜利几年"。② 言本无心,却道出了中国内战与朝鲜战争之间的顺承关系。当晚,毛、周、彭、高和代总参谋长聂荣臻这几个少数派已经一起"共同研究出兵方案"。③ 毛泽东授意周恩来赴苏的谈判方案,可能就是周20年后所说的"两种意见,要他选择。我们〔中共〕出兵就要他〔斯大林〕的空军支持我们"。④ 据说,毛泽东就是在这时把儿子岸英推荐给彭德怀做俄语翻译。⑤

大约几小时后,莫斯科也召开了政治局会议,所有人都表示即使放弃朝鲜,也要避免与美国开战。⑥ 而另一方面,怀着对毛泽东的猜忌,斯大林对

---

① Телеграмма Мао Цзе – Дуна Филипову (Сталин), 3 октября 1950 г. АПРФ. Ф. 45. ОП. 1. Д. 334. Л. 105.
② 《彭德怀自述》,第258页;《聂荣臻回忆录》(下),解放军出版社,1984,第735–736页。
③ 王焰主编《彭德怀年谱》,第441页。
④ 《毛泽东、周恩来与金日成会谈记录》(1970年10月10日),转引自廖心文、熊华源、陈扬勇《走出国门的领袖——周恩来》,河北人民出版社,2001,第52页。
⑤ 据成普对与毛岸英谈话的回忆,参见张希《彭德怀受命率师抗美援朝的前前后后》,中共中央党史研究室编《中共党史资料》第31卷,中共党史资料出版社,1989,第137–138页。
⑥ Хрущев 《Корейская война》 Время, Люди, Власть: Воспоминания, книга 2, часть 3. (Москва: Московские Новости, 1999.) См.: http://www.rodon.org/hns/vlv/.

他在关键时刻再次不听使唤更加不满意，施压道：

1）美国，如朝鲜事件所示，目前没有准备好打全面战争［к большой войне］；
2）日本，军事潜力尚未恢复，也没有能力援助美国人；
3）美国将被迫向中国，背后有它的盟友苏联支持，放弃朝鲜问题，并且还得同意有利于朝鲜的朝鲜问题协议，以致敌人没有机会借朝鲜为跳板；
4）同理，美国将不仅必须抛弃台湾［Тайване］，而且势必放弃与日本反动派单独媾和的企图以及他们重新武装日本、变日本为其远东跳板的计划。

斯大林还觉不够，于是在电文初稿上又加了一段话，正式亮出了自己的王牌："如果不经过严厉的斗争，不展示出令人信服的力量，中国不仅得不到所有这些让步，甚至连台湾也得不到（но но получит даже Тайване），美国目前倚之为跳板，并非是为了不可能取胜的蒋介石，而是为了他们自己或者将来又一个军国主义的日本"。（强调为引者所加）值得注意的是，电文不再称呼台湾为"福摩萨"。提及年初被迫签订的苏中新约，斯大林不无痛苦地说：既然签了互助条约，你还怕什么？大不了大家打一仗。他甚至放出了与彭德怀类似的豪言："如果战争不可避免，那就让它现在就来吧"。① 其实，与此同时，苏联已经开始召回在朝的俄籍人员。② 鉴于日益恶化的朝鲜形势，斯大林的政策发生巨大转变，他想全身而退，不得不寄希望于十几万中国人冲上去或许可以抵挡一阵。

10月7日，形势进一步恶化，就在韩国第二军从中部突破的第二天，美国第八集团军第一骑兵师也沿着西海岸越过了三八线。当日，参谋长联席会议就中共可能参战一事为总统拟定给麦克阿瑟的训令，随后发往东京："一旦中国共产党在未经声明的情况下于朝鲜任何地点公开或隐蔽地投入主

---

① Письмо Фын - Си（Сталин）Штыкову дляпередачи Ким Ир Сена, 8 октября 1950 г. АПРФ. Ф. 45. ОП. 1. Д. 347. Л. 65–66.
② Телеграмма Василевского и Громыко Штыкову, 6 октября 1950 г. АПРФ. Ф. 3. ОП. 65. Д. 827. Л. 127.

力部队，只要你判断我军获胜概率较大，就应继续采取军事行动。在任何情况下，你对中国领土上的目标实施军事行动前，先要获得华盛顿的授权"。①就在此时，毛泽东复电斯大林，再次同意出兵。并要求苏联对中共的前线及后方大工业中心提供空军掩护。毛泽东预测，中共在朝鲜一经暴露，"美国人首先将实施空袭以摧毁中国的工业中心，破坏经济生活，破坏交通干线……"这是一场全开的世界大战，和斯大林所想的完全两样，克里姆林宫所宣传的"我们"其实就单指中共。

毛泽东原以为苏联援助肯定不成问题，就没等回复，于次日以中国共产党中央军委主席名义，下令东北边防军改称中国人民志愿军，任命彭德怀为总司令兼政委，迅速进入朝鲜参战，并向金日成做了转达。②当麦克阿瑟向金日成发出最后通牒时，平壤回答：朝鲜人民"正得到苏联和中国人民的坚决支持"。而北京的反应是美国"侵略者必须对其扩大侵略的狂妄行径所造成的一切后果承担责任"。与此同时，周恩来带着向苏联要空军要武器的"两种意见"飞向莫斯科。他和毛泽东都没有留意到，麦克阿瑟的两架F-80歼击机扫射了苏联位于海参崴附近的一个军用机场。③莫斯科小心反应，仅递交抗议照会，避免了与美国的直接冲突。④

10月11日，正在索契以南阿德列尔疗养的斯大林接见了由莫斯科赶来的周恩来和林彪。据中方翻译师哲回忆，会谈是在餐桌上举行的。斯大林先是把朝鲜人批评了一通，接着询问周的意见。周秉承毛泽东的旨意，一开始就诉苦，摆了一大堆不利因素之后，试探性说道："不出兵较好"。这可能就是他本人的真实想法，但在斯大林听来，无异于中国人又在讨价了。"大老板"以退为进："在这种情况下，［朝鲜］与其进行无望的抵抗，最终会被敌人消灭，就不如早点主动撤退……"周恩来没有料到他竟会如是说，愣在那里。斯大林笑了笑，把对毛泽东说的理由又简要陈述了一遍，继续装

---

① Bradley and Blair, *A General's Life*, p. 571.
② 《毛泽东致彭（德怀）高（岗）贺（晋年）邓（华）洪（学智）解（方）电》（1950年10月8日），《建国以来毛泽东文稿》第1册，第543—544页。
③ Alexandre Y. Mansourov, "Stalin, Mao, Kim and China's Decision to Enter the Korean War," in Cold War International History Project, *Bulletin*: *The Cold War in Asia*, Washington D. C.: Woodrow Wilson International Center for Scholars, 6 – 7（Winter 1995/1996）: 102.
④ Telegrams, Kirk to Acheson, 10 October 1950, and Barbour to Acheson, 19 October 1950, *FRUS*, *1950*, vol. 4, pp. 1260, 1264; see also *FRUS*, *1950*, vol. 7, p. 921.

悲情:"我们两家都得承担起这个重担。建议把我们商谈的这个情况,即撤退的意见,立刻电告金日成,不能拖延时间"。根据苏方翻译费德林的回忆,周恩来在此时提出了他受命要问的问题:如果中共出兵朝鲜,苏联能否保证空军掩护。① 接着,两个翻译的回忆吻合了,也就是斯大林基本上答应了中共的条件:

> 我们早已声明过,我们的军队已全部撤出朝鲜了,现在我们再出兵到朝鲜去有困难,因为这等于我们同美国直接交战。所以设想,中国可以出动一定数量的兵力,我们供应武器装备;在作战时,我们可以出动一定数量的空军作掩护。自然,也只限于在后方和前沿活动,而不能深入敌后,以免被敌人击落、俘获,这在国际上会造成不良影响。②(强调为引者所加)

只不过,斯大林随后附加了空军需要"至少两个月"时间准备。接着他又充满诱惑地谈到了自己曾经设想如何装备中国的陆军(步兵、炮兵、工兵、坦克部队、机械化部队等)、空军并设法帮助建立海军(这是要花很多钱和时间的)。这可能是斯大林1月底之前的真实想法。他进一步劝诱说,在战时组建部队要比平时更快更好。斯大林的表态和毛泽东7日的要求是吻合的,但新提的时间限定,是出国前没有预料的,周恩来当然不敢妄加评论,也没有收回先前不出兵的言论。他可能认为毛泽东所给"两种意见"的指示一开始就让谈判真的成其为谈判。既然斯大林已决定放弃朝鲜,那么周无论从本心抑或就权限方面都不便置喙,只有依此向毛泽东报告。③ 面对周恩来的反应,斯大林宁愿相信毛泽东7日电的出兵承诺,于是

---

① Alexandre Y. Mansourov, "Stalin, Mao, Kim and China's Decision to Enter the Korean War," in Cold War International History Project, *Bulletin*: *The Cold War in Asia*, Washington D. C.: Woodrow Wilson International Center for Scholars, 6 – 7 (Winter 1995/1996): 103.
② 师哲、李海文:《在历史巨人身边》,第496页。
③ 俄国学者曼苏罗夫(Александр Ю. Мансуров)关于周恩来背着毛泽东传递假消息的推断,是难以想象的。See Alexandre Y. Mansourov, "Stalin, Mao, Kim and China's Decision to Enter the Korean War," in Cold War International History Project, *Bulletin*: *The Cold War in Asia*, Washington D. C.: Woodrow Wilson International Center for Scholars, 6 – 7 (Winter 1995/1996): 103.

竟破例与别人而且是个外国人（周）联名致电北京，为的是要毛泽东斟酌做出决断：

> 鉴于上述理由及周恩来同志报告的假如中国参战而给国内带来的不利因素，我们一致决定：
> 1. 尽管国际形势有利，但中国军队因目前尚未做好准备，不应进入朝鲜境，以免陷于不利局面；
> 2. 如果部队已经越过边境，也只能在靠近中国边境一带的山区而不应深入；
> 3. 一部分朝鲜军队应在平壤和元山以北的山区组织防御，另一部分军队要转入敌后打游击；
> 4. 把战时应征入伍的朝鲜人中的优秀分子及指挥员分批悄悄地调入满洲，在那里把他们整编成朝鲜师；
> 5. 平壤和北朝鲜山区南部的其他重要据点立即疏散。
>
> 至于中国同志所需的用于重新装备中国军队的坦克、大炮和飞机，苏联将充分予以满足［их удовлетворить полностью］。
>
> 等待您的决定。［Ждем Вашего решения.］
>
> 签名：菲利波夫
周恩来
1950 年 10 月 11 日①

由此可见，斯周谈判并没有结论。② 值得注意的是，斯大林也未按他所说，把这一消息立即通知平壤方面。北京 12 日下午 3 时半，该电经驻华大使罗申当面交给毛泽东，毛按照字面意思，当即予以接受。6 个半小时后，罗申又收到毛泽东的书面回复："我已命令中国军队停止（прекратить）入

---

① Шифртелеграмма 4784 от Филипова（Сталина）и Чжоу Энь‑лая Мао Цзэ‑дуну, 11 октября 1950 г. См. Ледовский А. М. «Сталин, Мао Цзэдун и Корейсая Война 1950–1953 годовв» Новая и Новейшая История, 2005, №5. C. 108–109.

② 周恩来随行秘书康一民有关黑海会谈达成协议等回忆与实情可能多有出入。见齐德学《朝鲜战争决策内幕》，第 63 页。据师哲所言，康一民留在莫斯科收抄电报而没有去黑海，并非当事人。参见师哲、李海文《在历史巨人身边》，第 499 页。

朝行动计划"。① 直到此时，斯大林才以埋怨中共的口吻，添油加醋地把撤退的命令发给了平壤，留下一个大感意外而沮丧的金日成。

与此同时，毛泽东电告彭德怀，情况有变，速回京开会。彭连夜坐火车由安东返沈阳，并于13日正午到达北京。下午，中共中央政治局召开紧急会议。尽管智已经杜绝了军事行动的可能，但毛泽东心系台湾，还是力排众议，第三次决定出兵。"只是在两个月或两个半月内如遇美军空袭则要忍受一些损失"，毛泽东告知远方的周恩来，"总之，我们认为应当参战，必须参战"。② 这下轮到周大感意外而沮丧了。他刚刚飞返莫斯科，回到公寓内坐下来准备喝茶水，毛泽东的参战电即出现在他的面前，随后"他一言未发，双手抱着头，陷入深深的沉思"。③ 新的指示电要周恩来就近洽谈租借苏联军事装备的形式。周立即找到也是从阿德列尔刚刚飞回的莫洛托夫，报告了北京的新决定。斯大林获悉后，喜出望外，表示苏联对提供给中共的军事装备给予信用贷款，并将出动16个团的喷气式飞机进行空中掩护。④

14日，毛泽东与彭德怀拟定初步方案，即已集结在鸭绿江左岸的4个军（12个步兵师）、3个炮兵师及高炮团、汽车团、工兵团于10月18日或19日分批过江，先在平壤至元山线以北的山岳中组织防御。⑤ 这其实就是林彪"出而不战"的策略。⑥ 一个大胆却又保守的计划，其矛盾性根源于出兵决策本身。正当彭德怀往返于沈阳与安东之间密切部署的时候，问题再次发生。离出发日期还有一天，17日，彭又接毛泽东来电："明日乘飞机来京"。⑦ 18日清晨，彭只得再度飞回。周恩来报告了斯大林的又一

---

① Телеграмма Рощина Филиппову, 12 октября 1950 г. См.: Ледовский 《Сталин, Мао Цзэдун и Корейсая Война》 Новая и Новейшая История, 2005, №5. С. 109.
② 《毛泽东致周恩来电》（1950年10月13日），《建国以来毛泽东军事文稿》上卷，第252 - 253 页。
③ 师哲、李海文：《在历史巨人身边》，第499 - 500 页。
④ 廖心文、熊华源、陈扬勇：《走出国门的领袖——周恩来》，第37 页。
⑤ 《彭德怀传》，第406 页；《毛泽东致周恩来电》（1950年10月14日），《建国以来毛泽东文稿》第1册，第558 - 559 页。
⑥ 参见雷英夫、陈先义《在最高统帅部当参谋——雷英夫将军回忆录》，百花洲文艺出版社，1997，第157 页。
⑦ 《毛泽东致彭（德怀）高（岗）并告邓（华）洪（学智）韩（先楚）解（方）电》（1950年10月17日），《建国以来毛泽东文稿》第1册，第567 页。

决定，苏联只派空军在中国境内，两个月或两个半月后也不准备进入朝鲜。毛泽东此刻"不论有天大的困难"，仍命令中国志愿军按期进兵。① 他所要的就是"渡河，渡河，渡河！"中共出兵的政治意义已经远胜于军事把握。

10月14 – 15日，被这一切蒙在鼓里的美国总统杜鲁门亲自飞到太平洋马绍尔的威克岛与他的将军麦克阿瑟会面。据杜鲁门回忆，在一个多小时的单独谈话中，将军两次向他表示：朝鲜战争胜利在望，而中共不会干预。② 10月18日，26万中共正规军开始秘密渡过鸭绿江。③ 中国的朝鲜战争正式开始了。

东溪到长津湖

就在毛泽东访问莫斯科的时候，延安的老朋友、越共中央主席胡志明来到了北京请求军事援助。当他得知毛周都在苏联时，立刻要求中共安排他访苏。2月6日，胡志明乘坐飞机秘密抵达莫斯科，斯大林没有马上见他。对于这个亲华的印度支那共产党领导人，莫斯科并不信任，采取了与对待朝鲜迥异的态度。毛泽东说："斯大林不大愿意接见胡志明，他不了解胡，说不知胡是不是个马克思主义者。我说胡是个马克思主义者，是越南人民的革命领袖，还是见一见他为好"。④ 几天后，在中共驻苏大使王稼祥的陪同下，斯大林会见了胡志明，并把援越的义务完全推给了中共；当胡不合时宜地提出要仿照苏中签订同盟条约的时候，斯大林毫不犹豫地婉拒了。⑤ 据赫鲁晓夫回忆，胡志明曾掏出一本苏联杂志，用孩童般的眼神，向斯大林索要签名；当时是签了，但很快斯大林就反悔了，又派秘密特工给偷了回来，"因

---

① 《毛泽东致邓（华）洪（学智）韩（先楚）解（方）并告贺（晋年）电》（1950年10月18日），《建国以来毛泽东文稿》第1册，第568页；《周恩来年谱（1949 – 1976）》上卷，第87页。
② Truman, *Memoirs*, vol. 2, p. 416.
③ 参见《彭德怀自述》，第258页。
④ 窦金波：《参加赴越军事顾问团纪行》，载《中国军事顾问团援越抗法实录：当事人的回忆》，中共党史出版社，2002，第191页。
⑤ 张广华：《中国援越抗法重大决策秘录》，《炎黄春秋》1995年第10期，第9页。

为他担心胡不知会拿去干什么"。①

当时在越南北部还有国民党由华中、西南败退的多个番号军队残部,共3万余人,此时已非中共关注的对象。他们大多在入越后不久即被法国殖民军缴械,"不仅武器弹药全被没收,就连身上的小刀也不例外"。这些国民党军人不得不动手盖房子,自给自足,"但所受的待遇却比俘虏还不如"。②他们并未因朝鲜战争的爆发而获得法军信任,后来悉数被殖民政府软禁在富国岛和金兰湾,长达三年之久,绝大多数人最终去了台湾。

1月17日,刘少奇征得毛泽东首肯后正式派中央军委办公厅主任罗贵波担任中共驻越南联络代表,罗当时并不知道一去就是8年。4月12日,胡志明采纳罗贵波的建议,致电北京要求援助3000吨粮食作为越共7个月的军粮,同时在云南和广西训练1.5万名战斗员。③

3个月后的4月17日,毛泽东批示:从二野、三野、四野各抽调一个师的干部(包括师、团、营各级顾问),从三野选调顾问团本部工作人员,从四野选调一个军校的全套教员和顾问。④随后正式任命日后指挥奠边府作战的韦国清为中共赴越军事顾问团团长,并在云南省内设立越南军校,第一期就招收了越共选送的4000名学员。⑤该越南陆军军官学校后迁广西,数年内受训者达上万人。⑥5月,越共刚刚组建完毕的主力第三〇八师(原大团)1万多人北上云南砚山,接收中共赠予的全套武器装备等,随即在二野云南军区副司令员庄田以下军、师、团、营、连、排干部的指导下,开始集中整训两个月。⑦越共另一支主力部队第一七四团和二〇九团,则进入广西龙州,由广西军区负责整训。顾问团成员中原本有不愿意去的,刘少奇在北京接见他们时动员道:

---

① 《Мемуары Никиты Сергевича Хрущева》Вопросы Истории, 1992, №11-12. С. 86.
② 《留越军民访谈录:黄翔瑜访谈记录》,台北,"国史馆",2007,第29-31页。
③ 罗贵波:《中国援越抗法纪实:初见胡志明主席》,《世纪》1994年第1期,第14页。
④ 张广华:《中国援越抗法重大决策秘录》,《炎黄春秋》1995年第10期,第11页。
⑤ 参见《建国以来周恩来文稿》第2册,第329-330页注1、2。
⑥ 张广华:《中国军事顾问团与越南抗法战争》,《百年潮》2000年第5期,第54页。
⑦ 王砚泉:《越南边界战役前后的陈赓同志》,《中国军事顾问团援越抗法实录》,第108-109页。

我们解放了大陆，蒋介石能甘心吗？帝国主义特别是美帝国主义能甘心吗？台湾还有几十万军队，又占着沿海一些岛屿，准备干什么，不是企图反攻大陆吗？……如果朝鲜、越南被帝国主义占领，在我们的东面南面形成了对我们的包围，我们能安全吗？这是首先要大家深思的。共产党人是国际主义者，国际主义就是不仅要解放自己的国家民族，还要解放世界上所有被压迫的国家和民族，包括帝国主义国家被压迫的人民，在全世界建立社会主义、共产主义……①

法国远征军发动了春季攻势，占领了越共中央所在地太原和红河三角洲产粮区，并沿着越北边境东西走向的第四号公路积极布防，企图隔断越中之间联络。就在朝鲜战争爆发一个月前，5月25日，越共攻占了四号公路上的法军据点东溪，但两天后，法军出动伞兵部队，一举夺回，并顺势加强了四号公路的守备。

7月初，东南亚的雨季亦已来临，开赴越南的云南军区司令员陈赓听闻朝鲜战争形势，自觉越南和朝鲜相互配合，"两翼钳击，亚洲胜利，一定属于亚洲人民"。② 这位湘籍将领是胡志明亲点的，他的任务即是打开越战局面。③ 他还未至越南，已经修改了胡主张进攻越滇边界上老街的战役目标，经毛泽东批准后，确立了打越桂边界高平的主攻方向。19日，陈赓率领二野的军事顾问团人员170余人渡过清水河进入越南境内。④ 担任翻译的，正是傅作义的女婿周毅之。看到越共对城镇房屋的破坏，回想国共内战，陈赓感慨不已："革命初期之幼稚行动，虽无法避免，但群众之严重损失与国家元气之消耗，则不堪设想"。⑤ 北京于是应越共要求，命令滇桂省委"克服一切困难将自己食用粮食分一部分运给越南"，至少送一千数百吨粮食及大量炸药、医药和电信器材，以准备越北的高平战役。⑥

---

① 窦金波：《参加赴越军事顾问团纪行》，《中国军事顾问团援越抗法实录》，第187页。
② 《陈赓日记》，1950年7月8日，解放军出版社，2003，第291页。
③ 《陈赓日记》，1950年10月7日，第310页；张广华：《陈赓大将在援越抗法中》，《炎黄春秋》1999年第9期，第26页。
④ 王砚泉：《越南边界战役前后的陈赓同志》，《中国军事顾问团援越抗法实录》，第107页。
⑤ 《陈赓日记》，1950年7月8日，第294页。
⑥ 《中共中央致云南省委并告西南局》（1950年6月17日），《建国以来刘少奇文稿》第1册，中央文献出版社1998，第249页。

越南共产党就是在中共的指导下不断壮大起来。8月9日，在新婚燕尔的韦国清的率领下，军事顾问团一行284人由南宁出发，于3日后抵达越军前线指挥部所在地——高平广渊。① 9月13日，国民党残部3000余人从越北向广西进攻。8月22日，陈赓确定了先打四号公路中段法军守备薄弱的小镇东溪，在次日召开的越共团以上干部动员会上，遭到了三〇八师第一〇二团团长武安和第八十八团团长泰勇的直接反对，理由是高平的战略地位更为重要而攻打东溪只会削弱越军。陈赓于是耐心地传授了"中国革命的经验"：

> 集中优势兵力，消灭敌人的有生力量，是最为重要的，解放战争中我们打仗的着眼点主要在消灭敌人的有生力量，就是决战阶段的辽沈、淮海、平津几大战役，也是如此，结果，每一个战役均消灭数万、数十万敌人，全国比较快地获得解放……如果一拳虽然打中，但没有打倒敌人，它还能与我们战斗，背后又有东溪、七溪、谅山之敌趁势猛扑而来，我们不就几面受敌了吗？可是先攻打东溪就不同了，高平、东溪、谅山之敌成了惊弓之鸟，我们以逸待劳，谁出动增援就打谁，将敌人歼灭在没有工事的野外，那是多好打的战斗啊！②

8月24日，陈赓的作战计划得到了毛泽东的同意。八九月间，越共高层也予以全盘接受。经过中共的援助，此时越军主力已经"装备优良，体力亦好"。胡志明也由太原来到广渊，亲自请求陈赓"包下这一胜利，并还包下下一战役的胜利"。③ 从此，中共打歼灭战的军事原则逐渐深入越共人心。不仅如此，连胡志明与越共中央之间的来往电报都是由中共顾问团的电台收转的。④ 尽管由中共的陈赓充当战役指挥这一点，时常引起越共营以上高级军官的不满和猜疑，但在胡志明的坚持下，以及大量杀伤法军的结果，貌似平息了中越军事指挥权方面的矛盾。终于东溪攻陷，越军牺牲五百多

---

① 王振华（于化辰）：《援越抗法斗争中的韦国清同志》，载《中国军事顾问团援越抗法实录》，第35页。
② 张广华：《陈赓大将在援越抗法中》，《炎黄春秋》1999年第9期，第28页。
③ 《陈赓日记》，1950年8月24日，第301、304页。
④ 王振华：《援越抗法斗争中的韦国清同志》，载《中国军事顾问团援越抗法实录》，第65页。

人，两倍于法军，但胡志明依然很高兴，因为这一仗孤立了高平的法军。9月17日和10月5日，就在越共伤亡很大又复发生动摇的关键时刻，是陈赓亲自找到胡志明，要求他严令越军不惜一切代价继续进攻，"鼓励部队顽强战斗到胜利，才能树立起优良作风"。①

10月初，陈赓利用中共屡试不爽的围点打援战术，全歼了法军由七溪来援的勒巴（René Le Page）兵团和自高平南撤的沙登兵团约4000人，俘虏了勒巴和沙登上校。这样，四号公路成为第二个马奇诺，法军以此为依托的越北防御工事全线崩溃。10月10日，毛泽东获悉越共大胜的消息，"极慰"；指示陈赓"再集中和装备［越共］二万人左右，其中应有包括山炮、野炮、反坦克炮、重迫击炮、榴弹炮等各种炮火的两个炮兵团。总之，在今后半年内外，越军须建设一个总数五万人左右的正规军，而有和法军地面部队一万人的两倍以上的火力"。② 越共在原有三〇四、三〇八、三一二3个步兵师的基础上，又由中共装备组建了三一六、三二〇、三二五3个步兵师和一个三一五工炮师（含三个炮兵团、一个工兵团）。③ 陈赓也将中共军队的经验和针对越共不足提出的建议，写成书面工作意见，交给胡志明，并接连4天向越共营以上干部传授。④ 9月底，罗贵波回京述职，刘少奇又让他带着中共的财经、银行和粮食专家再次赴越，逐渐从根本上改变了越共的粮食和财政困难的局面。⑤ 胡志明慢慢向南扩张势力，并根据中方顾问的建议，在控制区内同样实行了土地革命，为攻打奠边府做了准备。⑥

越共由弱而强，与中共秘密的慷慨援助是分不可的。在当时中国广东、广西、云南各省都缺粮的情况下，中共中南局、华南分局还命令把湖南的大

---

① 王砚泉：《越南边界战役前后的陈赓同志》，载《中国军事顾问团援越抗法实录》，第120、117页。
② 《毛泽东致陈赓电》（1950年10月10日），《建国以来毛泽东军事文稿》上卷，第240页。
③ 王振华：《援越抗法斗争中的韦国清同志》，载《中国军事顾问团援越抗法实录》，第55页。
④ 陈赓：《战役胜利后的工作意见》（1950年10月10日），载《陈赓日记》，第311、315、318－320页。
⑤ 罗贵波：《无产阶级国际主义的光辉典范》，载《中国军事顾问团援越抗法实录》，第6页。
⑥ 参见王砚泉《越南抗法战争中的战略方向问题和奠边府战役》，载《中国军事顾问团援越抗法实录》，第149－150、160、162－163页。

米用两个汽车团送到中越边界，再通过人力背至前线。① 毛泽东指示，粮食和物资由广西省委负责统一接济运送，"随缺随补"；但再三叮嘱法军俘虏"万不可"送至广西。② 后来，越共发动各次战役所需的武器和弹药，也由中共敞开供应；奠边府战役时，毛泽东就电告："为了全歼［法国］守敌，取得战役的全部胜利，应很好组织发挥炮火，不要吝惜炮弹的消耗。我们将供给、运送足够的炮弹"。据顾问团负责物资交接的张广华不完全统计，中共赠予越共至少包括：枪械15.5万余支、各种炮3692门、子弹5785万发、手榴弹84万余枚、炮弹108万余发、汽车1231辆、军服140万余套、油料2.6万吨、粮食1.5万吨，此外还有大量医药、蚊帐、毛巾、瓷碗等日用品。③

由中共实际指挥的边界战役让越共"欢喜若狂"，消灭了法国远征军9个小团5000余人，占领了高平、东溪、七溪、谅山等10座边境城镇，甚至超出了胡志明原先预期的效果。④ 此后，中共对越共敞开边界，援助更加畅通无阻。胡志明致信毛泽东："今后我们越南同志们和人民将更加努力争取更大的最后的胜利，以成功来报答中共、苏共兄弟的深切期望与伟大的帮助"。⑤ 美国的所谓"多米诺效应"不幸言重了：中国成为亚洲红色大国后，开始不倦地向周边邻国输出革命。

11月1日，陈赓在越南旗开得胜之后，立即又奔赴朝鲜战场。此时，中共军队已与美骑兵第一师接触。11月25日至12月24日，中美爆发了长津湖战役，彭德怀用他所擅长的诱敌深入兵法，当然还有人海战术，以逸待劳。据彭回忆："我兵力、火力预先适当配备，以排山倒海之势冲入敌阵，用手榴弹、刺刀与敌短兵混战，使敌优势火力不能发挥……此种打法，敌军未见过……舍此没有第二种好办法"。⑥ 美军焚烧了辎重，退到三八线以南。这是冷战期间最冷的一场战争。中共由于入朝仓促，士兵衣裳单薄，粮食补

---

① 王砚泉：《越南边界战役前后的陈赓同志》，载《中国军事顾问团援越抗法实录》，第125页。
② 《毛泽东致陈赓并告中南局、广西省委及韦国清电》（1950年9月21日），《建国以来毛泽东军事文稿》上卷，第215–216页。
③ 张广华：《中国军事顾问团与越南抗法战争》，《百年潮》2000年第5期，第52、54页。
④ 《陈赓日记》，1950年10月13日、10月25日，第312、314–315页。
⑤ 《胡志明致毛泽东函》（1950年10月14日），转引自罗贵波《无产阶级国际主义的光辉典范》，载《中国军事顾问团援越抗法实录》，第7页。
⑥ 《彭德怀自述》，第260页。

给不足，冻饿死者不计其数。①

12月23日，美国不得以竟将自己与法国"殖民主义"绑在了一起，和越南保大政权签订了军事援助协定，将援印支战费由520亿法郎增加到620亿法郎。

中共军队于12月31日晚越过三八线，攻占了首尔。至此，伤亡接近总数一半，急需休整补充。② 朝鲜战争从此进入了拉锯状态，双方在三八线上互有攻防，仍将持续31个月。

全面反美到来

中共一直没有放弃在媒体中对美国的指责，并在第七舰队中立台湾海峡之后，在大陆掀起了铺天盖地的"抗美援朝"运动。从7月10日起，北京开始系统反美。首先借由中华全国总工会成立"中国人民反对美国侵略台湾、朝鲜运动委员会"（以下简称反美会）的名义领导机构，7月14日发出自17日起在全国广大地区（筹备不及的地方可改为23日起）开展反对美国侵略运动周的通知，要求各地立即建立相应的反美分会，充分准备宣传人员和宣传品：

（1）动员各方面的人力，通过报纸、杂志、广播、墙报、绘画、戏剧、电影、歌曲、展览、演讲等各种形式，来做有力的宣传，并广泛地张贴朝鲜人民军胜利战报及朝鲜战争形势图。

（2）各工厂、学校、机关、部队、农村可分别举行大会。各大城市可举行市民大会或有代表性的群众大会。

（3）动员学生青年进行街头宣传和农村宣传。

（4）动员城市家庭妇女分区集会宣传。

（5）城市工商界应参加宣传工作，在各商店门口可贴置适当的宣传品。③

---

① 《聂荣臻回忆录》（下），第750页。
② 《彭德怀自述》，第261页。
③ 《举行"反对美国侵略台湾朝鲜运动周"》，《人民日报》1950年7月15日，第1版。

到 1950 年 7 月，中共体系在大陆已有相当的发展，在东北、华北的组织结构日臻完善，在其他地方也逐渐建立起来。1950 年 10 月华东局书记饶漱石报告，180 余万工人（占华东工人总数 59%）已被组织起来，"各地农民协会已普遍自上而下建立和自下而上充实起来……会员已达一千三百万以上"。中南局邓子恢报告，城市"多数企业都建立了工人代表会议和管理委员会制度"，农村在实行"退租退押运动"的同时组织农协，已有会员 2500 万人。彭德怀尚负责西北工作时说："在广大新区，首先自上而下建立县以上各级人民政府"，接着召开各级人民代表会议以宣传贯彻政策，"特别是培养提拔了各地区及各民族的干部约四万余人，这样加强了人民政府结合广大群众……并有分别地有步骤地举行了反对恶霸、减租等一系列的社会改革"，进而发动群众、组织农会、取缔保甲，代之以区、乡政权。西南邓小平也表示"工人、学生、青年、妇女及其他群众已有初步地组织起来，这些群众组织在协助人民政府各种工作上，起到了积极的作用"。① 由此，城市以工会为依托，农村则普遍建立农会，辅以各种带有官方性质的社会组织。大批青年被培养成为工、农会干部以及党、团员，成为组织和宣传的骨干。

当时报纸和广播在中国民众中的宣传能力是有限的。1950 年朝鲜战争爆发时中国邮局发行的中文日报共有包括《人民日报》在内的 77 家，每期价格在 250－1000 元人民币不等，多数在 500 元左右（相当于 1 美分）。② 即便如此，受经济和知识能力的影响，读者在总人口中占的比重还是相当少的。连《人民日报》都宣称，"绝大部分群众都是文盲，只有干部才能看懂报纸"。③ 而广播的收听更是一种特权，绝大多数情况下是有组织的。截至 1950 年 9 月 7 日，与中央人民广播电台直接联系的各地机关、团体、学校等单位共 471 家，分布 23 个省、内蒙古自治区和北京、天津、上海、南京、沈阳、西安、汉口、重庆等市；其中有些单位还代表其他机关团体，例如张家口人民广播电台就代表了数十个机构。各单位指定专人作为"广播收音员"，收音员须按照当地人民广播电台发布的收音员条例规定进行登记、培训，从而取得收音员的资格和能力。东北在建设广播收音网方面发展

---

① 参见《人民日报》1950 年 10 月 1 日，第 5－7 版。
② 参见《邮局发行全国各地报纸》，《人民日报》1950 年 11 月 3 日，第 7 版；英文日报还有《上海新闻》一份。当时人民币 4.2 万元相当于 1 美元。
③ 《各地报纸给新闻总署五月份工作报告的综合介绍》，《人民日报》1950 年 7 月 5 日，第 5 版。

较早，以松江省省台哈尔滨人民台接受的收音员为例，截至1950年7月初为200名。当时全国有地方电台在50个左右。听众队伍中，"绝大多数是中共党委机关干部，其次是政府和解放军部队机关干部，也有一部分学生和少数教授、教员等"。除了组织收听以外，还有少量的自由收听者，身份一般是城市知识阶层，其中与中央人民广播电台有过联系的有学生、教师、医生、文化馆员、家庭妇女及疗养院的病人等。①

这时候，大量各种会议、集会就被组织起来，以动员群众。会议按照党团、机关、单位、居民组织系统开展，按内容可分为职工代表会、读报会、时事讨论会、诉苦控诉会等。地方各级党组织、工会还配合地方通讯社、报社，组织"读报组"，同时"与消灭文盲运动相结合"，"在党委的领导下，开始广泛组织"，使报纸的宣传达于群众。② 在农村以农会为依托广泛建立冬校、夜校，教育农民。集会主要指大规模的游行和控诉会，有时两者兼有，具有巨大的社会影响力。此类集会一般是由各阶层、各地区民众以机关或居民组织为单位，由党、工农会直接领导，由公安机关组织配合的全民参与的活动。抗美援朝运动期间全国各地举行了大大小小集会不计其数，人数由几万人到十几万人不等。游行队伍除了由骨干分子带领群众喊口号外，还伴有各种带有政治宣传性质的文娱表演。

借五年前和平反战的口号和上一年苏联保卫世界和平大会的余波，中共在百姓中发起反美的和平签名运动。7月初，郭沫若发表题为《由美帝国主义的侵略罪行说到和平签名运动》的讲话，以为先声。上海市公用事业委员会事后的总结报告指出："通过和平签名运动，广泛宣传美国假手南朝鲜傀儡李承晚侵略北朝鲜，拿出杜勒斯在战壕等的照片说明是美国妄图霸占世界的既定政策中的一个步骤……"③ 全国和平签名运动到仲夏时节达到一个小高潮，据称截至6月中下旬已有2700余万人签名，到7月上中旬发展到近4400万。④ 这个热身运动，"更为重要的是使广大无组织群众也开始组织

---

① 据《大家来办好广播大学》一文中介绍各地收听中央人民广播电台"社会科学讲座"节目情况推测当时中央台听众的大体情况。《人民日报》1950年9月13日，第5版。另东北情况，参见《东北各省及主要城市普遍建立广播收音网》，《人民日报》1950年7月16日，第3版。
② 《各地报纸给新闻总署五月份工作报告的综合介绍》，《人民日报》1950年7月5日，第5版。
③ 《公用事业委员会关于抗美援朝运动总结》，第6页，上海市档案馆藏A59-1-3。
④ 见《人民日报》1950年7月3、21日，第5版。

起来。"《人民日报》借用北京二区二龙街积极分子、51 岁高玉泉大妈的话说:"签一个名,就等于一个子弹,我们用它来打垮美帝国主义的侵略!"① 10 月 27 日,最后一次公布全国和平签名人数是 204489172 名(包括《人民日报》收到签名 642345 名及香港 33800 名),超过了较早提出的"争取两万万人参加签名"的目标。②

在中国人民志愿军进入朝鲜之后,反美渐入高潮。10 月 26 日,中共中央发出《关于在全国进行时事宣传的指示》,明确要消灭亲美的反动思想和恐美的错误心理,"普遍养成对美帝国主义的仇视、鄙视、蔑视的态度"(即所谓的"三视"教育),各地应立即展开关于目前时事的宣传运动。11 月 5 日《人民日报》出台了"怎样认识美国"的宣传提纲,通过罗列大量资料以证明美国的三个特点:对中国负有血海深仇、极端腐朽反动堕落和"纸老虎";表明"亲美的主张是反动的,崇美、恐美的想法也都是错误的";要求每一个中国人都必须仇视、鄙视、蔑视美国。③ 由此,中共正式将反美定为公民资格的标志。

美国形象被描绘成野兽。11 月 20 日《人民日报》发表了题为《中国人民支持部队抗美援朝保家卫国的伟大意义》的社论,进行抗美援朝动员:"胜利是必然的:在你们的前面只是一群数目有限士气不高的野兽,在你们的后面却是为祖国独立和世界和平而坚决奋斗的几万万英勇的正义的人民!"《光明日报》刊登了沙鸥的诗《亚洲人民的死敌》,直斥美国"狼狗的血嘴,在汪汪汪地,吵闹什么呢"。④ 11 月 30 日《人民日报》社论回顾了 1844 年《望厦条约》以来美国对中国的经济、文化侵略,宣布了管制美国在华财产之命令,同时刊出了后来家喻户晓的《打败美帝野心狼》词曲。全词总共 42 个字:"雄赳赳,气昂昂,跨过鸭绿江!保和平,卫祖国,就是保家乡!中国好儿女,齐心团结紧,抗美援朝,打败美帝野心狼!"⑤ 结构均衡对称,用词通俗易懂,对比"中国好儿女"和"美帝野心狼"两个不同形象,是非黑白,高下立判。谱曲又采用进行曲式,4/2

---

① 《和平签名工作中的模范战士》,《人民日报》1950 年 8 月 17 日,第 4 版。
② 《全国和平签名人数超过两亿》,《人民日报》1950 年 10 月 27 日,第 1 版。
③ 《怎样认识美国》,《人民日报》1950 年 11 月 5 日,第 1 版。
④ 沙鸥:《亚洲人民的死敌》,《光明日报》1950 年 11 月 6 日。
⑤ 《打败美帝野心狼》,《人民日报》1950 年 11 月 30 日,第 3 版。

拍节奏清晰，朗朗上口，在民众中产生了深远的影响。

另外，极力丑化美国腐朽堕落的生活方式是打消民众崇美思想的重要途径。主流媒体不断出现文艺界对美国电影、小说，乃至"爵士乐"的批判。《文汇报》撰文表示"马歇尔计划、好莱坞电影和可口可乐饮料，是美国奴役世界人民的三样重要武器"。① 而对于美国政府的宣传广播"美国之音"，1950 年 12 月，先由燕京大学教职员召开座谈会，讨论"美国之音"的危害性，并致函政务院，建议取缔收听。随后各地学校开展揭露批判"美国之音"欺骗宣传的活动，说"美国之音"是美帝国主义鼓动战争的喇叭筒。② 北京大学民主墙上贴满了反美的漫画和"大字报"。③ 学生大多热情很高，容易鼓动，而且"控诉会起作用很大"。如在北京育英中学高二三班控诉会上，一学生站起来检讨自己过去受美国毒太深，崇拜美国物质文明，唯武器论，从来也不知道美国是帝国主义，那样残暴无耻，并把手指咬破，签名上书毛主席表决心，回到宿舍后就把收听"美国之音"的收音机摔破了；另一学生当时就把身上美国流行的衣裤都脱了下来，发誓不穿了。④ 以至于"美国电影在影院从业员和群众的抵制下绝迹，收听《美国之音》造谣广播，在群众中成为一件不可告人的可耻事情"。⑤

"美国鬼子"形象解决了反美必要性的问题。针对有人认为"朝鲜离咱几千里，他打他的，管咱什么事""为什么苏联还不出兵"；"朝鲜战争和中国有啥关系"；"美国目前还不愿得罪中国，如果中国不动，美国可能放松台湾并让我们进联合国"⑥ 等问题；中共感到宣传"唇亡齿寒"等道理已经

---

① 《文汇报副刊·社会大学》1950 年 11 月 8 日。
② 中共北京市委党史研究室编《北京市抗美援朝运动资料汇编》，知识出版社，1993，第 7 页。燕京大学 1952 年撤销，其法学院、社会学系并入北京政法学院（中国政法大学前身），文科、理科并入北京大学，工科并入清华大学。
③ Hong Zhang, American Perceived: The Making of Chinese Images of the United States, 1945 – 1953 (Westport: Greenwood Press, 2002), p. 154.
④ 《北京市抗美援朝运动资料汇编》，第 76 页。
⑤ 中国人民保卫和平反对美国侵略委员会编《怎样在城市中开展抗美援朝运动》，人民出版社，1951，第 2 页。
⑥ 《内部参考》1950 年 8 月 30 日，第 102 – 103 页；《公用事业委员会关于抗美援朝运动总结》，第 6、8 页，上海市档案馆藏，A59 – 1 – 3；《北京市抗美援朝运动资料汇编》，第 3 页。

不足以鼓动全体国民来支持朝鲜战争。于是，灌输仇恨意识成了动员民众的最重要方式。

1950年底《人民日报》指出："通过会议诉苦和控诉美帝迫害的会议形式，能够激起广大人民对美帝的仇视"。① 全国城乡普遍掀起了诉苦高潮，中共成功地将人民对于过去生活的苦痛和不满引导到对美国的仇恨上去。事后北京市总工会在总结运动经验时写道：

> 诉苦是展开群众性自我教育的有效方法。时事学习到一定程度，职工对美帝国主义侵略本质有了初步认识，可用诉苦方式……树立起深刻的仇美思想……但需事先很好进行酝酿，充分准备。诉苦开始时，一般诉日本帝国主义，地主与国民党的多，诉别人的多，诉自己的少，逐渐的联系到自己和帝国主义。最后工人就提出："黄狗黑狗都是狗，这些狗都是咬人的"。经过了诉苦，一般职工中崇美思想均得到肃清……诉苦会结束时，领导上总结苦的来源，指出工人阶级的力量及在抗美援朝中应起的作用，这样才能化悲愤为力量。②

上海市公用事业委员会总结说："控诉日本帝国主义罪行时，必须：一、明显地联系到美帝的可恶，并结合美帝在朝鲜的残暴罪行及在朝鲜战场上遭到中朝战士的迎头痛击后的卑怯、胆小，使群众彻底认识美帝的阴险、残暴和外强中干纸老虎的本质。"③ 另外，工会还采用大报告结合小组讨论、建立报告宣传员、读报讨论、办黑板报、收听广播、放映电影等形式（后两种限有条件的地方），加强工人受教育的深度和广度。在广西宾阳县培养典型进行诉苦宣传时，把控诉日、蒋、桂系和土匪的种种劣行与美帝相联系。④

农村宣传的重点和难点是："启发农民回忆控诉日蒋统治时切身经历过

---

① 《唐山专区抗美援朝运动初步检查》，《人民日报》1950年12月12日，第1版。
② 北京市总工会：《北京市工人抗美援朝保家卫国运动中宣传教育工作总结》（1951年3月16日），《北京市抗美援朝运动资料汇编》，第99-100页。
③ 《公用事业委员会关于抗美援朝运动总结》，第10页，上海市档案馆藏 A59-1-3。
④ 全国政协文史资料委员会编《支援抗美援朝纪实》，中国文史出版社，2000，第232页。

的灾祸，与今天的好日子相对比，激发农民仇恨日蒋，引导到仇美"。① 因为农民普遍对美国没什么印象，多认为"仇美不如仇日"。于是有的宣传队就把日本的"三光政策"引申为美帝国主义在朝鲜也实行"新三光政策"，使农民意识到"天下帝国主义都吃人"。当宣传美国武装日本时，说"美国是日本鬼子的后台老板，现在又在摆弄小日本想回来欺侮咱"，并结合生动的表演，例如农民听不懂什么叫"武装"，于是就"演出美国兵把战刀交给日本兵，老乡一看就明白了"。刚开始组织控诉的时候，一些农民有顾虑，认为"苦日子过去了，甭再提它"；"诉了又有什么劲，反被别人笑话"；"自己的命不好，没啥说的"。于是进行教育："一个人的苦，苦在心里，大家恨就拧成一股劲"；"不见伤，不掉泪；不掉泪，不狠心"；"说给毛主席听，会给咱作主"。② 农民的情绪就给调动起来了，并意识到要打倒这些反动派必须抗美援朝。

广播报纸等主流媒体还反复挖掘一些典型事件使"美国鬼子"与中国人民的"血海深仇"之间普遍建立了联系。例如《人民日报》1950年11月5日刊登了《咱们一定要给王恩弟报仇——北京铁路工人对美帝的憎恨》一文，首先展现一张惨不忍睹的照片："一个身穿黄背心白小裉的青年工人，凄惨地卧在火车轨道旁边。他的头和身体已经分开了。"描绘之后加以定性："这是美帝国主义惨杀咱们工人的永远忘不了的罪证。"接着用几个特写镜头，追述了1946年9月3日北京西站三个美国兵，为了表演枪法取乐，残忍地射杀二十来岁的调车夫王恩弟的过程："美国兵站在西站门口的汽油桶上……以王恩弟的头作为枪靶子"，"脑浆迸溅到火车头上。王恩弟斜倒在车底下，又被车轮轧断了头"，"美国兵哈哈大笑"。文章又附了几则美国兵没有人性，侮辱妇女、毒打工人甚至孩童的"回忆"，强调铁路工人"想起当年被压迫的情景，每个人的心里都烧起愤怒的火焰"。然后笔锋一转，结合时势写道："现在，杀死王恩弟的美国野兽正向我国边疆前进。"随即作者报道了铁路工人抗美援朝保家卫国的决心和积极热情地向旅客做宣传的事迹，点明了主题。③ 全文1000多

---

① 《各大学春假下乡宣传的工作报告》(1951年4月17日)，载《北京市抗美援朝运动资料汇编》，第121、119页。
② 《北京市抗美援朝运动资料汇编》，第130、123、124页。
③ 《咱们一定要给王恩弟报仇》，《人民日报》1950年11月5日，第6版。

字，出现"仇"字3次（其中两次为"报仇"），"恨"字两次，同类意象的"愤""惨"字6次之多。

除此之外，《人民日报》还经常报道一些充满鼓动性的控诉会情况。如12月12日报道：河北滦县简师举行座谈会上，女生邢瑞兰哭诉了她父亲被"美国所武装起来的蒋匪军"杀害的经过，并愤怒地说："美帝帮助蒋介石进攻解放区，杀害了我父亲，现在我要报仇，我要参加志愿军……"马上激起了大家对美帝的仇视，"当场就有四十二名同学志愿入伍，掀起了全校反美的怒潮"。①

上海市人民电台在一段时期内每日18时起播送"抗美援朝"广播会节目，至23时半结束，以"美国水兵打死臧大咬子"、② "报告沈崇事件真相"、"美国之音的要害"、"一块血手帕"等四个控诉，及金陵女大、金大反美爱国呼吁代表团关于美国教授侮辱中国人民的控诉作为广播会的高潮。

文艺界还通过各种宣传形式把"美国的罪恶"告知民众。北京西河大鼓艺人蔡连贵在表演当中向观众追述道：1946年夏，艺人们由唐山到山海关去演唱，刚到山海关车站，一个美国兵拦住了唱唐山大鼓的17岁女艺人刘莜舫，"无耻地调戏"，然后"强力连拉带抱地竟往检查室里走去了"，刘回来时痛哭不已，"以后就病倒，不到两个半月她就死了。"蔡连贵最后总结说："这是血的仇恨！"③ 又如上海高桥区宣传时，志新国校演出了话剧《国恨家仇》，内容主要是一个郊区居民年青孀妇林珍（其父为日本抓走致死，其夫为美帝汽车撞死）在工厂内拒绝了工头（反动爪牙）调戏而被厂方无理开除而失业，马路上又遭美国水兵强奸，在受到统治者压迫和蹂躏的气愤下，看看两个孩子和婆妈忍饥受饿就悬梁自缢，在快将气绝时，婆妈惊醒救了她，婆媳两个一边哭一边控诉亲身遭受的蒋美暴行。观众将其作为真实事件，颇受感动。工作总结中记道："在这时，很多群众都愤恨得流下眼泪……哭红了眼睛，有的说：'哭什么，我们应该替林珍报仇。'镇北村妇女顾彩娟看过说：'美国同日本一样的是侵略中国的国家，是我们的仇人'。"二十八工农校学生王洪兴看了戏以后回到学校便发动全体同学捐献

---

① 《唐山专区抗美援朝运动初步检查》，《人民日报》1950年12月12日，第1版。
② "大咬子"苏北话"大儿子"的意思，1946年9月22日上海黄包车夫臧大咬子因一西班牙水手乘车不付钱，同该水手的美国水兵朋友发生争执，被打死。
③ 《艺人们抗议美国侵略的声音》，《人民日报》1950年7月29日，第2版。

子弹。①

无独有偶，就在中国大陆轰轰烈烈反美的同时，台湾政坛亦开始暗自反美。到台湾后的这段时间，蒋中正一直在反思国民党失败的原因。此时已是 63 岁的他，认定三年前结束训政也是党国灭亡的罪魁祸首。他把民主选举视为"奇耻大辱"。② 他认为美国军事顾问着重战术和技术，而忽略精神的力量，使得国民党军官沾染了"他们个人自由主义和优厚享受的心理"，而日本是"同文同种的国家"，因此邀请前日军将领来台教授"誓死达成任务的精神"。③ 最终蒋得出的结论是要借用共产党的组织制度来强化国民党在台湾的统治，由党组织来决定一切："国民党将通过社会实施政治领导；一切决定须经党的组织程序做出"。④ 诚如毛泽东以暴力的革命推翻了国民党暴力的反革命一样，蒋中正又欲以俄式改革去战胜共产党。

蒋氏复又采取一系列手段，强化他父子对党及党对社会的统治。他感到自己的权威不断受到挑战。"立法院"竟然否决了蒋提出的一项提案，认为将所谓"完全紧急权力"赋予"行政院"违宪，这是前所未有的。蒋中正恼羞成怒，指责控制"立法院"的 CC 派"扯谎、耍诡计"，随即进行清党，解散了国民党中央执行和监察委员会，增设中央改造和评议两委员会，清除了宋、孔、陈三家的势力，积极扶植自己的儿子日后继承大统。不惑之年的蒋经国被委以"国防部"总政治部主任一职，掌握党的秘密警察和军队的崇高权力。父子两人共同圈定了国民党中央常委的名单，确保了党机器对蒋经国的支持。随后，父亲本人又亲自修改党章，使得自己总裁的范围比以往更大。改造委员会成为蒋家的执行机构，而评议委员会则成了垂询部门和养老院。

蒋恨美国，他恨马歇尔和艾奇逊。"马歇尔从不错过羞辱亚洲人的机

---

① 《高桥区抗美援朝卫国保家宣传活动工作总结》（1950 年 12 月 29 日），各郊区委宣传部关于抗美援朝庆祝平壤解放及反美侵略宣传工作的总结、简报、小结和情况报告，上海市档案馆藏 A71-2-883。
② 蒋中正日记，1950 年 1 月 26 日、2 月 2 日、3 日、20 日。
③ 秦孝仪主编《总统蒋公大事长编初稿》第 9 卷，第 148-150 页。
④ Tien Hung-mao, *The Great Transition: Political and Social Change in the Republic of China* (Stanford: Hoover Institution Press, 1989), p. 67.

会",蒋在日记中写道,艾奇逊则"预备出卖美国的利益"。① 但蒋又不得不寻求美国的支持。1949 年,为了重获美援,他任命了一武一文两个留美人物来治理台湾。武的是孙立人,是麦克阿瑟看中的国民党将领,被蒋委以台湾"防卫司令"一职。3 月,蒋中正"复行视事",又任命孙为陆军总司令。文的是吴国桢,普林斯顿大学政治学博士,曾任上海市长三年,政绩受到美国报刊的好评,因此也被蒋任命为台湾省主席。虽说总裁表示可以"自由行事",但是他们的美式改革开始与蒋氏父子的俄式改革格格不入,为日后的反目埋下了伏笔。

首先,孙立人"军队国家化"的理念与蒋经国的政工制度是南辕北辙。所谓"军队国家化"是将国家置于领袖和主义之上,而非相反。在孙看来,蒋的政工人员应该像美国的随军牧师一样,限于鼓舞士气和缓解士兵心理负担的辅助作用。② 蒋中正执拗地认为正是在"美国军事观察组的煽动下,1947 年我取消了中国军队的政工系统。结果,我们丢掉了中国大陆"。③ 蒋经国开始对孙立人身边的人发起行动,以"匪谍"罪名逮捕了他的英文秘书黄正和妇女大队中校组长黄珏姐妹花,并判处 10 年徒刑。

然后,吴国桢"民主法制化"的理念与蒋经国的特务制度又背道而驰。据吴生动地描绘道:"特务闯进一间办公室,手里拿着左轮手枪,对着办公桌后那受惊的人说:'你姓王吗?'就这样没有任何罪名或诉讼程序就将他拖走,并残酷地拷打他,关押起来"。④

虽然美国派在台湾进行了民主尝试,但国民党主要还是将统治大陆的一套搬来岛上,而且变本加厉。例如,征收特别防务税时方式粗暴;军队占用学校房屋,妨碍学生正常入学;秘密警察在根除中共地下党员时,滥捕无辜;歧视台湾人,优先录用大陆撤退人员。

据驻美大使顾维钧回忆,"国民党监视得非常严密的正是非国民党人士方面组织政党的任何企图,这是国民党人所最不愿意的事"。公共建筑物的墙上、火车站、飞机场、主干道都涂写着大字标语,大意为:"准备两年,

---

① 蒋中正日记,1950 年 1 月 15、16、18 日。
② 谭雄飞、谭爱梅:《被遗忘的年代:寻找两个谭家与一个女间谍》,台北,卫城出版社,2014,第 107 页。
③ Barrett, *Dixie Mission*, p. 87.
④ 吴国桢:《夜来临》,第 271 页。

反攻大陆；第三年投入实际反攻；第四年攻克大陆，肃清一切共产分子；第五年在全国举行祝捷盛典"。①

国务院一直思索着替换蒋中正的问题。朝鲜战争爆发前，副国务卿腊斯克收到了一封声称来自孙立人的密函，打开一看，赫然提议发动反蒋政变，希望得到美国的支持或默许云云。② 6月23日，腊斯克拜访了在纽约的胡适，试探他取代蒋的可能性。③

毛泽东说，"世界上有两个狮子，一个红狮子，一个白狮子。白狮子的头搁在西欧，在亚洲则只伸进了一条腿和尾巴，就在它不太注意的时候，中国革命胜利了。这一胜利，就推动了东南亚民族解放运动，如朝鲜、越南、印尼、缅甸、马来亚、菲利滨［菲律宾］等民族解放运动风起云涌地起来了"。周恩来继而提出："今天中国革命胜利了。但还不能享福，首先是要解放海南，解放台湾，还要进行土地改革，把帝国主义特权赶出中国。谈到建设，就要国际上打不起来，才能有和平建设……"因此，"目前中心是在解放台湾，彻底消灭蒋介石，援助东南亚弱小民族的革命运动"，"要担当起帮助解放全世界的重任"。④ 这里面的逻辑是革命制止战争，可是流血的革命又哪有不经历战争的呢？朝鲜战争的死亡名单记有33629名美国军人，中国阵亡数字则可能远为巨大。据辽宁省丹东抗美援朝纪念馆不完全统计，有姓名的阵亡者91772人。⑤

12月8日，刘少奇在给胡志明的信中，诚恳地支持后者的革命事业，表示：由滇桂分别修一条公路到越南，"按时送给"修筑公路所需要的各种

---

① 《顾维钧回忆录》第8分册，第57、89页。
② Thomas J. Schoenbaum, *Waging Peace and War: Dean Rusk in the Truman, Kennedy, and Johnson Years*, p. 209.
③ Leonard A. Kusnitz, *Public Opinion and Foreign Policy: America's China Policy, 1949 – 1979* (Westport, Conn.: Greenwood, 1984), p. 41.
④ 《周恩来在中央军委情报部的讲话》（1950年4月1日），《建国以来周恩来文稿》第2册，第247-250页。
⑤ 抗美援朝纪念馆志愿军21省市自治区烈士名单列有：北京1801人、上海1575人、天津831人、山东21186人、河北12053人、辽宁11517人、吉林9158人、黑龙江8835人、江苏5943人、浙江3395人、陕西3304人、广东3061人、广西3022人、贵州2949人、福建1212人、甘肃818人、宁夏457人、四川413人、海南88人、新疆95人、青海59人。见 http://www.kmycjng.com/ghdls/zyjlsmdcxxt.aspx?c=2B2D75ED9D50AF97，最后访问日期2015年1月8日。

器材；"运输所需要的大量汽车和汽油，我们也很缺少，但我们正从各方面想法加以解决……我们认为你们坚持反对帝国主义……是完全正确的。贯彻这种方针，你们一定能够取得最后的胜利"。① 14 年后，中共再次派出志愿部队参加越战，无偿军援高达 200 亿美元。②

与中共领导人的老练相比，美国领导人则表现出对于亚洲事务的无所适从。杜鲁门两年后的继任者艾森豪威尔此时在日记中写道："可怜的杜鲁门，一个好人，他身处暴风骤雨的湖心，不识水性。但众多行将灭顶的人们却不得不把他看作救星。但愿他的智慧能与他的善心相称。马歇尔，这一众人中最棒的公务员，显然要退出了"。③ 军人的粗犷务实与文官的细腻折中构成了现代国家外交矛盾中的一对，这在美国体现得更加突出。正如人们常说的，二战没有结束，"冷战"不过是二战的继续。这也是为什么马歇尔的名字贯穿本书始终的原因。尽管这个名字与欧洲紧密联系在一起的，但他本人在无数次干涉中国内政之后，却又无数次地强调"不干涉中国内政"。具有讽刺意味的是，中国这个贫弱的大国却不幸在事实上成为二战和"冷战"这两幕戏中披红上阵的主角，牺牲的主要也是中国人。

---

① 《刘少奇致丁同志（胡志明）函》（1950 年 12 月 8 日），《建国以来刘少奇文稿》第 1 册，第 600 – 601 页。
② 张广华：《中国援越抗法重大决策秘录》，《炎黄春秋》1995 年第 10 期，第 11 页。
③ Eisenhower diary entry, 6 November 1950, in ed. Robert H. Ferrell, *The Eisenhower Diaries*, p. 181.

后　语

　　20世纪中国的40年代，是长期压抑之后短暂的激情燃烧岁月。自由和民主的萌芽像不合格的花火一样，喷几下就没戏了。

　　自从莫斯科与孙中山在20年代结合，国共两党的关系就一直是剪不断理还乱。只不过前者很早就能自觉摆脱了苏联的控制而一度成为名义上统治中国的执政党，在民族外交上倾向于倚重美国；后者则一直依靠苏联（直到军事力量足够强大）以寻求获得（并在之后巩固）执政党的地位，在意识形态上反对美国。孙文的第三个妻子宋庆龄追随共产党的政策。① 孙文长子孙科是国民党中央执行委员，亦在组织中苏文化协会。而美国在两党政治视野中的存在和地位是由两党对苏政策决定的。总体上来说，追随苏联政策，是弱小的中共获得苏共援助的前提条件，也已形成长期习惯。这一时期的中共没有获得斯大林的重视，但也正是因为这一点，在中国却比国民党显得更为亲民。

　　然而，国共党争却又真是意识形态两分世界的产物。毛泽东的世界观与其说是马克思主义的，不如说是直接取材于列宁、斯大林的帝国主义战争－社会主义革命理论。在抗战进行时的1940年初春，毛泽东就发表了他作为"一边倒"雏形的"新民主主义"国家理论。他以其豪迈的口吻宣告说：

---

① 共产国际总书记季米特洛夫曾在1936年12月9日的日记中写道："宋庆龄（孙中山夫人）几乎就是一个共产党员"。See Ivo Banac ed, *The Diary of Georgi Dimitrov, 1933－1949*, trans. Timothy D. Sergay, p. 40.

"处在二十世纪四十与五十年代的国际环境中，殖民地半殖民地的任何英雄好汉们，要就是站在帝国主义战线，变成世界反革命的一部分，要就是站在反帝国主义战线，变成世界革命的一部分；二都必居其［一，其］他的道路是没有的"。[1] 这个话语本身体现了意识形态的两分法，有着革命冒险主义精神，但并未被美国的观察家们所重视，或许他们并未想到毛泽东所说的帝国主义竟包括美国，也或许他们就从未读到过。尽管中共在抗战后期由于盟军合作的关系对美国宣传有过些许变化，但是这一根本立场并没有发生转变。中共党史学家杨奎松说："毛泽东新民主主义政权思想的提出，实际上吹响了抗战中的中国共产党开始与国民党争夺领导权……的重要号角"。[2] 毛泽东一直相信革命与反革命两分世界的正确性，并于1943年10月将略有修改的《新民主主义论》列入了《两条路线》的目录之中。

国共战争在中朝两国以相似而又各异的方式表现了出来。在朝鲜半岛，这是一场世界大战。由于韩国是在联合国框架下成立的，因此美国可以公开以联合国名义干预，形成了以美韩等联合国军为一方、以苏中朝等共产党军为另一方的地区性战争。在中国，它被归为内战。尽管二战结束后，苏美对中国以长城为界实行了实质上的分区占领，但名义上中国是一个独立主权国家，公开支持内战的行为与当时主流价值观相抵触。

以朝鲜战争为契机，国民党在台湾的统治得以巩固。蒋中正1975年去世后，蒋经国逐步继承大统，以"行政院长"职就任"中华民国"第三位"总统"（如果不算李宗仁的话）。台湾在1950－1965年持续获得大量美援，前后凡15年，平均每年1亿美元左右，既使台湾抵御了大陆的攻势，又让经济转危为安，实现了腾飞，并为日后的政治改革打下了基础。[3] 1987年，蒋经国被迫宣布结束近40年来的政治戒严，开始岛内民主。

而国民党逃离后的大陆，国家资本严重匮乏，粮食供应明显不足，工业生产平均水平低于1937年，可谓万废待兴，而举步维艰。同样以朝鲜战争为契机，共产党巩固了政权，获得了大量苏联援助，统制全民经济，逐步实

---

[1] 毛泽东：《新民主主义的政治与新民主主义的文化》，《中国文化》1940年第1期，第11页；另见毛泽东《新民主主义论》，中原新华书店，1948，第17页。
[2] 杨奎松：《中间地带的革命》，第393页。
[3] 叶惠芬编《陈诚先生从政史料选辑：行政院美援运用委员会会议记录》第1卷，台北，"国史馆"，2009，"导言"，第3页。

现粮食的统购统销，并取消了生产资料的个人所有制。中苏矛盾则在战后不断尖锐，中国取代苏联成为世界革命的中心。毛岸英在朝鲜不幸死亡。毛泽东于 1976 年去世后，中共中央逐渐形成了以邓小平为首的领导核心，开始改革经济。

美国则通过朝鲜战争结束了民主党长达 20 年对白宫的统治，麦肯锡主义甚嚣尘上，政治矫枉过正，走向极端保守。艾森豪威尔将军代表共和党执政期间，以杜勒斯为国务卿，构建了包括台湾和澎湖在内的东南亚集体安全系统，高唱核威慑，全面强化了针对中苏的冷战气氛，并开始扶植利用南越吴庭艳（Ngô Đình Diệm）政权。随后在民主党总统肯尼迪（John F. Kennedy）和约翰逊（Lyndon B. Johnson）任内，美国再度介入越战，使得冷战在亚洲以热战形式不断表现出来。

苏联在朝鲜战争期间曾因斯大林去世，而形成赫鲁晓夫主导的妥协策略，即以航空科技和工农业生产来体现对美优势的意识形态竞争；后被政变上台的勃列日涅夫（Леонид И. Бре́жнев）全盘否定，积极对东欧、中亚动武。苏中领导层之间继续着有关马列主义解释权的口水战，并恶化到边界战争的地步，反而导致了 1971 年美国共和党尼克松总统为停止越战而与北京握手言和并抛弃台北的新外交。1985 年 54 岁的戈尔巴乔夫（Михаил С. Горбачёв）获任苏共中央总书记，一度试图改革，但还是无奈地于六年后的圣诞节宣布辞职。苏联终于解体。

从二战到"冷战"，它们的展开和结束，无论就当时列强的战略安排还是事后主流的历史叙述，基本上都秉承了欧洲优先的原则。这种以民（种）族主义－现代主义为核心的世界观和历史观，无助于我们反思人类社会 20 世纪的野蛮属性及意识形态的现实危害，因为时至今日，仍可以清晰地看到这种现代民族主义在强国和弱国内部的暴力流淌。按照本书的脉络，"冷战"是内战的继续，内战是二战的继续。而二战又是一战的继续，一战更是以往各种大小血腥权力争斗的继续。历史始于战争，也可以终了战争。

这本书虽以国共为题，却并不要按照"冷战"模式去两分世界，它试图说说意识形态以外的东西；这本书也不是在宣扬民族主义去反帝反种族歧视，种族的差异自然不能通过扩大对立去弥合。所以，这本书提供的是一个通过历史去体会和理解的场景，一个反思的机会和希望。

主要参考资料

未刊档案

北京大学档案馆,中国北京

北京市档案馆,中国北京

"国史馆",中国台北

上海市档案馆,中国上海

四川省档案馆,中国成都

外交部档案馆,中国北京

中国第二历史档案馆,中国南京

中国共产党中央档案馆,中国北京

中国国民党中央党史馆,中国台北

中国社会科学院近代史研究所档案馆,中国北京

中研院近代史研究所档案馆,中国台北

National Archives, Maryland and Atlanta, United State of America.

Marshall, George C. Library, Lexington, Virginia, USA.

Truman, Harry S. Library, Independence, Missouri, USA.

Архив Внешней Политики Российской Федерации, Москву, Российская Федерация.

Архив Президента Российской Федерации, Москву, РФ.

已刊档案

陈志奇编《中华民国外交史料汇编》，台北，渤海堂文化公司，1996

黄修荣主编《联共（布）、共产国际与抗日战争时期的中国共产党（1937—1943）》，中共党史出版社，2012

秦孝仪主编《中华民国重要史料初编》，台北，中国国民党党史委员会，1981

荣孟源主编《中国国民党历次代表大会及中央全会资料》，光明日报出版社，1985

山东省档案馆编《山东革命历史档案资料选编》，山东人民出版社，1986

陕西省档案馆编《抗日战争时期陕甘宁边区财政经济史料摘编》，陕西人民出版社，1981

《上海周公馆——中共代表团在沪活动史料》，上海人民出版社，1994

沈志华总主编《苏联历史档案选编》，社会科学文献出版社，2003

沈志华编《朝鲜战争：俄国档案馆的解密文件》，台北，中研院近代史研究所，2003

台湾省文献委员会编《二二八事件文献辑录》，台北，正中书局，1991

魏永竹、李宣锋主编《二二八事件文献补录》，南投，台湾省文献委员会，1994

吴淑凤等编《戴笠先生与抗战史料汇编：中美合作所的业务》，台北，"国史馆"，2011

《行政院善后救济总署业务总报告》，行政院善后救济总署，1948

薛月顺编《资源委员会档案史料汇编——光复初期台湾经济建设》，台北，"国史馆"，1995

《一二·一运动史料选编》，云南人民出版社，1980

中俄外交部合编《中国与苏联关系文献汇编（1949年10月—1951年12月）》，世界知识出版社，2009

中共中央文献研究室编《建国以来刘少奇文稿》第1册，中央文献出版社，1998

中共中央文献研究室编《建国以来毛泽东文稿》第 1 册，中央文献出版社，1987

中共中央文献研究室、中央档案馆编《建国以来周恩来文稿》第 1 – 2 册，中央文献出版社，2013

中共中央文献研究室、军事科学院编《毛泽东军事文集》，军事科学出版社、中央文献出版社，1993

中共中央文献研究室编《毛泽东外交文选》，中央文献出版社、世界知识出版社，1994

中共中央文献研究室编《周恩来一九四六年谈判文选》，中央文献出版社，1996

中国第二历史档案馆编《中华民国史档案资料汇编》，江苏古籍出版社，1999

中国第二历史档案馆编《中国青年党》，档案出版社，1988

中国第二历史档案馆编《中国民主社会党》，档案出版社，1988

中国人民解放军总后勤部财务部、军事经济学院编《军队财务史料（1945 – 1949 年）》，沈阳军区后勤部，1994

中央档案馆编《解放战争时期土地改革文件选辑》，中央党校出版社，1981

中央档案馆编《中共中央文件选集》，中共中央党校出版社，1989 – 1992

朱汇森主编《中华民国史事纪要》，台北，"国史馆"，1987

日本参謀本部編、『敗戦の記録』、東京、原書房、1967

Bland, Larry I. ed. *The Papers of George Catlett Marshall*. Vol. 4. Baltimore and London, The Johns Hopkins University Press, 1996

Marshall, George C. *Marshall's Mission to China, December 1945-January 1947: The Report and Appended Documents*. Vol. 1. Arlington: University Publications of America, 1976

US Central Intelligence Agency. *CIA Research Reports: China, 1946 – 1976*. Bethesda: University Publications of America, 1982

US Congress. *Military Situation in the Far East: hearings before the Committee on Armed Services and the Committee on Foreign Relations*, United States Senate, Eighty-

second Congress, *first session*, *to conduct an inquiry into the military situation in the Far East and the facts surrounding the relief of General of the Army Douglas MacArthur from his assignment in that area*. Washington D. C.：US Government Print Office，1951.

US Department of State. *United States Relations with China*：*With Special Reference to the Period*，*1944 – 1949*. Washington D. C.：US Government Print Office，1949.

US Department of State. *Foreign Relations of the United States*：*Diplomatic Papers*. *1943 – 1950*，Washington D. C.：US Government Print Office，1957 – 1972.

Ледовский，Андрей М. Р. Мировицкая и В. Мясников ред. Русско – Китайские Отношения в XX Веке. Том 4 – 5. Москва：Памятники исторической мысли，2005.

Севостьянова，Г. Н ред. Советско – Американские Отношения. Москва：Междунар，2006.

韓國弘報協會編『韓國動亂』，서울：光明印刷公社，1973

年　谱

聂菊荪、吴大羽主编《董必武年谱》，中央文献出版社，1991

《彭真传》编写组编《彭真年谱》，中央文献出版社，2012

秦孝仪主编《总统蒋公大事长编初稿》，台北，中正文教基金会，1978

尚明轩等编《宋庆龄年谱》，中国社会科学出版社，1986

王焰主编《彭德怀年谱》，人民出版社，1998

王云五主编《民国胡上将宗南年谱》，台北，台湾商务印书馆，1980

闻黎明、侯菊坤编《闻一多年谱长编》，湖北人民出版社，1994

许汉三编《黄炎培年谱》，文史资料出版社，1985

姚崧龄编《张公权先生年谱初稿》，台北，传记文学出版社，1982

中共江苏省委党史工作办公室编《粟裕年谱》，当代中国出版社，2006

中共中央文献研究室编《刘少奇年谱》上卷，中央文献出版社，1996

中共中央文献研究室编《毛泽东年谱（1893 – 1949）》，中央文献出版

社、人民出版社，1993

中共中央文献研究室主编《毛泽东年谱（1949－1976）》，中央文献出版社，2013

中共中央文献研究室编《任弼时年谱》，中央文献出版社，2003

中共中央文献研究室编《周恩来年谱（1898－1949）》，中央文献出版社、人民出版社，1990

中共中央文献研究室编《周恩来年谱（1949－1976）》，中央文献出版社，1997

中共中央文献研究室编《朱德年谱》，人民出版社，1986

中国人民解放军军事科学院编《毛泽东军事年谱（1927－1958）》，广西人民出版社，1994

中国人民解放军军事科学院编《叶剑英年谱（1897－1986）》，中央文献出版社，2007

日　记

《陈布雷先生从政日记稿样》，台北，东南印务出版社，出版年份未详

陈方正编《陈克文日记（1937－1952）》，台北，中研院近代史研究所，2012

《陈赓日记》，解放军出版社，2003

曹伯言编《胡适日记全集》，台北，联经，2004

傅锜华、张力校注《傅秉常日记》1943－1945年卷，台北，中研院近代史研究所，2012－2014

蒋中正日记（手稿），1943－1950年，斯坦福大学胡佛研究所档案馆藏

《梅贻琦日记》，清华大学出版社，2001

《司徒雷登日记：美国调停国共争持期间前后》，陈礼颂译，傅泾波校，香港文史出版社，1982

《王恩茂日记——解放战争》，中央文献出版社，1995

《王世杰日记（手稿本）》，台北，中研院近代史研究所，1990

《汪东兴日记》，中国社会科学出版社，1993

熊式辉日记（手稿），1943－1949年，哥伦比亚大学珍本手稿图书馆藏

《徐永昌日记（手稿本）》，台北，中研院近代史研究所，1991

张嘉璈东北接收交涉日记（手稿），斯坦福大学胡佛研究所档案馆藏

中国公安部档案馆编《在蒋介石身边八年：侍从室高级幕僚唐纵日记》，群众出版社，1991

周琇环等编注《沈昌焕日记——战后第一年1946》，台北，"国史馆"，2013

Banac, Ivo ed. *The Diary of Georgi Dimitrov, 1933–1949*. Trans. Timothy D. Sergay. New Haven & London: Yale University Press, 2003

Leuchtenburg, William ed. *The Morgenthau Dairies: World War II and Postwar Planning, 1943–1945*. Bethesda, MD: University Publications of America, 1997

Mills, Walter ed. *The Forrestal Diaries: the Inner History of the Cold War*. London: Cassell & Company Ltd. , 1952

Morgenthau Diary (China). Vol. 2. New York: De Capo Press, 1974

Stilwell, Joseph Warren Papers, Hoover Institution Archives, Stanford University, USA

Stimson, Henry Lewis Diaries, Manuscripts and Archives Library, Yale University, USA

Vladimirov, Peter. *China's Special Area, 1943–1945*. Bombay: Allied Publishers, 1974

回　忆

陈翰笙：《四个时代的我》，中国文史出版社，1988

陈立夫：《成败之鉴：陈立夫回忆录》，台北，正中书局，1994

陈士榘：《天翻地覆三年间：解放战争回忆录》，中共中央党校出版社，1995

陈晓农编《陈伯达：最后口述回忆》，香港，阳光环球出版，2005

程远行：《一位老外交家的足迹：我所知道的王炳南》，人民出版社，1998

《德穆楚克栋鲁普自述》，内蒙古政协文史资料委员会编印，1984

丁雪松、李思敬等：《回忆东北解放战争期间东北局驻北朝鲜办事处》，载《中共党史资料》第17辑，中共党史资料出版社，1986

《董显光自传（第二版）》，曾虚白译，台北，台湾新生报社，1974

董彦平：《苏俄据东北》，台北，"反攻出版社"，1965

费皖：《我的叔叔费孝通》，辽宁人民出版社，2010

傅作信：《我的哥哥傅作义》，团结出版社，1999

《顾维钧回忆录》，中国社会科学院近代史研究所译，中华书局，1989

《郭汝瑰回忆录》，四川人民出版社，1987

《何长工回忆录》，解放军出版社，1987

胡麟：《一二一的回忆》，香港，海虹出版社，1949

《胡乔木回忆毛泽东》，人民出版社，1994

胡志明：《我与中共》，《展望》第183期，1969年9月，第5页

黄朝琴：《我的回忆》，台北，龙文出版社，1989

黄华：《亲历与见闻——黄华回忆录》，世界知识出版社，2007

黄华：《南京解放初期我同司徒雷登的几次接触》，载中国外交部编《新中国外交风云》第1辑，世界知识出版社，1990

《黄克诚自述》，人民出版社，1994

黄炎培：《八十年来：黄炎培自述》，文汇出版社，2000

《冀热辽人民抗日斗争：文献·回忆录》第二辑，天津人民出版社，1987

蒋经国：《风雨中的宁静》，台北，"国防部总政治作战部"，1967

蒋匀田：《中国近代史转折点》，香港，友联出版社，1976

金城：《延安交际处回忆录》，中国青年出版社，1986

空军政治部编《防空军：回忆史料·大事记》，解放军出版社，1993

雷英夫、陈先义：《在最高统帅部当参谋——雷英夫将军回忆录》，百花洲文艺出版社，1997

《李德生回忆录》，解放军出版社，1997

李璜：《学钝室回忆录》第2卷，香港，明报月刊，1982

李默庵：《世纪之履：李默庵回忆录》，中国文史出版社，1995

李沛金：《我的父亲李济深》，团结出版社，2007

《李锐往事杂忆》，江苏人民出版社，1995

李维汉：《回忆与研究》，第2卷，中共党史资料出版社，1986

《李宗黄回忆录：八十三年奋斗史》，台北，中国地方自治学会，1972

黎连荣、邢志远编《从东北到海南岛（续集）——解放战争中的第四

十三军》，军事科学出版社，1996

梁漱溟：《忆往谈旧录》，中国文史出版社，1987

《辽沈决战（续集）》，人民出版社，1992

刘伯承等：《星火燎原》第7卷，中国人民解放军战士出版社，1982

刘沉刚、王序平：《刘斐将军传略》，湖北人民出版社，1987

刘时平：《我就是记者》，内蒙古人民出版社，1990

卢胜、王炳南：《卢胜回忆录》，东方出版社，1992

罗隆基：《从参加旧政协到参加南京和谈的一些回忆》，《文史资料选辑》第20辑，中华书局，1961

马鸿逵：《马少云回忆录》，台北，龙文出版社，1994

《聂荣臻回忆录》，解放军出版社，1984

《彭德怀自述》，人民出版社，1981

齐赫文斯基：《回到天安门：俄罗斯著名汉学家齐赫文斯基回忆录》，马贵凡等译，中共党史出版社，2004

全国政协文史资料研究委员会编《陈仪生平及被害内幕》，中国文史出版社，1987

全国政协文史资料研究委员会编《邓宝珊将军》，文史资料出版社，1985

全国政协文史资料研究委员会编《傅作义将军》，文史资料出版社，1985

全国政协文史资料研究委员会编《淮海战役亲历记（原国民党将领的回忆）》，中国文史出版社，1983

全国政协文史资料研究委员会编《辽沈战役亲历记（原国民党将领的回忆）》，文史资料出版社，1985

全国政协文史资料研究委员会编《平津战役亲历记（原国民党将领的回忆）》，中国文史出版社，1989

山东省政协文史资料委员会编《莱芜战役纪实》，中国文史出版社，1995

沈醉：《我的特务生涯》，北京十月文艺出版社，1997

师哲、李海文：《在历史巨人身边：师哲回忆录》，中央文献出版社，1991

师哲：《峰与谷：师哲回忆领袖毛泽东》，红旗出版社，1997

《粟裕战争回忆录》，解放军出版社，1988

唐侬麟主编《黄绍竑回忆录》，广西人民出版社，1991

王安娜：《嫁给中国的革命》，香港，广角镜出版社，1978

王炳南：《中美会谈九年回顾》，世界知识出版社，1985

王云五：《岫庐八十自述》，台北，台湾商务印书馆，1967

魏大铭、黄惟峰：《魏大铭自述：前军统局传奇人物》，香港，蓝月出版社，2012

吴国桢、裴斐、韦慕庭：《从上海市长到"台湾省主席"，1946-1953 年：吴国桢口述回忆》，吴修垣译，上海人民出版社，1999

吴国桢：《夜来临：吴国桢见证的国共争斗》，吴修垣译，香港，中文大学出版社，2009

伍修权：《回忆与怀念》，中共中央党校出版社，1991

萧关鸿等编《那随风飘去的岁月：乔冠华·章含之》，学林出版社，1997

熊式辉：《海桑集》，香港，明镜出版社，2008

熊向晖：《我的情报与外交生涯》，中共党史出版社，1999

《扬帆自述》，群众出版社，1989

叶笃义：《虽九死其犹未悔》，北京十月文艺出版社，1999

《叶飞回忆录》，解放军出版社，1988

易孟醇编《蒋经国自述》，湖南人民出版社，1988

雍桂良等：《吴亮平传》，中央文献出版社，2009

余湛邦：《我所亲历的三次国共谈判》，中国社会科学出版社，2004

《远征印缅抗战》，中国文史出版社，1990

曾克林：《戎马生涯的回忆》，解放军出版社，1992

扎哈洛夫主编《结局：1945 年打败日本帝国主义历史回忆录》，隽青译，上海译文出版社，1978

张国焘：《我的回忆》，香港，明报月刊出版社，1971

张泽石：《1949 我不在清华园——一位清华学子在共和国诞生前后的经历》，当代中国出版社，2003

赵荣声：《回忆卫立煌》，文史资料出版社，1985

郑维山：《从华北到西北：忆解放战争》，解放军出版社，1985

中共中央党史研究室编《中共党史资料》，中共党史资料出版社，1989

《中国军事顾问团援越抗法实录：当事人的回忆》，中共党史出版社，2002

周保中：《战斗在白山黑水》，辽宁人民出版社，1983

周宏涛、汪士淳：《蒋公与我：见证中华民国关键变局》，台北，天下远见，2003

《峥嵘岁月：周志坚回忆录》，鹭江出版社，1994

朱学范：《我与民革四十年》，团结出版社，1990

左舜生：《近三十年见闻杂记》，香港自由出版社，1950

今井武夫、『支那事変の回想』、東京、みすず書房、1964

Acheson, Dean. *Present at the Creation*: My Years in the State Department. New York: W. W. Norton & Company Inc., 1969

Barrett, David D. *Dixie Mission*: The United States Army Observer Group in Yenan, 1944. Berkeley: University of California, 1970

Bohlen, Charles E. *Witness to History*, 1929–1969. New York: W. W. Norton & Company, Inc., 1973

Bradley, Omar N. and Clay Blair. *A General's Life*: an Autobiography by General of the Army. New York: Simon and Schuster, 1983

Byrnes, James F. *Speaking Frankly*. New York & London: Harper & Brothers Publishers, 1947

Chang, Carsun. *The Third Force in China*. New York: Bookman Associates, 1952

Clark, Lewis and Sue Jelley Palsbo. *Diplomacy as a Career*: Hard Work, Hardship, and Happy Times. 2012. Oral History Interviews by Association for Diplomatic Studies and Training. On line: http://adst.org/wp-content/uploads/2013/12/Clark-Lewis-memoir.pdf

Davies, John P. Jr. *Dragon by the Tail*: American, British, Japanese, and Russian Encounters with China and One Another. New York: W. W. Norton & Company, 1972

——. *China Hand*: An Autobiography. Philadelphia: University of

Pennsylvania Press, 2012

De Jaegher, Raymond J. and Irene Kuhn. *The Enemy Within: An Eyewitness Account of the Communist Conquest of China*. Bandra. Bombay: St Paul Publications, 1952

Epstein, Israel. *Woman in World History: Life and Times of Soong Ching Ling*, Beijing: Foreign Languages Press. 2004

Fairbank, John K. *Chinabound: A Fifty-year Memoir*. New York: Harper & Row Publishers, 1982

Ji Chaozhu, *The Man on Mao's Right: From Harvard Yard to Tiananmen Square, My Life inside China's Foreign Ministry*. New York: Random House, 2008

Kim Chulbaum ed. *The Truth about the Korean War: Testimony 40 Years Later*. Seoul: Eulyoo Publishing Co. , 1991

Lattimore, Owen and Fujiko Isono. *China Memoirs: Chiang Kai-shek and the War against Japan*. Tokyo: University of Tokyo Press, 1990

Leahy, William D. *I Was There*. New York: Whittlesey House, McGraw Hill Book Company, 1950

Lindsay, Hsiao Li. *Bold Plum: with the Guerrillas in China's War against Japan*. Morrisville, NC: Lulu Press, 2007

Lindsay, Michael. *The Unknown War: North China, 1937 – 1945*. London: Bergstrom & Boyle Books Limited, 1975

Miles, Milton E. *A Different Kind of War*. Garden City, N. Y. : Doubleday, 1967

Peterkin, Wilbur J. *Inside China, 1943 – 1945: an Eyewitness Account of America's Mission in Yenan*. Baltimore: Gateway Press, 1992

Rankin, Karl L. *China Assignment*. Seattle: University of Washington Press, 1964

Rittenberg, Sidney and Amanda Bennett, *The Man Who Stayed Behind*. New York: Simon & Schuster, 1993

Roosevelt, Elliot. *As He Saw It*. New York: Duell, Sloan, and Pearce, 1946

Snow, Edgar. *Journey to the Beginning*. New York: Random House, 1958

Stimson, Henry Lewis and McGeorge Bundy. *On Active Service in Peace and War.* New York: Harper, 1947

Stuart, John Leighton. *Fifty Years in China: The Memoirs of John Leighton Stuart, Missionary and Ambassador.* New York: Random House, 1954

Truman, Harry S. *Memoirs.* vol. 1–2. New York: Doubleday, 1955

Utley, Freda. *The China Story.* Chicago: Henry Regnery Company, 1951

Wedemeyer, Albert C. *Wedemeyer Reports*! New York: Henry Holt & Company, 1958

Young, Arthur N. *China and the Helping Hand, 1937–1945.* Cambridge: Harvard University Press, 1963

Василевский, А. М. Дело Всей Жизни. Москва: Политиздат, 1978

Жуков, Г. К. Воспоминания и Размышления. Москва: Агентства печати Новости, 1969

Ковалёв, И. В. "Диалог Сталина с Мао Цзэдуном," Проблемы Дальнего Востока, 1–3（1992）: 77–91

Ковтун-Станкевич, А. И. "Комендант Мукдена." На китайской земле: Воспоминания советских добровольцев, 1925—1945. Москва: Наука, 1974

Ледовский, Андрей М. "Сталин, Мао Цзэдун и корейская война 1950–1953 годов." Новая и новейшая история, 5（2005）: 79–113

Хрущев, Никита, "Мемуары Никиты Сергеевича Хрущева." Вопросы Истории, 11–12（1992）: 65–85

Чуев, Феликс. Сто сорок бесед с Молотовым: Из дневника Ф. Чуева. Москва: ТЕРРА, 1991

文　集

《陈翰笙文集》，商务印书馆，1999

《陈毅军事文选》，解放军出版社，1996

《陈云文选（1926–1949）》，人民出版社，1984

《东江纵队北撤斗争纪实》，中共广东省委党史研究室，1996

《费孝通文集》第3卷，群言出版社，1999

高恩显主编《中国人民解放军第四野战军卫生工作史：资料选编（1945年8月—1950年5月）》，人民军医出版社，2000

河北省交通厅编《晋冀鲁豫边区交通史》，人民日报出版社，1989

《李达军事文选》，解放军出版社，1993

刘武生主编《从延安到北京——解放战争重大战役军事文献和研究文章专题选集》，中央文献出版社，1993

罗隆基：《政治论文》，新月书店，1932

《毛泽东选集》第4卷，人民出版社，1960

昆明学生联合会编印《"一二·一"惨案死难四烈士荣哀录》，出版时间未详

彭明主编《中国现代史资料选辑》第6卷，中国人民大学出版社，1989

秦孝仪主编《先总统蒋公思想言论总集》，台北，中国国民党中央党史委员会，1984

苏瑶崇主编《葛超智先生相关书信集》第1卷，台北，二二八纪念馆，2000

孙科：《我们唯一的路线：孙院长最近言论集》，国民党党内印行，1944

王汎森等编《傅斯年遗札》，台北，中研院历史语言研究所，2011

《文史资料选编·北平地下党斗争史料》第10卷，北京出版社，1981

吴全衡、杜淑贞编《宋庆龄书信集》，人民出版社，1999

《新华社社论集（1947—1950）》，新华社，1960

张迪杰主编《毛泽东全集》，香港，润东出版社，2013

张九如：《和谈覆辙在中国》，台北，联经出版公司，1968

《政治协商会议》，大陆图书杂志出版公司，1946

中共北京市委党史研究室编《抗议美军驻华暴行运动资料汇编》，北京大学出版社，1989

中共山东省委党史资料委员会编《鲁南战役》，山东人民出版社，1989

中共山东省委党史资料委员会编《孟良崮战役》，山东人民出版社，1987

中共陕西省委党史研究室编《中外记者团和美军观察组在延安》，陕西

人民出版社，1995

中共云南省委党史资料征集委员会编《一二一运动》，中共党史资料出版社，1988

中共中央党史研究室编《楚图南文选》，中共党史出版社，1993

中共中央党史资料征集委员会等编《辽沈决战》，人民出版社，1988

中共中央文献研究室编《毛泽东文集》，人民出版社，1993

中共中央文献研究室编《毛泽东在七大的报告和讲话集》，中央文献出版社，1995

中共中央文献研究室编《文献与研究（一九八四年汇编本）》，人民出版社，1986

中共中央文献研究室编《叶剑英军事文选》，解放军出版社，1997

中国民革中央宣传部编《鼓浪集：吴茂荪同志纪念文集》，团结出版社，1989

中国人民保卫和平反对美国侵略委员会编《怎样在城市中开展抗美援朝运动》，人民出版社，1951

中国人民解放军编《军事工业：根据地兵器》，解放军出版社，2000

全国政协文史资料委员会编《支援抗美援朝纪实》，中国文史出版社，2000

竹内実编、『毛沢东集补卷』、東京、蒼蒼社、1985

Esherick, Joseph W. *Lost Chance in China*: The World War II Despatches of John S. Service. New York: Random House, 1974

Ferrell, Robert H. ed. *Off the Record*: the private papers of Harry S. Truman. New York: Harper & Row, 1980

White, Theodore H. ed. *The Stilwell Papers.* New York: William Sloane Associates, Inc., 1948

Ледовский, Андрей М. СССР и Сталин в судьбах Китая: Документы и свидетельства участника событий, 1937 – 1952. Москва : Памятники исторической мысли, 1999

报　刊

《大公报》《东方杂志》《观察》《光明日报》《华商报》《解放日报》

《内部参考》《人民日报》《申报》《土地改革》《文汇报》《新华日报》《新华月刊》《中央日报》

口　述

白崇禧、郭廷以、贾廷诗：《白崇禧先生访问记录》，台北，中研院近代史研究所，1984

陈翰笙、陈洪进：《陈翰笙同志谈地下工作二十五年》，1984 年 3 月 6 日－10 月 8 日，载张椿年、陆国俊主编《陈翰笙百年华诞集》，中国社会科学出版社，1998

黄纪男、许雪姬、吴美慧：《黄纪男先生访问记录》，1992 年 9 月 30 日，《口述历史》年第 4 期，台北，中研院近代史研究所，1993

李敦白、吕迅，李敦白先生访问记录，2012 年 5 月 15 日，北京

李锐、丁冬、李南央：《李锐口述往事》，香港，大山文化出版社，2013

李树泉主编《中国共产党口述史料丛书》，中共党史出版社，2013

祁雅芝、吕迅，祁雅芝女士访问记录，2013 年 2 月 22 日，安徽

石觉、陈存恭、张力：《石觉先生访问记录》，台北，中研院近代史研究所，1986

苏定远、吕迅、常成，苏定远先生访问记录，2014 年 10 月 23 日，香港

熊丸、陈三井、李郁青：《熊丸先生访问记录》，台北，中研院近代史研究所，1998

张一夫、常成、李抗：《张一夫先生访问记录》，2012 年 12 月，《口述历史》年第 13 期，中研院近代史研究所，2013

中研院编《孙立人案相关人物访问记录》，台北，中研院近代史研究所，2007

朱浤源主编《孙立人上将专案追踪访谈录》，台北，台湾学生书局，2012

Interview with Arthur N. Young, conducted by James Fuchs, 21 February 1974, Harry S Truman Library, Independence, Missouri, USA

论　著

白先勇：《父亲与民国：戎马生涯》，台北，时报文化，2012

陈晖：《马歇尔使华与苏联对华政策》，《历史研究》2008年第6期

陈辉亭、陈雷：《抗美援朝防空作战实录》，解放军文艺出版社，2010

陈鸣钟、陈兴唐主编《台湾光复和光复后五年省情》，南京出版社，1989

邓野：《联合政府与一党训政：1944—1946年间国共政争》，社会科学文献出版社，2003

高华：《红太阳是怎样升起的：延安整风运动的来龙去脉》，香港，中文大学出版社，2000

郭汝瑰、黄玉章主编《中国抗日战争正面战场作战记》，江苏人民出版社，2002

黄彰健：《二二八事件真相考证稿》，台北，中研院、联经出版公司，2007

林孟熹：《司徒雷登与中国政局》，新华出版社，2001

季长佑：《金圆券币史》，江苏古籍出版社，2001

蒋永敬：《胡志明在中国：一个越南民族主义的伪装者》，台北，传记文学出版社，1972

蒋永敬、刘维开：《蒋介石与国共和战（1945—1949）》，台北，台湾商务印书馆，2011

金冲及主编《刘少奇传》第1册，中央文献出版社，1998

金冲及主编《周恩来传（1898—1949）》，人民出版社、中央文献出版社，1989

金冲及：《转折年代：中国的1947年》，三联书店，2002

梁敬錞：《史迪威事件》第6版，台北，台湾商务印书馆，1972

牛大勇：《影响中国前途的一次空运》，《历史研究》1995年第6期

牛军：《从赫尔利到马歇尔——美国调处国共矛盾始末》，福建人民出版社，1992

齐锡生：《剑拔弩张的盟友：太平洋战争期间的中美军事合作关系（1941—1945）》，台北，中研院、联经出版公司，2011；社会科学文献出版

社，2012（简体字版）

沈志华：《朝鲜战争爆发的历史真相》，《二十一世纪》总57期，2000年2月

谭雄飞、谭爱梅：《被遗忘的年代：寻找两个谭家与一个女间谍》，台北，卫城出版社，2014

陶文钊等：《抗日战争时期中国对外关系》，中共党校出版社，1995

田酉如：《彭真主持东北局》，人民出版社，2007

王德夫、楼开炤编《中国国民党革命委员会历史研究（民主革命时期）》，中国人民大学出版社，1994

王柯：《东突厥斯坦独立运动（1930年代至1940年代）》，香港，中文大学出版社，2013

王明湘等：《中共中央南方局和八路军驻重庆办事处》，重庆出版社，1995

王渔等编《林伯渠传》，红旗出版社，1986

汪朝光：《1945－1949：国共政争与中国命运》，社会科学文献出版社，2010

向青等主编《苏联与中国革命（1917－1949）》，中央编译出版社，1994

徐焰：《苏联出兵中国东北纪实》，香港，天地图书有限公司，1993

严如平、贺渊：《陈仪全传》，人民出版社，2011

杨德慧：《杨杰将军传》，云南人民出版社，1993

杨奎松：《共产国际为中共提供财政援助情况之考察》，《社会科学论坛》2004年第4期

杨奎松：《中间地带的革命》，山西人民出版社，2010

杨奎松：《失去的机会？抗战前后国共谈判实录》，新星出版社，2010

杨奎松：《国民党的"联共"与"反共"》，社会科学文献出版社，2008

杨奎松：《革命·毛泽东与莫斯科的恩恩怨怨》，广西师范大学出版社，2005

杨奎松：《1946年安平事件真相与中共对美交涉》，《史学月刊》2011年第4期

杨天石：《国民党在大陆"二五减租"的失败》，《炎黄春秋》2009年第5期

姚夫等编《解放战争纪事》，解放军出版社，1987

殷章甫：《中国之土地改革》，台北，中央文物供应社，1984

尹骐：《潘汉年的情报生涯》，人民出版社，1996

赵俊明：《高岗传》，陕西人民出版社，2011

赵文山：《台湾"三七五"地租运动的透视》，台北，自由出版社，1949

中国军事科学院军事历史研究部：《抗美援朝战争史》第1卷，军事科学出版社，2000

《中国人民解放军第二野战军战史》第2卷，解放军出版社，1990

《中国人民解放军第三野战军战史》，解放军出版社，1996

《中国人民解放军第四野战军战史》，解放军出版社，1998

《中国人民解放军第一野战军战史》，解放军出版社，1995

朱宗震、陶文钊：《中华民国史》第12卷，中华书局，2011

服部卓四郎、『大東亜戦争全史』、東京、原書房、1965

森下修一、『国共内戦史』、東京、三州書房、1970

Appleman, Roy E. *United States Army in the Korean War: South to Naktong, North to the Yalu (June-November 1950)*. Washington D. C.: US Army Center of Military History, 1986.

Andrew, Christopher and Vasili Mitrokhin. *The Sword and the Shield.* New York: Basic Books, 1991.

Arkush, R. David. *Fei Xiaotong and Sociology in Revolutionary China.* Cambridge, MA: Harvard University Press, 1981.

Bajanov, Evgueni. "Assessing the Politics of the Korean War, 1949 – 51," in Cold War International History Project, *Bulletin: The Cold War in Asia.* Washington D. C.: Woodrow Wilson International Center for Scholars (6 – 7, Winter 1995/1996): 87 – 91.

Chang Kia - ngau. *The Inflationary Spiral: the Experience in China, 1939 – 1950.* Cambridge: The MIT Press, 1958.

Craven, Wesley F. and James L. Cate eds., *The Army Air Forces in World*

War II. vol. 5, University of Chicago Press, 1953.

De Toledano, Ralph. *Spies, Dupes, and Diplomats.* New York: Duell, Sloan and Pearce, 1952.

Finkelstein, David M. *Washington's Taiwan Dilemma, 1949 – 1950: From Abandonment to Salvation.* Fairfax: George Mason University Press, 1993.

Goncharov, Sergei N., John W. Lewis and Xue Litai. *Uncertain Partners: Stalin, Mao, and the Korean War.* Stanford University Press, 1993.

Jagchid, Sechin. *The Last Mongol Prince: The Life and Times of Demchugdongrob, 1902 – 1966.* Bellingham: Western Washington University, 1999.

Kahn, E. J. Jr. *The China Hands: America's Foreign Service Officers and What Befell Them.* New York: The Viking Press, 1975.

Klehr, Harvey and Ronald Radosh. *The Amerasia Spy Case: Prelude to McCarthyism.* Chapel Hill: The University of North Carolina Press, 1996.

Kusnitz, Leonard A. *Public Opinion and Foreign Policy: America's China Policy, 1949 – 1979.* Westport, Conn.: Greenwood, 1984.

Lai Tse-han, Ramon H. Myers and Wei Wou. *A Tragic Beginning: The Taiwan Uprising of February 28, 1947.* Stanford: Stanford University Press, 1991.

Liu Xiaoyuan. *Reins of Liberation: An Entangled History of Mongolian Independence, Chinese Territoriality, and Great Power Hegemony, 1911 – 1950.* Stanford: Stanford University Press, 2006.

Mansourov, Alexandre Y. "Stalin, Mao, Kim and China's Decision to Enter the Korean War," in Cold War International History Project, *Bulletin: The Cold War in Asia.* Washington D. C.: Woodrow Wilson International Center for Scholars (6 – 7, Winter 1995/1996): 94 – 107.

Murray, Brian J. *Western Versus Chinese Realism: Soviet-American Diplomacy and the Chinese Civil War, 1945 – 1950.* PhD dissertation, Columbia University, 1995.

Peattie, Mark et. al. eds. *The Battle for China: Essays on the Military History of the Sino-Japanese War of 1937 – 1945.* Stanford University Press, 2011.

Rees, David. *Harry Dexter White: A Study in Paradox.* London: Macmillan,

1973.

Rees, David. *Korea: An Illustrated History from Ancient Times to 1945.* New York: Hippocrene Books, 2001.

Romanus, Charles F. and Riley Sunderland, *Stilwell's Command Problems*, Washington D. C. : Office of the Chief of Military History, Dept. of the Army, 1956.

Salisbury, H. E. *War Between Russia and China*, New York: W. W. Norton & Company, Inc. , 1969.

Schaller, Michael. *The US Crusade in China, 1938 – 1945.* New York: Columbia University, 1979.

Schnabel, James F. and Robert J. Watson, *The History of the Joint Chiefs of Staff: the Joint Chiefs of Staff and National Policy.* vol. 3, part 1. Wilmington, Del. : Michael Glazier, 1978.

Schoenbaum, Thomas J. *Waging Peace and War: Dean Rusk in the Truman, Kennedy, and Johnson Years.* New York: Simon and Schuster, 1988.

Sherwood, Robert E. *Roosevelt and Hopkins: an Intimate History.* Harper: New York, 1948.

Tanner, Harold M. *The Battle for Manchuria and the Fate of China: Siping, 1946.* Bloomington: Indiana University Press, 2013.

Taylor, Jay. *The Generalissimo: Chiang Kai-shek and the Struggle for Modern China.* Cambridge: Harvard University Press, 2009.

Thomas J. Schoenbaum, *Waging Peace and War: Dean Rusk in the Truman, Kennedy, and Johnson Years.* New York: Simon and Schuster, 1988.

Tien Hung-mao, *The Great Transition: Political and Social Change in the Republic of China.* Stanford: Hoover Institution Press, 1967.

Trask, Roger R. *The Secretaries of Defense: A Brief History, 1947 – 1985.* Washington D. C. : Secretary of Defence Historical Office, 1985.

Tsou, Tang. *America's Failure in China.* Chicago: University of Chicago Press, 1963.

Tuchman, Barbara W. *Sand against the Wind: Stilwell and the American Experience in China.* New York: Macmillan, 1970.

Weinstein, Allen and Alexander Vassiliev. *The Haunted Wood: Soviet Espionage in America—the Stalin Era.* New York: Random House, 1999.

Westad, Odd Arne. *Cold War and Revolution: Soviet-American Rivalry and the Origins of the Chinese Civil War, 1944 – 1946.* New York: Columbia University Press, 1993.

Yu Maochun. *OSS in China: Prelude to Cold War.* New Haven: Yale University Press, 1996.

Zhang Hong. *American Perceived: The Making of Chinese Images of the United States, 1945 – 1953.* Westport: Greenwood Press, 2002.

Агеенко, К. П. Военная помощь СССР в освободительной борьбе китайского народа. Москва: Воениздать, 1975.

Борисов, О. Советский Союз и Маньчжурская Революционная База (1945 – 1949). Москва: Мысль, 1985.

Кулик, Б. "Китайская Народная в период становления (1949 – 1952)." Проблемы Дальнего Востока, 6 (1994): 73 – 83.

Торкунов, Анатолий В. Загадочная Война: Корейский Конфликт 1950 – 1953 Годов. Москва: Российская политическая энциклопедия, 2000.

Heinzig, Dieter. *Die Sowjetunion und das kommunistische China 1945 – 1950: Der beschwerliche Weg zum Bündnis.* Baden-Baden: Nomos Verlagsgesselschaft, 1998.

Stolberg, Eva-Maria. *Stalin und die chinesischen Kommunisten 1945 – 1953: Eine Studie zur Entstehungsgeschichte der sowjetisch-chinesischen Allianz vor dem Hintergrund des Kalten Krieges.* Stuttgart: Franz Steiner, 1997.

索　引

A

阿洛夫（Орлов, Андрей Я.）　39－41，
　148, 157, 177, 224, 226, 250, 264, 265
阿诺德（Arnold, Henry H.）　2
阿山　93
艾德勒（Adler, Solomon）　19, 20, 63
艾其森（Atcheson, George）　46, 47, 56
艾奇逊（Acheson, Dean）　10, 183, 186,
　206, 226, 289, 297, 305, 312, 323－
　325, 328, 333, 335－339, 344, 365
艾森豪威尔（Eisenhower, Dwight D.）
　140, 185, 221, 304, 337, 368, 371
爱泼斯坦（Epstein, Israel）　30
安东（丹东）　104, 112, 114, 116,
　117, 153, 155, 175, 181, 273, 343,
　350, 351, 367
安南（越南、印度支那）　5, 29, 41,
　80, 106, 136, 305, 311, 312, 337,
　351－357, 367, 387

安平　191, 195, 200, 201, 203, 248,
　388
奥平（おくだいら　しろゆ）　222
奥斯汀（Austin, Warren）　336

B

B－29　27, 28, 53, 55, 337
八路军（第十八集团军）　13, 17, 19－
　21, 24, 25, 30, 31, 37, 42, 43, 50,
　58, 65, 72, 90, 101, 102, 104, 106,
　107, 109, 110, 112－114, 137, 149,
　150, 172, 388
巴贝（Barbey, Dan）　136
巴特沃斯（Butterworth, Walter）　233,
　285, 289
白崇禧　20, 173, 174, 243, 261, 262,
　278, 287－291, 307
白劳德（Browder, Earl）　18, 313
白鲁德（Byroade, Henry A.）　177
白修德（White, Theodore H.）　19, 21,

57，186

柏林　94，95，285，312

柏特诺（Boatner, Haydon L.）　29，52

柏特森（Paterson, Robert P.）　136

包瑞德（Barrett, David D.）　36，37，39，41-43，65，71，72，84

薄一波　104，176，318

北京（平）　35，36，46，104，115，118，130-132，136，148，153，162，170，173，174，177，181，189，193，199，200-207，234，250，259，269，274，276，278，283，284，290，291，296，300-304，307，310，311，313，316-318，321-324，326，328-333，339，341，343，344，347，349-353，357，358，360-364，367，371，384

贝尔纳斯（Byrnes, James F.）　94，95，100，122，136，142，143，155，207

贝利亚（Берия, Л. П.）　81，293

贝鲁罗索夫（Белорусов, Дмитрий）　112，113

贝文（Bevin, Ernest）　289，322

彼得洛夫（Петров, Аполлон А.）　96，115，119，151，155，187

波伦（Bohlen, Charles E.）　343

伯德（Bird, Willis H.）　71，72，83，84

伯奇（Birch, John）　115

布尔加宁（Булганин, Николай А.）　331

布莱德雷（Bradley, Omar N.）　304，311，335-337，342，344

布雷克（Blake, Ralph J.）　219

C

蔡仁杰　228

常德　3

朝鲜（平壤）　5，9-11，14，78，86，91，94，106-108，115，135，140，166，175，180，181，186，236-239，250，286，303-305，317，322，328-353，356-363，365，367，370，371

陈布雷　229，260

陈诚（陈辞修）　71，215，216，236，240，291，305，306，308，370

陈赓　41，104，176，179，214，232，352-356

陈翰笙　24，30，186，242，284，303

陈立夫　105，146，165，197，199，268

陈铭枢　160，300

陈纳德（Chennault, Clare）　3，19，49，181

陈士榘　181，228，377

陈文溪　218

陈雪屏　130，131，203

陈仪　192，218-220，241，292

陈毅　50，70，104，105，175-177，180，181，214-216，224，228，232，233，245，251，280，342

陈云　114，130，138，139，156，263，272，279，281

重庆（渝）　4，10-13，17，19-26，30-32，34，36，37，40，43，44，46-49，51，54，55，60，61，64，65，67-69，74，78，81-83，85，87，89，91，94-97，100，102-105，109-111，

114，115，117，120，122，123，125 -
127，130，131，133，134，137，140，
141，145 - 156，158，160 - 162，164，
166，168，170，171，173，192，197 -
200，203，206，208，274，305，307，
308，310，358，388
储安平　191，248
褚辅成（褚慧僧）　89

D

大连　7 - 8，78 - 82，90，91，95，97，
98，107，111，112，114，115，117 -
119，155，179，181，205，226，229，
232，239，273，289，319，326，328
戴传贤（戴季陶）　163，230，235，260
戴笠（戴雨农）　27，29，44，49，84，
162，163，179
戴维斯（Davies, John P. Jr.）　4，8 -
11，18 - 23，25，26，29，46，49，
65，71，74，78
戴中溶　224
单印章　172
邓宝珊　25，26，283
邓小平　17，38，104，105，173，176，
231，252，273，290，345，358，371
迪尔（Dill, John）　52
地下党（秘密党员）　20，30，105，
107，160，197，202 - 207，218，279，
286，288，290，291，366
东条英机（とうじょう ひでき）　29
东乡茂德（とうごう しげのり）　82
董必武　17，18，23，24，30，44，47 -
49，58，64，134，141，142，145，

159，190
董显光　24，185，248
董彦平　153，166，168，195
窦恩（Dorn, Frank）　18，19
杜斌丞　248
杜勒斯（Dulles, John F.）　333，359，371
杜鲁门（Truman, Harry S.）　5，10，54，
75，82，83，93 - 97，100，101，106，
107，123，135，141 - 145，147，156 -
158，182 - 184，186 - 188，190 - 200，
203，207，208，220，221，223，234，
237 - 239，255，279，283，286，322，
333，335 - 338，342，351，368
杜聿明（杜光亭）　124，125，141，
172 - 174，212，213，227，228，291
杜月笙　269
多诺万（Donovan, William）　71，84，100

E

二二八　192，218 - 220

F

范登堡（Vandenberg, Arthur H.）　233，
257，336，337
范宣德（Vincent, John C.）　10，19，
21，32 - 34，60，74，183，190，206 -
208，212，225，233
费孝通　123 - 125
费正清（Fairbank, John K.）　19，74，124
冯白驹　163
冯玉祥　160，282，284

弗拉基米洛夫（Владимиров, Петр П. 孙平、宋平） 16, 18, 39 – 41, 75, 85, 99, 100, 147, 148

弗雷斯特尔（Forrestal, James） 297

福尔曼（Forman, Harrison） 30

阜平 37, 100, 262, 263

傅秉常 11, 196

傅泾波 188, 286, 297 – 301

傅斯年（傅孟真） 35, 89, 130, 132, 158, 195

傅作义 25, 101, 191, 202, 254, 276 – 278, 283, 284, 290, 291, 353

G

高岗 114, 118, 139, 169, 222, 274, 281, 302, 319, 327, 329, 340 – 342, 344

高树勋 105

高思（Gauss, Clarence E.） 19, 23, 46 – 48, 51, 56, 59, 66, 74, 78, 84, 141

格兰特（Grant, James P.） 181

葛超智（Kerr, George H.） 219

耿飚 100

共产国际 12, 16, 18, 39, 41, 46, 230, 319, 369

谷正纲 197

顾维钧 225, 226, 237, 258, 283, 308, 338, 339, 341, 366, 367

关麟征 125 – 127, 129 – 131, 153

郭汝瑰 3, 57, 228, 251

郭天民 106

郭仲容 17

国会（国会山、参议院、众议院） 8, 10, 34, 45, 46, 62, 69, 94, 143, 144, 184, 186, 200, 220, 221, 223, 233, 245, 247, 255, 257, 258, 303, 333, 338

国务院 11, 19, 22, 23, 39, 46, 60, 62, 66, 74, 75, 83, 134, 135, 140, 141, 155, 184, 185, 190, 208, 212, 219, 225, 226, 257, 258, 282 – 286, 289, 291, 297 – 299, 301 – 303, 305 – 308, 312, 322, 323, 333, 336, 341, 343, 367

H

哈尔滨 116 – 118, 120, 138, 139, 150, 151, 156, 168, 169, 172 – 175, 193, 194, 224, 263, 273, 274, 276, 359

哈里曼（Harriman, William Averell） 32, 79, 83, 91, 93, 96, 97, 155, 338, 342

韩国（首尔） 234, 238, 303, 304, 307, 322, 323, 327, 329, 332, 334 – 339, 341, 345, 346, 357, 370

韩练成（韩奎璋） 20, 216

郝福洪 107

何思源 112

何长工 222, 273

贺龙 114, 224

赫尔（Hull, Cordell） 2, 5, 7, 11, 46, 48, 51, 53 – 56, 58 – 60, 62 – 71, 73, 74, 76, 78, 81 – 85, 88, 89, 104, 118, 134, 135, 140 – 142, 145, 147, 157, 180, 233, 293

赫尔利（Hurley, Partick 哈雷） 5, 46, 53 – 56, 58 – 60, 62 – 71, 73, 74, 76,

78，81－85，88，89，104，134，135，140－142，145，147，157，180，233，293

赫鲁晓夫（Хрущев，Никита） 317，319，371

赫普勒（Heppner） 84，100

胡乔木 12，19，26，30，31，42，44，45，50，67，98，70，71，105，145，149，152，157，325，326

胡适（胡适之） 206，207，238，259，260，284，285，290，367

胡志明（阮爱国、丁同志） 41，351－356，367，368

胡宗南 17，23，32，33，119，176，217，223，224，232，278

华德（Ward, Angus I.） 186，277，280，281，282，286，324

华岗（林少侯） 123

华莱士（Wallace, Henry A.） 5，32－35，45，53，54，64

华西列夫斯基（Василевский，Александр M.） 107

怀特（White, Harry D.） 69，164

黄华 104，182，194，298－303

黄克诚 121，166，168，172，243

黄绍竑 259，261，262，287，289，290，380

黄淑 250

黄炎培（黄任之） 89，164，172，189，246－278，341

霍华德（Howard, Roy） 186

霍揆彰 57，132

霍普金斯（Hopkins, Harry L.） 5，8，11，22，26，146

J

吉伦（Gillem, Alvan C.） 168，190

季米特洛夫（Димитров，Георги） 12，16－18，40，41，46，102，369

季羡林 207

冀朝鼎 20，164

贾尔斯（Giles, Barney M.） 28

间谍 19，23，32，40，63，69，96，164，282，323，332，337，366，388

蒋鼎文 3

蒋经国 12，36，90，92，93，102，120，137，142，147，148，151，196，268－270，287，288，291，297，303，307，308，312，365，366，370，378，380

蒋廷黻 60，163，322

蒋匀田 20，159，187，189，199，378

蒋中正（蒋介石） 1－10，12，13，17，18，21，23－26，28－30，32－36，41，44－46，49，51，53－63，65－68，70，71，74－76，78－84，86－98，100－103，106，108－112，115，116，118，119，121，122－128，130－132，135－138，140，142，143，145－148，151－153，155，158－164，167，169－171，173－184，187－192，195，196，199，203，207－210，212，214－221，224－231，233－236，238－241，249－251，254，255，257－262，266－271，274－277，282－288，290－292，303，305－309，312，316，322－324，333，339，341，346，353，364－367，370，376，377，387

杰塞普（Jessup, Philip C.） 323，336

今井武夫（いまいたけお） 82，94

金（King, Ernest J.） 2，27，61

金九（김구） 304

金日成（金成柱） 108，304，310，322，329－334，339，341－345，347，348，350

金一 304

锦州 110，111，113，117，119，121，141，166，169，257，274－278

居里（Currie, Lauchlin） 5，23，26，32，46，74

居正 261

K

卡尔（Kerr, Archibald C.） 18，40，74

卡尔逊（Carlson, Evans） 18，74

凯南（Kennan, George F.） 83，289，343

康生（张宗可） 12，18，40，243

抗美援朝 340，341，343－345，357，359－364，367，385，387，389

考文（Cowin, Douglas A.） 200

柯柏年 31

柯乐博（Clubb, O. Edmund） 284，286，300

柯林斯（Collins, Joseph L.） 336－338

科佛兰（Coe, Frank） 19

科夫通（Ковтун-Станкевич, А. И.） 109，115，139，156，165

科瓦廖夫（Ковалев, И. В.） 265，276，293－296，311，314－320，328

孔祥熙 20，53，269

库克（Cooke, Charles M. Jr.） 184，185

库里奇（Coolidge, F. L.） 100

昆明 2，19，22，45，61，68，123－135，180，203，284，308，312，384

L

拉铁摩尔（Lattimore, Owen） 5，32，34，35，63，74，100

勒巴（Le Page, René） 355

雷震远（De Jaegher, Raymond J.） 283

冷遹（冷御秋） 89

冷战 14，15，32，36，61，103，118，135，147，148，156，179，185，188，245，255，285，286，299，302，323，356，368，371

李炳泉 202，278

李承晚 303，304，307，329，332，359（이승만）

李敦白（Rittenberg, Sidney） 177，231，386

李公朴 180

李海（Leahy, William D.） 2，26，40，85，99，142，179，223，224，233，250，276，294，317，318，325－327，348－350，379

李璜 32，51，82，163，165，189，246，268，378

李济深（李任潮） 20，24，160，240，261，284，287，289，378

李立三 318

李弥 250，308

李默庵 179，378

李任仁　160

李锐　194，222，243，271，272，279，280，378，386

李运昌　102，107，109－111，121

李振翮　193

李宗黄（李伯英）　87，124－126，128，130，133，307，378

李宗仁（李德邻）　20，259－262，287，288，290，291，306，308，370

联合政府　6，22，43，45－51，58，67，69，74，75，85，88，126，142，171，207，208，211，284，287，294，297－300，387

梁漱溟　172，189，191，245，246，379

廖承志　218

廖进平　220

列多夫斯基（Ледовский，Андрей М.）　151，168，193，317

林彪　21，37，44，104，114，116，166－169，171－175，203，208，213，222，227，254，274－278，310，328，340，344，348，350

林传克　219

林枫　102，103，318

林江迈　218

林迈可（Lindsay，Michael）　40，63，86

林茂生　220

林宗贤　219

林祖涵（林伯渠）　17，44，51

刘伯承　104，105，173，175，231，252，272，290，379

刘斐（刘为章）　20，180，379

刘鸿生　69，269

刘少奇　39，43，45，50，89，99，103，104，108，111－117，120，133，139，152，154，161，162，166，243，244，271，296，302，303，305，309，314，318，322，325，326，328，352，353，355，367，368，373，375，387

刘文辉　160，307，308

刘亚楼　100，110

刘峙　20，176

刘仲容　20，289

龙云　123－125，128，160

卢冬生　110

卢卡斯（Lucas，John P.）　226

鲁斯（Luce，Henry）　186

陆德瑾（Lutkins，LaRue）　308，312

陆殿栋　323

陆志韦　301－303

罗贵波　352，355，356

罗隆基　164，189，192，209，245－248，286，297，300，301，379，384

罗瑞卿　99，115，171

罗申（Рощин，Николай В.）　20，36，78，254，292，297，310，316，333，339，341，344，350

罗斯福（Roosevelt，Franklin D.）　2－10，12，18，19，21－24，26，28－30，32－36，44－46，52－55，57－66，68，69，71，72，74，75，77－83，90－96，105，137，143，145－147，178，195，199，208，239，266，319，323

吕伯雄　219

吕宋（菲律宾）　77

吕易　111

吕正操　99，103，114

旅顺　7，79－82，91，93，94，97，98，

107，115，155，156，206，239，294，314－316，319，326，328，329

M

马鸿逵（马少云） 282，379

马礼文（Merchant, Livingston 莫成德、墨钱特） 306

马励武 214

马林诺夫斯基（Малиновский, Родион） 109，112，115，118，120，142，155，156

马歇尔（Marshall, George C. 马帅） 2－4，10，19，22，23，25－28，36，52－54，56，57，60－62，74，76，83，84，107，109，115，126，132，134－136，142－146，151－155，157，159，161－163，166－168，170－180，182－194，200，201，203，206－209，211－213，219，221，224，225，229，230，233，236，238－240，246，248，255－257，259，265，281，285，286，289，297，338，342，343，361，365，368，387

迈耶斯（Myers, Myrl S.） 205

麦格鲁（McClure, Robert B.） 71，72，83

麦卡锡（McCarthy, Joseph R.） 141

麦克阿瑟（MacArthur, Douglas 麦帅） 259，304，312，334，336－338，341－343，346，347，351，366

麦克洛伊（McCloy, John J.） 135

麦克唐纳（MacDonald, John J.） 305

满洲（东北） 5，6，9－11，28，29，34，40，61，77－81，83，88，89，91，93－122，127，135－143，145－156，160，162，164－185，189，193－200，202，206－208，211－213，217，222，224，226－234，236－239，243，247，250，254，255，257，259，263，265，267－269，271－281，295，296，309，311，319，320，323，324，327，328，338，340，343，344，347，349，358，359，377，378，388

曼斯菲尔德（Mansfield, Michael J.） 62

毛岸英 12，148，345

毛邦初 269

毛庆祥 20

毛泽东 10，12－14，16－19，21－23，25，26，30，31，37－45，47－51，58，64－76，85，86，88，89，98－101，103－106，113，115，117，120－123，133，138，139，141，145，147－149，152，156，157，161，162，165－169，171－173，175－177，179，187，192－194，200，201，207，223，224，226，231－233，244，245，249－251，253，254，262－265，271，272，274－276，278，281，284，289－302，304，305，308－311，313－332，334，339－345，347－356，365，367，369－371，374－376，378，380，384，385，388

梅乐斯（Miles, Milton E.） 27，49，84，85

梅贻琦 129，132，290，376

美国（美利坚、华盛顿、白宫） 1－12，14－37，39，40，42，43，45－56，58－77，79，80－86，88－91，93，95－98，100－103，106，107，110－

112，115，118，119，121－128，132，134－149，151－159，163－167，169－174，177－188，190－194，196，197，199－209，211，212，214，215，219－221，224－227，229－231，233－241，246－248，250，255－260，265－267，270，271，277－289，291－294，296－316，318，319，321－326，328，329，332－348，351，356，357，359－371，376，385，387

美军观察组（迪克西使团）　26，29－31，35，36，42，43，49，58，74，104，112，115，118，217，223，286，384

蒙古（内蒙、外蒙）　10，11，32，34，79－82，90－93，98，99，101，114，115，135，152，189，196，277，282，291，295，311，321，323，327，358，377，379

孟良崮　163，215，228，252，384

孟昭杰　202

米高扬（Микоя н，Анастас И.）　249，281，292－296，298，302，313－315，319，320

缅甸（印缅）　2，5－9，25，27，29，51，52，57，60，66，167，312，317，318，367，380

民主联盟（民盟）　47，89，124，127，128，159，160，172，183，187，189，190，192，193，199，245－249，265，286，297，300

民主社会党（民社党、民主宪政党、国家社会党、国社党）　46，159，245－247，261，374

摩根索（Morgenthau，Henry Jr.）　28，69，143

莫德惠　189，195，246，261

莫洛托夫（Молотов，Вячеслав М.）　64，79，81，94，96－98，102，120，319－321，324－326，350

N

纳尔逊（Nelson，Donald M.）　5，53，54，63

南京（宁）　1，18，50，67，101，104，125，145，163，170，173，174，176，178，179，188，191，193，199，200，203，211，216，217，219，227，231，234，245，258，261，265，270，275，282，283，285，291，293，294，297－303，307，358，372，378，379，387

内战　10，14，15，22，23，36，48，61，73，79，86，89，101－103，122－126，128，131，134，135，145，148，154，158，164，168，169，171，177，183，192，194，200，206，208，212，219，223，225，229，231，237，242，249，251－253，255，258，265，276，280，290，293，314，341，345，353，370，371

尼克松（Nixon，Richard）　63，301，371

尼米兹（Nimitz，Chester W.）　31，53

聂荣臻　40，115，228，278，290，345，356，379

诺兰（Knowland，William F.）　333

P

潘友新（Панюшкин, Александр С.） 96，102

佩斯（Pace, Frank） 336，338

彭德怀 38，48，223，224，232，272，345－347，350，351，356－358，375，379

彭毓斌 105

彭真 99，105，113－118，120，121，139，152，154，156，157，165，166，168，169，171，172，318，375，388

皮尔逊（Pierson, William G.） 202，205

浦化人 31

普利查德（Pritchard, Warren T.） 202，205

Q

乔冠华 19，20，284，297，380

青年党 51，89，157，159，160，163，189，192，245－247，374

邱清泉 126，130

屈武 20

R

饶伯森（Robertson, Walter S.） 153

饶漱石 50，70，114，171，194，358

任弼时 17，31，40，45，50，263，295，296，376

日本（东京、大本营） 1，4－6，8，11，23，25－29，31，33，40－43，45，47，49，51－53，56，57，61，66，67，71－74，77－84，86，89，90，92－94，96－102，106，107，115，116，118，122，124，127，131，135，140，143，151，164，179，184，185，198－200，208，217，224，234，250，294，298，304，306，311，312，314，316，320，321，323，326，327，335，337，341，342，346，362－365，374，380

S

萨默维尔（Somervell, Brehon B.） 28

厦门 49，288

山东（鲁） 13，32，38，49，72，99，102－105，108，111－115，117，121，122，141，163，172，175，176，178－182，204，205，211，213，214，224，228，229，231，233，237，243，250，252，253，271－273，309，367，373，379，384

山海关（榆） 104，107，109，111，113－116，118，136，137，141，243，276，364

陕甘宁边区 11，13，14，25，44，90，223，242，253，373

善后救济 181，373

商震 26，167

上海（沪） 6，49，50，86，101，104，111，123，131，139，145，165，181，182，185，190，194，199，202，203，206，207，220，234，246，251，265，267－271，286，288，289，294，301，308，309，323，324，328，340，358，359，361，

362，364，366，367，372，373，380

邵力子 161，291

佘涤清 202－206

什特科夫（Штыков，Терентий Ф.） 329，334，339，343

沈崇 110，146，201－203，205，207，278，364

沈钧儒 172，189，247

沈阳（奉） 107，109－122，138，139，141，142，156，165－167，169，173，174，194，195，208，227－229，234，254，257，272，274，275，277－283，286，304，339，350，351，358，374

沈醉 307，308，379

师哲 12，13，39－41，99，100，103，104，139，148，157，177，179，223，224，233，244，250，276，293－296，317，318，325－327，348－350，379，380

石博思（Sprouse，Philip D.） 19，134

石家庄 191，229，250，263，278

史迪威（Stilwell，Joseph W.） 3，4，6－10，18－29，36，46，49，51－62，64，65，71，74－76，78，84，126，143，145，167，170，209，236，257，285，387

史良 323

史沫特莱（Smedley，Agnes） 18，19，74

史汀生（Stimson，Henry L.） 2，28，60，61，63，69，75，136

史泽波 105

司徒雷登（Stuart，John Leighton） 76，180，183，188，190，214，225，227，229，240，241，246－248，255，258，284，286，289，291，296－303，376，378，387

斯大林（Сталин，Иосиф В. 菲利波夫、冯西） 5，7－10，12，16，30，32，34，36，41，61，64，73－75，77－83，88－98，100，102，103，105，106，108，109，113，116，119－122，127，138，142，146－148，151－153，155，156，165，170，177，179，187，196，198，199，222，224，226，233，238，239，249，250，254，262－265，275，276，281，289，292－296，298，300，302－305，308－311，313－334，336，339－341，343－352，369，371

斯拉特阔夫斯基（Сладковский，Михаил И.） 154，155

斯诺（Snow，Edgar） 4，18，31，74

斯坦因（Stein，Günther） 18，30

四平街（四平） 116，166，168－170，229

宋美龄（蒋夫人） 5，7，20，269，286，291，292，297，306，333

宋庆龄（孙夫人） 20，21，23－25，43，66，181，284，369，375，384

宋子良 269

宋子文 23，24，35，36，55，56，58，60，65，78，79，83，90－98，102，111，240，241，282，285

苏定远 251

苏联（辰兄、远方、莫斯科、克里姆林宫） 2，5－8，10－16，19，20－23，27，30，32－36，38－40，44，48，61，63，64，66，68－70，73－75，77－83，85，86，88－103，105－122，127，135，137－157，159，161，162，164－166，168，170，

171，173，177，178，179，181，183－185，187，188，193，195－200，208，213，214，220－225，227，229－232，237－239，242，243，245，247，249，250，254，255，262－265，268，273，275－277，281－284，286，287，289，291－298，301，302，304，305，309－311，313－340，343－351，359，361，369－371，373，387，388

粟裕　50，101，105，168，173，175，177，179，213，214，216，228，232，233，242，243，245，251，274，309，310，334，340，375，380

孙科　20，24，46，47，56，66，83，88，89，94，160，161，189－191，196，229，230，240，248，259，261，285，305，369，384

孙立人　167，169，172，174，227，279，306，308，366，367，386

孙维世　313

孙文　1，24，30，88，108，160，230，240，261，369

台湾　4，5，14，17，24，31，94，108，121，135，160，191，192，217－220，241，267，270，288，291，292，305，306，308－313，322－324，327，328，330－334，336－339，341，342，345，346，350，352，353，357，361，365－367，370，371，373，375，377，380，386，387，389

T

汤恩伯　3，45，292

唐凯　109

唐纵　17，26，30，32，57，127，130－132，140，377

陶行知　159

特罗增科（Троженко）　166，168，195

滕代远　17，38，104

铁托（Tito, Josip B.）

通货膨胀（通胀）　3，7，8，13，28，32，63，146，164，186，237，258，266，271

土地改革（土改、土地革命）　240－245，252，355，367，374，386，389

W

万毅　102

汪东兴　224，294，313，318，319，325，376

汪精卫　164

王安娜　18，380

王炳南　18－20，25，58，179，188，190，322，331，377，379，380

王恩弟　363

王汉斌　127，133

王稼祥　162，302，319，331，351

王昆仑　20，160

王明（陈绍禹）　12，16，20，45，291，388

王若飞　47，70，89，104，134，151，161，192，198

王世杰（王雪艇）　35，44，54，97，98，127，150，161，174，188，190－192，195－197，212，226，229，237，260，339，376

王天鸣　177

王万得　218

王云五　17，195，267，271，375，380

王芸生　123

韦国清　352，354–356

维辛斯基（Вышинский, Андрей Я.）　321，322，324，326

卫立煌　22，255，257，274，275，278，279，380

魏大铭　20，223，224，332，380

魏道明　60，81，82

魏德迈（Wedemeyer, Albert C.）　27，61，71–73，78，83–85，102，104，111，115，135–137，140，145，178，233–240，247，258，306

文生（Vinson, Frederick M.）　143

闻一多　123，127，131，132，180，375

翁文灏　156，209，268，271，284

乌苏　93，97，108，109

吴国桢　13，59，197，267，270，305，306，308，366，380

吴晗　127

吴克泰　218

吴亮平　195，222，242，243，380

吴茂荪　20，282，385

吴世昌　206，207

吴裕德　218

吴稚晖　87，163，260

吴忠信　287，306，312

五角大楼　221，304，333，337

伍修权　101，113，114，139，171，175，193，226，274，279，380

武道（Votaw, Maurice E.）　30，31

X

西南联合大学（联大）　89，123–133，202

希腊　101，158，186，220，221，223，255，257，258

希特勒（Hitler, Adolf）　1，43，96，199

项贝克（Hornbeck, Stanley K.）　11

萧劲光（肖劲光）　104，168，338

萧克（肖克）　115

谢保樵　30

谢爽秋　30

谢伟思（Service, John S.）　10，19–22，24–26，39，40，42，46–48，58，62，66，73，74，86，297

谢雪红　218

熊式辉（熊天翼）　24，26，58，59，64，102，115，118，120，137，169，170，227，236，376，380

熊丸　20，61，163，217，386

熊向晖　119，176，178，217，223，224，380

徐永昌　54，180，215，216，229，230，261，269，284，288，290，376

许宝驹　20，160

许世友　250

续范亭　25

薛岳　24，217，240

Y

雅尔塔　11，61，77，81，82，89，90，

92，95 - 97，105，106，109，136，146，147，155，165，195，199，237，239，315，316，322，323，325 - 327

延安 6，12，13，16 - 19，21，22，25，26，30 - 32，34 - 37，39 - 45，47 - 49，58 - 60，64 - 66，68 - 72，74 - 76，83，85，87，89，100 - 105，107 - 110，112，114 - 118，120 - 123，125，126，133，134，139，141，142，147，148，151 - 154，156 - 158，161，162，165 - 167，170，172，173，175 - 177，179，187，188，191，193，199 - 203，206 - 209，212，214，217，218，222，223，225，231，278，286，327，351，378，384，387

阎宝航 20，78

阎锡山（阎百川） 17，105，214，305，308，312

扬帆 380

杨绰庵 150

杨得志 104，229，233

杨格（Young, Arthur N.） 9，63，69

杨杰 22，23，160，388

杨青田 307

爷台山 90

野坂参三（のさか さんぞう、冈野进） 40，41，86，325

叶德耕 217

叶笃义 46，189，246 - 248，265，286，298，300，380

叶飞 14，50，101，105，175，380

叶剑英 18，31，37，41，72，104，145，151，153，171，181，187，193，194，205，376，385

一二·一运动 123 - 135，385

一号作战 29，44

于右任 20，87，160，217，218，259，261

余程万 308

余汉谋 24，240

俞鸿钧 266，267，271

榆林 25，223，232，233

袁永熙 125，127，132，202

原子弹（核武器） 5，27，61，71，95，96，107，224，337

约翰逊（Johnson, Louis） 297，311，333，335 - 337，342，371

Z

曾克林 99，107，109 - 115

曾琦（曾慕韩） 157，246

曾虚白 24，31

张东荪 159，247，300

张发奎 24，41，163，240，251

张家口 101，106，117，122，188 - 193，358

张嘉璈（张公权） 102，115，119，120，137，141，143，150，151，153 - 155，164，166，194，196，197，199，208，266，267，375，377

张君劢 159，160，172，192，209，246，247

张灵甫 228

张群 137，151，152，161，163，229，240，241，255，260，261，268，287 - 289，307，308

张申府 189

张莘夫 194 - 198，243

张治中（张文白） 44，161，162，214，254

章伯钧 89，172，246，247

长春 107，112，115，116，118－120，137－139，142，154，166－173，187，200，213，227，229，231，274，275，277－279，304，328

长治（上党） 104，105，285

赵文进 107

赵锡田 105

整风 11，13，45，69，387

郑伯克 123－126，128，131，133

郑洞国 7，167，277

郑介民 84，153，308

政治协商（政协） 134，145，148，157－161，180，183，191，192，197，245，247，264，287，289，298，300，384

钟子云 117，139，150，151

周保中 99，100，381

周炳琳（周枚荪） 131

周恩来（周将军、周总理） 12，17－19，21，23，25，26，30，34，39，41，43－47，51，58，59，65－73，76，78，85，89，103，104，117，118，123，133，134，145，146，149，151，152，154，157－159，161，162，166－168，170－178，180，181，183，184，187－194，198，199，201，206，207，209，212，224，226，233，241，244，249，251，252，259，272，281，286，289，295，297，298，301－303，309，310，316－318，320－322，324－327，331，333，338－340，344，345，347－352，367，374，376，387

周济道 246

周青 218

周以德 169

周以德（Judd, Walter H.） 233

周毓英 214

朱德 17，38，59，65，72，100，101，103，113，284，376

朱家骅 24，128，131，132

朱经农 131

朱其文 117，280

庄莱德（Drumbright, Everett F.） 51，140

资源委员会 217，266，373

邹鲁 88，229，261

左舜生 86，89，246，381

作战部（陆军部、战争部） 2，19，37，53，55，61，63，75，86，90，101，104，115，135，136，185，226，228，233，298，336，338，378

图书在版编目（CIP）数据

大棋局中的国共关系/吕迅著.—北京：社会科学文献出版社，2015.4（2025.3重印）
 ISBN 978 - 7 - 5097 - 7234 - 8

Ⅰ.①大… Ⅱ.①吕… Ⅲ.①中国共产党 - 关系 - 中国国民党 - 研究 - 1944~1950　Ⅳ.①K265.190.7

中国版本图书馆 CIP 数据核字（2015）第 048013 号

大棋局中的国共关系

著　　者 / 吕　迅

出 版 人 / 冀祥德
项目统筹 / 宋荣欣
责任编辑 / 赵　薇
责任印制 / 王京美

出　　版 / 社会科学文献出版社·历史学分社（010）59367256
　　　　　　地址：北京市北三环中路甲29号院华龙大厦　邮编：100029
　　　　　　网址：www.ssap.com.cn
发　　行 / 社会科学文献出版社（010）59367028
印　　装 / 三河市东方印刷有限公司

规　　格 / 开　本：787mm × 1092mm　1/16
　　　　　　印　张：26.25　字　数：441千字
版　　次 / 2015年4月第1版　2025年3月第17次印刷
书　　号 / ISBN 978 - 7 - 5097 - 7234 - 8
定　　价 / 89.00元

读者服务电话：4008918866

版权所有 翻印必究